编撰人员名单

主　　编	母正荣			
执行主编	字应军			
副 主 编	李　洪	杨端如		
编　　辑	曾秋月	方玉红	李　萍	刘光红
	李　震	梁　涛	林吉旺	李　峰
	王　香	易国生		
撰　　稿	字应军	李金能	杨端如	李　峰
	杨子人	李跃甲	杨友丽	王冬兰
	韦　勇	彭　建	胡　月	杨琴琴
	丁存金			

昆明历史文化读本

昆明市地方志编纂委员会办公室 编

昆明
历史文化名城
悠久的历史
灿烂的文化
光荣的革命传统

云南出版集团
云南人民出版社

图书在版编目（CIP）数据

昆明历史文化读本 / 昆明市地方志编纂委员会办公室编. -- 昆明 : 云南人民出版社, 2018.11（2020.10重印）

ISBN 978-7-222-17268-5

Ⅰ. ①昆… Ⅱ. ①昆… Ⅲ. ①文化史—昆明 Ⅳ. ①K297.41

中国版本图书馆CIP数据核字（2018）第147048号

责任编辑：金学丽
助理编辑：起　源
特邀审稿：高国强
装帧设计：石　斌
责任校对：沈正德
责任印制：代隆参

昆明历史文化读本
昆明市地方志编纂委员会办公室　编

出版　云南出版集团　云南人民出版社
发行　云南人民出版社
社址　昆明市环城西路609号
邮编　650034
网址　http：//ynpress.yunshow.com
E-mail　ynrms@sina.com
开本　787mm × 1092mm　1/16
印张　25.5
字数　600千
版次　2018年11月第1版　2020年10月第3次印刷
印刷　昆明理煜印务有限公司
书号　ISBN 978-7-222-17268-5
定价　80.00元

云南人民出版社
公众微信号

前　言

历史是一个民族、一个国家存在和发展的根本，与国家、民族的存亡休戚相关。清代思想家龚自珍在《古史钩沉论》中提出："灭人之国，必先去其史；隳人之枋，败人之纲纪，必先去其史；绝人之材，湮塞人之教，必先去其史；夷人之祖宗，必先去其史。"世界几大古代文明，只有中华文明没有中断地延续下来，这同我们这个民族始终注重对历史文化的传承保护有直接的关系。

昆明是一个有着悠久的历史、灿烂的文化、光荣革命传统的历史文化名城，先辈们在追求进步、幸福、独立、自由的曲折历程中给我们留下了浩瀚博大、光辉灿烂而又独具地方特色和民族特色的历史文化。这里不缺历史遗迹、历史遗址、历史墓葬，更不缺历史名人、历史大事、历史贡献。

昆明是中华文化发祥地之一，早在3万年前，"昆明人"就在滇池地区繁衍生息。3万年间昆明的历史连绵不断、文化代代传承，永不断章。昆明是历史大戏频频上演的舞台，庄蹻入滇、汉置益州郡、诸葛亮南征、明末农民军据昆反清、创办陆军讲武堂、修建滇越铁路、西南联大迁昆、抢修滇缅公路、开通驼峰航线等大事至今思之仍历历在目。昆明是具有重要历史地位的都会，它曾五次为都，同时也是支撑抗战的重要基地和抗战决胜的桥头堡、闻名世界的"民主堡垒"。昆明具有光荣的革命传统，"重九"起义、护国首义、一二·一运动、昆明起义等影响全国的重大历史事件发生在此。昆明曾孕育和汇聚了一批杰出的历史人物，庄蹻、赛典赤、沐英、郑和、杨升庵、孙髯翁、袁嘉谷、蔡锷、李烈钧、唐继尧、朱德、叶剑英、朱培德、范石生、唐淮源、龙云、陈纳德、卢汉、蔡希陶、聂耳、李广田、杨振宁、李政道、邓稼先、缪云台、楚图南等历史名人或生于此，或在此长期活动。

以史为鉴，可以知兴替。我们党历来注重对历史规律的认识和把握，强调对历史经验教训的总结和借鉴，重视对历史文化的传承、保护和开发利用。党的几代领导集体十分重视对全体党员特别是领导干部的历史文化教育，一再强调，一名领导干部不善于从历史中吸取营养，不可能成为高明的领导者；一个政党不善于从总结历史中认识和把握社会发展的规律，不可能成为顺应历史潮流的自觉的政党；一个民族不善于从历史中继承和发展本民族和世界其他民族创造的优秀文明成果，就不可能屹立于世界民族之林。明确要求领导干部除了学习政治理论和市场经济、现代科学技术等基本知识之外，还要学习历史。习近平同志指出:“领导干部不管处在哪个层次和岗位，都应该读点历史，从中汲取有益于加强修养、做好工作的智慧和营养，不断提高认识能力和精神境界，不断提升领导工作水平。”

作为昆明市的市民，特别是党员干部，积极主动地学习我们生活、工作的这块土地的历史，具有重要的现实意义。通过对源远流长、光辉灿烂的历史文化的学习和了解，可增强对昆明的认同感、自豪感、凝聚力，激发爱国爱家乡情感；通过对各类历史人物的了解，有助于树立正确的世界观、人生观和价值观；通过对昆明历史发展规律的认识和把握，可坚定建设昆明美好未来的信念；通过对历史上兴衰、成败经验教训的总结和借鉴，可提高工作能力和领导水平；通过对多姿多彩的历史文化的了解和学习，可增长学识，丰富智慧，提高修养；通过对历史的学习和研究，有助于掌握和运用科学的历史观，明辨是非，博古通今，放眼过去，展望未来。

“欲知大道，必先为史。”先辈用勤劳、智慧和牺牲给我们留下了珍贵而又丰厚的历史文化遗产。为更好地学习、传承和弘扬先辈们留下的历史文化遗产，昆明市地方志编纂委员会办公室编写了《昆明历史文化读本》，力图从历史沿革、文物古迹、名人旧居、诗赋楹联、历史人物、民族、宗教、古镇名村、地方文献、非物质文化遗产等方面，为我们了解昆明数千年悠久灿烂的历史文化提供一本更加综合全面、系统权威、规范严谨、通俗简明的文化读本。

编者

2017年12月

目　录

昆明历史文化读本

人　物　// 203

古镇·名村 // 319

地方文献 // 343

历史沿革

昆明历史文化悠久，是中国历史文化名城之一。早在3万年前，古“昆明人”就在滇池地区繁衍生息。公元前3世纪，楚人庄蹻入滇，建立了滇王国，延续三百余年，创造了辉煌灿烂的青铜文化，即“滇文化”。

秦时在云南开道置吏，西汉元封二年（前109年），汉武帝在今云南设置益州郡，治所在滇池县（今晋宁晋城），领24县。蜀汉建兴三年（225年），诸葛亮平定南中，分益州郡为云南郡和建宁郡，今昆明亦在建宁郡范围内。西晋泰始六年（270年）设置宁州管理云南，隋时在原宁州地设置南宁州总管府，唐武德元年（618年）改为南宁州都督府，唐朝中后期南诏崛起。两宋时中央无暇兼顾大理国，故云南长期处于中央王朝控制外的状态。南诏时始建拓东城作为东都，大理国时期的善阐府亦享有东都的地位。

元朝以武力征服云南和统一全国，至元十一年（1274年）云南行省建立后，治所也从大理路迁到中庆路，昆明逐渐成为云南的政治、经济、文化中心。此后历经明、清两朝，昆明的省会地位得到巩固，城市规模也不断发展扩大。

清末与民国时期，昆明亦具有重要的历史地位，创办陆军讲武堂、重九起义、护国首义、修建滇越铁路、创办东陆大学、西南联大迁昆、抢修滇缅公路、开通驼峰航线、一二·一运动、昆明起义等均是影响全国的重要历史事件，尤其在抗日战争期间昆明更加彰显其独特的历史地位。

在三千多年的历史长河里，昆明这块土地孕育了丰富璀璨的文化，先辈们用自己的勤劳与智慧为我们书写了壮丽的历史篇章，值得我们认真了解、传承和发扬。

远古时期

云南地处祖国西南边陲，与内地山阻河隔，因此，以中原文化为标准的内地史籍，多将云南视作“蛮荒之域”“蛮夷之地”。其实，云南是生命和古人类的发祥地之一。开远小龙潭出土的1400万年前的古猿牙齿化石、禄丰出土的800万年前的古猿牙齿化石，以及在元谋发现的170万年前的猿人牙齿化石，都证明了云南是人类起源地之一。在漫长的历史长河中，云南这块土地曾孕育出源远流长、光辉灿烂，而又独具特色的历史文化。

滇池周边地区是地球生物起源地之一。云南晋宁梅树村界线层型剖面，中国震旦系—寒武系界线层型剖面、下寒武统梅树村阶的建阶层型剖面，被国际地质联合会定为全球前寒武系—寒武系界线层型剖面和界线点。整个地层构造连续，层次清晰鲜明，具有目前世界上最原始的小壳化石和地球史中最早的带壳化石动物群，揭示了5.65亿年前地球生物爆炸式的演化事件。在昆明海口发现的“海口华夏鱼”和“中新鱼”，隐藏着人类生命起源的奥秘。

从考古资料中我们得知，在距今300多万年前，正处于雏形的昆明盆地只有几条小河缓缓流过。到了距今290万年至260万年前，由于地壳运动变化，一些陆地逐渐凸出，形成了一些面积较小且彼此孤立的湖泊。现在意义上的滇池，则出现在距今102万年前到20万年前。据对今三清阁下悬崖上的痕迹考证，当时的滇池水面面积达1000多平方公里。以后，滇池面积逐渐缩小。到了元、明两代，因多次疏浚螳螂川，凿开泄海口，滇池水位下降，成为清代孙髯翁《大观楼长联》中的“五百里滇池”。五百里滇池滋育的人文历史却更为辉煌。

龙潭山遗址（宇应军／摄）

远古时期的滇

池周围，山上是松、杉、栎构成的原始森林，山前则一马平川，竹草丰盛。亚洲象、犀牛、大熊猫、马、牛、羊、野猪、鹿等动物在此中繁衍。稍晚些时候，在这片广袤的土地上，开始有了古人类活动的踪迹。从呈贡区龙潭山古人类遗址中，考古工作者发现了滇池周边迄今为止最早的人类颅骨、颌骨、体骨、牙齿化石。经科学测定，年代为距今30500±800年，属晚期智人（现代人），专家们把他们命名为“昆明人”。当时，“昆明人”住在溶洞中，猎获山上的动物烤熟而食，辅之以滇池中捞取的鱼类和螺蛳。石制、骨制、蚌制的工具虽然简单、粗糙，却是他们极为珍贵的家当。“昆明人”居住在此长达万余年。比“昆明人”时代稍晚的大板桥遗址、小石坝野猫洞遗址、石林板桥乡的旧石器时代遗址，也都发现了许多古人类的牙齿、头骨化石和大量的动物化石，以及古人制造的工具。

距今10000～4000年前的新石器时代的文化遗存在滇池地区广为分布，彩龙村、小古城、石子河、关山等地新石器文化遗址的发现，说明滇池地区原始人群大为增加，生产范围扩大，生活内容丰富。此时滇池一带定居的农业民族，从事“刀耕火种”的原始农业和捕捞、狩猎、采集、饲养畜禽等活动，并已能纺纱、织布。

拓展延读

“海口鱼”和“昆明鱼”

海口耳材村发掘海口鱼和昆明鱼化石（“海口华夏鱼”和“中新鱼”）是迄今为止发现的最古老的鱼类化石。其生活于早寒武纪。昆明鱼和海口鱼的发现，不但将脊椎动物的化石记录至少提前了4000万年，将地球上有脊椎生物出现的时间推至5亿年前的寒武纪，而且丰富了澄江生物群多姿多彩的面貌，为揭示寒武纪大爆发高阶元类群出现的机制，探讨脊椎动物起源提供了关键资料。“最早脊椎动物的发现”也因此被列为1999年中国十大科技新闻之一。

宜良张口洞

位于宜良县九乡风景区，1989年7月发现，1990年9月进行发掘，在51平方米的掘面上，出土标本3512件。其中，人类牙齿38枚，旧石器1606件，哺乳类动物化石1800多件。石器有大量的石核、石砧、石锤、石片等砍斫器、刮削器，成品率高，制作精良，还发现了2件全国首见的多坑型石器。这次发掘出的人牙多，石器品种齐全，动物化石丰富，全省罕见。2003年7月再次进行发掘，出土的1颗人类牙齿化石经测定距今约11万年。

遗址上部出土大量砾石工具属旧石器向新石器过渡时期的典型石制品。经测，中部堆积物距今约30万年，文化层为更新世中、晚期至全新世早期连续堆积。如此连续的文化堆积在世界旧石器中、晚期遗址中实属罕见。石制品的台面修理技术在中国南方旧石器工具中不多见，可以和非洲、欧洲的同期文化作比较。张口洞遗址发掘表明，在九乡曾有过一种旧石器时代独特的区域性文化类型，其代表实物为多坑石器，大大加深人们对我国南方旧石器时代文化的认识，并为进一步研究久悬未决的路南（今石林县）南盘江流域旧石器的归属问题，提供大批宝贵资料，有着重大的考古价值。

昆明人的祖先——“昆明人”

“昆明人”发现于昆明市呈贡区大渔街道邓家庄村东南200米龙潭山南侧。龙潭山原为一座大型采石场，状若馒头，海拔1945米。山上熔岩发育，洞穴甚多，由于长期的自然风化和人工采石，多数洞穴顶棚或洞口被破坏，堆积物暴露于地表，其中富含古人类、旧石器及哺乳动物化石。1973年发现后，考古工作者在这里进行了大规模的考察和发掘，1975年出土一批旧石器、烧骨等文化遗物，1976年出土一个完整的人颅骨化石，尤显珍贵。1977年第一号洞出土晚期智人牙齿化石2枚，1978年将其命名为“昆明人”，“昆明人”是滇池地区发现的最早的现代人。后又从第二、第三号洞发掘出丰富的古人类化石、旧石器，为滇池地区重要的原始社会遗址。

在我国，相当于省会以上的大都市，目前仅有北京市、南京市及昆明市在其辖区交通方便的地方拥有古人类遗址。世界上仅有罗马等少数大城市附近具有如此古老的人文资源。龙潭山发现古人类及其大量文化遗物，将昆明的历史提前到了3万多年前，大大地增加了这座历史文化名城的知名度，增强了春城群众的自豪感和荣耀感。为此，1983年3月28日，昆明市人民政府公布龙潭山古人类遗址为市级文物保护单位。1987年12月21日，云南省人民政府将此遗址公布为省级文物保护单位。

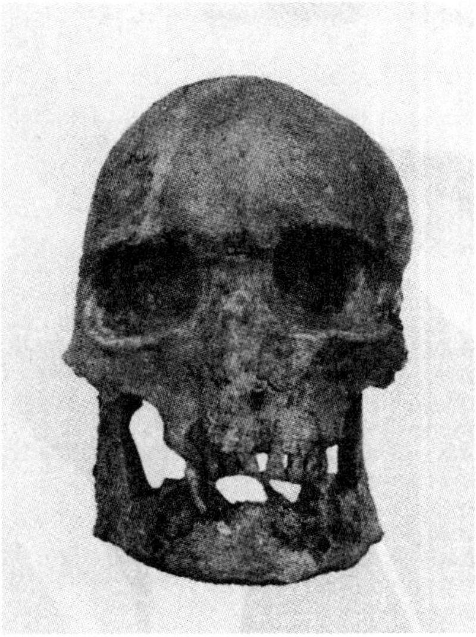

龙潭山“昆明人”化石
（2003年版《昆明市志》）

龙潭山现已成为国内外知名人类学者及考古学家瞩目的科研基地。1984年2月13日，文化部国家文物委员会委员、中国科学院古脊椎动物与古人类研究所研究员、学部委员贾兰坡视察龙潭山时说：“龙潭山是一个很好的地方，很有希望，要认真保护，进一步做好工作。”美国加州大学旧石器考古学家克拉克教授认为：像龙潭山这样的地点，在他考察过的遗址中也不多见。许多专家认为龙潭山遗址地层清楚，文化内涵丰富，应当开展大规模多学科的研究。

先秦时期

据考古资料显示，在3万年前，古“昆明人”即在滇池地区繁衍生息。距今1.2万年前，滇池周围的居民已开始种植稻谷。2800年前，滇池周围已进入青铜器时代。

先秦时期，滇池地区居住着不同的部落，他们与巴（在今川东）、蜀（在今川西）和中原地区都有联系。《禹贡》把中国的行政区划追溯到传说中的夏禹时代，昆明地区属九州之一的梁州。商沿夏制。周朝合梁于雍。公元前七八世纪，即内地的西周时期，滇池地区进入原始社会末期，开始出现阶级分化。春秋战国时期滇池及周边地区出现了数以千计的部落联盟，其中“滇”的规模最大。当时滇池周围“河土平敞，多出鹦鹉孔雀，有盐池田渔之饶，金银畜产之富”，可以看出当时经济文化比较发达。

拓展延读

“滇”

“滇”是云南省的简称，但民众对于“滇”的来源，尚不十分明晰。从文献记载看，“滇”最早见于西汉史家司马迁的《史记·西南夷列传》：“西南夷君长以什数，夜郎最大；其西靡莫之属以什数，滇最大……”由于司马迁没有对“滇”的含义进行任何说明，“滇”就成为后人揣测的一个谜了。有学者认为“滇”的本源是“滇池”，因为螳螂川和普渡河自滇池流出而称为“颠”。也有学者认为“滇”与“甸”意思相同，“昆明坝子为云南省最大的平原，古彝族先民至此，惊呼大坝子，直称为die（甸、滇）”。还有学者提出“滇”是战国时期西南夷中一个部落的名称，其国称为“滇国”，部落首领称为“滇王”，其居住地称为“滇地”，附近的湖泊就叫作“滇池”。总之，“滇”在先秦时期就已出现于汉文史籍之中，云南的历史也可据此追溯。

庄蹻入滇

战国时期（一说楚威王时，一说楚顷襄王时），内地诸强争夺正酣，楚将庄蹻率兵经牂牁（在今贵州）入滇池地区，意图“以兵威定属楚”。但在归楚途中，遇秦夺取楚巴郡、黔中郡，归路被阻。庄蹻遂返回滇池地区，“变服，从其俗”，率众王滇，建立滇王国（其区域大致在滇池、抚仙湖、星云湖周围）。“滇王者，其众数万人，其旁东北有劳浸、靡莫，皆同姓相扶”。“庄蹻开滇”带来了楚国和中原内地先进的文化、技术，促进了当时以滇部落为主的滇池地区经济和社会发展。

滇国的都城设在今晋宁区晋城。庄蹻之后的数百年间，历代滇王的都城均设在这里，除在晋宁筑城建都之外，庄蹻还在今昆明市区修建过一座“苴兰城”，城址具体位置现已无法考证。

“庄蹻开滇”，不仅统一了滇池地区大大小小的部落，而且推动了以古滇国为中心的开发，开辟了内地与西南边疆的联系，并将内地先进的农耕和手工业技术传播给西南少数民族，有力地促进了滇池地区社会的发展。此期，滇地各族还创造出了享誉世界、独成体系、灿烂夺目的青铜文化——晋宁石寨山文化，这是古滇池地区社会发展的一个辉煌时期。“庄蹻开滇”也是内地文献第一次记载的中原和滇池地区交往事件，云南历史从传说时代进入了有文字记载的时代。

“滇文化”

在春秋末叶至西汉初年，滇池地区滇人已进入兴盛的青铜器时代。古滇青铜文化（简称“滇文化”），以晋宁石寨山、江川李家山墓地为代表。1955年至1996年间5次发掘的晋宁石寨山墓地，是中国重要的考古发现之一。

先秦时期滇池地区的历史，文献记载简略，对于《史记》提到的滇国的真实性，一直无法得到证明。20世纪50年代起，考古工作者先后对晋宁石寨山、呈贡天子庙、官渡羊甫头等地进行了多次考古发掘，获取了大量极有价值的资料。在以滇池为中心、东北迄于曲靖、东迄于陆良、南界于元江、西止于禄丰的区域内，发现了40多个考古点，出土了先秦时期至东汉的数千件青铜器和数万件具有本地特征、中原特征和异国风情的器物。大量的考古成果，特别是滇王金印的出土，重现了一个消逝已久的王国。

鎏金双人盘舞扣饰（宇孙秉彝/摄）

昆明晋宁石寨山古滇王国遗址及滇池沿岸地区出土的青铜器以绚丽的古滇文化神韵、浓郁的云南地方民族风格和先进的铸造工艺而自成独树一帜的文化体系，在中国青铜文化中占有独特而重要的历史文化地位。考古学界习惯上把战国时期到东汉时期在滇池地区出现的青铜文化称之为“滇文化”，由于它最早出现于晋宁石寨山，因此，又把它命名为“石寨山类型文化”。

“滇文化”代表性出土物有滇王金印、青铜贮贝器、铜鼓、牛虎铜案等。

灿烂而独具特色的古滇文化，为源远流长的中华民族文化添上了浓墨重彩的一笔，同时证明，滇池地区不仅是滇中文化的孕育地，也是中华民族文化的发源地之一。

石寨山铜鼓（字孙秉彝／摄）

秦汉时期

公元前221年，秦统一中国，继续通过巴郡和蜀郡对西南边疆进行经营。当时，西南边疆的少数民族被称为“西南夷”。《史记•西南夷列传》载：“西南夷君长以什数，夜郎（在今贵州）最大；其西靡莫之属以什数，滇最大……此皆巴、蜀西南徼外蛮夷也。”秦实行中央集权制，在全国推行郡县制，着手开发西南地区。派常頞略通五尺道，于夜郎、滇、邛都等地设置郡县，派遣官吏前往治理。由于秦王朝统治时间较短，昆明地区设郡、置吏的情况没有文献资料可考。但秦朝的设郡置吏为后来西汉王朝在云南全面设置郡县开辟了道路。

前206年，刘邦建立汉王朝（史称“西汉”）。之后，在秦王朝的基础上于全国范围内设置郡县。汉朝初年，为恢复生产，实行了“休养生息”的政策，曾一度放弃秦朝对“西南夷”地区的经营。至汉武帝时，中央王朝已有条件、有能力处理边疆问题。为打通到大夏诸国的道路，联合大夏诸国夹击匈奴，汉王朝决定开拓西南夷。

晋宁东汉陶水田模型（2003 年版《昆明市志》）

元封二年（前109年）汉武帝派郭昌、卫广将军，率领三辅罪人和巴蜀士卒数万之众，征服劳浸、靡莫，直至滇池地区，滇国举国归附汉朝。汉武帝赐尝羌为“滇王”，并赐“滇王之印”，令其“复长其民”。同时在原滇国的基础上设立益州郡，郡治滇池县（今晋宁晋城），从此滇池地区正式纳入中央王朝的版图。

汉朝实施屯田实边政策，大量汉族移民来到昆明地区，他们与土著居民共同开发生产，推动社会经济向前发展。在这一过程中，汉族移民因掌握先进的生产技术，逐渐殷富，其中不少人成为有权有势的“大姓”。随着社会经济的进步，郡县也得到巩固和发展，益州郡成为益州南部各郡中比较稳固的一个。

拓展延读

“滇王自大”与“汉习楼船”

“夜郎自大”这个成语，一直作为坐井观天的典型而被人们铭记。且慢笑话夜郎王，因为我们的“滇王”也曾有过与夜郎王相同的问话。

公元前122年，出使西域的张骞归来后，向汉武帝汇报在大夏国（今阿富汗地区）见蜀地所产的筇竹杖，认为此间存在一条由四川经云南，再经印度达西域诸国的通道，即“蜀身毒道”（“身”音“捐”，“身毒”，今印度。今人称之为“南方陆上丝绸之路”）。为打通到大夏诸国的道路，联合大夏诸国夹击匈奴，汉武帝决定开拓西南夷，打通蜀身毒道。当时滇国势力强大，雄居滇中，汉使节到来时，滇王尝羌很得意地问道：“汉朝与滇国哪个大？”可谓“滇王自大”！但滇王对汉使是友好的，并对汉使探路之举进行帮助。但“劳浸”“靡莫”诸部落及居住在洱海地区的“昆明”人则对汉使不太友好，屡屡伤害汉使，使汉武帝的探路计划夭折。四年多的探路毫无结果，汉武帝大怒，在长安仿洱海造昆明湖，使部队练习水战，决定用武力征服“西南夷”。这就是大观楼长联中“汉习楼船”的来源。

筇竹寺罗汉竹（韦勇／摄）

益州郡

汉武帝元封二年（前109年），汉王朝发巴、蜀兵数万征服了滇国周围的劳浸、靡莫等部，以武力威慑滇国。滇王率众归附汉朝，并表示希望到长安晋见皇帝。鉴于滇王的诚意，汉武帝正式封他为“滇王”，并赐他一方刻有“滇王之印”字样的金印，令其“复长其民”。

汉朝虽然对滇国故地只实行羁縻统治，但为加强管理，在原滇国的基础上设置益州郡。益州郡的设立，标志着古代云南接受中央王朝直接统治的开始。

时益州郡隶属益州（驻成都），为“西南夷”区域七郡之一。其地域包括今曲靖

汉益州郡滇池县故址碑（字应军/摄）

地区中部和西部、昆明地区、玉溪地区、红河州中部以西往南至越南莱州西北、楚雄（大姚、永仁除外）、大理州往西南至保山东北一带。益州郡所领24县中属今昆明地区的有：滇池县（郡治所在地，范围为今晋宁区晋城镇及呈贡之地）、谷昌县（范围约当清代昆明县范围）、连然县（今安宁市）、建伶县（在滇池县西，县境在今晋宁区昆阳镇周围至易门一带）、昆泽县（今宜良县）、牧靡县（今嵩明县、寻甸县地）、秦臧县（今富民县、禄丰县地）。

东汉永平十二年（69年）哀牢王柳貌遣子率众内附，东汉王朝决定在其所辖区域置哀牢（今腾冲、德宏州、临沧市）、博南（今永平）2县，从益州郡西部划出云南、叶榆、邪龙、比苏、嶲唐、不韦6县，设永昌郡。益州郡西汉时期辖24县，东汉时期实际仅辖17县，即滇池、谷昌、建伶、连然、昆泽、牧靡、秦臧、味、同劳、濑、双柏、律高、俞元、毋棳、胜休、贲古、弄栋。地域只包括今曲靖地区中部和西部、滇中地区、玉溪地区、红河州中部和西部、楚雄州（大姚、永仁除外）。

栋蚕造反

自汉置益州郡，滇池地区正式纳入中央王朝的版图，中央王朝加紧对云南进行建设。如新朝地皇四年（23年）文齐任益州太守。文齐在任期间在昆明地区“造起陂池，开通灌溉”，开垦土地两千余顷，对滇池地区社会经济的发展贡献颇大。东汉元和二至四年（85～87年）蜀郡王阜为益州郡太守，“始兴学校，渐迁其俗”。这些措施均促进了云南政治、经济、文化的全方面发展，加强其与中原地区的联系。但在这一时期，也不断出现叛乱之事。

新朝天凤元年（14年）益州郡人若豆、孟迁等起兵，杀了益州大尹程隆，与其他地区的起义形成“三边蛮夷愁扰尽反”的局面。王莽派“平蛮大将军”冯茂镇压，未能平定。后又派更始将军廉丹率兵几十万，大举进攻益州郡，但亦未成功。公元19年又派郭兴进攻益州郡。

东汉建武十八年（42年），滇池地区的连然（安宁）、滇池（晋宁）、建伶（昆阳）一带和洱海一带的“昆明诸种”在栋蚕的率领下起来造反，杀了派到各县的东汉官吏，控制了益州郡的大部分。益州太守繁胜率兵镇压，为栋蚕所败。此年，东汉王朝派武威将军刘尚率大兵镇压，经3年的战争，栋蚕等败走。

此外，各地夷人时有反叛。

元初六年（119年）永昌郡、益州郡、蜀郡夷人等共十余万联合起义，杀了20余县的“长吏”，益州刺史张乔发兵镇压。熹平五年（176年）益州“诸夷”反，并抓走郡太守雍陟，击败东汉王朝派来镇压的军队。后益州刺史调来四川的“板楯蛮”增援，方夺回雍陟。

地方势力的叛乱，在一定程度上削弱了中央王朝对云南的统治，减缓了云南发展的步伐。

三国两晋南北朝时期

东汉末年，全国陷入了军阀豪强混战的局面。汉献帝建安十九年（214年），刘备率军入成都，自领益州牧，尽得益州所属郡县。建安二十年（215年）设庲降都督，对南中进行招抚。蜀汉章武三年（223年），刘备去世。在此前后，南中各郡的大姓豪强开始叛乱。雍闿等南中大姓已成为南中的统治者，外与孙吴联络，内与本地少数民族头领（夷帅）合作，抗拒蜀汉。

益州南部四郡大姓、夷帅的叛乱，动摇了蜀汉的后方。诸葛亮为实现“北伐中原”以统一全国的战略部署，决定在北伐之前平定南中叛乱。蜀汉建兴三年（225年）春，诸葛亮率众征讨南中四郡，沉重打击了南中大姓，南中诸大姓皆降，四郡皆平。

为巩固统治，诸葛亮平定南中后，采取“和抚”政策，在屯兵驻守的同时，团结附近的“大姓”和“夷帅”，通过他们招纳同区域内的“夷族”村社农民为“部曲”，把军事防守和屯田垦殖结合起来，稳定和巩固蜀国在南中的统治。鉴于大姓势力难以控制，又在两汉的基础上对郡县的设置进行了调整，把大郡划为小郡，把南中四郡调整为南中七郡，将益州郡改名为建宁郡，郡治从滇池县迁驻味县（今曲靖），隶庲降都督管辖。今昆明市大部属之。

西晋时，晋王朝认为益州所辖郡县太多，不便管辖。晋武帝泰始六年（270年）至泰始七年（271年）间，遂将益州所辖南中七郡中的建宁、兴古、云南、永昌4郡划出，设置宁州，作为直隶晋王朝的地方一级政区，为全国19州之一。建宁郡所辖县沿蜀汉之制，无甚变化。后因统治难以深入和巩固，太康三年（282年），又废宁州，把宁州所属的建宁、兴古、云南、永昌四郡仍归并入益州，但另置南夷府，管辖益州南部的原南中七郡。太安元年（302年）建宁、朱提二郡内地方大姓，联合当地“夷族”中贵族进行叛乱。叛乱镇压下去后，西

嵩明古盟台（字应军/摄）

晋王朝再设宁州，又把建宁郡西部的滇池等七县划出来设益州郡（今滇中地区），郡治滇池县。随后，宁州境内叛乱集中在益州郡一带。永嘉二年（308年）西晋王朝又把益州郡改名为晋宁郡。今昆明市县（市）区当时大部分在晋宁郡、建宁郡范围内。

西晋末年至东晋初年，宁州名义上属李雄政权，实际上则为霍氏、爨氏等地方大姓所控制。

东晋时期，晋宁郡仍领七县，除西晋时的冷丘县复改称建伶县外，其余均沿袭西晋制。建宁郡中属今昆明范围的谈槀、牧靡、昆泽等县沿西晋制，仍属建宁郡。

此后南朝刘宋、萧齐、萧梁等政权更迭，宁州及所辖之建宁、晋宁郡隶属关系及管理范围时有变化，表面上仍由内地政权委派刺史，但所委官吏难以到任，宁州实际上已经为地方大姓爨氏家族控制。

太清二年（548年）以后，萧梁的统治退出宁州。陈朝时，不再统治宁州。

晋宁天女城（《滇南名胜图》）

553年，西魏得蜀，宁州归属西魏附于益州，称南宁州。西魏既未直接统治，也未有具体郡县设置。557年，北周取代西魏，北周不能直接控制南宁州，任命土长爨瓒为南宁州刺史。从此以后到唐代初年，王朝任命爨氏为刺史、都督约200年，结束了自西汉以来土流并存的统治格局。南宁州完全为爨氏控制。

在中原政治动乱、民族纷争的形势下，爨氏对昆川一隅的统治，保持了“力役齐平，教化清静”的较为安定的社会局面，使滇池地区的社会经济有了新的发展。爨龙颜任建宁太守时，达到了极盛，史料称南中地区“剖符本邦，衣锦昼游，民歌其德，士咏其风”。到梁末隋初爨瓒、爨震时代，滇池地区已是“户口殷众，金宝富饶”，“多骏马、犀象、明珠”，经济繁荣、社会稳定。爨氏统治区域又有东爨、西爨之分，今昆明属西爨地。

拓展延读

诸葛亮南征

蜀汉章武三年（223年）夏四月，刘备病逝，五月，刘禅即皇帝位，改元建兴。六月前后，益州郡的汉族豪强雍闿，策动牂柯郡太守朱褒、越巂郡叟王高定以及益州郡少数民族头领孟获等一起叛乱。他们杀死了益州郡太守王昂，又把接任的太守张裔抓起来送往东吴，高定派遣斯都帅李承之杀死了郡将焦璜，而牂柯郡朱褒亦杀掉从事常颀，与雍闿一起反对蜀汉政权。建兴三年（225年）初，诸葛亮开始组织南征。

225年，诸葛亮亲率蜀军南征。参军马谡送行诸葛亮数十里路，并提出“攻心为上，攻城为下，心战为上，兵战为下”的策略，诸葛亮接纳此言。其率军从水路由安上到越巂进入南中（西路），又派马忠进攻牂柯郡（东路）、李恢由平夷攻向建宁郡（中路）。

很快，西路军和中路军汇合于滇池地区，南中平定。十二月回到成都。

南中平定后，诸葛亮分南中四郡益州、永昌、牂柯、越巂为牂柯、越巂、朱提、建宁、永昌、云南、兴古七郡。诸葛亮平衡各条件，决定达至“不留兵，不运粮”的政策，从而缓和了与当地少数民族的矛盾，使“纲纪粗安”“彝汉粗安”。同时，尽量任用当地有影响的人物做官。如任命李恢、王伉、吕凯为南中诸郡守，孟获为御史中丞等等，通过他们加强蜀汉在南中的统治。诸葛亮还注意南中的经济开发，从内地引来比较先进的生产技术，如引进牛耕，以改变当地落后的刀耕火种的方法，提高了这一地区的农业生产力，从而吸引了许多原以狩猎为生的少数民族“渐去山林，徙居平地，建城邑，务农桑”，走向定居的农业社会。

南征之战，是诸葛亮治蜀的一个重要政绩。在这次征战中，诸葛亮把军事行动与政治斗争等诸多因素结合起来，并成功地运用“攻心为上”的政策，胜利平定了南中叛乱，给后人留下了宝贵的经验。

大姓与夷帅

大约在公元2世纪末至4世纪，在西南夷地区出现了两大地方政治势力——夷帅和大姓。两大势力在东汉末至两晋期间的西南夷各民族历史中处于举足轻重的地位，对各民族社会产生过很大的影响。夷帅和大姓既有区别又有联系，但是越到后期联系就越密切，区别也就越不明显了。

夷帅又称为“叟帅”“叟大帅”“夷率”等。夷帅，顾名思义是各民族中的首领，由西南夷中数十百个君长、侯、王发展而来的，拥有一定的实力。

大姓是自秦、汉以降不断进入西南地区的汉族官吏、商人和移民中分化出来的统治阶级。西汉以降曾在西南夷中推行过移民屯垦的政策，不少民屯和军屯官吏及士兵在西南夷地区安家落户，经过不断与各民族的融合和阶级分化，逐渐成为雄踞一方的豪族大姓。巴、蜀、南中均有众多的大姓，其中以南中大姓为最多，有焦、雍、娄、爨、孟、董、毛、李等8姓出名。爨、孟二姓在历史上最著名，势力最大。南中大姓均是郡邑中的豪族，占有部曲作为私家武装，盘踞一地，成为一地方的实权统治者。正是因为南中大姓的抗蜀，引出了蜀丞相诸葛亮的“南征。”南征中大姓势力遭到了一定的打击，但由于诸葛亮实行“南抚夷越”的政策，不仅没有彻底打击其势力，反而利用和支持大姓，在此后30余年中，大姓势力不断发展壮大，成为两晋时期南中割据纷争的地方势力。

后由于晋朝不顾南中大姓的实际情况，于西晋泰始七年（271年）划出南中四郡设立宁州。但此举遭大姓、夷帅的抵制而失败。晋王朝又于太康三年（282年）罢宁州建制，设“南夷校尉府”进行统治。南夷校尉李毅“持节统兵镇南中”，对南中夷汉各族进行整治压迫和经济剥削。与此同时，建宁、朱提等郡太守贪赃枉法，营私舞弊，夺取大姓部曲，侵犯大姓和夷帅的利益，这导致了永宁二年（302年）以后大姓、夷帅与晋朝校尉、郡守之间长达半世纪争权夺利的斗争。

西晋永嘉四年（310年），晋朝又派王逊为南中刺史，逊以各种借口大肆“诛豪右（大姓）不奉法度者数十家”。许多大姓因不能忍受王逊的残暴统治，纷纷割据一方，自称太守，互相争夺，有的投奔蜀之李特以取得支持，致使南中处于大姓与大姓、大姓与晋王朝纷乱的争权夺势之中。东晋永和三年（347年），晋朝在南中的统治彻底崩溃，爨氏大姓称强，南中统治大权落到爨氏家族之手。

南中夷帅和大姓有着十分密切的关系，或云南中大姓是夷化了的汉族移民，或云是汉化了的当地各民族中的统治者，这种说法是十分正确的。

隋、唐（南诏）时期

隋开皇五年（585年）左右，朝廷在南宁州设置总管府，并先后在南宁州设置恭州、协州、昆州（今昆明市）。隋朝省去郡级建制，以县直隶于州。此时爨翫为昆州刺史。开皇十七年（597年）爨翫叛乱，隋朝派兵入南宁州，把爨翫及子爨弘达等押解至长安。隋因对昆州等地不能直接统治，最终“弃其地”，废昆州。昆州所管辖区域，史籍无详载，其范围大体包括今昆明、楚雄、红河、文山、曲靖等地区。

618年，唐王朝建立，唐高祖李渊以爨翫之子爨弘达为昆州刺史。武德四年（621年），唐朝于味县（今曲靖）设南宁州总管府，管南宁（今曲靖地区）、昆州（今滇中地区）等州。武德七年（624年），改南宁总管府为都督府，昆州仍隶属南宁州都督府。贞观六年（632年）废除南宁州都督府，其所属的州、县隶属于戎州都督府（驻今四川宜宾）。开元二十三年（735年）前后，昆州刺史爨嗣绍又从戎州都督府的管辖之下，投向姚州都督府。姚州都督府各羁縻州县叛服不常，影响了唐朝对云南的统治及对吐蕃南下势力的防御。唐王朝扶植南诏（在今巍山）皮逻阁“合六诏为一”，统一了洱海地区，稳定了对洱海地区的统治。唐朝想打开一条南北纵贯爨氏地区的交通线（即“步头路”），遭到诸爨氏贵族们的反对而发生叛乱。天宝五至六年（746～747），唐王朝令“云南王”皮逻阁率部前往东部爨地镇压爨氏贵族的叛乱。南诏的势力便从滇西伸入滇中和滇东地带。天宝十年至十三年（751～754），由于南诏企图摆脱唐朝牵制，唐与南诏间发生天宝战争，唐朝失败，南诏便脱离唐朝，建立了南诏政权。唐初复置的昆州管辖益宁（今昆明）、晋宁（今晋宁区晋城）、安宁（今安宁）、秦臧（今禄丰、富民）4县。州治益宁（今昆明）。

东、西寺塔（《滇南名胜图》）

唐朝武德初年至天宝末年的130多年内，有的州县初设而后废，有的州县分合不定，这与各地土著居民中贵族势力的兴衰有关。一部分土著势力削弱了，唐朝即取消其刺史、县令地位，甚至相关的州县也因此废止；新的地方贵族势力兴起了，唐朝又任命这些贵族为当地的刺史、县令。因此戎州都督府所属64个羁縻州，有很大一部分地理位置难以确定。

天宝战争后，唐朝势力逐渐被驱逐出云南，南诏摆脱了唐朝的控制，在云南形成相对独立的地方政权。

唐天复二年（南诏中兴五年，902年），南诏政权灭亡。随后的36年间有3个政权交替登场。一是长和国（902～928），为南诏权臣郑买嗣建立。二是大天兴国（928～929），长和国权臣杨干贞杀国王郑隆亶，立清平官（宰相）赵善政为国王。三是大义宁国（929～937），大天兴国权臣杨干贞废国王赵善政，自立为国王。这3个政权更替期间行政区划无详载。

拓展延读

昆明建城之发端——拓东城

根据文献记载，唐代建拓东城之前，在今滇池北岸先后有几座小城，分别名为苴兰城、谷昌城、益宁城、昆州城等。但有关记载只是吉光片羽，且说法不一，城址、城市规模、建城时间一直得不到文献和考古的证实，更主要的是这些小城或被毁坏或被废弃，未能得到延续发展。有确凿证据证明在今市区范围内建城是在公元765年南诏建立的拓东城。从拓东城开始，滇池北岸作为全省的政治、经济、文化、军事、交通中心之一，一直延续至今。从765年至2019年，今昆明市的建城史已有1254年。

公元737年，南诏统一了洱海地区，建立了南诏国。763年，南诏王阁罗凤视察滇池地区，认为此地“山河足以作藩屏，川陆可以养人民”，是定都筑城的理想地。765年即命其长子凤伽异筑拓东城，又称拓东节度城。拓东城成为南诏的副都，后因拓东城地位的重要，先后称为东都、东京、上京。

“拓东”，顾名思义，意为“开拓东境”。建城当年，凤伽异便遣将破曲、靖，然后用军事力量控制今建水县南部以北至昭通一带的原爨区。南诏筑成拓东城后不久，即设置了拓东节度。南诏前期拓东节度控制的范围，大体相当于今天的昆明市、曲靖地区、昭通地区、玉溪地区、红河州、文山州。在拓东节度的军事防守区域内，南诏仍仿效唐设置府、州、郡、县。拓东城立为别都后，又设置了鄯阐府（驻今昆明市，拓东城亦称鄯阐城），与拓东节度同城。府领镇一、城三、赕一、部一，即：安宁镇（今安宁），拓东城（今昆明市）、龙和城（今禄丰腰站）、呈贡城（今呈贡），次赕（今罗次），强宗部（今呈贡东南的阳宗）。南诏行政区划多次变动，但拓东节度相对稳定，除通海都督府成立后，将通海及其以南地区划归通海都督府管辖外，其余一直未作变动。

随着南诏势力的强大以及不断向东军事扩张，拓东城的战略地位越来越重要，得到统治者的大力经营，几任南诏王在此登基、驾崩。860年，南诏王世隆改西都（太和城）为中都，改东京（拓东城）为上都。871年世隆在拓东城建鄯阐王宫，南诏的军政中心，自丰佑、世隆以来移于鄯阐。

南诏在拓东城内外给后人留下许多遗迹，如829年，南诏弄栋节度使王嵯巅请中原工匠尉迟恭韬在拓东城西一里外滇池水滨建常乐、慧光二寺，并各建塔，俗称东、西寺塔。今两寺已毁，两塔仍存。此外，南诏王还修建了妙应寺和圆通寺。

大规模移民

南诏农业广泛使用奴隶生产。奴隶来源主要有两方面。

一是南诏统治者以强制手段迁徙的各部族人民。他们离开原来世代居住和耕种的土地，变成完全丧失生产资料的生产奴隶。这种奴隶的数量很大。据文献记载，天宝五年（746年）南诏占领西爨（滇池地区）后，一次就强迫迁徙20万户白蛮于永昌（今大理州和保山地区），然后又将东爨乌蛮迁至西爨地区。794年迁弄栋（姚安）白蛮于永昌城。同年又迁河蛮于滇东北和拓东。832年又强掳骠国（缅甸）百姓3000至昆明。还将成千上万的汉裳、施蛮、顺蛮、扑子蛮等族人民迁到滇池地区成为生产奴隶。这加强了南诏对各地的统治，推动经济中心西移。

二是战争中掳掠的战俘或其他各族人民。南诏曾和唐朝进行过多次战争，尤其是在天宝年间和南诏王劝丰佑时战争更为频繁。在战争中被南诏俘虏的汉族人口数量极大。被俘的汉族人口有两种情况：一种是唐兵进攻西洱河时兵败溃散被俘的，另一种是南诏军队进攻内地掳掠来的汉族人口。

这些移民成为历史上云南人口的重要补充，是云南社会发展的重要组成部分。

宋（大理国）时期

后晋天福二年（937年），段思平推翻了杨干贞的大义宁国，建立了大理国，传14世。宋绍圣元年（1094年），大理国权臣高升泰夺取政权，改国号大中国。宋绍圣三年（1096年），高升泰之子高泰明还位段正淳，仍称“大理国”，史家称为“后理国”。后理国传8世至段兴智，为元军所灭。前后两个时期同为段氏家族统治，统称大理国。

大理国的行政区划和政权机构，前期与后期不同。大理前期沿袭南诏时的制度。与南诏不同的地方是设郡，郡隶属于节度或都督，与称为“部”“赕”的行政单位并列；大理后期则废节度、都督，而以府、郡统率部、赕。

鄯阐府（亦作善阐，即南诏时的拓东城，驻今昆明市）是大理国东部的政治、经济、文化中心，府城称为“东京”。大理国前期设鄯阐节度，其辖境当略与南诏时期的拓东节度相同。大理国初期，封高方为岳侯，领地巨桥（今昆阳）。大理国后期，废拓东节度，鄯阐府成为大理国东部重镇。但所管辖地区仅滇池四周，其境界与元代中庆路范围相同。大理国时期，鄯阐府成了高智升家族的世袭领地。鄯阐府辖区内，“白蛮”与“乌蛮”交错居住，或分别组成“部”，或共居于甸，或筑城自守。各部、甸、城以相当于县一级的行政区隶属于府。大理国东方乌蛮三十七部，其中的一部分即在鄯阐府辖区内，以些莫徒人（撒摩都、撒梅、撒尼的先民）组成的部最多。

宋宣和元年（1119年），乌蛮三十七部起事，攻陷鄯阐，全城几乎夷为平地，后称作“废城”。高氏鉴于鄯阐城废弃，扩大占地面积重建土城，称新城，沿称鄯阐城。到大理国末期，鄯阐已发展成为一座“城大而名贵，商工甚众”的繁华城市。

拓展延读

大理国经营鄯阐府

大理国多数国王喜在鄯阐城生活，因此历代国王对鄯阐的城市建设十分重视，加之大理段氏和鄯阐侯高氏家族均较风流，“性好游狎”，一时将鄯阐城修建成花团簇拥的花城。国王段素兴在城中大兴土木，修建豪华宫殿。他又在城外修建了“春登堤”，在堤上栽种大量的迎春柳，每当春暖花开时，堤上一片金黄，故春登堤又被称为“金棱”“金堤”。每至花朵凋谢飘落之时，花瓣布满河面，整条河似流淌着黄金之液，因此河又叫“金棱河”“金汁河”。与金棱相衬，又修一道云津堤，堤上广种素馨，花开时满堤雪白，因此堤称“银堤”“银棱”，花谢时满河银鳞波动，河因此称为“银棱

金汁河（字应军／摄）

河”“银汁河”。两河从城的东西两侧流过，所以分别被称为“绕道金棱”“萦城银棱”。段素兴在城外还修建有许多游玩之所，如菩提泉、文殊泉、冷泉等。

段思平建立大理国时，高氏居功至伟。大理建国后，段思平封高氏为岳侯，鄯阐府为高氏的世袭领地。到高氏第二代高智升时，先袭岳侯，后封德侯，又封鄯阐侯。此后高氏家族不仅在鄯阐只手遮天，而且长期把持了大理政权的相位。到大理国中后期，一切政令基本上出自高氏家族。到第三代高升泰时，还一度以“众意难却”为由，迫使段氏禅位，自立为君，改国号为“大中国”。过了两年皇帝瘾后，高升泰之子高泰明将王位还给段氏。

高氏家族和段素兴一样喜好风花雪月，甚至有过之而无不及，不仅在鄯阐府巧取豪夺占地扩土，而且在城内大肆经营安乐所。高智升在城内为自己修建了官邸和居所，时称“东府”。“东府”在五华山下，为鄯阐城内首屈一指的豪华建筑群，就连段氏的宫殿也难以与之相比。高氏家族常到碧鸡山别墅休闲娱乐。今西山华亭寺的“华亭”之名即取自高氏。大将军高观音的中子高明生死后，大理国“议事布燮”袁豆光专门主持修建了一座石质法幢，以纪其功勋业绩。石幢现保存在昆明市博物馆内，其建造之精美为全国所罕见，日本学者称其为“中国绝无仅有之杰作”。

地藏寺经幢

位于昆明市博物馆内，因此地曾为地藏寺旧址，故名“地藏寺经幢”。系大理国布燮（官名，相当于宰相）袁豆光为超度鄯阐侯高观音之子高明生所造。后地藏寺倒塌，古幢长期掩埋地下，民国时出土并移至今址。

古幢为方锥形石幢，五段紫砂石精雕细刻而成，通高6.5米，幢体呈七级八面，宝塔形，座身八龙盘绕，其上为八角须弥座，刻汉文《佛说波若波罗蜜多心经》等经文及《造幢记》一篇。整个幢身层次分明地雕满佛教密宗佛、菩萨、天王、力士、鬼奴及地藏诸神像共300尊，大像高约1米，小像不足3厘米。整个幢体雕刻精致，形象惟妙惟肖，是现存大理国佛教石刻中的珍品，素有“滇中艺术极品”之称。

1982年，被国务院公布为第二批全国重点文物保护单位。

元代

南宋宝祐元年（元宪宗三年，1253年），蒙古大汗蒙哥派忽必烈与大将兀良合台率十万之众挥师南下，用牛、羊皮制成囊、筏，强渡金沙江（即大观楼长联中所称的“元跨革囊”），攻克大理城。大理国王段兴智逃到鄯阐府。第二年，忽必烈北返，留下兀良合台为主帅，继续平定大理各部；同年蒙古大军攻下鄯阐城，活捉段兴智。经过两年多的战争，蒙军“平大理五城、八府、四郡，洎乌、白等蛮三十七部”。

兀良合台征服大理后，设鸭赤（亦写作鸭池、押池、押赤、雅赤等，今昆明）、哈剌章（今大理）、茶罕章（今丽江地区）、金齿（今保山地区）、赤秃哥儿（今贵州普定、水西等地）五城，进行军事统治，这也是元初设置云南行省以前的五个行政区域。鸭赤即鄯阐，为五大行政区域之一，包括大理国时期的鄯阐府、东川郡、河阳郡、石城郡、秀山郡以及三十七部之地。

元宪宗五年（1255年），元朝在大理段氏行政区划的基础上，根据其势大小，设置了19个万户府，各万户府之下又分设千户、百户所，递相统率。元宪宗七年（1257年），设大元帅府于大理，统帅19个万户府。1260年又把19个万户府合并为5个总管府。总管府分别管辖若干个万户所。其中鄯阐总管府范围，相当于今昆明市及嵩明县、寻甸县、宜良县、易门县等地，管辖鄯阐万户府、阳城堡万户府、巨桥万户府、嵩明万户府。鄯阐万户府管辖昆明二千户、黎灢千户。此

呈贡罗藏山（《滇南名胜图》）

梁王避暑台（《滇南名胜图》）

后，由于元朝对云南的统治属于军事占领，元统治者分封的宗王，对其疆域内有统治一切的权力，导致宗王与地方行政长官及军事统率之间经常发生矛盾，形成军管民政、刑法苛乱、赋役繁重的局面，故而起义、叛乱不断。

1274年，元世祖忽必烈认为要稳定云南政局，必须委派得力的人选，即派赛典赤·赡思丁为云南行省平章政事（行省最高行政长官），建云南行省，行政中心设在大理。至元十三年（1276年），将行政中心由今大理迁到今昆明，昆明成为云南省的政治、经济、文化中心。赛典赤在建立行省的过程中，注意到了云南多民族的特点，采取了一些有利于民族团结的措施，废除了军管民政的制度，加强了云南与中原各省的联系，顺应了当时云南社会的发展。同时撤销原来的万户、千户、百户等军事组织，改设路、府、州、县等行政机构，并利用土著民族中的上层人物担任路、府、州、县的土官，这对稳定云南行省政局起到了积极的作用。在这样的背景下，昆明地区设中庆路，领3县、4州。当时昆明既是中庆路治所，又是省会所在地，故也被称为“中庆城”。

拓展延读

昆明成省会

今昆明市，大理国时期称鄯阐，兀良合台征服大理后将今昆明称为“鸭赤”。蒙古人在攻克鄯阐城的当年，就在大理国政区设置的基础上建立五个总管府。鄯阐总管府相当于今昆明市大部及易门县等地。时鄯阐万户府下设有昆明二千户（后来的昆明县），此为“昆明”在滇池地区作为地名首次见诸记载。1274年，元在大理设云南行中书省，省会在大理。1275年，在滇池地区设昆明、官渡等县。1276年，元将行中书省迁至今昆明，昆明既是中庆路治所，又是省会所在地，因此行中书省所属机构及坐镇云南的王族代表云南王、梁王均集中于此。

设中庆路后，元统治者为推动中庆路政治、经济、文化的全面发展，采取了一系列措施。赛典赤和中庆路总管张立道任内，在鄯阐城的基础上扩建了中庆城。中庆城经历位平章政事的建设，不断发展，日渐繁华。城内的重要建筑有：梁王府（今庆云街东段）、行中书省（今威远街）、梁王离宫（今五里多）、城东万庆寺（今白塔路口）、城内的观音寺（今三市街）、大灵庙（今武成路东边）等。更为难得的是当时已有了类似今天的居民小区——坊。仅见于记载的就有“止善坊”（城东北郊）、“利城坊”（城东部）。

中庆城的商业也有较大发展。其中工商业中心在三市街，即从今威远街口的正义路到金碧一段。各行工匠被编为“匠户”，统归“人匠提举司”管理。中庆城集中了大量的能工巧匠，其中还有人被征调到宫中服务。当时城内还专门设有“印染局”。另外，还有大批的建筑、木匠、雕塑、绘画、油彩和泥水工等工匠。此外，中庆城中还出现了云南历史上的第一所官办医院——惠民药局。也正是靠他们，中庆城成为“大而名贵”的“壮丽大城”。

赛典赤经营云南

赛典赤·赡思丁（1211~1279），回回人，一名乌马儿。赛典赤，阿拉伯语贵族之意。他原为不花剌人，成吉思汗西征时，率数千骑迎降，充任宿卫。1274年，赛典赤任云南行省平章政事，是云南设立行省的第一任行政长官。赛典赤任职期间，改革云南行政体制，设置郡县，把万户府、千户所、百户所改为路、府、州、县。据传，著名航海家、外交家郑和，是其六世后裔。

赛典赤在任内为地方兴事业、施仁政，如始修松华坝水库、大修昆明六河、疏挖海口河，以解决昆明年年遭受的六河泛滥、滇池水涨、湖水倒涌入城之苦。1278年赛典赤发动官吏捐献俸禄在五华山之右建孔庙、明伦堂和学舍，购置图书，从四川延聘教师，建立起昆明历史上第一所有文献资料可证的官办学校。1279年，赛典赤·赡思丁卒于任上，昆明人非常悲痛，到处有“巷哭”者，甚至安南（今越南）等地也对他感恩戴德，专门派使者前来吊唁。旧时城内还建有“咸阳王庙”，以纪念赛典赤，今恢复重建的“品字三坊”中的忠爱坊就是后人为纪念他而建的。

忠爱坊（字应军／摄）

昆明的女儿——阿禚公主

阿姑庙（《滇南名胜图》）

元末，红巾军起义，梁王逃至楚雄，向大理总管段功求援。段功助其击退义军。为感恩，梁王将公主阿禚许给段功为妻。段功掉入温柔乡中乐不思蜀，恋居昆明，在原配夫人催促下方回大理。段氏与梁王争权，后梁王请段功到省城共商大事，左右力劝段功莫至昆明。段功思阿禚心切，不听，再到梁王府。“或曰，段功意在昆明，劝梁王除之”。梁王密命阿禚以孔雀胆毒杀段功。阿盖拒受王命，并以实情告段功，表示愿与他一同返回大理。段功自恃功高德厚，不信梁王会加害于他。梁王另设圈套，邀段功到长乐寺做佛事，在通济桥乘马惊时将其杀害。

阿禚公主得知丈夫殉难，痛不欲生，终日以泪洗面，后在深宫中留下动人的挽诗《愁愤诗》一首，饮孔雀胆自尽。

诗曰：吾家住在雁门深，一片闲云到滇海。心悬明月照青天，青天不语今三载。欲随明月到苍山，误我一生踏里彩。吐噜吐噜段阿奴，施宗施秀同奴歹。云片波粼不见人，押不芦花颜色改。肉屏独坐细思量，西山铁立风潇洒。

此诗为汉语、蒙语、白语相混合的古体诗。

阿禚与段功的爱情，是云南历史上影响最为深远的悲剧故事。明初，昆明南郊柳坝村建阿姑庙纪念阿禚和段功，庙之楹柱上挂有对联：“祸变起伦常，夫也何辜，父也何仇，泣尽千行血泪；奇冤含肺腑，羌兮休怨，宝兮休怒，怜此一片贞心。”

1942年，在抗日战争最艰难的时期，郭沫若以阿禚公主为题材写四幕历史悲剧《孔雀胆》，表现了团结抗日的主题。

后来，郭沫若在《孔雀胆归宁》一文中写道：“女主人公的阿禚公主，虽然是蒙古的种裔，元朝的王姬，但无宁称她为‘昆明的女儿’是更要适当一些的吧。她那滢澈的性情，是昆明的秀丽的山川风物的化身。她那哀婉的歌声不就是昆明的呼息么？多艳丽呀，然而一瞬便飘零了。惨红满地，使苍柏倍加凄清。这不是山茶花吗？这不是阿盖精神么？阿盖，我将给你一个摩登的美名——‘昆明的茶花女’。”

明代

明洪武元年（1368年），朱元璋在今南京建立明王朝。当时西南边疆的云南，仍为元朝的梁王把匝剌瓦尔密所控制。朱元璋先后5次派遣使臣至云南劝说梁王投降，均失败，故决定对云南的梁王势力诉诸武力。明洪武十四年（1381年），朱元璋任命傅友德为征南将军，蓝玉、沐英为左右副将军，率军征讨云南。同年十二月，在曲靖北郊的白石江大败梁王军队，梁王把匝剌瓦尔密逃至晋宁投海自杀。洪武十五年（1382年）初明军占领昆明。经两年征战招抚，明军占领云南各地。洪武十六年（1383年），朱元璋留沐英镇守云南，以巩固对云南的统治。

明代城墙遗址（字应军/摄）

明代实行“三司”制，即承宣布政使司、都指挥使司和提刑按察使司，分掌行政、军事、司法。洪武十五年（1382年），明朝改元代云南行中书省为云南承宣布政使司。布政使司下辖府、州、县；都指挥使司统帅军队，其编制为卫、所；提刑按察使司分巡各道，并察诸府、州、县、司、卫、所及驿站。

洪武十五年（1382年），明将元朝的中庆路改设云南府，府治昆明县，布、都、按三司及随后的巡抚皆驻于此。明王朝修筑了昆明砖城（元代为土城），此时的昆明城墙周围九里左右，高近三丈，有六座城门，城外有护城河，河上可行舟楫。

明代，云南府领4州9县。明代的州分散州和直隶州两种，散州隶属于府，直隶州与府平行，直属布政使司。县分3等，产粮7万石以上的为上县，4万石至6万石的为中县，3万石以上的为下县。上县隶属于府，中、下县隶属于州。云南府所属4州9县，有的县直属于府，有的县隶属于州。

云南府辖区内已没有大土官，只有部分较小的土官，如安宁州知州董氏，与流官知州并设；罗茨县土知县杨氏，与流官知县并存；昆明县赤水鹏（今官渡区浑水塘）巡检司土巡检马氏、清水（今富民县）巡检司土巡检李氏、宜良县汤池（今宜良县汤池镇）巡检司土巡检马氏、安宁州禄脿驿（今安宁禄脿）巡检司土巡检赵氏、禄丰县南平关（今禄丰）巡检司土巡检李氏、罗次县炼象关（今禄丰县大腰站）巡检司土巡检李氏及王氏，另有流官巡检与土巡检并设；昆阳州易门县设土县丞王氏。

拓展延读

“祖籍多为应天府”

若问近现代昆明汉族或部分白族、彝族人士的祖籍在哪里，他们大都会脱口而出：“南京应天府，大柳树湾，石门坎。”这一说法的根据是什么呢？这要从明代云南、昆明的历史说起。朱元璋建立明朝以后，于1381年派傅友德、蓝玉和沐英（朱元璋之义子）领兵进入云南，消灭元朝在云南的势力。云南平定后，留西平侯沐英镇守。

沐家镇守云贵期间，建立了卫所和移民屯田制度。卫所制度是明代创始的一项军事制度。卫所大都设在要害的地方，卫下有所，所下有堡、哨。根据明太祖“寓兵于农”的原则，卫所还是农业生产单位。今天昆明附近的卫、所、营的地名，即始自明代。鉴于昆明是省会，明代在昆明周围设了左、右、前、后、中、广南六卫及四五个千户所。建立卫所与屯田是同时进行的，屯田相当于农场开垦，可以部分解决军队的吃饭问题。屯田又分军屯、民屯和商屯。1386年沐英正式向朝廷提出在云南全民屯田的奏章，得到朱元璋的肯定，继而在全国推行。要屯田就需要人，1387年至1396年间，沐英分三批从四川、湖南、陕西等地，抽调10万余名精壮士兵到云南军屯。当时来云南军屯的大都带有家眷，没带家眷的也由官方出资将家眷从内地转来，家眷的数量远远超过军队数量。“民屯”人员一是由官方下令，用强制的办法将江南一带的豪强大姓迁徙到云南；二是把犯了法但罪不至死的犯人“吊销内地户口”，携其家属发配到昆明。因民屯而从内地来的人也有几十万。1392年，沐英死后，其子沐春镇滇7年，子承父业进一步发展屯田事业，先后从南京迁30多万人到云南屯田。据考证，有明一代，先后从内地移民300多万到云南。

西山傅宗龙题书（杨子人／摄）

永历帝玉玺（民国《昆明市志》）

沐英刚入滇时，昆明还是“人民半杂夷”，少数民族还占相当大的数量。经移民屯田，几百万汉族军民先后迁来，滇池地区民族结构发生根本性改变，汉族人口全面超过了土著各族人口，进一步推动了汉民族文化和滇文化的融合。作为中心城市的昆明，汉人留下的更多。

卫所制度与昆明地名

朱元璋建立明朝以后，在云南建立了卫所和移民屯田制度。卫所制度是明代创始的一项军事制度。卫所大都设在要害的地方，卫下有所，所下有堡、哨。根据明太祖“寓兵于农”的原则，卫所还是农业生产单位。今天昆明附近的卫、所、营、堡、哨等的地名，即始自明代。明代在昆明周围设了左、右、前、后、中、广南六卫及四五个千户所。其军事组织和单位有卫、所、堡、哨、关、营等，多驻守在交通要道和险要地带。如金马关就设在府城东部金马山麓，是入滇的重要通道；碧鸡关设在府城西面三十里地的碧鸡山北，这里两山雄峙，一线通道，具有“一夫当关，万夫莫开”之势，是通向滇西的重要门户。而“所”“哨”更是遍及各处，如普吉哨、黄土坡哨、太平哨、双桥哨、大哨、小哨、后所等。

农民军在昆十二年

1647年3月，明末农民起义军张献忠大西军余部在李定国、孙可望、刘文秀、艾能奇的领导下入滇，以昆明为反清根据地。大西军在滇的十二年中，以昆明为基地，在云南各族人民的支持下，进行了一系列气壮山河的抗清斗争。明亡后，明残余势力在南方纷纷建立政权，史称“南明”，其中影响最大的有福王、鲁王、唐王、桂王四个政权。其中桂王后来得到大西军的支持，维持时间最久，昆明一时成为全国反清复明的中心。

“四将军”进驻昆明后，首先注意的是巩固政权。为此，一方面利用明旧臣，如沐府沐天波，一方面摧毁附近州县的顽固势力。为解决粮饷，他们打击豪强，逼迫他们交出钱粮。对待贫苦人民则较为宽厚，贴出告示，招抚逃难者回家安心生产，并借给耕牛、籽种。同时征调民工兴修水利，年年疏浚海口河，以除水患。一度将云南府所属土地收归政府，重新分配给农民。云南府以外尚未收归的土地和盐产则严定官四民六的赋制。鼓励民间开矿，鼓励商业贸易，但军队一概不允许从商。组织、召集工匠设“什造局”，进行手工业生产。铸“兴朝通宝”“永历通宝”，实行新币制。

在文化教育方面，祭孔子文庙，发展教育。1654年8月，大西军政权在滇开科取士，以慧光寺（在今东寺街）为科场，取中陈士基等54人。

在政治上，大西军转而与明世代镇守云南的沐府达成“共扶明室，恢复江山”的共识。继之，在昆明建立以四人为中心的政权，孙可望称东平王并被拥戴为“国主”，李定国称安西王，刘文秀称抚南王，艾能奇称定北王，设礼、兵、工、户、锦衣卫、学院六部。1649年初，派杨畏知为使节，到广东与永历帝谈判。其时，永历帝被清军追得东躲西藏，难成气候。大西军的条件是要永历帝承认孙可望为“秦王”，大西军奉永历帝为正朔，向他称臣。永历帝一方拒绝。次年孙可望正式以“秦王”名义发号施令，秦王府设在五华山，并改云南省为“云兴省”，云南府为“昆明府”，昆明县为“昆海县”，留李定国守昆明，自己则进驻贵州，率兵分路抗清。当时大西军是全国抗清的一面大旗，广西等地抗清力量纷纷投到大西军麾下。民族英雄郑成功还和李定国结为亲家。到1655年，云、贵两省及四川南部、湖南、两广大部分地区控制在大西军手里，大西军已左右中国半壁江山。

永历帝殉难处（字应军／摄）

当时形势十分有利于永历帝，但他未能很好利用，反而千方百计与大西军争夺军政大权，并离间四将军，使孙、李二人闹得水火不相容，最终演起了同室操戈的悲剧。1650年大西军四将军出现裂痕，李定国出滇。1651年，永历帝被迫封孙为“秦王”，但仍要保持皇帝的尊严，不肯到昆明寄大西军篱下。1652年孙可望在五华山创建宫殿，制侔大内，“毁昆明、呈贡二城以筑之”。同年经大西军再三劝驾，永历帝被接到贵州。1655年李定国把永历帝护送到昆明，从此，李定国占据了昆明，拥永历为帝，其皇宫先在贡院（今云南大学内），后迁到今五华山。永历帝封勤王有功的李定国为晋王，刘文秀为蜀王。1657年，孙可望率16万大军，以“清君侧”为名，从贵州回滇，与李、刘大战于曲靖，孙兵败，无处容身，只好到长沙向清军投降。李定国虽胜，但元气大伤。1658年吴三桂率清军向昆明逼近，李定国拥永历帝逃到缅甸。后永历帝被缅王出卖，送回昆明，被逼自缢于篦子坡（逼死坡）旁的金蝉寺前，故有“宋代终于崖山，明代终于昆明”之语。

清代

清顺治四年（1647年），明末农民起义军张献忠大西军余部李定国、孙可望、刘文秀、艾能奇等四将军，入云南建立抗清政权，于1650年把云南省改为云兴省，云南府改为昆明府，昆明县改为昆海县，以贡院为皇宫，称昆明为滇都。

清末昆明街道图（2003 年版《昆明市志》）

顺治十五年（1658年），清兵由吴三桂、铎尼、赵布泰等人率领，分川、黔、桂三路入滇。李定国拥永历帝逃到缅甸。后永历帝被缅王出卖，送回昆明，被逼自缢于篦子坡（逼死坡）旁的金蝉寺前。清军占领云南之后改明代承宣布政使司为云南省，设巡抚，并设云贵总督在云南、贵州两省互驻。省辖府、州（厅）、县。云南府辖区基本沿袭明朝时期设置，共有4州7县，府治昆明。与明朝不同的是，清朝在康熙六年（1667年）把三泊县并入昆阳州，在康熙八年（1669年）把归化县并入呈贡县，在雍正三年（1725年）又把三泊县改入安宁州。

自鸦片战争，特别是1885年中法战争结束以后，法、英等帝国主义势力进入云南。光绪三十一年（1905年），昆明自辟为商埠（与约开商埠不同，自辟商埠有较大的自主权，可尽量减少西方列强的控制）。宣统二年（1910年），滇越铁路修通昆明，昆明开放程度加大。光绪十年（1884年），云南机器局创立，成为昆明近代工业的开端，昆明开始了近代化历程。

拓展延读

吴三桂据滇反清

吴三桂一进入昆明，便欲效仿明代沐家世代统治云贵。历史上把他与广东的平南王尚可喜、福建的靖南王耿精忠合称“三藩”。“三藩”中，吴三桂势力最大。为了实现割据，他首先扩充武装势力，掌握一支庞大而精锐的军队。云南战事结束后，清廷为节省军费，令他裁军时，他挑动土司叛乱，以边疆尚未安宁为名拒不裁军，庞大的军费开支使清廷和云南不堪重负。吴三桂控制了云贵两省的财政，他借口修筑水利工程，到处设关堵卡，向商旅征税。同时还控制盐井，提高盐价，从中获取巨资。

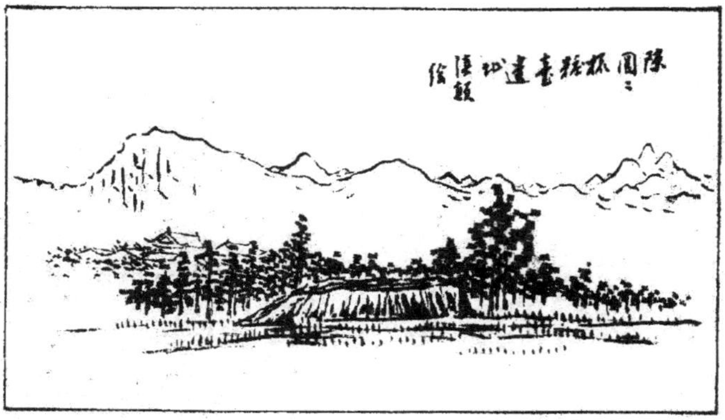

陈圆圆梳妆台遗址（《滇南名胜图》）

吴三桂控制了云贵两省人事任免大权。除两省的总督、巡抚归他“节制”外，其余官员全由他任免。因此他大肆安插亲信。吴三桂还把沐家的庄田七百余顷据为己有，当时称“藩庄”。其管理人员狐假虎威，作威作福，弄得怨声载道，民不聊生。

既然想称王就少不了宫殿。五华山原有的永历皇宫离吴的要求相距甚远，因而在据为“藩府”后，他又征调大批工匠进行加工扩建，使之更加宏伟壮丽。今莲花池原为一片坟地，吴三桂不惜毁人祖坟无数，大兴土木，并在数百里范围内从富有人家里巧取豪夺了一批奇花异石修建野园（亦称安阜园），供其爱妾陈圆圆享受。今之翠湖在清代仍和滇池相通，吴三桂便役民用土填实一半，在上面建新府。半个昆明成了他的私人花园，半个昆明变成了他亲信、党羽的宅第。

吴三桂的残暴统治，激起了云南各族人民的反抗，各地起义不断。吴三桂势力的日益庞大也使康熙帝认识到“三藩分布半天下，非久安计”，便逐步实行“削藩”。1673年，吴三桂以退为进，向朝廷上疏“欲告老还乡”，他认为云南离了他不行，清廷决不会答应他的请求，并期望清廷明令他世守云贵。想不到决心“削藩”的康熙顺水推舟，答应他“退休”，并派员到云贵商谈交接事宜。一瓢冷水当头泼下后，吴三桂指使部下上演了一场令人啼笑皆非的闹剧：指使心腹鼓动昆明商人和群众罢市、示威、闹事，纷纷表示：王爷不能走。不料康熙对此不予理睬。

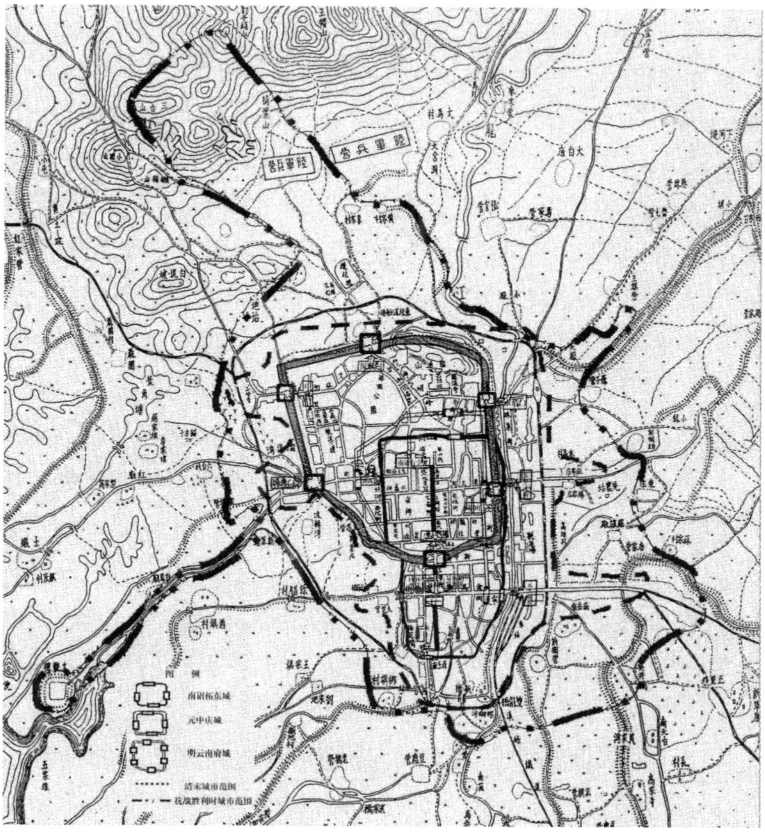

昆明城址变迁图（唐代至1949年）（2003年版《昆明市志》）

无计可施的吴三桂又现出反复无常的本性。康熙十二年（1673年）十一月二十一日，他在昆明竖起反清大旗，自称“天下都招讨兵马大元帅”，下令恢复汉族服装发式，俨然以民族代表自居。

当时国内普遍有反清势力，明朝和农民军亦有一定势力，加上同病相怜的其余二藩，所以吴三桂一起兵，应者云集，甚至台湾、安南也表示积极支持。吴三桂因此节节胜利，在很短时间内，便控制了南方绝大部分地区。此时，年轻有为的康熙顶住压力，拒绝了“划江而国，南北分治”的建议，毫不妥协地调兵征讨。经两年苦战，吴三桂逐渐陷入困境。康熙十七年（1678年）三月，吴三桂日暮途穷，在湖南衡阳草草登上皇帝宝座，国号“周”，年号“昭武”。八月，吴三桂病死，其孙世璠在贵阳继位，年号“洪化”，后退回昆明，以五华山为宫城，其新府后称“洪化府”。但此时吴氏势力已被消灭得差不多了，他们只好龟缩在昆明城内成瓮中之鳖。康熙二十年（1681年），清军攻入昆明，吴世璠自杀，吴氏集团在昆明的统治宣告终结。

杜文秀二十万大军“东征”昆明

清咸丰六年（1856年），杜文秀在蒙化县发动反清起义，起义军占领了大理城，起义一举获得了成功。在各路起义头领中，杜文秀是秀才出身，到过京城，见过世面，就被推为“总统兵马大元帅”。他一上任，就下令废除清朝年号，用甲子纪年，改用明朝衣冠，旗帜一律用白色，以与清军相区别。他又把大理都督府改为大元帅府，大理新政权宣告成立。杜文秀高举反清大旗后，势如破竹，所向披靡，攻占了周围53座城池，半个云南处在他的控制之下。

同治六年（1867年）六月，杜文秀以岑毓英引军征黔未归，马如龙围剿滇西败绩，昆明空虚，决计引兵“东征”。他调集大理、楚雄、丽江、永昌、顺宁、永北、蒙化等地义军二十余万人，由十八大司统率，分兵四路向昆明进攻。各路义军很快占领了盐井、广通、禄丰、南安、元谋、武定、禄劝，攻陷楚雄。到同治七年（1868年）二月，马如龙在昆明城外屡败，退入城内，坚守不出，等待援军。

清廷急令云南巡抚刘岳昭率部火速由黔入滇，以解昆明之围。岑毓英亦率三万余清军，由曲靖赴援昆明；游击杨玉科率一部绕道四川会理，出奇兵抄袭义军后路。到同治八年（1869年），清廷调集镇压太平天国的湘、川、黔、粤等省大军入滇，形势大转。“东征”大军总指挥马国春病逝后，起义军节节败退，昆明东、南、北三面阵地完全丢失，清军相继收复元谋、易门、大姚、广通、安宁等地，12月17日攻克昆明城西土堆，标志着杜文秀“东征”昆明败绩，其主要军事力量被消灭，残余力量退守滇西。

“东征”昆明，是杜文秀发动起义以后最大的一次军事行动，其失败是杜文秀领导的起义战争由胜利走向失败的转折点。杜文秀的20万“东征”大军，是起义军中最精锐的部队，他们几乎完全损失在“东征”昆明的战场上。从此，清军和义军在数量上发生了根本性的变化，清军已超过十万之众，而起义军的力量已是今非昔比了。

滇越铁路的修建

第二次鸦片战争后，中法签订《天津条约》，法国势力开始进入中国。1885年，中法签订《越南条款》，结束了中越一千余年的宗藩关系。法国通过中法战争用武力打开了中国西南的门户。1898年，法国要求“中国国家允许法国国家或法国公司，自越南边界至云南省城修筑铁路一道”，获清廷允可。1899年9月，以法国东方汇理银行为首的几家机构成立了滇越铁路公司，承包了滇越铁路的集资修建业务。越南境内的海防至老街段1901年动工。1903年10月，法国与清政府签订了《滇越铁路章程》34款，

滇越铁路总站（民国《昆明市志》）

1904年，云南境内铁路开始兴建。1910年3月31日，滇越铁路全线竣工通车。铁路由越南海防港至云南省会昆明，全长855公里，轨距为1米（后俗称“米轨”）。其中，云南境内466公里，越南境内海防至老街一段长389公里。滇越铁路共投资1.65亿法郎，开凿隧道158座（合20多千米），搭建桥梁173座，因修路而死亡人数达12000多人，工程建筑难度为当时世界筑路史所罕见。滇越铁路成法国掠夺云南资源的一条通道，同时，它也成为中国西南各省最便捷的出海通道。

1937年日本全面侵华战争爆发，中国内地相继沦陷，沿海通商口岸为日军封锁，一切国际援华物资只能通过滇越铁路及后来的滇缅公路运入中国。滇越铁路的修建对云南政治、经济和社会文化都产生了深刻的影响。

方苏雅与昆明教案

1900年5月11日（庚子年），法驻滇领事方苏雅将大量军火偷运进昆明，昆明南关厘税局将其查获没收。方苏雅闻讯后派遣数十名暴徒冲进南关厘税局，抢回军火，并先后辗转藏匿于昆明城内平政街天主教堂和东郊若瑟堂等处。昆明五城团练局团首陈昌荣等发布传单，号召全城绅士平民和练丁行动起来，要求方苏雅把军火交出或是运回去。方苏雅不仅矢口否认有偷运军火之事，并且以撤走法国领事馆人员、传教士和铁路员工为借口进行要挟。5月13日晚，有消息称方苏雅部下将军火运往平政街天主教堂。从14日起，示威民众便转向昆明市务教堂先后焚烧了马市口圣书公会、东部金马寺附近狗饭田若瑟修道院寺教堂。

6月10日，方苏雅率领在昆明的法国人准备撤离。群众数万人包围了法国驻昆明领事馆，要求方苏雅交出军火。争执中，方苏雅开枪打伤群众数人。丁振铎急率清军赶到，保护方苏雅等法国人离开了昆明。群众乘势烧毁了城内平政街、永宁宫等处法国天主教堂和东郊若瑟堂，捣毁了昆明大西门法国人公寓，冲击了中和巷英国基督教堂和英国人的公寓。1901年，在法国资本家弥乐石的居间调停下，清政府赔偿白银15万两，逮捕群众数十人，其中2人枭首示众，了结此案。

“昆明教案”为法国人进一步索取在云南的特权提供了新的口实，法国总督杜美扬言大兵即日入滇，攻据地方。正是在这种炮舰外交的强压下，随着义和团运动被镇压下去，《辛丑条约》的签订，法帝国主义为“昆明教案”的索赔找到了狮子大开口的机会，趁机索要高达25万元的赔偿，经过一次次讨价后，赔款12万（庚子赔款），并以英法合办兴隆公司，发展经营云南七府矿产为条件。昆明教案，加深了法帝国主义对云南的经济入侵。

“昆明教案”是方苏雅挑起的，可是始作俑者不但没有受到惩罚，反而又重新回到了昆明担任总领事。更让人气愤的是，清政府对方苏雅这个罪魁祸首恩爱有加，光绪二十八年（1902年），慈禧太后竟然谕军机大臣：“以协理教案，赏法国驻滇总领事方苏雅、副领事威伯宝等。”为此，辛亥革命先烈云南人杨振鸿在其所写的《法国人窥伺云南之渐》一文中，愤怒谴责说：“夫滇民虽毁伤其教堂，究之，衅自彼开。以公法论，应将彼暗输军械充公，格外惩罚。”“事彼之不法行为则置之不理，而偷运军械之祸魁方苏雅氏，则仍复任驻滇领事。世界有何公理？”对法国和清政府提出义正辞严的声讨。

重九起义

1894年，孙中山建立中国资产阶级第一个革命团体——兴中会。此后各地纷纷响应，建立各种组织。这时的昆明虽没有革命团体，但革命思想在高等学堂里得到了传播。

1904年，在日本留学的昆明人杨振鸿受孙中山影响，写成《告滇中父老》一书寄回昆明。书中痛陈卖国行径，号召昆明人民起而革命。1905年，孙中山在日本东京成立同盟会，云南留日学生纷纷加入。同年，“同盟会滇支部”在日本成立，吕志伊任支部长。此后杨振鸿、罗佩金、赵坤、吕志伊、李根源等进行了一系列革命活动。

五华山（《滇南名胜图》）

1908年，孙中山派黄兴在河口发动起义，在日本的杨振鸿闻讯后，率一批同盟会员急返云南，准备参加战斗。当他们到达香港后得知起义失败，于是改由仰光进入滇西，在今盈江举行起义，包围保山。由于准备不足，攻城未果。这两次起义虽然都失败了，但革命的影响却在云南日益扩大。次年，年仅35岁的杨振鸿病逝。同盟会云南支部的其他革命党人，把清政府的“新军”和云南讲武堂作为主要目标，加紧了军队的策反工作，并在军队中安置革命党人，为云南起义打下了基础。

辛亥年（1911年）农历九

月七日夜晚，在唐继尧住宅，革命党人和新军37协协统蔡锷举行了昆明起义前的最后一次会议。会议决定在农历九月初九“重阳节”发动起义，推定蔡锷为起义军总司令，起义部队由李根源和蔡锷各指挥一部。起义时间原定农历九月初九夜间12时正，不料因起义之事泄露，北教场方面只好于晚上8时就打响了。战斗进行到第二天上午9时，起义军占领了昆明全城，清廷在云南的统治被推翻。农历九月十一日，起义军在五华山成立“大汉云南军都督府”，公推蔡锷为都督。这就是昆明历史上著名的“重九起义”。

当时武昌起义虽已成功，但清廷还盘踞在北京。蔡锷、唐继尧雄心勃勃，于“重九起义”后又进行了援川、援黔等北伐战争，以图联合各省革命军彻底推翻清廷。援川军由谢汝翼、李鸿祥分别为梯团长，援黔军以唐继尧为司令。

云南是武昌起义之后最早举行起义宣布“独立”的省份之一。起义的胜利声援了武昌，推动了贵州、四川及一些省的独立，为推翻清王朝在全国的统治，建立中华民国，作出了重大贡献，在中国近代史上写下了光辉的一页。

民国时期

民国二年（1913年）4月，云南省按民国政府“废府存县”的决策，裁去云南府，保留昆明县，由省政府直接领导。省会所在地的城区在建制上仍属昆明县，但划归省会警察厅管辖。民国八年（1919年），省长唐继尧“废督裁兵，实行民治”，把省会所在地划出来为市，设云南市政公所于翠湖的湖心亭，委任李宗黄督办其事，此为市政机关萌芽。是时，昆明为开办市政较早的省会之一。

民国昆明县政府铜印
（昆明市博物馆官方网站）

民国九年（1920年），因顾品珍发动政变，逼走唐继尧，云南市政公所裁撤。民国十一年（1922年）春，唐继尧回滇，复掌省政，于同年8月1日复成立市政公所，划定省会区域，脱离昆明县，隶属于市，并按历史地理关系命名为昆明市。市政公所直接受省政府的监督，督办由省长任命。昆明市政公所管辖区域，“暂以云南省会为范围，以后尚拟将东南及西北大加扩充之”。其位置东至东庄大波村、大树三营等处；南至土桥村、螺蛳湾、豆腐营、何家营等处；西至三分寺、黄土坡；北至莲花池、北校场；西南至潘家湾、瓦仓庄、大观楼；东南至滇越铁路总车站、地藏寺。东西长5.4里，南北宽6.3里，全市面积17.96方里（4.49平方公里）。行政上分为6个区。

民国十七年（1928年），中华民国政府颁布市组织法，分为《特别市组织法》和《普通市组织法》两种。昆明属于普通市。同年8月1日，昆明市政公所改组，正式成立昆明市政府。市政府“依法受省政府及各厅厅长之监督指挥，市长为荐任制”。其辖区仍以“原有省会警察区域为范围”。民国十九年（1930年）7月，中华民国政府颁布《修正市组织法》，规定“人口二十万人以上，其所收营业税、牌照税、土地税每年合计占该地总收入二分之一以上者为设市必要条件”。当时昆明市“人口仅一十六万有奇，其营业税、牌照税、土地税等尚未举办”，不符合《修正市组织法》的规定，民国政府内务部“不准予备案”。

昆明市政公所（民国《昆明市志》）

民国二十三年（1934年），昆明市政府以“因市政日繁，甚感区域偏小，不敷设备”为由，“呈准将昆明县附近市郊村落大小27村划入市区管辖”。此时，昆明市人口超过20万，营业税、牌照税、土地税每年收入72.65万元，超过本市收入总额1/2以上。市辖区域界线：东至席子营、苏家庄；东南至菊花村；南至佴家湾、刘家地；西至六合村、蔡家营；西南至白泥坡；北至林家凹、大马房；东北至小厂村；西北至王家坝。总面积77方里（19.25平方公里）。据此，云南省政府于民国二十四年（1935年）2月，正式向民国政府内务部呈递建市备案报告。同年4月23日，民国政府内务部正式颁发昆明市政府暨昆明市参议会铜质印信各1枚。至此，成立了5年多的昆明市政府才正式办妥一切合法的法律手续。

抗日战争期间，由于人口剧增，昆明战略地位更显得重要，云南省政府又于1939年11月正式批准昆明市为云南省政府直辖市。直至中华人民共和国成立以前，昆明市的行政区划和管辖范围无重大变化。

民国时期的云南风云际会，发生了许多影响全国乃至全世界的重大事件。

拓展延读

昆明建市

民国八年（1919年），云南省政府将省会警察厅管辖的昆明县划出，设云南市政公所于翠湖之湖心亭，先后任命王有兰、李宗黄为督办。翌年，云南发生政变，省长唐继尧出走，云南市政公所撤销。

民国十一年（1922年）唐继尧重回滇掌政，继续划省会所在区域（今盘龙、五华两区）为市，并正式定名为昆明市。改云南市政公所为昆明市政公所，设衙于景星下街的清代督标中军守备署旧址，市政公所由云南省政府直接领导。并颁布《云南昆明市政公所暂行条例》，规定市政公所职权，督办综理全市行政事务。从民国十一年至十七年（1922～1928），唐继虞、张维翰、马钤先后任督办。

民国十七年（1928年）八月，云南省政府根据国民政府颁布的《普通市组织法》，将昆明市政公所改组为昆明市政府，改督办为市长，总理全市行政事务。从民国十七年至三十八年，马钤、李修家、庾恩锡、张祖荫、熊从周、陆亚夫、翟翚、裴存藩、罗佩荣、陈玉科、曾恕怀先后主政昆明市政府。同时，云南省政府核准《云南昆明市政府组织章程》，规定了市政府的职权范围。

昆明建市之初，市区面积小、人口少、工商企业不多，当时昆明市“人口仅一十六万有奇”，并未达到国民政府《修正市组织法》规定的“人口二十万以上”的“设市之必要条件”，因此昆明市政府一直未被国民政府内务部认可备案。民国二十三年（1934年），昆明市政府以“因市政日繁，甚感区域偏小，不敷设备”为由，呈准将市郊附近昆明县的村落大小27村划归市管辖，昆明市人口超过20万。次年2月正式向国民政府内务部呈递建市备案报告，同年4月23日，国民政府内务部正式颁发昆明市政府暨昆明市参议会铜制印信各一枚。至此，因人口、财税两因素拖延多年的昆明市才办妥一切合法手续。

云南陆军讲武堂

云南陆军讲武堂是中国近代一所著名军事院校，开办于1909年。与创办于1906年的北洋讲武堂（天津）和创办于1908年的东北讲武堂（奉天）并称“三大讲武堂”。

清朝末年，清王朝开始效仿西方，建立新式陆军，兴办军事学堂。当时，计划在全国编三十六镇（师），其中第十九镇建于云南。为培养新军的新型军官，清政府作出统一的规定：“各省应于省垣设立讲武堂一处，为现带兵者研究武学之所。”光绪三十四年（1908年），护理云贵总督兼云南藩台沈秉堃向清廷奏准，筹办云南陆军讲武堂。校址设在昆明原明朝沐国公练兵处，占地7万余平方米。宣统元年（1909年）8月15日，云南陆军讲武堂正式开学，高尔登为首任总办（校长）。学堂开办之初，分步、骑、炮、工四个兵科，设甲、乙、丙三班。课程仿照日本士官学校，分学科、术科两项。讲武堂聘用了一批国内武备学堂毕业生和日本士官学校中国留学生任教。

云南陆军讲武堂（字应军/摄）

讲武堂的教职员工基本上由留日学生中的同盟会员担任，学校各兵科科长、执事官、各班班长基本上是同盟会会员。同盟会员在讲武堂建立了秘密组织，在师生中传播革命思想，开展革命活动，扩大同盟会组织。

辛亥革命后，云南都督蔡锷将军下令将云南陆军讲武堂改为云南陆军讲武学校。以云南讲武堂师生为骨干组建的滇军，在护国、护法战争中战绩辉煌，故学校声誉日隆，威名远扬。邻省甚至邻国许多有志青年纷纷来昆明报考求学。云南陆军讲武堂至1928年为止，共招收学生4000多人。

1930年，龙云在讲武学校成立滇军教导团，龙自兼团长，除步、骑、炮、工四兵科外，增设宪兵、经理、交通三个区队以培养专业军官，教导团共办三期。至此，云南陆军讲武堂、讲武学校共办22期，包括校内举办的各种培训队、班，共培养各类军官、军士约9000人。

1935年，该校按黄埔军校系列，改名为“中央陆军军官学校第五分校”，作为黄埔军校的9个分校之一，由蒋介石兼校长，具体实行主任负责制，昆明分校由龙云兼主任。依照黄埔军校系列定为黄埔第十一、十四、十六、十七、十八、十九、二十期，培训各类学员近8000人。1945年9月，抗日战争结束后，第五分校奉令停办。

讲武堂师生在后来的辛亥革命、护国运动、北伐战争、抗日战争以及解放战争中，继续发挥着巨大的作用，为中国人民以至世界人民的解放事业，作出了自己的贡献。

云南讲武堂走出了两位元帅，二十几位上将，三个国家军队的总司令和一个国家的国防部长。从这里先后走出数百名将军，中将以上的高级将领有数十人，其中较著名的教员和官佐有：李根源（上将，陕西省省长，粤滇军总司令）、顾品珍（上将，滇军总司令，云南督军，云南省省长）、唐继尧（上将，云南督军兼省长，靖国军总司令，建国联军总司令）、李烈钧（上将，江西都督，护法军政府总参谋长）、张开儒（上将，滇军总司令，广州大元帅府参谋总长）、罗佩金（上将，护理四川督军，靖国军第一军总司令）、刘存厚（上将，四川督军，四川陆军检阅使）、赵又新（上将，川滇黔靖国军第二军总司令）、杨杰（上将，陆军大学校长，代理参谋总长）；著名的毕业生有：朱德（元帅，中国人民解放军总司令，全国人大常委会委员长）、叶剑英（元帅，中华人民共和国国防部部长，全国人大常委会委员长）、崔庸健（次帅，朝鲜人民军总司令，朝鲜最高人民会议常委会委员长）、武元甲（大将，越南国防部部长兼越南人民军总司令）、朱培德（一级上将，参谋总长，代训练总监）、金汉鼎（上将，代理滇军总司令，国民革命军第九军军长）、范石生（上将，滇军第二军军长，国民革命军第十六军军长）、胡瑛（上将，云南戒严司令部司令）、盛世才（上将，新疆临时边防督办，第八战区副司令长官）、赖心辉（上将，四川边防军总指挥，四川省省长，第二十二军军长）、龙云（二级上将，陆军副总司令，军事参议院院长，国防委员会副主席）、卢汉（上将，第一方面军总司令，云南省主席）。另外，学员中，李范奭担任了韩国首任总理兼国防部长；武海秋担任过越南临时政府主席。

云南陆军讲武堂在中国近代史上有着光辉的历史，朱德称之为“中国革命的熔炉”。

再造共和——护国首义

辛亥革命推翻了清廷，但革命的果实却被善弄权术的袁世凯装入腰包。窃取革命果实后，袁破坏约法和国会，扩大专制独裁权力，并企图以承认日本独吞中国的“二十一条”换取帝国主义的支持，实现封建专制的复辟。“窃国大盗”的卖国行径及倒行逆施遭到全国人民的唾弃和坚决反对。1915年，袁世凯在全国人民的怒潮中，粉墨登场，公然在北京上演了遗臭万年的“洪宪闹剧”。

帝制丑剧开场之后，孙中山立即发表《讨袁宣言》，全国各地讨袁活动频繁。当时西南地区因地理位置偏远，袁的势力无法到达，昆明人民的反袁情绪高涨。受过民主革命思想熏陶的云南中下级军官在此形势下，纷纷成立反袁斗争的秘密小组，并且通过军官杨蓁、邓泰中提出出兵讨袁的要求。唐继尧亦有反袁之心，但又恐云南兵少力弱，贸然行动会遭不测。于是，他派都督府秘书长周钟岳到北京邀请蔡锷“脱身南来，共图大事”。

当时的昆明实际上成了全国的反袁中心，各地反袁人士纷纷到昆明进行反袁活动。以梁启超为首的进步党，秘密掩护蔡锷入滇；国民党同样把西南视为北洋政府统治缺口，想在此建立反袁根据地，于是李烈钧、熊克武也来到昆明。加上先于蔡锷等入滇的方声涛等，大批革命人士云集昆明。

蔡锷等人抵昆后，与唐继尧分析了全国形势，决定立即发动护国战争。1915年12月25日，唐继尧、蔡锷、李烈钧等召集军政各界人士开会，宣布云南独立，通电讨袁。消息一传出，昆明全城沸腾，欢声雷动，全市人民自动游行至深夜。游行队伍高呼“打倒袁世凯”“拥护共和”，口号声响彻云霄。随后，驻昆各部队连以上军官集中五华山大礼堂，士兵则在各部操场，面对关公、岳飞画像，共饮鸡血酒，举手发誓：“绝对服从护国军命令，铲除袁贼。如违誓言，愿受极刑。”一时群情激愤、斗志昂扬。在宣布独立的同时，组成了军都督府，推举唐继尧为都督，并把护国军编为三个军。第一军由蔡锷任总司令（朱德时任第一军第三梯团第六支队长），第二军由李烈钧任总司令，第三军由唐继尧兼任总司令。此外，另组织了挺进军，由黄毓成任司令。然后按既定作战计划，第一军入川，第二军经贵州入广西，第三军留守昆明，挺进军作机动。护国战争爆发。

护国军本身力量不大，但由于民心所向，将士英勇，因而迅速占领了四川叙府（今宜宾）等地，不久又占领泸州。袁世凯在震惊之余，组织三路大军反攻，护国军陆续退出泸州。反袁是顺应历史潮流之义举，云南大旗一招，各省纷纷响应，北洋军阀将领冯国璋、段祺瑞也乘机给袁施加压力。袁世凯在众叛亲离之下，“千古”于全国人民的唾沫之中，以云南首义的护国运动取得胜利。

昆明人民在护国运动中作出了巨大贡献。早在蔡锷入滇之前，昆明就已成了一座反袁的火山。云南宣布独立的当天，民众革命热情高涨，欢声雷动，使护国军深受感动。护国军三个军成立于一个穷省，军费、兵源困难很大，但昆明人民有钱出钱，无钱出力，无论富商大贾，还是贫苦之家，甚至贩夫走卒，宁愿忍饥受冻，也把仅有的点滴粮、钱、物捐献给护国军。当时群众捐献由富滇银行代办，早晨银行一开门，捐献者就拥挤不堪。原担心兵源不足，想不到昆明乃至全省有志青年踊跃报名参军，许多人屡次申请但因人数超过部队需求而不能如愿。护国军出师后，学生和教师要求投笔从戎的申请、戍边官兵请战的函电像雪片般飞到都督府。

护国门（民国《昆明市志》）

1919年，昆明人民为纪念护国战争的胜利，经公议将绣衣街上（今护国路北段）及南校场以东沿一段改称护国路，在绣衣街上与今南屏街上东口交叉处建护国门一四柱三开花棂大铁门。前门有一座多孔石拱桥，称作“护国桥”（又叫小南门桥），隔桥不远建有一座护国纪念标，后移至原近日楼前街心花园中。标座四面刻有周锺岳撰文、袁嘉谷书的铭辞，叙述了反袁护国的起因和经过。

星星之火

经历了重九起义、护国首义的昆明，民主、科学的思想已经渐入人心，“十月革命”的炮声和“五四运动”的浪潮，更使马克思主义在昆明得以传播，为中国共产党组织在昆明的建立打下了思想基础。1925年，旅沪学生张永和暑假期间来到昆明，介绍省立一中的李国柱参加了共青团。经团中央同意后，指派李国柱负责云南团的工作。随后李国柱吸收吴澄（昆明人，女）、赵琴仙（昆明人，女，白族）等入团，成立了以李国柱为书记的团支部。1926年，党派杨青田回云南负责建党，杨发展了李国柱入党，李成为云南最早的党员。因当局监视严密，筹建党组织的计划没有完成。

8月，中共广东区委派滇籍党员李鑫回昆筹建党组织，先后发展了吴澄等加入共产党，成立了中共在昆明的第一个党小组。11月7日，在李鑫主持下，中共云南第一次党员会议在节孝巷24号（今55号）召开。会上，成立了中国共产党云南特别支部，吴澄任书记。云南特别支部成立后，利用云南4个镇守使和唐继尧日益激化的矛盾，成功地进行了“倒唐”运动，推动了工农革命。1927年，中共广东区委派王德三（祥云人）等滇籍党员到昆明，进一步加强了党在昆明的力量。3月1日，在云南特支的基础上，建立了中共云南特别委员会，王德三任书记。特别委员会成立后，即以昆明为基地和重点，进行了广泛的学运、农运、妇运工作。

“四一二”事变后，云南当局进行“清党”反共。12月，中共云南特委召开扩大会议，决定把工作重点转移到农村、厂矿及铁路沿线，并建立中共云南临时委员会，选举王德三为书记。

1930年，云南当局加紧“清党”反共步伐，王德三、张经辰和李国柱、吴澄夫妻均被捕。12月31日，他们被押到西郊地台寺，在“共产党万岁”的口号声中，一齐倒在血泊中。至此，中共在昆明的组织遭到完全破坏。

1935年，吴懋德受中央指派，化名李浩然回昆明恢复重建党组织，于11月在昆明成立中共云南临时工作委员会。党组织恢复后，在继续壮大组织力量的同时，积极领导了抗日救亡运动；抗战胜利后，领导了轰轰烈烈的“一二·一”“七一五”等爱国民主运动；昆明和平解放前夕，又为促成卢汉和平起义做了大量卓有成效的工作。

在坚持开展地下斗争的同时，云南武装反抗国民党反动派的斗争也日益呈燎原之势。

1947年后，中共云南省工委根据中央关于在蒋管区开展农村游击战争的指示，把工作重点转移到农村。10月，省工委在全省各地发动大规模的武装斗争，建立了云南人民讨蒋自救（卫）军，建立了10块连片的根据地。1948年8月以后，桂滇边区部队与云南人民讨蒋自救军会师。1949年1月，遵照中央军委的命令，成立了中国人民解放军桂滇黔边区纵队。同年7月，根据中央决定，云南全省的游击武装和滇桂黔边纵队，统一编为中国人民解放军滇桂黔边纵队。

“边纵”的成立，极大地鼓舞了滇桂黔边区的广大指战员和各族人民，推动了人民武装斗争的发展。“边纵”成立后，多次粉碎了敌军的大规模围剿。至1949年4月，已解放了全省县城31座，乡镇150余处；破坏了敌军退夺滇西、将其作为外逃缅甸战略通道的计划；配合南下野战大军，阻止了白崇禧、胡宗南集团向云南的退踞。1949年12月，云南省政府主席卢汉在昆明率部起义后，“边纵”组织力量协同起义部队进行了昆明保卫战；此后，又积极配合野战军发动了滇南战役，为云南的解放作出了巨大的贡献。

红军巧渡金沙江

1934年10月，由于“左倾”路线的错误，第五次反“围剿”失败，中央红军被迫离开江西革命根据地，开始了举世闻名的二万五千里长征。遵义会议后，中央曾决定红一方面军从黔北经川南在宜宾至泸州一线渡长江，与红四方面军汇合，在四川建立苏区。但由于蒋介石调集重兵，在黔北和川南一带堵防，截断红军西进渡江的道路，渡江意图未能实现。尔后，中央便决定改道从金沙江渡江进入四川，实现这一意图的关键是要“调出滇军”。为此，毛泽东率领红军，一渡赤水集结威信扎西，二渡赤水再进遵义，三渡赤水使敌疲于奔命，四渡赤水南下乌江佯攻贵阳。坐镇贵阳指挥合围红军的蒋介石慌了手脚，急令滇军主力火速奔贵阳“保驾”。毛泽东“只要能将滇军调出来，就是胜利”的战略意图实现了。从1935年4月下旬始，红军每天急行军百余公里，分三路进军云南，一路攻城拔寨，直指昆明。由于此时滇军主力全部东调，龙云只得组织各地民团到昆明守城，同时急令滇军回防。红一军团为了继续迷惑敌人，不让敌人向金沙江追击，一路攻入嵩明县城，一路攻入杨林，形成威逼昆明之势，然后乘胜攻克武定、元谋，抢占龙街渡口；三军团则从寻甸柯渡出发，经鸡街到达禄劝洪门渡口。毛泽东、朱德等也于4月30日经寻甸鸡街到达禄劝翠华小仓街宿营。

5月1日晚，军委纵队干部团陈赓、宋任穷奉军委命令，率前卫连指战员翻山越岭，艰苦跋涉，经280里急行军赶到皎平渡，从附近村子找来船工，依靠搜寻到的两只木船，强渡到北岸四川境内，奇兵突击消灭了守敌，夺取了皎平渡口。第二天，又在当地群众协助下找来5条木船和30多名船工，部队开始有秩序地抢渡。为了防止追敌扰乱、袭击我军渡口，红五军团在董振堂军团长的指挥下，在皎平渡以西筑起一道铜墙铁壁，英勇阻击尾追之敌。

由于洪门渡口缺乏船只，龙街渡口江面太宽，易遭敌机袭击，一军团和三军团也分别于6日、7日赶到皎平渡口渡江。8日，主力部队渡江完毕；9日，担任阻击任务的五军团顺利渡江后，毁船北去。两天后，赶到皎平渡口的敌军只有望江兴叹。

历经九天九夜的抢渡，仅靠7条木船、36名船工，3万余名红军便全部抵达四川会理境内，摆脱了几十万敌军的围追堵截，取得了渡江北上战略转移中具有决定意义的胜利。后来，毛泽东在《长征》一诗中，用“金沙水拍云崖暖”对巧渡金沙江之役进行了高度概括。

红军西进云南，从金沙江皎平渡北上，在昆明境内只有11天，但所到之处纪律严明，秋毫无犯，打土豪，分浮财，宣传革命，播撒火种，深受群众拥护。一些青壮年在此期间参加了红军。群众为红军带路、保护红军伤病员的动人故事至今仍在昆明地区流传。

西南联大迁昆

1937年全面抗战开始，北京大学、清华大学、南开大学先迁至湖南长沙，组成长沙临时大学，同年10月25日在长沙开学。1938年4月三校又西迁昆明，改称国立西南联合大学，5月4日开始上课。北大、清华、南开均为著名的高等学府，它们有各自独特的经历，有各自为人称道的教学作风。联大组建以后，汇集了一批著名专家、学者、教授，师资充实，人才济济。联大在极其艰苦的条件下，坚持严谨的治学态度，树立优良学风。抗战胜利后，1946年西南联大解散，三校分别迁回北京、天津复校。

西南联大培养了大批杰出人才，其中不乏蜚声中外的一流科学家。联大八年，前

西南联大纪念建筑（杨子人/摄）

后任教的教授有叶企孙、陈寅恪、吴有训、梁思成、金岳霖、陈省身、王力、朱自清、冯友兰、王竹溪、沈从文、陈岱孙、闻一多、钱穆、钱锺书、吴大猷、周培源、费孝通、华罗庚、朱光潜、赵九章、李楷文、林徽因、吴晗、吴宓、潘光旦、卞之琳、李宪之、梅贻琦、张伯苓、蒋梦麟、杨武之、冯景兰、袁复礼、冯至、刘文典等300余人，他们都是各个学科、专业的泰斗、顶级专家。学生有8000人，毕业生3343人。著名校友有杨振宁、李政道、朱光亚、邓稼先、彭佩云、汪曾祺、邹承鲁、王希季、陈芳允、郭永怀、屠守锷、吴讷孙、陈忠经、戴传曾、何兆武、何其芳、吴大观、任继愈、吴庆恒、叶笃正、谢玮、黄昆、王浩、杨凤、林景等。

联大师生担任中央研究院首届院士27人、中国科学院院士154人（学生80人）、工程院院士12人（全是学生），其中有杨振宁、李政道2人获得诺贝尔物理学奖；赵九章、邓稼先等8人获得两弹一星功勋奖；黄昆、刘东生、叶笃正、吴征镒4位获国家最高科学技术奖；宋平、彭佩云、王汉斌等人成为国家领导人。

西南联大不仅大师云集，在教学和科研上成绩卓著，蔚为学术重镇、人才摇篮，而且是当时“倒孔（祥熙）”运动和一二·一运动的发起者和策源地，在爱国民主运动中发挥了重要作用，被誉为“民主堡垒”。有不少校友参加革命斗争，成为各级领导干部，有的已进入国家领导人的行列，有近30位校友在抗日战争和革命斗争中牺牲，成为烈士。西南联大不仅在中国教育史上，而且在中国新民主主义革命史上都留下了光辉的一页。

联大的许多精神，特别是学术独立、大学独立、科学与民主的精神，兼容并包与学术自由的精神，艰苦奋斗的精神，敬业勤学的精神，为共同事业团结合作的精神，值得后人学习。

抗战中的昆明

抗战期间，昆明因地理位置以及国际国内形势的交互影响，成为全国抗战的重要后方基地，为抗战的胜利作出了足以自豪的贡献和牺牲。

首先，“九一八”事变以后，北方及东南沿海陷入日寇手中，大西南成了后方基地。大批重要党政、文教机构和工矿企业纷纷内迁。昆明作为安置的重点地区之一，建成了包括矿业、冶金、机器制造、纺织、化工、光学仪器在内的战时工业基地。据有关资料显示，1940年，昆明与重庆、川中、川东、广元等地区一起，发展成为大后方8个重要的工业中心，是战时重要经济支柱和工业支柱。昆明的主要工厂企业已达80家，仅次于“陪都”重庆和川中地区。

其次，随着沿海港口的相继沦陷、太平洋战争的打响，昆明成了中国唯一能对外联系的战时国际城市。为突破封锁，打通西线，国民政府于1938年修通滇缅公路，并与川、黔、桂公路连通。随着战局的发展，中印输油管道及中印公路（史迪威公路）相继开辟。太平洋战争爆发后，在盟军通往中国战区的交通被日军切断的情况下，中美飞行人员作出重大牺牲，打通了飞越世界最高峰的中印航线（驼峰航线），昆明成为抗战物资进出的集散中心。

再次，随着战局变化，昆明既是战略后方，又是战略前沿，成了军事重地。1939年，日寇冒犯桂南，昆明地位日显重要，国民政府在原有的滇黔绥靖公署外，又增设昆明行营，由龙云任主任。随着缅甸战场的开辟，昆明行营的地位日益显著，大量军队集结昆明，又从这里奔赴滇西及缅甸。昆明成了缅甸战场和滇西战场的指挥基地。由于昆明地位重要，日军从1939年起频频出动飞机轰炸，我军对此束手无策。1941年，经陈纳德奔波，美国政府同意，许多富有正义感的美国飞行员和机械师奔赴昆明，建成“中国空军美国志愿援华航空队”。航空队成立后，屡屡重创日机，战果辉煌，被誉为“飞虎队”。

此外，昆明的文化教育事业得到较大的发展。当时内迁昆明的高等院校有国立西南联合大学、国立同济大学、私立中法大学和国立艺专等学校。这些学校的迁入，极大地改变了昆明地区的文化教育面貌。西南联大等校在昆8年间，不仅“内树学术自由之规模，外来民主堡垒之称号”，极大地促进了昆明民主运动的发展和社会思想文化的变革。

抗战期间，在中共云南工委发动、组织和领导下，昆明人民进行了一系列宣传抗日、反对内战的民主活动。1935年，成立学生救国联合会，宣传党的抗日主张。抗战爆发后，为领导抗日救亡运动，分别设立了青委、职工委和妇委等机构，以《南方》作为省委刊物。还成立了“云南学生抗敌后援会”“云南青年抗日先锋队”等党的外围组织，后合并建立“中华民族解放先锋队”。1938年，组织昆明4000多人举行“五八”大游行进行抗日宣传。1942年，因孔祥熙女儿用飞机运洋狗到香港，全国一片哗然，昆明掀起了“倒孔”大游行。这些民主活动，扩大了抗日救亡运动的影响，揭露了国民党统治的黑暗。

为支援抗战，昆明人民奉献了自己的力量。第一，抵制日货。“九一八”事变之前，昆明即组织了“反日护侨救国会”，抵制日货。事变之后改名为“昆明市抗日救国会”，厉行对日经济绝交，抵制日货，提倡国货。至1933年，昆明市场上日货基本肃清。但因国民党干涉压制，抗日救国会1935年被迫解散。

第二，送子弟兵上前线。抗战期间云南走上前线的子弟兵37万余人，伤亡10多万。昆明作为省会城市，先后有三四千子弟兵开赴前线，同时训练了近万名壮丁。

第三，捐资助战。每年“七七”均为“献金日”，人民踊跃捐献。抗战期间，昆明市和云南全省共捐献寒衣200万件以上，1941年半年内又捐献布鞋100多万双。58军出征后，全市十多家药店纷纷捐药，曲焕章药房的百宝丹、公生大药房的云南白药捐献尤多。昆明人民还提出了“前方将士流血，后方人民献血”的口号，市民纷纷献血。1944年7月13日，军政部在昆明建立了中国第一个血库。在献机活动中，云南献飞机30架，名列全国第一。

抗战期间，由于内地人口大量内迁昆明，由此引发的生活负担全压在了昆明人民肩上。如1942年，昆明人民节衣缩食调出粮食11990石，自己则努力生产，颗粒归仓，尽最大努力支援抗战。美国14航空队的生活负担也落在全省人民身上，当时驻滇美军共2万多人，每日需供应牛40头、猪60头、鸡1000只、鸡蛋6万枚、面粉150袋。因运输不便无法得到外省支援，均由全滇人民供应。

民主堡垒

经过“重九”起义、护国运动洗礼的昆明人民，已经具有一定的民主思想。西南联大等内地高校的迁昆，更带来了浓郁的民主气氛，加之中共云南地下党用鲜血和生命发动、组织、领导的一系列爱国民主运动，使昆明成了闻名中外的“民主堡垒”。

抗战胜利后，中共提出了“和平、民主、团结”的建国方针，同时提出了建立联合政府的主张。而国民党却倒行逆施，悍然发动内战，妄图消灭以中国共产党为代表的革命力量。围绕着中国的两个前途两种命运，在中国共产党的领导下，反对国民党专制、反对内战、争取民主与和平的一二·一运动在昆明爆发了。

1945年11月25日夜，中共云南省工委领导下的“中国民主青年同盟”（简称“民青”）建议西南联大、云大、中法大学、英语专科学校等4所大学的学生自治会举行时事晚会，请费孝通、潘大逵、伍启元、钱端升四教授针对时局发表专题演说，并请吴晗、闻一多诸先生出席指导。晚会拟在云大至公堂举行，后在当局粗暴干涉下，改在西南联大（现云南师范大学校址）图书馆前草坪上进行。晚会刚开始不久，校外响起枪声，与会者镇静自若，紧闭校门，国民党军警无法冲入。当第

闻一多衣冠冢（杨子人/摄）

二位教授开始演讲时，校外枪声、炮声大作，接着电源被切断，大家便点亮汽灯照常进行。忽然，一个自称“王老百姓”的家伙冲到讲台前叫嚷，“你们联大是讲民主的，我要讲话”，“中国今日不是内战而是内乱”。这位“老百姓”被人认出是特务头目查宗藩，当即被轰走。这时墙外炮声又响起来，费孝通大声疾呼：“我们要呼吁和平，在枪林弹雨中呼吁和平！”学生们振臂高呼：“用我们的声音反抗枪声！”

晚会在通过《昆明四大学全体学生致国共两党制止内战》和《吁请美国青年反对美军参加中国内战》的通电后，在歌声中结束。

11月26日，《中央日报》为昨晚鸣枪解释：“西郊匪警，黑夜枪声。”这一贼喊捉贼的伎俩激起了爱国人士的愤怒，许多教授撰文对此进行驳斥，学生则自动罢课，斗争气氛骤然紧张。据此情况，经请示地下党组织后，“民青”决定组织大规模罢课。到12月1日止，全市大中学校全部罢课。此间，11月28日，昆明成立“昆明市大中学生罢课联合委员会”，简称“罢联”。从此，昆明大中学生反内战运动便在“罢联”的领导下进行斗争。与此同时，昆明学生还通过了通电全国的四大文告，《为反对内战告同胞书》《致美国政府抗议书》《抗议武装干涉集会告全国同胞书》和《告美国人民书》，提出了反内战、争民主的四项政治主张和四条当前要求。

随着事态的扩大，蒋介石电示云南代主席李宗黄、云南警备司令关麟征等，“以组织对组织、以宣传对宣传、以行动对行动”。于是他们抽调人组成“反罢课委员会”，以第五军军长邱清泉为总指挥。“反罢课委员会”成立后，对学生进行了拉拢、瓦解、威胁、强令复课等手段，但爱国学生在共产党领导下与之进行了坚决的斗争。

在施尽浑身解数仍未能制止蓬勃发展的学生运动之后，11月29日，李宗黄下达命令：必要时不惜流血。关、邱二人更是气势汹汹，规定打一个中学生奖4万元，打一个大学生奖8万元。关麟征还扬言：“学生有开会的自由，我有开枪的自由。”从30日起，军警、特务、流氓开始对学生大打出手。鉴于事态严峻，地下党通知各校，12月1日暂停校外活动，提高警惕。12月1日，李宗黄在省党部对打手们叫道：“学生们闹得太厉害了，你们去给我打。”随后打手们冲入各校大打出手。在此过程中，南菁中学于再老师在联大校门口被手榴弹炸死，联大师院女生、共产党员潘琰在联大师院被炸伤后又被铁棍刺死，联大师院的学生李鲁连、昆华工校学生张华昌被炸死。这一天共计死亡师生4人，重伤29人。这就是一二·一惨案。

12月2日，“罢联”接连发表了两个文告：《向全国昆明父老沉痛呼吁》《昆明学生为“一二·一”事件告全国同胞书》。12月3日，“罢联”公祭四烈士，灵堂设在联大图书馆。从4日起，十多万昆明各界人士纷纷捐款援助，参加公祭，表示支援学生斗争，教授会宣布罢课1周。6日，全市大中学校教师300余人发表《罢教宣言》，学生运动得到广泛支持。

一二·一惨案在全国也引起了极大反响。惨案发生后，毛泽东代表中共中央发出

“援助国民党统治区域正在发展的民主运动（以昆明罢课为标志）”的号召；周恩来指出“昆明惨案就是新的‘一二·九’”；宋庆龄、郭沫若、马叙伦、沈钧儒等著名人士站到了斗争最前列，重庆、广州、武汉、上海、贵阳、成都、延安、遵义等大中城市或为四烈士举行追悼会，或举行群众大会，或游行示威，表示对昆明学生的声援；《解放日报》《新华日报》分别发表社论高度评价昆明学生的爱国民主运动，谴责国民党发动内战、镇压学生的法西斯暴行。在强大的压力下，当局被迫让步。12月6日，蒋介石发表告昆明教育界人士书，宣布关麟征“停职议办”，李宗黄调离昆明。一二·一运动取得了重大胜利。

在昆明爱国民主运动中，还涌现出了李公朴、闻一多两位著名爱国民主人士。1946年7月，李公朴因揭露国民党挑起内战的罪行遭暗杀。时任西南联大教授的闻一多，在昆明学联至公堂举行的报告会上拍案而起，发表了著名的《最后的演讲》，怒斥国民党发动内战的罪行。会后，闻一多到《民主周刊》社召开记者招待会，后在归途中被国民党特务杀害。

李闻惨案的发生，激起了全国人民的极大愤慨，推动了全国人民的反内战斗争。毛泽东曾这样高度评价闻一多：“拍案而起，横眉怒对国民党的手枪，宁可倒下去，不愿屈服，表现了我们民族的英雄气概。”

李公朴、闻一多先生被杀害后，衣冠葬于原西南联大一二·一运动烈士墓地。

“反美扶日”风潮

1948年5月，北京、上海学生在“反饥饿、反内战、反迫害”运动之后，又掀起了反对美国扶植日本侵略势力的爱国运动。昆明学生在中共云南省工委的领导下积极响应，于1948年夏开展了“反美扶日”运动。

“反美扶日”运动是一场激发人民爱国热情、揭露国民党政府卖国行径的运动，得到了社会各阶层的支持和拥护，群众很快便充分发动起来。鉴于这种情况，中共云南省工委决定于6月17日在昆明举行示威游行。

17日早，侦知情况的国民党军警到处阻拦学生，不准学生到云大集中。但学生顽强冲破阻拦，于10时汇集云大。这时云大周围布满军警、特务，气氛十分紧张。

在示威游行之前，由“学联”出面举行了声讨国民党政府发动内战和卖国罪行大会，并通过了《“反美扶日”宣言》。在烧毁用竹子扎成的蒋介石像后，学生队伍冲破阻拦，上街游行，参加人数达2.5万人。游行队伍最后到了美国驻昆明领事馆前，递交了抗议书后解散回校。待学生分散后，军警开始分头抓人，“学联”为此召开紧急会议，宣布全市学生罢课5天。19日，为营救被捕学生，“学联”组织200多名学生代表到警备司令部请愿。警备司令部不仅不释放学生，反而又逮捕了4名请愿学生。

“学联”党组织向省工委请示以后，决定于6月22日在全市宣布无限期罢课，直到被捕学生被完全释放为止，并决定郊区学生集中于云大、师院坚持斗争。6月24日，因一个特务告密，求实中学的一位教师被绑架，该校学生十分愤怒，遂将特务抓起来进行公审。宪兵13团冲入学校企图救出同伙，学生用板凳桌子构筑工事与宪兵对峙。直到第二天早上，“学联”组织学生前来营救时，宪兵才撤走。此后，学联将全市学生集中于云大和师院，用桌椅凳子和石头构筑成简单工事，准备与进犯的军警搏斗。

1948年7月15日晨，宪兵、军警开始行动，南菁中学首先被攻破。坚守云大的几百名学生也被逼退到会泽楼主楼。10时左右，警备司令何绍周在会泽楼前指挥时，被楼上学生用石块打中，遂恼羞成怒，当即命令开枪。他恨恨地说：“把他们好好包围起来，时间长了，他们肚子饿，看他们下来不下来。”

16日傍晚，国民党云南省政府主席卢汉来到云大，答应不殴打学生，但要逮捕五六个为首的学生。“学联”领导为保护学生，答应下楼。但学生一下楼，即被全部拘留起来。除一部分因年龄小而被交还家长领走外，其余学生全部被送交“夏令营”加以看管。

“七一五”事件后，当局继续镇压学生运动，解散了一些中学，改组了一些校董事会，撤换了一些校长。被捕的学生中很多人是共产党员，为了适应新的斗争需要，他们在监狱建立了临时党支部，提出“把监牢变做战场，把监牢变做熔炉，把监牢变做学校”。1948年12月以后，被捕学生陆续出狱。

昆明起义

1949年4月，人民解放军完成“三大战役”后，“宜将剩勇追穷寇”，百万雄师渡长江，锋芒直指南京，“蒋家王朝”的覆灭指日可待。

此时云南形势相当复杂，卢汉的精锐部队六十军已在长春起义，九十三军在锦州被全歼，其手中只有五六个保安团的实力。蒋介石想把云南建成“反共基地”，一方面对卢吹捧拉拢，频频派大员到昆与卢接触；另一方面则对卢采取监督、逼迫等手段。以沈醉为首的特务活动猖獗，随时准备加害卢汉。在云南的中央军，除余程万的二十六军严密控制昆明南出的通道外，李弥的第八军也开进云南。卢汉处境十分艰难。

中国共产党则把强大的军事和政治攻势相结合。1949年7月，中共桂滇黔边工委和云南省工委联合召开会议，成立了中共桂滇黔边区委员会，提出利用地方势力和国民党中央的矛盾，争取卢汉和平起义，并立即派人与卢汉联系。中国人民解放军滇桂黔边纵队至1949年4月即解放了全省县城31座、乡镇150余处。人民解放军野战军在解放南京后浩浩荡荡朝云贵开来。地下党领导的争民主、争和平、争取云南和平解放的各种运动在昆明十分活跃。

卢汉秘密派人与地下党、“边纵”进行接触，准备起义、迎接解放。一方面派人与地下党、边纵联系，一面对蒋介石表示“反共”立场，甚至在压力下搞了个“九九整肃”，抓捕了一批共产党人（被抓的人卢汉顶住压力一个也没杀，后代总统李宗仁到昆时同意释放）以应付蒋介石。12月初，国民党西南行政长官张群奉蒋介石之命到昆明，诱逼卢汉接受将国民党军事首脑机关撤到昆明的计划。在这千钧一发的关头，卢汉于12月6日召集军政首脑会议，决定起义。12月9日晚10时整，卢汉在五华山宣布起义，并向毛泽东主席、朱德总司令和全国、全军、云南全省军民通电。次日，毛、朱发来贺电：“通电敬悉，极为欣慰，昆明起义，有助于西南解放事业之迅速推进，为全国人民所欢迎。”五华山上升起了五星红旗。

昆明和平起义后，国民党第八军、二十六军围攻昆明。昆明人民和起义部队在“坚决保卫昆明”的口号下奋起还击。除起义部队外，昆明一天一夜就建立起了三千余人的人民武装，组成了市委直接领导的“昆明人民义勇军自卫总队”协同作战，维护秩序。另外还建立了“昆明人民团体联合会”作为党的公开机构。敌军组织了敢死队，在“打进昆明，自由行动三天”口号的刺激下拼死攻城，但我起义军民在龙泽汇军长指挥下未使敌人越雷池一步。

经过六昼夜激战，国民党第八军、二十六军向滇南撤退，保卫战取得胜利。与此同时，人民解放军分两路入滇向昆明疾进。12月28日，“边纵”副司令朱家璧率“边纵”一部抵昆，受到昆明人民的热烈欢迎。1950年2月20日，中国人民解放军第二野战军第四兵团在陈赓、宋任穷将军率领下进入昆明，全市人民组成的欢迎队伍长达十余里。当部队进入市区时，万人空巷，鞭炮齐鸣，欢声雷动。

从此，昆明的历史翻开了崭新的一页。

文物·古迹

◎古遗址

◎墓葬

◎石窟、摩崖及雕望

◎刻石

◎古建筑

◎纪念性建筑·近现代代表性建筑

云南是人类文明的起源地之一。开远、禄丰腊玛古猿和元谋猿人遗物、遗迹的发现，证明了从猿到人的进化过程曾经在这里展开。而滇池区域海口鱼、双嵴龙等史前生物化石以及龙潭山“昆明人”等石器时代的考古发现，使“古生物—古猿—猿人—智人（石器时代）”这一人类进化历程的发现痕迹得以连续，弥补了考古证据链的断层。

3万年前就有人类生息繁衍的滇池地区可算是人类的发祥地之一，在漫长的历史中，生活在这片土地上的人们，创造了具有地域特色和民族特色的历史文化，丰富了中华文化的宝库，留下了众多的文物古迹。

昆明又是一座具有光荣革命传统的城市，先辈们为了争取自由和幸福进行了不懈的斗争，留下了大量的革命遗址和纪念建筑。

经第六次文物普查，至2015年底，昆明市共有全国重点文物保护单位19项，分别为地藏寺经幢、太和宫金殿、云南陆军讲武堂旧址、聂耳墓、金刚塔、石寨山古墓群、筇竹寺、国立西南联合大学旧址、抗战胜利纪念堂、真庆观古建筑群、石龙坝水电站、慧光寺塔和常乐寺塔（东、西寺塔）、曹溪寺、安宁文庙、王仁求碑、马哈只墓碑、大观楼、福林堂和丹桂村、中央红军总部驻地与金沙江皎平渡口。省级重点文物保护单位55项，市级重点文物保护单位131项，县（市）区重点文物保护单位370项。

古遗址

晋宁梅树村剖面

位于云南省中部昆明市晋宁区西北7公里处，扬子地台的西南缘，是我国下寒武系梅树村阶的建阶层型剖面、珍稀化石及典型矿床产地，包括团山顶段、小歪头山段和八道湾段。剖面地层的纵向演化与整个滇东区是一致的。其沉积域一直处海水逐渐加深和古气候由炎热干燥向温暖潮湿过渡的过程。沉积相在纵向上连续递变、生物不断演化、物质成分的过渡现象均充分说明梅树村剖面各组、段之间所具有的整合接触关系。其中特别是丰富的生物及连续演化，使该剖面成为衡量滇东扬子台地的标准剖面。由于剖面层序连续完整、含丰富的小壳化石和痕迹化石并共生，它具有划分、对比地层、确定地层界线的重要意义，为研究前寒武系—寒武系界线同位素地质年代提供了有利的证据。1984年保护区被国际地科联作为全球性候选剖面之一，在此埋设“金钉”，作为保护的永久性文物。

海口鱼、昆明鱼、海口虫化石

1984年夏，科学家首先在澄江帽天山发现一块寒武纪早期的无脊椎动物化石。随后，科学家又在海口发现了海口虫、海口鱼和昆明鱼化石。

“海口鱼”和“昆明鱼”分别在1997年8月、1998年12月发掘于海口街道办事处耳材村，海口鱼和昆明鱼化石是迄今为止发现的最古老的鱼类化石。研究表明，海口鱼和昆明鱼生活于早寒武纪，属原始的无颌鱼类，表皮无骨骼和鳞片，身体呈纺锤形，可分为头部和躯干部两部分。背鳍前位，腹侧鳍从躯干下方长出，无鳍条；头部有5个至6个鳃囊，每个鳃囊中具有半鳃结构；躯干约有25个肌节，皆为双“V”形结构。昆明鱼和海口鱼的发现，不但将脊椎动物的化石记录至少提前了4000万年，将地球上有脊椎生物出现的时间推至5亿年前的寒武纪，而且丰富了澄江生物群多姿多彩的面貌，为揭示寒武纪大爆发高阶元类群出现的机制，探讨脊椎动物起源提供了关键资料。“最早脊椎动物的发现”也因此被列为1999年中国十大科技新闻之一。

海口虫化石出土于海口街道办事处耳材村附近的早寒武纪上部黄绿色页岩地层中。经专家鉴定，海口虫化石包括三叶虫、叶虾类、鳃足类、金臂虫、亚洲利安乔虫、中华约合虫、中华迷惑虫、海口箭虫等动物化石，共计14门，80个属，100多种，全部属于澄江动物群。海口虫有头，有脑，有原脊椎，属无脊椎动物与脊椎动物间的过渡类型，具有脊椎动物祖先阶段特征，对探索脊椎动物的起源有重大意义。国际公认“海口虫的发现是人类重塑地球生命历史的一项惊人成就”。

夕阳古脊椎动物化石自然保护区

位于晋宁区夕阳乡。占地面积约30平方千米，地质年代属中生代侏罗纪。20世纪80年代初，文物工作者确认当地居民所见的“鸡爪印”石为1.7亿年之前的恐龙足迹化石。1982年先后在该乡的小河坝、鲁企祖、丫租、小夕阳、大夕阳、大摆衣、木酢等村的山地发现大批恐龙化石及恐龙足迹化石。其中，恐龙足迹化石633个，可分为14属17种；恐龙遗骸化石43处。有关专家鉴定为“夕阳杨（钟氏）龙”“夕阳雷龙”“晋宁郑（和）氏龙”和“夕阳热河龙”等3个新属，7个种。1987年后又在夕阳街窝眼山和木杵榔附近出土恐龙骨骼化石13具，其中，出土的体长5.3米，头骨高大，顶部隆起一对鸡冠状嵴突的“中华双嵴龙”骨骼化石为中国仅有，被专家命名为“昆明龙”。经考证，“昆明龙”为兽脚亚目，跳龙科，双嵴龙属，中国双嵴龙（新种），系欧亚大陆首次发现。

夕阳古脊椎动物化石保护区出土的化石之丰富，种类之多，均为中国之最，具有重要的科研价值。1983年被列为市级文物保护单位。1987年，夕阳乡被列为市级古生物化石自然保护区。

龙潭山“昆明人”遗址

位于昆明市呈贡区大渔街道邓家庄村东南200米龙潭山南侧。龙潭山原为一座大型采石场，状若馒头，海拔1945米，山上熔岩发育，洞穴甚多，由于长期的自然风化和人工采石，多数洞穴顶棚或洞口被破坏，堆积物暴露于地表，其中富含古人类、旧石器及哺乳动物化石。1973年发现后，考古工作者在这里进行了大规模的考察和发掘。1975年出土一批旧石器、烧骨等文化遗物。1976年出土一个完整的人颅骨化石，尤见珍贵。1977年第一号洞出土晚期智人牙齿化石2枚，1978年将其命名为“昆明人”。“昆明人”是滇池地区发现的最早的现代人。后又从第二、第三号洞发掘出丰富的古人类化石、旧石器，为滇池地区重要的原始社会遗址。1987年被列为云南省重点文物保护单位。

河上洞遗址

位于富民县永定街道石坝村西约2公里山崖中部。该洞为石灰岩溶洞，洞口向东，高20米、宽17米，洞内平均宽15米，最宽处25米，洞向西北延伸，长130米以上，洞穴整体平面呈曲线形状，洞内有各种形状的钟乳石。明崇祯十一年（1638年）徐霞客曾游过河上洞，洞口有石刻3块，每块约1平方米，其中1块系万历二十二年（1594年）典史王间臣楷书“河上洞天”4字，另两块为万历年间富民县令刘珍描述洞内自然景观题刻及诗两首，字体为楷书。1930年地质学家王曰伦曾到此调查，把采集到的古脊椎动物化石交古生物学家杨钟键鉴定，鉴定结果发表在1937年的《中国地质学会会志》第十一卷。1937年地质学家翁文灏派卞美年、贾兰坡和杜林春再次调查发掘，在洞内发现古脊椎动物化石，有大熊猫、剑齿象、犀牛、野猪等种类，断定其时代大约和“北京人”相当。1984年第二次重返河上洞考察，1986年第三次到河上洞，指出河上洞是一个既有科学价值又能为人们提供游览观光的名胜佳地。河上洞是富民县唯一的旧石器遗址，有较高考古价值。1985年公布为县级文物保护单位。2011年公布为市级文物保护单位。

石寨山石器时代遗址

位于晋宁区上蒜镇石寨村南石寨山上。1954年发现。遗址依山势南北分布，长约500米，东西宽200米，最高点离平地33米。文物富集区约12000平方米。基底系石灰岩，地层厚2～3米不等。自上而下可以分为灰褐色耕土层、螺蛳壳层、角砾状花白黏土层、褐色黏土层、花白色黏土层、扰乱层、褐色黏土层、黑色黏土层，地层表现出韵律。文化遗物主要见于上部螺壳层，厚约15米，有石斧、镞。陶器极为丰富，多为泥质红陶凸底浅盘、卷边碗、平底小碗。陶器多手制，用谷壳、穗或麦穗作垫，器底多同心圆纹及谷物印痕。遗址中还发现少量夹砂灰陶或黑陶罐、圈足器、钵、壶、碗、纺轮及石斧、石锤、骨锥、蚌刀。经碳14测定，石寨山螺壳距今4262±160年。

王家堆遗址

位于西山区碧鸡街道王家堆村附近，属贝丘类遗址。1979年发掘。面积约40000平方米。上部为螺蛳壳层，厚约1米。中部黑土层，厚20～30米，文化遗物相当丰富。下部白泥，厚度不明。陶片极多，主要有轮制夹砂灰陶、黑陶，出土瓮、罐、盘、杯、钵、贯耳锅、纺轮等；石制品有肩石斧；骨器、木勺亦有发现。最重要的是，该遗址中还出土形态较原始的青铜戈、斧和铜渣。

西山天子庙贝丘遗址

位于滇池西岸西山区苏家村。2005年4月进行考古发掘，发掘面积300平方米，遗址堆积主要为螺蛳壳，最厚处距地表约4米。地层中发现众多前所未见的历史遗物，主要有陶、石、铜等器物，另有少量玉器。陶器大多残缺，主要器形为钵、碗和罐；石器有石锛、石斧等；铜器有铜条、铜鱼钩、铜箭镞等；玉器为玉镯和玉耳环残件。残剩的鱼骨、青铜鱼钩和网坠等遗物反映出遗址为青铜时代滇池西岸的渔猎场所，对研究滇池区域古代居民生产生活状况提供了重要参考。

西山天子庙遗址系滇池盆地首次发现并发掘的贝丘遗址，填补了滇文化遗址考古空白，为探索滇文化起源和演变提供了珍贵的实物资料。

张口洞遗址

位于宜良县九乡风景区，1989年7月发现，1990年9月进行发掘，在51平方米的掘面上，出土标本3512件。其中，人类牙齿38枚，旧石器1606件，哺乳类动物化石1800多件。石器有大量的石核、石砧、石锤、石片等砍斫器、刮削器，成品率高，制作精良，还发现了2件全国首见的多坑型石器。这次发掘出的人牙之多，石器品种之齐全，动物化石之丰富，全省罕见。2003年7月再次进行发掘，出土的1颗人类牙齿化石经测定距今约11万年。

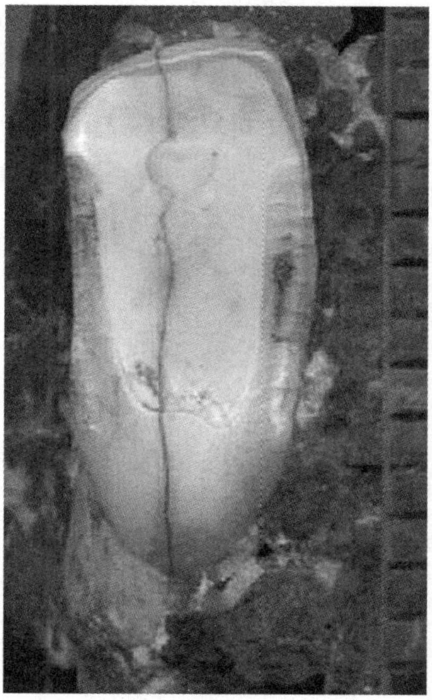

宜良张口洞古人牙化石

（云南省文物考古研究所官方网站）

遗址上部上层出土大量砾石工具属旧石器向新石器过渡时期的典型石制品。经测，中部堆积物距今约30万年，文化层为更新世中、晚期至全新世早期连续堆积。如此连续的文化堆积在世界旧石器中、晚期遗址中实属罕见。石制品的台面修理技术在中国南方旧石器工具中不多见，可以和非洲、欧洲的同期文化作比较。张口洞遗址发掘表明，在九乡曾有过旧石器时代独特的区域性文化类型，其代表实物为多坑石器，大大加深了对我国南方旧石器时代文化的认识，并为进一步研究久悬未决的路南（今石林县）南盘江流域旧石器的归属问题提供大批宝贵资料，有着重大的考古价值。

中国著名地质考古学家贾兰坡为“张口洞古人类遗址”题了洞名。遗址1982年被列为市级文物保护单位，2003年公布为省级文物保护单位。

大板桥遗址

位于官渡区大板桥街。1989年发掘。遗址位处一洞顶塌陷剥蚀、填满堆积物的洞穴中。文化层厚达2米以上，保存完整，层序清楚。发现晚期智人臼齿1枚、头骨碎块4片，打制石器135件。文化层中烧骨、灰烬、炭屑、烧过的树籽丰富。石器原料有石英、碧玉、矽质岩、水晶、玛瑙、矽化木等。石器制作主要采用砸击法打片及修理，比较特殊。石器以小型为特色，包括有砸击石锤、石砧、刮削器、尖状器。伴存哺乳动物化石，有食肉类、偶蹄类、啮齿类化石，计十余种，还有鱼类、鸟类骨头及螺壳。

黄龙山遗址

位于嵩明县嵩阳街道北黄龙山南侧。1984年发现。已采集到旧石器42件。石器以黄、紫红色燧石结核作为原料，主要采用锤击法打片。包括有石核、石片、砍斫器、尖状器、刮削器等器种。其中，有1件带圆形刮口的砍斫器和1件带鼻形的砍斫器较典型。黄龙山的旧石器较大而粗犷，表明具有原始性。该遗址中未发现动物化石或用火痕迹，说明此地可能是一处石器加工场。遗址的时代为更新世中、晚期。

野猫洞遗址

位于官渡区阿拉街道小石坝村西南侧，高出当地宝象河水面20多米。洞穴发育于石炭系灰岩中，依裂隙向南北伸延15米。洞口面北偏西。主洞口宽1.5米，进深3米。洞内冲积大量第四纪堆积物。1971年发现并发掘。堆积物厚2.5米，上部为钙板层，下部红色褐土层。下层中出土用燧石、水晶、玛瑙制作的砍斫器10件。与石器共存的哺乳类化石计有中国犀、最晚鬣狗、亚洲象、野猪、水牛、鹿、羊、麂、猕猴、竹鼠、豪猪、虎、西藏黑熊等。遗址的年代为更新世晚期。

燕子洞遗址

在安宁市草铺街道邵九村对面石头山腰，1983年发现。洞口距地面30～50米。洞内分出前、后两地下厅。前厅高。堆积物分2层，上部为7厘米厚灰华钙板层，下部系文化层，厚约1～2米，由灰烬、炭屑、陶片构成。陶片质地为夹砂灰陶及黑陶，烧成温度较高，质地坚硬，器壁有的薄至1～2毫米。依口沿划分，陶器类型有直口罐、侈口罐、带流罐、杯和瓶。依器底可分圈足底、圆底、尖底。陶器轮制。阴刻划纹，纹饰有波纹、菱形纹、斜线纹、刺点纹。文化层中发现穿孔蚌刀1件、骨锥1件、石镯1件及几何刻纹骨饰片1件，遗址中猪、牛、鹿烧骨较多，还有炭化谷。

大天窗洞遗址

位于安宁市八街街道小龙潭村西南1千米处。1983年发现，洞穴呈琵琶形，由水平厅、道构成，前宽后窄，前高后低。前厅宽40多米，进深50多米。顶部洞开透光。溶道宽3～5米，进入盲洞，深处不明。遗址分布于前厅左一窖室及厅中坍塌巨石间。堆积物厚2米，由红色亚黏土、灰烬和陶片及大量牛、鹿、幼猪骨组成。石器有肩、有段石斧、穿孔砾石。陶器可以分为瓮、罐等。

营盘山遗址

位于禄劝县崇德乡板桥村东营盘山洞内，分布面积约20000平方米。1984年发现。洞穴一处面南，洞口高3～5米，进深百米，包括两个巨大地下厅。洞底倾斜有5°～30°。在洞口右侧一窖室内，曾发现有数厘米至1米厚的文化层堆积，在不同位置摆放着肩石斧、石镰，此窖室有人工垒石隔墙，表明是一处原始人休息地方。洞穴深部一巨大地下厅中，巨石横卧。在500平方米范围内，到处都有黑灰土质文化层分布，厚约1米。内中包含大量夹砂灰陶片。这些陶片系轮制，可分侈口罐、直口罐、钵、碗、壶、瓮等。器壁多饰平行线条划纹，底部有叶脉纹，还有麻织品痕迹。石器有石凿、有肩石、石纺轮及石刀等。

长坡村古驿道及重修古驿道碑

位于官渡区大板桥街道长水社区长坡村村北，是元至清末省城通往内地的重要交通要道。现存驿道位于长坡村至村北的旷野中，长约200米，宽约2米。驿道路面由条状青石铺筑，条石长短不一，平均宽约0.4米，长约1米；长坡村村道旁立有一通道光二十五年（1845年）重修长坡至杨林站大路小引功德碑记。长坡村古驿道及重修古驿道碑是古代云南连接内地交通的实物遗存，具有较高历史价值。2011年1月公布为市级文物保护单位。

铁锁冶铁遗址

位于晋宁区宝峰乡上、下铁锁村。1982年发现。在上铁锁村南面1.5千米的林场山上，残存古代铁矿洞14处，多为明槽，宽3～5米，深1～3米，长10～20米。到处可见碎赤铁矿层。在上铁锁村南200米的山坡下，保存一处冶铁土炉剖面，呈覆斗形，上口宽1.28米，下底宽1.5米，高1.63米。炉宽3～4米，高4米，炉间距10～15米。炉中有大量铁渣、炭屑。《后汉书·地理志》载“益州郡……滇池出铁”，另道光《昆阳州志·铁官志》载，至元初年，昆阳曾专设“铁冶所大使”，估计铁锁冶铁遗址年代在元以前。

木密关守御千户所遗址

位于寻甸县仁德镇易隆村委会易隆村村东北方，设立于明洪武二十三年（1390年），清初改为屯丁，续为军营，康熙二十六年（1687年）撤销。作为军营存在了297年，至今已有600多年的历史。遗址现存四门墙基及东南约600米的夯筑砖石砌营墙，其营墙依山势台地修筑，采用夯筑、石砌、砖包等工艺，高低错落而浑然一体，坚固而又简洁实用，与明代城市城墙建筑有明显的差别。木密关守御千户所为明代在云南先后设置的10个守御千户所之一，在保障通京驿道畅通和巩固明朝对边疆地区的统治中发挥了很大的作用。2011年被昆明市人民政府公布为市级文物保护单位。

东川茂麓厂冶铜遗址

位于东川区舍块乡茂麓村的帽壳山西麓，占地面积约5万平方米。据载，茂麓厂始建于清雍正年间（1723～1735年），是清代京铜主要产地之一。《巧家县志》云：“茂麓厂，乾隆三十三年（1768年）产铜二十八万斤。”现遗址仍存有采铜矿硐1硐，炼铜炉10座，较完整4座。此外还有炼渣堆积、矿工住房等遗址。1993年公布为云南省文物保护单位。

明代城墙残段

位于圆通山东侧。明洪武十五年（1382年）改中庆路为云南府，附昆明县，废元筑土城，于洪武十九年（1386年）修筑云南府砖城，“周九里三分，高二丈九尺二寸，设六门，上皆有楼……环城有河，可通舟楫”。城墙为砖石结构，墙体平整光洁，内填夯土，外用条砖平砌。青灰色砖每块长0.33米，宽0.18米，厚0.14米，重12.5

千克。现存残段城墙全长44米，高7.4米，最宽处24米。1961年公布为昆明市文物保护单位。

明代城墙遗址（字应军 / 摄）

玉碑地遗址

位于东川区铜都街道玉碑地村古碧谷江边台地上，面积约12000平方米，呈椭圆形。文化层堆积厚0.3～4.5米，内含有夹砂灰陶碎片、动物骨骼、炭化稻以及灰坑等。1971年村民曾挖掘有陶罐、王莽铜币“大布黄千”。2006年，昆明市博物馆考古队和东川文物管理所对遗址进行第一次发掘，出土了铜器、铁器、陶器等一批文物。2013年云南省文物考古研究所和东川文物管理所对其进行第二次发掘。1994年原东川市公布为市级文物保护单位。2011年1月公布为昆明市文物保护单位。

茨塘村穴居遗址

位于富民县城东部10公里茨塘村后山东麓，当地人称“司家宝石洞”。该洞系石灰岩溶洞，洞深80米、宽60米、高8米。洞外有一平台约300平方米，目前为农耕土地。据调查，本村司姓人家自清代一直居住于此洞内，至20世纪80年代才搬迁洞外盖房居住，洞内原有住户6户，计60多人。司家共居住过7代人，有300多年的历史。鼎盛时期是清朝末期的德字辈，共有姊弟11人（8男3女），家中招用的短工、赶马工、放羊工、烧石灰工人数多时达到100多人。早期为了防匪，洞口建有拱形门2道，高3米、宽2米，两门之间铺有石板路连接，路长约30米、宽2米，石门上留有安门时的石孔。平台靠洞的边沿建有夯土围墙，长60米、高4米、厚0.8米，并设有4个枪眼，洞内有拴马石及石孔、石马槽、对窝。据省市专家组到现场调研，认为在昆明地区目前还没有发现近现代穴居遗址，此洞对研究昆明地区的民族、民俗有较高的价值，为探讨昆明地区民居类型提供了不可多得的依据。此洞于2011年公布为昆明市文物保护单位。

墓 葬

天子庙墓群

位于呈贡区龙城街道小古城村东北200米处天子庙旧址内。1975年至2012年进行五次考古发掘，共清理一百多座墓葬，出土了大批文物。其中，第四十一号墓规模最大，圹口长6.3米，宽4米，墓底深4米。墓室内有用巨木叠组的外椁，保存完好。棺仅见板灰。除墓主人，还见杀殉骨殖。随葬品摆放有规律，主要有青铜兵器戈、矛、剑、钺、戚、啄、斧、镞、盔甲；生产工具犁、锄、镰、凿及卷经轴、工字形器；生活用具有釜、鼎；乐器有鼓。还有一些扣饰。陶器不多，有尊、鼎、罐及纺轮。椁盖和底板铺满绿松石、玉、玛瑙珠等。青铜器采用失蜡法铸造，运用鎏金、镂空技术，做工精良。其中五牛盖筒、巫师纹鼎、双钺形戈，全国罕见。天子庙其他墓葬规模较小，墓坑有腰坑及二层台，无葬具，随葬器以陶器为主，数量不多。这批墓中，第三十三号墓圹口长3.2米，宽2.3米，墓底深2.6米，随葬有青铜鼓、鼎、贮贝器，表明规格不算低。经碳14测定，整个墓群约为春秋晚期至明代。

1983年被列为昆明市文物保护单位。

石寨山墓葬群

位于晋宁区石寨村南石寨山上。石寨山高约33米，南北长500米，东西宽200米。1955～1996年，先后进行5次大规模考古发掘，清理古墓86座；出土文物4000余件，是1949年以来云南考古工作的最大发现。

其中1955～1957年的第二次发掘尤为重要，共清理古墓20座，在第六号墓中出土了金质篆书的“滇王之印”，轰动国内外考古界，从而也印证了

鎏金掳掠扣饰（字孙秉彝/摄）

《史记·西南夷列传》记载的西汉元封二年（前109年）武帝赐滇王金印的史实。在石寨山出土的贮贝器、铜鼓、扣饰等青铜器上，镌刻或雕铸着大量人物图像，形象、逼真地反映了古滇族祈年播种、孕育、纳贡、报祭、上仓、诅盟、纺织、战争等社会生活面貌，像是一部叙事长诗，忠实记载着古滇国的种种大事，成为研究云南边疆少数民族奴隶社会史的最重要的依据。

1965年，石寨山古墓群遗址及新石器时代贝丘遗址被列为云南省重点文物保护单位。2001年被列为国家级重点文物保护单位。

石碑村墓群

位于呈贡区石碑村东大荒地。1974、1979年共发掘墓葬182座，属规格一律、分布密集、排列成行的小型长方形竖穴土坑墓，圹长1.7～2.3米，宽0.5～0.9米，墓底最浅仅0.3米。墓葬无棺无椁，随葬品少。共计出土739件，包括青铜戈、矛、剑、斧、镞、钺、臂甲和犁、爪镰、凿、扣饰等；铁器有铜柄铁剑、铜銎铁矛、爪镰、斧；陶器有罐、壶，纺轮较多。还有少量玉器、玛瑙扣。比较突出的是，这批墓葬出土大量五铢铜币，生产工具使用痕迹明显。与石寨山滇王族墓葬相比，石碑村墓地墓主人可能都是滇王治下的平民。金属货币和铁质器的出现表明，这些平民中大概还有汉族移民。所以，石碑村墓葬反映的文化面貌，代表着西汉末期“滇文化”的解体形态。

呈贡区石碑村 1 号墓出土的西汉陶盘（字应军 / 摄）

羊甫头滇墓

位于官渡区小板桥街道大羊甫头村（今武警昆明边防指挥学校内）。分别于1998～1999年、2000年、2001年进行过三次考古发掘，其中1999年度的发掘入选年度全国十大考古新发现。三次发掘面积15000平方米，清理滇文化墓葬811座、东汉墓葬27座，明清墓葬7座。滇文化墓葬随葬品十分丰富，以青铜器为主，陶器、漆木器次之，另有少量铁器、石器等。随葬品中的漆木器较有特色，大量色彩鲜艳、保存完好的漆木柄兵器、工具、农具和造型各异的漆木雕，均为云南地区首次出土，填补了云南出土文物中漆木器的空白，极大地丰富了滇文化的内涵。其中一件滇族“贵妇”造像十分精美，还有十分罕见的“祖形器”。

羊甫头漆木跪坐女俑
（《昆明羊甫头墓地》）

背来头古墓群

位于寻甸县城以东约1公里的仁德中桥村委会张家村村西，为战国至西汉时期青铜时代墓葬。2009年8月经过市博物馆考古队重点调勘，在背来头古墓群上开挖了8条探沟，对400平方米的区域进行了重点勘探，在约200平方米的区域发现墓葬30余座，并对其中已经暴露的14座墓进行了清理。出土、采集了器物65件，其中包括青铜器、铜铁合制器、陶器、玉石器、瓷器、钱币等文物；发现明清时期灰坑、沟渠等遗迹现象；出土一些明清青花瓷片。据保守估计，遗址分布面积约为7435平方米，主体墓葬区域为2440.9平方米，墓葬数量不低于100座，并存有青铜冶炼遗址和一些明清时期遗址。墓葬群分布密集，出土文物丰富，保存完好，其中一些器物为以往出土文物中所未有。遗址的发现具有重大的历史意义和价值，不仅填补了寻甸滇文化的空白，也将对拓展昆明市现有青铜器物种类、推动昆明市滇青铜文化的研究与展示起到了不可替代的作用。2009年10月15日公布为县级文物保护单位，2011年1月17日公布为市级文物保护单位。

太极山墓群

位于安宁市连然街道南太极山东坡。1964年发掘墓葬17座，早期的13座出土陶罐、壶等，仅有少量青铜器；晚期的4座墓出土陶罐、青铜器稍多，较突出的还有铜、铁合制器及纯铁器。墓葬年代为西汉。

五台山墓群

位于盘龙区联盟街道上马村省建钢窗厂。1977年发掘墓葬13座，出土随葬品包括铜器42件，陶器45件，玉、石、玛瑙器43件。五台山墓群年代相当于战国至西汉。墓主人身份为中、小贵族。第一号墓较大，墓圹长4.6米，宽2.1米，墓底深4.4米。残存墓主人少量骨殖，在其足端另有头骨3个及一些散乱骨殖，表明有杀殉现象。五台山墓群年代相当于战国至西汉。墓主人身份为中、小贵族。

凤凰窝墓群

位于嵩明县嵩阳镇北1千米嵩阳镇水泥厂附近。墓葬年代为战国至西汉。1986年发现，1988年底发掘墓葬155座，属长方形竖穴土坑墓。墓坑均无葬具，叠压打破关系复杂。发掘面积约2000平方米，共出土文物500多件。1件双面人头铃及牛头形扣饰青铜器和1件猴头凿青铜器堪称精品。该墓地采集到2件红砂石铸范（犁范及斧范），在“滇文化”的墓葬中尚属第一次发现，意义重大。

双龙水库墓群

位于晋宁区双龙水库管理所内，1986年发现。共采集文物31件，包括青铜剑、矛、啄、凿、扣饰、镯及砺石、石坠。其中，蟠蛇纹立体镂雕铜扣饰构思奇巧，布局均匀，铸造精良，堪称“滇文化”珍品。为西汉或早至战国中、晚期，墓主人身份系中、小贵族。

纱帽山墓群

位于宜良汤池街道，1984年发现，1989年发掘墓葬57座，全系长方形竖穴土坑墓，墓坑打破叠压关系复杂，共11组。人骨殖成层出现，有的人骨架保存完好。葬式多样，有合葬、屈肢葬、仰身直肢葬及分层葬。其中，分层葬少至2层，多可达5层。共出土青铜器20种630件、陶器10种100多件、铁器20多件，此外，出土五铢币385枚。该墓群的发掘，对滇族的人种学、葬俗、葬制及“滇文化”的研究，有着独特的、极其重要的意义。

归化东汉墓

位于呈贡区马金铺街道大营大村尖山。1965年发掘。属长方形多室砖墓，墓分甬道、主室、后室。甬道长2.8米，宽0.8米，高0.9米；主室长3.8米，宽1.9米，高1.8米；后室长1.5米，宽1.3米，高1.1米。墓底用砖单层直平铺，墓壁单砖顺砌，券顶。墓砖有菱形图案。此墓曾被盗，葬具、骨架无存。随葬品仅陶俑4件，陶鸡2件，陶罐2件，石座及石板各1件。陶俑保存完整，可分庖鱼俑、吹箫俑、抚琴俑、侍俑，颇具特色。与云南其他东汉墓相比，此墓墓道长，也算一特色。

七步场东汉墓

位于呈贡区龙城街道七步场村。1977年发掘，出土随葬品65件，包括铜耳杯、灯盏、鸡、铺首；陶器极丰，有罐、碗、瓮、仓、水田模型及俑。还有1件摇钱树石座。全部随葬品属“汉式器物”。其中，水田模型很有代表性。内有陶桥、路、水田、鸭子、螺蛳、青蛙、龟、荷叶、蓬莲等，展示了东汉时地主阶级庄园经济的图景，为研究云南边疆水利史、农业史提供了实物证据。

小松山东汉墓

位于呈贡区龙城街道小王家营村东侧小松山北坡，1975年发现，系一长方形平底券顶单室墓，无墓道。墓室长3.6米，宽1.5米，高1.8米。墓底平铺素面砖，侧壁顺砌几何菱形纹砖。随葬品仅见一长方形陶质水田模型，长32厘米，宽20厘米。模型一端为一大方格，代表陂池，另一端大小不等分为12小格，表示水田。池田间有沟相通。这是云南省首次发现的反映古代水利情况的实物。此外，还发现数十枚五铢钱。

大庄东汉墓

位于嵩明县嵩阳街道大庄村。1977年被农民挖开，据悉原为高大封土堆。共收集文物24件，包括有龙首曲柄镂空铜圈足器、铜带钩、龙首曲柄铜勺、铜盆、铜盘、铜壶、铜瓶、铜刀形器、铜耳杯及铜案等“汉式器物”。该墓出土铜案系昆明罕见东汉青铜用具。案长65.3厘米、宽35.3厘米、高14厘米，折边盆形，铸马蹄形四足，足高12.9厘米。案面右侧线刻一老年妇人，端庄踞坐，前侧一侍者手捧一盘食物，呈奉侍状。案左阴刻隶体铭文“承命谨为先主母及侍女□□□”。

梨花村东汉墓

位于嵩明县嵩阳街道梨花村。1983年农民挖地发现，后发掘1座砖室墓，采集到五铢铜币3串，完整铜甑1件。甑高45厘米、口径24.8厘米、腹径15.8厘米、上层高16厘米、水盘径23.5厘米。此甑在昆明第一次发现。1988年，在村南百米处发现同时代竖穴土坑墓1座，长6.35米，宽3.9米，深3米多，有长19米，宽1.3米墓道。这样的墓葬，在云南考古发掘中从未有过。墓中主要随葬陶器及带井的水田模型、池塘模型和豆。

小羊甫村晋墓

位于官渡区小板桥街道小羊甫村北约1.5千米处。系1座覆斗形石室封土堆。1989年发掘。现存封土堆周长8米，高4.2米，墓室平面成正方形，东西长2.7米，南北宽2.6米，墓顶高2.42米。墓底直铺饰菱形几何纹及钱纹砖。墓壁垒砌大小不等长方形砂石块及至1.4米处开始四角攒尖收顶，墓顶中央覆盖1块浮雕16瓣莲花套勾绘的正方形封顶石。墓门1道，高96厘米、宽66厘米、厚8厘米。在墓室左侧壁绘3个人像，形态粗略古朴近于呆板，皆丫髻宽袖、长裙、尖靴，表明系典型东晋妇女形象。此项发现在昆明地区尚属首次。

王仁求墓

位于安宁市鸣矣河乡大石庄村西北1千米处山坡上。因水土流失，墓室已从断崖上露出，并于1989年3月进行了清理发掘。随葬器物早年被盗，仅残存有彩绘陶骑马俑、女俑、马、骆驼、牛、羊、猪、犬、鸡、鸭、鹅等及砂石侍女俑1件共计70余件。另有砖墓志残块，其中一块起首即有“……叁大唐使持……讳仁求流润泽……”，另一块有“……（夫）人刘氏”等字样，并有武则天新造的“𠡦”“𡆠”等字。该墓应为唐代河东州刺史王仁求墓。

王仁求墓（2003年版《昆明市志》）

1985年王仁求墓碑列为安宁市文物保护单位。2006年王仁求碑被公布为国家级文物保护单位。

赛典赤·赡思丁墓

元咸阳王赛典赤墓（杨子人／摄）

位于盘龙区龙泉街道马家庵村。此为真身墓。墓以石砌筑，长2.9米，宽1.4米，高1.8米。前右方为其子纳速剌丁墓，形制同。在老民航路五里多小学内有赛典赤·赡思丁纪念冢，长方形石砌，长4米，宽2.5米，高2.8米。正面阴刻袁嘉谷书丹“元咸阳王赡思丁墓”，左面刻《重修咸阳王陵记》，后面刻阿拉伯文。墓上有石刻屋檐盖板。1983年，“赛典赤真身墓及衣冠墓”被公布为省级文物保护单位。

兰茂墓

兰茂墓（李金能 / 摄）

位于嵩明县杨林镇。系一座石砌圆形土冢，坐西向，直径4.8米，高约2米。墓碑碑心篆刻袁嘉谷书丹“明兰隐君墓”5个大字。两侧柱刻“古滇真名士”“玄壶老诗人”联，墓碑高1.6米，宽0.76米，青石质地。1983年“兰茂墓及兰公祠”被列为云南省文物保护单位。

王家营明清墓葬群

呈贡王家营沐详墓（李跃甲 / 摄）

位于呈贡区市级行政中心东侧。1956年由当地农民最先发现，后经云南考古工作者1956年、1963年和2006年的三次发掘清理，共发现6座砖石墓室。

根据墓志提供的史料依据，墓主大致可判断为沐氏、郭氏两个姓氏的墓葬，其中沐氏墓葬有3座：沐详夫妇合葬墓、沐崧夫妇合葬墓、沐绍勤夫妇合葬墓；郭氏墓葬有2座：郭弘巍墓、郭汾夫妇合葬墓，另有一座没有墓志的墓葬，据考古队专家推测，有可能是郭壮图墓。出土的器物有金、银、铁、铅、玉石、陶瓷等随葬品600余件。值得一提的是，在沐详夫妇合葬墓中出土的金镶红蓝宝石发冠堪称“国宝级文物”，现存云南省博物馆。

刘文征夫妇合葬墓

位于嵩明县阿子营镇格基冲村。1976年发现。墓被窃炸毁，形制不明，仅存两棺及一男尸。尸以棉絮裹，随葬有绸衫、丝袄、棉布衣、丝被、布袋、垫、靴和木雕饰牌19件。出志石1合，方形，边长76.5厘米、厚5厘米。志盖篆刻“皇明大中大夫太仆卿右吾刘公配淑人张氏合葬墓志铭”。志文楷书，46行，满行43字，共1880字。吏部尚书王衮撰文，明开国功臣傅友德之九世孙、兵部尚书傅宗龙书丹，兵部尚书侍郎杨绳武篆盖。

志载，刘文征（1555~1626），字懋学，别号右吾，昆明人。历任刑部主事、刑部郎中、苍梧（今广西梧州）知府、绍兴知府、四川右参政和四川按察使等官，致仕时加授太仆寺卿（从三品）。晚年，“益嗜奇书，抽毫赋诗，兴致不竭”。著有《滇志》《刑部事宜》《茶花馆集》《思母编》以及《松注》等，其中《滇志》系研究云南地方史的重要文献。

薛尔望墓

位于黑龙潭公园。系一石砌圆形封土堆墓。直径4.9米，高1.95米。墓碑刻清督学吴存义题撰“明忠义薛尔望先生阖眷之墓”字样，楷体。

薛尔望，昆明人，明末清初以“能文章，重然诺，以气节重”知名。清代以来，备受云南各界人士的尊崇。

薛尔望墓（李金能 / 摄）

倪蜕墓

位于西山区马街街道中村。墓封土堆长4米，宽2.2米，高0.8米，占地16.8平方米。墓前立碑，楷书刻“倪蜕翁先生墓堂”。

倪蜕（1666~1736），浙江松江人，一生刚正不阿，为官清廉。著有《蜕翁文集》《蜕翁诗集》《滇云历年传》《滇小记》等。

钱沣墓

位于盘龙区龙泉街道清水河村附近山头，系钱沣与原配夫人秦氏合葬墓，侧有钱另一位夫人鞠氏墓。钱墓直径5米，高2.4米，正部石砌上部封土。墓碑刻“皇清诰授中议大夫通政使司副使湖南学政钱公南园府君……”字样。原墓已毁，后重修用条石砌成，墓体高大雄壮，前有三级台阶，全用大理石砌成。为省级文物保护单位。钱沣在昆明的故居在旧城改造中被拆除，现在昆明县华寺木兰园建了一座钱沣纪念园，园中竖有钱沣的铜像。2003年被公布为云南省文物保护单位。

戴雄墓

位于西山区团结街道龙潭村西明东山顶。墓碑楷书阴刻“显祖考戴公健亭太府君墓”字样，孙辈所立。左、右对称立碑各1块，左御刻皇帝祭文，右刻圣谕。比较珍贵的是墓地的文臣武将石像及马、羊、虎等石像生、望柱、石碑坊至今保存完整。

戴雄（1761~1836），字镇东，号健亭。历任广西镇安副将、广西右江镇总兵、山西太原镇总兵、浙江提督、定海等地水师巡防。

唐继尧墓

位于市区圆通动物园内，1931年云南省政府兴建。为圆丘形石砌镶边封土堆。高5.8米，直径18米。前有石室、享堂、墓标、石狮，石室壁间刻有孙中山、黎元洪等给唐继尧的授勋、授职文电。总占地1500平方米。“文化大革命”间墓遭损坏。1989年省政府拨款重修。1987年被列为省级重点文物保护单位。

唐继尧墓（字应军/摄）

唐继尧（1883 ~ 1927），字蓂赓，别号东大陆主人，是中国近代史上的风云人物。

陈一得夫妇合葬墓

位于太华山气象站东侧。为异穴合葬墓，长方形，钢筋混凝土结构，占地42.64平方米。墓碑高0.8米，宽0.6米，正面镌“云南近代气象天文地震科学先驱工作者陈一得先生之墓”。墓志铭在碑的下方，镌诗2首，楷书，共38字。该墓1993年被公布为云南省文物保护单位。

张天虚墓

位于西山区高峣村后山腰。张天虚是“中国左翼作家联盟”成员，著有长篇小说《铁轮》以及众多记录中华儿女为民族独立而战斗的热血诗篇，1941年因病在昆明逝世。张天虚墓以三级圆形石阶层层收缩，正中立一圆柱形石碑。骨灰盒就埋在石阶之下，圆柱形碑正面是张冲题“青年文艺工作者张天虚墓”。背面是郭沫若撰写的“张天虚墓志铭”，楷书阴刻13行，共500余字。墓地隐于松林深处，占地144平方米。1983年被列为昆明市重点文物保护单位。

严家训烈士墓

位于富民县城南勤劳乡元山村后，占地面积约14平方米。1938年第六十军参加台儿庄战役，激战中全军伤亡1.8万余人，其中有殉国军官少将团长严家训。严家训的灵柩运回昆明后，在古幢公园举行迎灵仪式，后葬于家乡。1984年11月28日，中华人民共和国民政部追认严家训为烈士。为纪念抗战英烈，富民县人民政府对严家训的墓地进行了维修保护。墓周长约21米，高1.7米，碑高1.66米，宽0.66米，厚0.08米。2003年被列为市级文物保护单位。

黑龙潭革命烈士陵园

在盘龙区公园内东面的松林岩壑间，有一革命烈士陵园，这是一组革命烈士墓葬群，安葬着云南籍优秀的共产党员、革命烈士王德三、吴澄、马登云、王复生、张舫的忠骨，还安葬着刘平楷的遗发。

进入黑龙潭公园，向东步行入龙泉山麓，沿公园东墙边山坡向上攀登石级数十米，即进入烈士陵园。陵园入口处正面的四方亭上，有原中共云南省工委书记、著名书法家李群杰在1992年5月题写的一副对联：血染山河创业开基扩壮志，功昭日月长征接力有来人。亭侧有原中共云南省委书记普朝柱所题写“碧血千秋”四个大字。亭后有原中共云南省委副书记、著名书法家高治国的一副对联：德有邻赤心三士，朝闻道碧血千秋。穿越门亭向左，即进入王德三等三烈士墓地的开阔通道。通道之西的山墙上，以“南天忠烈，万古流芳”为题，书写着中共云南地下组织领导云南人民进行革命斗争的简史，以及为民主革命奋斗牺牲的云南籍共产党员革命烈士中的重要人物的名字。通道之上的平台上，并列王德三、吴澄、马登云三烈士墓，皆为环口状，南向。

王德三、吴澄、马登云烈士墓（字应军／摄）

1965年云南省人民政府公布为省级文物重点保护单位。1985年和1992年，按照中共云南省委、昆明市委的指示，省人民政府有关部门和昆明地区革命纪念设施工作小组对烈士陵园先后进行整修扩建，修葺一新。

一二·一运动四烈士墓

西南联大革命烈士纪念碑（杨子人/摄）

位于云南师范大学校园西北隅。墓地平面呈矩形，占地1200平方米。墓前矗立两根石柱，顶端雕有火炬。墓后下有石屏风，浮雕自由女神像。墓地周边围以铁栅栏，四周围以青松翠柏。1945年，全国“反内战、反饥饿、要民主”的革命斗争空前高涨，昆明西南联大、云南大学的师生于12月召开会议，宣传革命，但遭到反动军警破坏。12月1日，国民党特务竟向师生投掷手榴弹，炸死于再、潘琰、李鲁连、张华昌，造成震惊中外的“一二·一惨案”。1946年3月17日，昆明3万人出殡游行后，将四烈士安葬于此。现为省级重点文物保护单位。

杨杰墓

位于西山区高峣村后山腰。墓地东向，呈扇形，占地90平方米。中心地以青石筑台，共3级。最上平台叠石为墓，高0.80米，宽2米，长3米。前立青石碑1方，刻着李济深书题的“杨杰烈士墓”。杨杰（1889~1949），字耿光，参与过护国战争，1928年后，历任陆军大学校长、总司令部参谋长、驻苏大使等职。解放战争期间，积极投入反内战、反独裁的民主运动。后被国民党杀害于香港，遗体火化后于1950年归葬西山。1982年，国家民政部发文追认杨杰为革命烈士。现为昆明市重点文物保护单位。

聂耳墓

位于西山公园太华寺与三清阁之间的山坡上，1985年5月由高峣山腹迁葬于此。聂耳是人民音乐家，创作了许多爱国歌曲，用音乐宣传抗日。1935年7月17日，聂耳在日本游泳时不幸遇难，年仅24岁。聂耳遗体在日本火化后，由张天虚将骨灰带回中国，安葬在高峣山，后迁至西山。现墓地背负青山，前临滇池，由墓道、平台、墓塘三部分组成，平面呈月琴状，占地3000平方米。墓及碑用墨石叠砌而成，环形碑上镌刻郭沫若手书“人民音乐家聂耳之墓”。墓前安放汉白玉雕制的茶花花圈。1988年被列为全国重点文物保护单位。1992年被中共云南省委列为昆明地区“两史一情”教育基地。1995年被共青团中央命名为“全国青少年教育基地”。

聂耳墓（杨子人／摄）

石窟、摩崖及雕塑

圆通寺明代摩崖

位于市区圆通寺后山峭壁上，有明代摩崖3方。一为李元阳刻诗1首，镌刻于明隆庆六年（1572年），为七言绝句，高1.1米，宽0.67米，草书；一为明大学士夏言五言律诗1首，镌于明正德十二年（1517年），草书；一为杨慎刻“幽谷”2字，镌于明嘉靖间（1522～1566年），行书。3方崖刻书法极精，保存良好。

圆通寺石刻（字应军／摄）

圆通寺清代摩崖

位于市区圆通寺后山的衲霞屏峭壁。一为范承勋行草“衲霞屏”3字，镌于康熙二十五年至三十二年间（1686～1693年），每字高约0.7字米，宽0.45米；一为王继文草书七绝1首，与范刻同时；一为许弘勋草书七律1首，镌于同期。范、王、许与阚祯兆、赵士英并称清初滇中五大书家，书法有极高造诣。

西山龙门凤凰衔书摩崖

凤凰衔书（杨子人／摄）

位于西山风景区龙门石窟旧石室上部绝壁上，作浅浮雕，刻于明嘉靖年间（1522～1566年），高宽皆2米，凤凰作展翅高飞状，口衔一函书，取意“河献图、洛献书”。斑斓剥蚀，古意盎然。现为市级重点文物保护单位。

西山“金马碧鸡颂”摩崖

位于西山风景区三清阁下千步崖石壁上，为嘉靖二十五（1546年），杨慎居高峣时，持汉王褒《移金马碧鸡颂》，请友人绍芳用隶体书刻于此。直行，共72字。年久泓蚀，后人又复镌之。其旁有民国袁丕佑增刻的《碧鸡颂考》1方。

西山龙门石窟

位于西山风景区，由凤凰衔书处的旧石室直通达天阁（龙门），全长66.5米，在绝壁上凿岩穿穴，镂石开窟，上接天风，下临浩池，惊心动魄，奇绝险绝。石窟工程分3期，第一期成于明嘉靖间（1522～1566年），凿旧石室，宽3.14米，高2.7米，深2.72米。窟顶悬崖浮雕凤凰衔书。第二期起讫于清乾隆四十六年（1781年）至六十年（1795年），由羽士吴来清主持，从普陀胜景开凿至慈云洞，慈云洞宽5.22米，高2.8米，深3.14米。窟内雕送子娘娘、青龙、白虎等。第三期工程自道光二十年（1840年）至道光二十九年（1849年），通30米隧道，开龙门，凿达天阁，宽4.2米，高2.3米，深2.35米，雕魁星、文昌、武帝、八仙及龙马花卉等。龙门是云南最大道教石窟，为昆明市重点文物保护单位。

达天阁南极仙翁像（杨子人／摄）

西华洞石窟

位于西山区海源乡聚仙山腹。石窟就天然溶洞加工，成于明清两代。宽10.3米，洞口高12米，内顶高20米，深23米。窟内有1坐佛台，高4米，原有观音雕像1躯，旁立吕洞宾雕像。皆毁。洞外石崖上有明、清题刻11方，琳琅满目，皆出自当时名家之手。

西华洞范承勋石刻（杨子人／摄）

法华寺石窟

位于安宁市洛阳山小桃花村山壁。约凿于宋大理国后期。洛阳山峭壁如削，共凿有24个洞窟，可分4处。最下一处为并排圆雕观音、地藏两尊菩萨，砂石，高1.5米，形状有唐宋

法华寺石窟（杨子人／摄）

风格；左上方约30米处雕十八罗汉，高约0.6米，每罗汉一窟，庞面大耳，有杨惠之遗风。罗汉窟左有2窟，一圆雕释迦苦行相，一高浮雕牧女献乳和青牛触衣故事。第四处位于最高岩上为释迦涅槃像，长4米，佛螺髻，通肩架纱，袒胸跣足，曲肱而卧，神情安详。石窟为云南省重点文物保护单位。

曹溪寺宋代木雕南海三圣

位于安宁市温泉街道曹溪寺大殿，为大理国（宋）遗物。中位观音，左文殊，右普贤，结跏趺坐，下承须弥座及莲台。像高1.4米，基座高0.9米，雕像宝冠华服，璎珞遍体。细腰圆腹，长发披肩，面目丰腴，不戴耳饰，属汉像风格。3尊像的手臂均被砍掉，后以泥塑相续。像为省级重点文物保护单位。

曹溪寺明代脱纱西方三圣

位于安宁市温泉街道曹溪寺大殿，为明初遗物。像为脱纱中空，真坚如铁。中为阿弥陀佛，跏趺莲座之上，通高3米。左观音、右大势至皆趺坐莲台，头戴花冠，各通高2.8米。3像通体金装，是云南省最大的脱纱造像。为省级重点文物保护单位。

禄劝三台山摩崖造像

位于禄劝县密达拉乡三台山脊峭壁上，刻于宋大理国早期，作浅浮雕。右边为大黑天神，高4米。三目四臂虬髯跣足，带牛头冠，垂大耳环。四手，托鼙鼓，持三叉戟，握念珠作金刚拳印。身佩髑髅串，脚踏金刚座。左上方阴刻正楷榜题“大圣摩诃迦罗大黑天王”。左边刻北方天王，略小，高2.3米，着七宝甲胄，冠正中有迦楼罗（金翅鸟），垂目环，跣足。左手叉腰，右手持旗枪，腰佩单剑，足踏双鬼，身姿健美，略呈S形。右上方正书榜题“大圣北方多闻天王”。两像之间又有阴刻题记“奉为施主坦绰□□乐丽信男□”。造像为云南省重点文物保护单位。

三台山石刻（《昆明历史遗痕掠影》）

禄劝镌字凤（氏）世袭脚色摩崖

位于禄劝县城北发明村北侧掌鸠河畔崖壁上，为汉文阴刻，镌于明弘治十三年（1500年），全名《武定军民府土官知府凤（氏）世袭脚色》，楷书，共1403字。详记女土官商胜归明后130年间，历代土官袭职、朝亲、世袭、受封、赉赏等情况以及凤英袭职后20多年间的政治、军事大事，内容翔实可靠，是研究禄劝彝族史、云南史以及民族文化、土官制度的重要文物。现为云南省重点文物保护单位。

禄劝镌字彝文摩崖

禄劝镌字碑（宇应军／摄）

位于禄劝县城北发明村北侧掌鸠河畔崖壁，名《罗婺盛世铭》，彝文阴刻，镌于明嘉靖十至十一年（1531～1532年）之间，石刻宽1.96米，高0.82米，右行直书，共563字，周刻双线葵叶边框。刻文记述罗婺部首领凤氏土司谱牒中，自阿俄至益振共14代13世土官袭职及凤氏文韬武略，兴盛史事，为彝族先世阿维与凤来玉所镌，是研究禄劝彝族史乃至云南地方史的珍贵文物。为云南省重点文物保护单位。

晋宁北方天王摩崖造像

位于晋宁区上蒜乡下石美村将军山峰顶，刻于峭壁，作浅浮雕。关于断代，文物界有唐、宋、明清之际三说。像通高5米，宽2.5米。头戴宝冠，正中有迦楼罗。内穿铠甲，外罩锦袍。足穿战靴，腰佩双剑。左踏青龙，右登白虎，其间有混元珠1粒，已明显道教化。天王右手持戟，左手叉腰。左肩上方浮雕一悉堵波式小塔，高1米。下方又浮雕一密檐13层方塔，高4.78米。大小塔之间阳文正书“大圣毗沙门天王”，题高2.12米。为昆明市重点文物保护单位。

晋宁观音洞壁画

位于晋宁区上蒜乡观音村观音山腹，在天然溶洞内，绘有密教佛、菩萨、度母、天王、罗汉、力士等223躯，各式佛塔11座。顶部绘日、月及二十八星宿，多数佛神皆有榜题，可识别者有：阿弥陀佛、微妙声佛、不空成就佛、大日如来、大黑天神等等，以各式变相观音最多。有北元宣光五年（明洪武八年，1375年）题记1通。画以软笔绘出，实以矿物颜料，大像高约1米，小像不足1尺。观音山南行5公里洗澡塘村，也有1座观音洞，惜修公路时被炸毁大半，洞内仅存佛、神、人物21躯，绘画风格同观音山。有元、明、清、民国题记12块，最早的为元至正十三年（1353年）。两个观音洞均为云南省重点文物保护单位。

筇竹寺彩塑五百罗汉

位于西郊筇竹寺，是光绪九年至十六年（1883～1890年），四川合川（今属重庆）泥塑大师黎广修，应住持梦佛和尚之请，与其弟子用了7年时间塑成的。像分布在大殿和两阁，分3层排列。像高1～1.2米之间。所塑罗汉取材于世间各阶层，帝王将相、公卿大夫、书生武士、农工小贩、甚至世界各色人种都塑进罗汉之列。其中以渔民樵夫等普通人物形象最为生动。塑像极富动感，摆脱了传统的正襟危坐模式，坐卧行走，吟唱喊叫，千姿百态，神情活泼。其间衬以仙禽瑞兽，鱼龙虾蟹，亦极生动。塑像着色雅淡，纯用矿物颜料，杂以金箔。为全国重点文物保护单位。

筇竹寺五百罗汉（杨子人/摄）

圆通寺彩塑群

位于市圆通寺圆通宝殿内，共有彩塑佛道神仙118尊，大部分塑于清康熙初，少数为光绪间补塑。其中以大殿两壁十观音及佛道护法神众最为传神。左壁前端还悬塑许仙还愿故事，比例恰当，细腻精致，衣纹流畅。山水楼台，欢迎场面，极为生动。部分造像已选入《中国美术集成》。

华亭寺彩塑群

位于西山华亭寺内，共有572躯，全系油彩泥塑，时代由清代光绪至民国二十年不等，其中以大殿背壁观音堂内十八罗汉技艺最精。其次殿内500罗汉极尽变化，并有坐骑260余躯，法器300多种。山门金刚时代最早，塑于清光绪九年（1883年），各高3米，跨金睛兽，威猛传神，曾于20世纪20年代收入日版《世界美术大全》。

高庙彩塑群

位于官渡区六甲渔村兴国寺（俗称高庙）。大殿壁间以杨惠之掼泥法悬塑仙山琼阁、神仙洞府，其间满塑佛、道菩萨、天王、罗汉、天君、雷神、八洞神仙等138尊，色彩纷呈，造型生动，是亲密和谐的“佛道神仙大团圆”。壁前3尊主像，中观音，高1.7米，左文昌，右武帝，各高1.5米。彩塑群大部分为清光绪遗物，少数为明初作品。为市级重点文物保护单位。

三清阁明塑灵官

位于西山三清阁灵官殿，为彩塑坐像，高2.3米，金甲铁鞭，黑面赤须。气势威猛，咄咄逼人。为明代所塑，旁立二侍者，一捧印，一持册，身长腿短，造型古朴。此为昆明地区仅存明代巨塑。为市级重点文物保护单位。

太华寺铜铸佛、观音

位于西山太华寺大殿，太华寺于康熙二十六年（1687年）建大悲阁，铜铸观音三十二相奉安于内，后于兵乱中散失，仅存14尊，各高1.1米，技艺极精，置大雄殿内；又有铜佛3尊为毗卢遮那、卢舍那、释迦牟尼，跏趺坐，各高2.8米，古朴庄重，亦铸于康熙间。造像与寺同为市级重点文物保护单位。

曹溪寺清铸大黑天神

像原在安宁温泉镇真觉寺，寺毁，移贮曹溪寺内。铜铸，坐姿，高1.5米，三面六臂，身串骷髅，作忿怒相。身躯健美，孔武有力。为藏式梵相风格，铸于清康熙间。大黑天神是密教神祇，云南又称为“土主”，“虽十户之邑，亦必祀之”。像为省级重点文物保护单位。

永乐铜钟

原悬于旧城西南角宣化楼上，1953年拆除旧城，初置古幢公园，后移至金殿公园钟楼。钟高2.1米，口周长6.7米，重14吨，身有阳文“大明永乐二十一年（1423年）岁有癸卯仲春吉日造”，与北京的“钟王”铸于同一年，史载此钟声可传40里。

铜犴

铜犴（杨子人／摄）

俗称金牛，铜质。位于市区金牛街盘龙江西岸，铸于同治三年（1864年）。其状如水牛，全身金色，独角，作俯卧状。高1.3米，长2.3米。腹中空，背有小孔。牛腹下原有井，通盘龙江。涨大水时，井水翻腾激荡，引起牛腹共鸣发出吼声，作报警用。现为市级重点文物保护单位。

妙高寺继喜亭记碑

位于五华区黑林铺街道三华山妙高寺旁龙王庙内，立于明天顺四年（1460年）。坐西朝东，质地沙石。碑体高1.6米、宽0.76米、厚0.19米，拱券碑头高55厘米、宽93厘米，共刻523个字。记载了天顺元年至天顺三年间（1457~1459年），滇中干旱，云南官吏多次到妙高寺拜神求雨，终获降雨之事。久旱逢甘霖，人称“喜雨”。人们在欢庆之时，捐资建了继喜亭，并立碑为记。《继喜亭记碑》由当时承宣布政使司右布政使严贞撰文，中宪大夫提刑案察使副使杜明书丹，奉政大夫提刑案察使司佥事铜梁曹辅篆额。书刻俱佳，保存完好。2011年公布为市级文物保护单位。

圆通山石牌坊

包含三座，建于1934年至1937年之间，分别立于圆通山制高点大方亭东南西三面。三座石牌建制相同，均为青石质地，四柱三门，平顶，方柱，长方形额枋，须弥座夹杆石。通高6.5米，宽约9米，中间间距2.47米，边间间距1.68米。中间两柱须弥座上为圆雕狮象，边柱则有抱鼓石。整座建筑造型简洁，雕饰圆润精细。石牌坊分别旌表云南近代有“忠”“义”“节”操守的三位人物，系由其亲属出资建构。现枋柱有错乱现象，原因待考。2002年公布为区级文物保护单位。2011年公布为市级文物保护单位。

刻 石

汉延光碑

原立于呈贡跑马山塔密苴村双堆地，后为省博物馆收存。砂石，立于东汉延光四年（125年），不规则长方形，高1.15米，最宽处0.57米。文6行，足行12字，共54字，有13字全泐，汉隶书体。文中有“造邑”“昆尔”“封诏”“墓葬”“少牢”等字语，是昆尔（弥）贵族墓碑。1956年4月与碑同时出土的还有大量菱形墓砖和1枚汉五铢钱、储粮陶瓮。

晋故振□将军残碑

碑原置晋宁区上蒜乡石寨山南西河村田边，现为省博物馆收存，高1.6米，宽0.7米，砂石。碑额有穿，上部残存双龙图样。碑文22行，多已漫漶不清，难以句读。然“参军”“功曹”及“晋宁”字样清晰可辨，推知为晋宁州刺史王逊墓碑。立碑时间必在晋永嘉二年（308年）之后，书为隶体，风格与《爨龙颜碑》相近。

唐王仁求碑

立于安宁市鸣矣河乡小石桩村葱蒙卧山腹，红砂石，通高2.8米，宽1.5米，文34行，行53字，共1540字，正书。额隶书“大周故河东州刺史之碑”。唐闾丘均撰文，王善宝书丹，立于武周圣历元年（698年）。文记河东州刺史王仁求生平，事涉爨蒙（南诏）兴替之交，史料珍贵，文中多武周新字。2006年列为全国重点文物保护单位。

筇竹寺圣旨碑

立于昆明西郊筇竹寺大殿内。砂石，通高1.5米，宽0.85米，碣头半圆形，浮雕云纹。文20行，足行67字，共286字，正书，是元仁宗爱育黎拔力八达颁给住持僧玄坚的圣旨，时为丙辰年（1316年）四月二十三日。内容为颁赐给筇竹寺的藏经及田产、税粮、店铺等，任何人不得侵犯，文中还使用大量蒙、僰及天竺文字。

王仁求碑（李金能/摄）

筇竹寺元代圣旨碑（杨子人/摄）

创修圆通寺碑

位于市区圆通寺咒蛟台。砂石，额座俱毁。碑高1.45米，宽0.72米。正书，23行，足行44字，共796字。李道源撰文，罗寿书丹，立于元延祐七年（1320年）。文记寺始建于蒙氏（南诏），元初重建。其间兴衰沿革规模均较详尽。碑为市级重点文物保护单位。

太华寺常住田地碑记

碑在昆明西山太华寺，砂石。首、座皆失。高1.35米，宽0.85米。文分6列，列16行，行14字，正书。元泰定二年（1325年）住持涌海立。文中详载田亩价格、租额数目及银两、中统钞等货币行情，为研究元代寺院经济的重要史料。

云南王藏经碑

此碑刻于筇竹寺圣旨碑背面。是云南王阿鲁于元惠宗六年（1340年）颁给筇竹寺的令旨。文20行，用回鹘蒙文竖写阴刻。内容除指令诵经为皇家祈福外，还提及“伯忽、阿禾、秃坚诸王叛”。碑额用八思巴文镌刻《云南王藏经碑》6字。

重建玉案山筇竹禅寺碑

碑在昆明筇竹寺天王殿檐下。碑首半圆形，须弥座。砂石，通高2.87米，宽0.94

米。文16行，行48字。末4行为题诗，行36字，共701字，正书。郭文撰文，居广书丹并篆额，住持道诠立于明宣德九年（1434年）。碑文记载唐初高光兄弟行猎遇神僧、寺庙沿革、雄辩首倡讲宗等大量寺史。

启建华亭山禅寺碑

碑嵌在西山华亭寺大雄殿右配殿外墙上。砂石，高1.8米，宽0.75米。文分5列，列18行，行16字，正书，云南行省参知政事述律杰撰文，云南行省右丞散散书丹，卜颜篆额。立于元至正四年（1344年）。清道光十一年（1831年）重立。碑文记寺之源始于鄯阐（昆明）侯高智升及开山之祖元峰等史事。

大盘龙庵大觉禅师宝云塔铭

碑在晋宁区盘龙寺祖师殿前，无首、座。砂石，高1.2米，宽0.7米。文17行，足行50字，共1294字，行书。僧广源撰文，何秋崖书丹，立于元宣光二年（1372年）。碑文记述崇照祖师一生经历及临济宗传滇情况。碑阴《盘龙禅庵诸人舍施常住记》，载有“寸白军”“中统钞”及土地买卖等重要史料。

盘龙寺具足禅院记碑

位于晋城盘龙寺内，立于明洪武癸酉年（1393年）。砂石，高1.99米，宽0.95米，半圆形碣头浮雕双龙戏珠，额篆“具足禅院记”，楷书正文23行，行33字，共671字。“云南等处承宣布政使司左布政渭北张撝撰文”。碑文记述了盘龙寺创建始末及佛教在云南传播情况。对当时寺周景物及建筑特色亦有描述。最宝贵的是对当时少数民族信教情况及“僰人修缮刹宇”等作了记述。

马哈只碑（2003年版《昆明市志》）

马哈只墓碑

立于晋宁区昆阳街道郑和公园马哈只墓前。砂石材质，碑座为巨形石雕。碑高1.6米，宽0.93米，文14行，行28字，正书。碑文系郑和于永乐三年（1405

年）请在京的资善大夫礼部尚书大学士李至刚为父亲马哈只撰写的墓志铭。文中记“郑”姓之由来，并考马哈只乃蒙古伯颜之后。碑阴有郑和于永乐九年（1411年）回乡扫墓题记一通。碑现为全国重点文物保护单位。

重建真庆观碑记

碑嵌在昆明拓东路真庆观紫微殿后墙。砂石，无首、座。高1.84米，宽0.9米。文22行，足行41字，共562字，正书。庐陵周叙撰文并书丹，立于宣德六年（1431年）。文记建观始末及刘渊然谪滇情况。

真庆观兴造碑记

碑嵌在昆明拓东路真庆观紫微殿后墙。砂石，无首、座。高1.84米，宽0.91米。金问撰文，黄养正书丹，程南云篆额。文18行，足行48字，共623字。正统九年（1444年）住持道长蒋日和立。文记刘渊然奉召回京受封，真武祠改真庆观情况，为昆明道教重要史料。

新建妙湛寺石塔记

碑原在官渡区卫生院，现移至区文管所。砂石，右下角残缺。高1.51米，宽0.71米。额高0.31米，宽0.87米。额篆阳文“建石塔记”。文16行，足行41字，共397字，正书。住持信固立于明天顺二年（1458年），碑文记载了妙湛寺及金刚塔的确切建筑年代。

通妙邵真人祠堂碑记

碑在黑龙潭龙泉观内。砂石，首呈半圆形，通高2.48米，首宽1.02米，碑身宽0.83米，文23行，足行53字，共793字，正书。商辂撰文，程万里书丹，谢宇篆额，曹仲镌刻。立于明成化十二年（1476年）。碑文详述刘渊然法嗣邵真人生平事迹，为研究昆明道教史重要资料。

西寺塔建塔存功记

碑原在西寺塔第七层南面佛龛内，现移于塔文化娱乐园内。砂石，高0.5米，宽0.46米，阴刻楷书，文22行，行29字，共650余字，立于明弘治十六年（1503年）。文记弘治十二年（1499年）大地震使塔倾圮，以后又重新修复的详情，资料珍贵。

报功祠碑

此碑于1984年在昆明出土，现存昆明碑林博物馆内。砂石，无首、座。高2.1米，宽1.4米。文36行，足行81字，共1649字，正书。立于明正德十三年（1518年）。文载傅友德、金朝兴、梅思祖等平云南经过，可补《元史》《明史》之不足。

龙泉山道院记

立于黑龙潭碑亭，砂石，首呈半圆形。通高2.10米，宽0.78米。文19行，足行42字，共547字，正书。王景彰撰文。立于洪武二十九年（1396年）冬。嘉靖九年（1530年）舜庵道人重镌。文记龙泉观沿革及历代建筑规模及明初屯田情况。

重修瓦仓庄土主庙碑

位于东风西路瓦仓庄69号壁间，高1.86米，宽0.6米，砂石。文分上、下两列，上列19行，共420字，下列为功德记名。李贽撰文，立于明万历九年（1581年）。碑文记土主庙历史及建筑特点，佛像内容，并强调所奉密教神祇皆“佛教正神”“非淫祀也”，是研究宗教民俗珍贵资料。被列为五华区重点文物保护单位。李贽（1527～1602），号卓吾，明代著名思想家、文学家。曾任云南姚安知府，著有《焚书》《藏书》等。

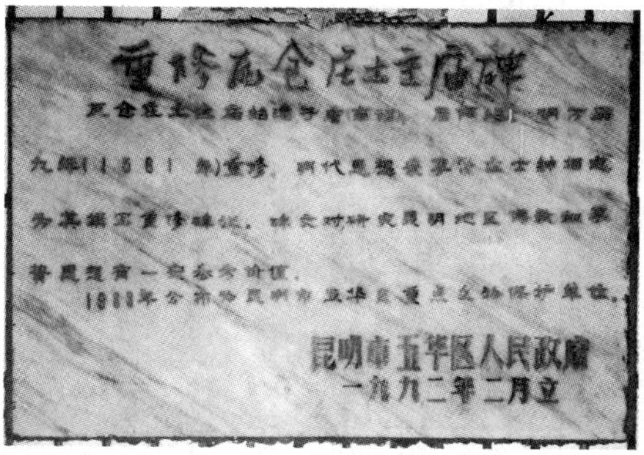

瓦仓庄土主庙碑（韦勇／摄）

重修曹溪寺记

碑在安宁市温泉街道曹溪寺后殿。砂石，通高1.58米，宽0.68米，文10行，行34字，共329字，正书。明代状元杨慎撰文，朱提（shū shí，即今昭通等地）肖村集李北海之字镌刻。嘉靖十年（1531年）住持道成立。文记曹溪寺昔时“楼殿撑天，梵呗沸地，福田连陌，岁入千钟”的盛况，以及遭劫难，募缘重建的经过。辞章华丽，书刻俱精。

松风庵记

碑在晋宁区昆阳镇郑和公园内。砂石，首座俱失。高1.02米，宽0.64米，楷书。文8行，行20字，共149字。杨慎撰文，明嘉靖十五年（1536年），释真圆立。文记名僧真圆创建松风庵事兼涉与内地临济传承关系。

续建昙华寺碑

位于昙华寺公园内。青石，高2.1米，宽0.97米，草书。文6列，列18行，足行8字，共732字。康熙三十五年（1696年），王继文撰并书。碑文考证寺名来源及兴衰历史。其草书具有极高书法艺术价值，实为王继文的幕僚阚祯兆手书，也是昆明唯一保存完整的阚氏手书碑。阚祯兆，字东白，通海人，康熙举人，清初著名书法家。

汉凤阙石刻

1962年4月出土于西山区昭宗益禄村大墩子梁堆（汉墓），现存昆明碑林博物馆内。系汉墓遗物，为不规则矩形，砂石，高2米，宽1米。打磨平整的1面，左上方阴刻单阙1座，高0.26米，宽0.16米，单檐庑殿瓦顶，翼角起翘，檐下有拱。阙身右边附有子阙。右边空中有凤1只，展翅飞舞，首尾长0.19米，高0.1米，阙下有线刻联币（圆钱），菱形纹饰。

安宁唐雕石狻猊

位于安宁鸣矣河小石桩王仁求墓前，雕于唐咸亨四年至圣历元年（673~698年）之间，砂石圆雕，高1.3米，宽0.5米，前足至后尾0.6米，呈坐式，昂首前视，其状在狮犬之间，泐蚀较甚。

法华寺岣嵝文岩刻

刻于安宁法华寺顶部一巨岩上。岩石高2米，宽4米，阴刻缪篆体《岣嵝文》（又称禹王铭）77字，记大禹治水时事。石刻系明嘉靖丙申

法华寺“岣嵝碑”（李金能/摄）

（1536年），安宁人张碧泉由长沙岳麓山持拓片归，经杨升庵之请，于次年刻于此石上。《岣嵝文》旁，有小字阴刻杨慎的释文。

金殿二十四孝浮雕

位于金殿第一层基台砂石栏板上，系建造第一座金殿时期（1604年）遗物，作浅浮雕，构图古朴，刀法粗犷。一事一图，宽约0.9米，高约0.4米。现存17方，余皆后补刻之花卉。

西山那文凤诗刻

诗刻在西山龙门慈云洞外石香炉座上，为七律两首，楷书阴刻，高0.38米，宽0.42米。题为“赠吴道人诗二首”，落款为“翰西那文凤题书。大清嘉庆辛酉（1801年）中秋吉旦”。其诗盛赞吴来清开凿石窟的伟大业绩，犹如大禹之开龙门。诗文清丽，书法尤佳。那文凤（1771～1823），昆明车家壁人，彝族，出身寒苦，入县学时被“嗤为异种”，刻苦攻读，后中乾隆甲寅（1794年）科解元，以诗、书名于当世。

西山区戴雄墓地石像生

位于西山区团结街道明东山峰顶。青石圆雕，有文臣武将各一，大如真人。又有马、虎、羊各一对，刀法简洁，憨厚可爱。雕于道光十七年（1837年）。按清制，此石像生为一品大员规格，是研究清代墓制的重要实物。墓主戴雄，龙潭乡（现为团结镇）人，是清乾、嘉、道三朝名将，道光十六年（1836年）死于浙江任上，次年归葬。

大理国经幢（2003年版《昆明市志》）

大理国经幢

位于市区拓东路昆明市博物馆内，为大理国时期（938～1253年）遗物，由五段砂石组成，七级八面，高6.5米，周雕密教佛、菩萨及天龙八部共300躯。大像1米，小像不足3厘米，刀法细腻，精美绝伦，为滇中艺术极品。幢第一层有阴刻古藏文《尊胜陀罗尼经咒》，界石上还有汉文楷书阴刻《造幢记》《佛说般若波罗蜜多心经》《大日尊发愿》和《发四弘誓愿》。《造幢记》记造幢因由及与宋王朝来往，可补史缺。文中尚大量使用唐代异体字。该幢为全国重点文物保护单位。

普坪村皇庆赵氏经幢

位于西山区普坪村普坪小学内。砂石，顶、座俱失，唯余幢身，高0.94米，8面，每周宽0.17米。题刻全称为“追荐慈考赵氏墓幢”。立于元皇庆二年（1313年）七月。幢身三面刻《造幢记》15行，行22字，正书。其余五面阴刻梵文《佛顶尊胜陀罗尼经咒》。

太华山李昇生墓幢

原在西山太华寺，后为省博物馆收存。顶、座俱失。砂石，高0.67米，四面周长1.3米。四面上部凿佛龛，有四方佛造像。中段刻汉文楷书《佛顶尊胜宝塔记》，文13行，行17字。述陀罗尼行法，为李蹠寿藏造作。《记》中人名有“般若升、踰城秀、药师贵”等等，皆以佛号为名，该幢身还刻有梵文咒语16字，横写。上刻“泰定元年甲子（1324年）夏四月杨护公书咒”。

清净寺明护墓幢

位于西山区岷山昭宗村清净寺（现为杨姓农民居住）院内。高0.70米，幢身圆周1.85米，形如瓮，上置圆形宝顶，下有莲台式基座。幢身上段刻梵文经咒，下段刻汉文《清河郡释明护墓志铭》，文60行，行10字，楷书。款为“至正二十一年（1361年）三月滇城尹具瞻撰并书”。明护为雄辩法师弟子，开山于清净寺。《铭》文是研究云南佛教史的重要资料。

朱德赠映空和尚诗文碑

碑在东郊昙华寺公园内，青石，高1.22米，宽0.55米。碑文分序、诗两部分，共15行，行2至30字不等，计331字，立于1922年旧历正月。当时朱德任云南宪兵司令、警察厅长，常赴昙华寺赏花品茗，与出身贫寒的映空和尚结为知己。该诗文借赏花游寺，表达了朱德忧国忧民，向往新生活的革命抱负。不久，朱德即辞官赴欧，在柏林见到周恩来，找到了他梦寐以求的革命道路。以后，历任中国工农红军总司令、八路

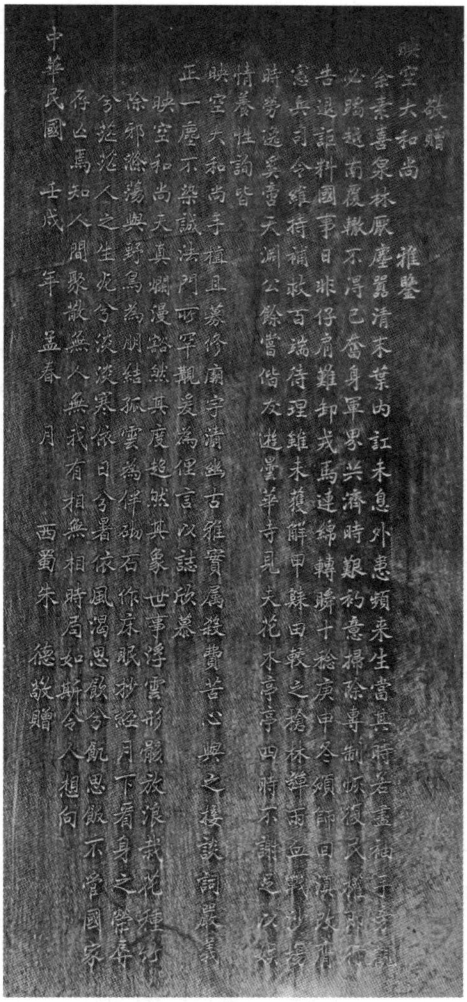

昙华寺朱德赠映空和尚诗文碑（宇应军/摄）

军总司令、中国人民解放军总司令、中华人民共和国副主席、中央军委副主席，全国人大常委会委员长等职。

禄劝木克乡红军壁画标语

位于禄劝县木克办事处木克大村小学二楼粉墙上，系两幅软笔墨画，还有7条标语，一共占墙面横7.8米，高1.9米，约15平方米。一幅绘着一群农民拿着红缨枪，押着一个被捆绑的地主，旁书“工农暴动起来，实行打土豪分田地”，“取消一切捐税”；另一幅绘着一位红军战士右手高举铁锤，左手怒指地主，旁书“红军消灭地主阶级，反对富农剥削”。笔法稚趣生动，标语写得粗犷豪放。1935年5月2日，彭德怀、杨尚昆领导的红军第三军团某部在此宿营，该小学当时为一地主家，主人吓跑了。红军住了一晚，留下壁画标语，第二天继续北上。现壁画标语保存如新，是云南省重点文物保护单位。

路南贪官许良安遗臭碑

位于石林县城文化馆内，青石，高1.71米，宽0.63米，楷书阴刻，文18行，共636字，落款为“中华民国三十三年（1944年）一月十日路南县各机关暨全体民众立”。文记路南县长许良安贪赃枉法，搜刮民财，逮捕进而杀害革命师生，激起公愤，全县民众纷纷上告。当时全国处于抗日救亡、民主运动高潮，省市当局迫于社会压力，不得不撤了许良安的职。是以立碑存志，2003年，该碑被列为昆明市重点文物保护单位。

西南联大纪念碑

位于云南师范大学校园内。碑为墨石，由额、身、座组成，外覆以混凝土浇筑的碑亭。碑额半圆形，高0.6米；碑身高2.28米，宽0.88米；座高0.65米，宽1.23米。闻一多篆额“国立西南联合大学”，联大文学院长冯友兰撰文，中文系主任罗庸书丹，号称“三绝”。碑文楷书阴刻，共19行1172字，记联大组建因由、八年历程及北归概要。碑立于1946年5月。为昆明市重点文物保护单位。

国立西南联合大学纪念碑
（杨子人／摄）

一二·一运动三烈士殉难处纪念碑

位于龙翔街中段137号（原西南联大东院），青石，高1.5米，宽0.8米，正中隶书阴刻“一二·一惨案潘琰、李鲁连、张华昌三烈士殉难处”，字大如拳，落款小字“西南联大和昆华工校师生立”，立于1946年3月。此碑“文化大革命”中遗失，1977年为五华区文化馆寻获复立原处，1983年3月被昆明市政府公布为重点文物保护单位。

商埠界址碑

位于五华区金牛街盘龙江畔，立于清光绪三十二年（1906年），青石质地，通高约0.78米，宽0.26米。碑文4行，32字，阴刻，楷书。碑文标明：“商埠界址，南北界自溥润桥起至双龙桥止，计长陆佰二十丈，约三里许。”当时昆明商埠有四至界石，此碑当为北界石碑。商埠即对外通商口岸。政府在商埠设置税务机关征收关税。云南开辟商埠，始于清光绪年间。那时候的商埠有两种，一种是“约开商埠”，另一种是“自辟商埠”。清光绪三十一年（1905年），光绪皇帝根据云贵总督丁振铎的奏折，批准将昆明作为自辟商埠开放。商埠界址碑是昆明在清末自辟商埠的重要物证。2011年公布为市级文物保护单位。

上游水库纪念碑

位于嵩明县嵩阳镇新春邑村委会接界村西上游水库大坝东侧水库管理所旁。有碑1通，占地5平方米。碑文系嵩明县原水利科副科长陈铉撰，由寻甸县上游水库工程指挥部于1959年10月1日立。碑体方柱状，边长40厘米，高152厘米，为青石质地。顶端有一块近似方形的叠涩，其上雕凿四面坡形的瓦屋面，翼角起翘。碑正面阴刻“上游水库纪念碑”大字。其余三面镌刻碑文。碑文正书，阴刻，左行，共137行，满行17

字，约2320字。碑座两台，上台平面方形，须弥座状，边长75厘米，高30厘米，下台方柱状，边长75厘米，高48厘米，再下为八方形台基，直径298厘米，高42厘米。纪念碑矗立于台基正中，原有石制护栏，今仅存3柱。碑文追溯了历史上的果马河给沿岸人民造成的严重灾害、水库修建的全过程及水库建成后嵩明坝子发生的巨大变化。碑文还提及水库修建过程中，苏联和捷克斯洛伐克专家先后到工地现场，帮助解决很多技术上的重大问题，促进了工程的顺利进行。碑文具有浓厚的时代色彩，体现了当的历史风貌。2011年公布为市级文物保护单位。

阿里塘村灯山碑

位于嵩明县牛栏江镇阿里塘村委会阿里塘下村灯山房墙壁上，为乾隆五十三年（1788年）立，占地面积0.2平方米。碑嵌于阿里塘下村灯山房正厅的墙壁上，青石质地，宽90厘米，高43厘米，横帖式，碑文正书，阴刻，右行，正文18行，满行20字。庠生段冕撰文，庠生尹举臣书丹。该碑是研究清代地方民俗文化活动的实物资料，具有一定的历史价值。2011公布为市级文物保护单位。

龙街治理果马河普沙河纪事碑

碑位于昆明市嵩明县嵩阳镇龙街村委会龙街村西南果马河与普沙河交汇处。有碑刻1通，建于1967年，占地3.4平方米。碑为方柱状，青石质地，高194厘米，宽50厘米。碑顶部呈方锥体，高66厘米，锥体上原有一混凝土制作的红五角星，今已佚。碑身四面镌有文字。碑文记述了历史上果马河和普沙河的洪涝灾害及治理两河的原因和经过。20世纪50年代后期，在两河上游分别建了上游水库和大石头水库，但两河对嵩明坝子的水患威胁仍未根除，1966年全面治理两河，彻底根除了水患，数万亩泽地变为旱涝保收的良田。该碑是研究中华人民共和国以来嵩明水利建设的实物资料，具有一定的历史价值。2011年公布为市级文物保护单位。

嘉丽泽松坡桥碑

碑位于嵩明县杨林镇官渡村委会嘉丽泽农场弥良河与天化河交汇处，嵌于松坡桥东侧桥墩上。有碑刻1通，于1946年建，占地134平方米，为青石质地，高83厘米，宽53厘米。碑阳正中刻阳文“松坡桥”三个大字，每字约17 × 16厘米。碑文分别镌于两侧，正书，阴刻，右行，文6行，满行22字。松坡桥碑是见证蔡锷在云南执政活动的重要实物资料。2011年公布为市级文物保护单位。

钟灵山塔林

位于寻甸县仁德镇钟灵村委会钟灵村东北钟灵山，始建于清康熙三十七年（1698年），塔林分布面积为1560平方米。现存有和尚塔21座，有3座可见塔基，周围分布有7座和尚墓，有三重堂的钟灵禅寺遗址一处，清康熙三十七年（1698年）、四十四年（1705年）和光绪十五年（1889年）的石碑各1通。从塔铭上能见到的各墓塔建造时间有乾隆、嘉庆、道光、咸丰、同治等几个朝代，塔林为清代建筑。塔林均为“堵波式”墓塔，是钟灵禅寺历代僧尼的圆寂之地。墓塔全用石料建造，形式统一、规整，均由墓室、基座、塔身、塔顶四部分组成；墓室用石料砌成长方形，穴顶砌成拱形，除单列墓穴以外，成排墓塔的墓室均连在一起；在塔基前留有墓口，墓口与地面相平，从墓口有台阶进入墓室；墓室封顶砌平以后，在每个墓室上独立建塔，塔与塔之间距离1.8米。塔基平面呈方形，须弥座式，座高2米，座上均刻有纹饰；塔身多为覆钵式，少数为方形，向南面辟有龛，龛内嵌有石碑；塔刹有方形、六角形、八角形等，边沿有莲花等纹饰，上置圆球状宝顶；个别圆形近似鼓形，圆形塔身均为素面，造型优美、工艺精湛，比例均匀。各塔高度不一，一般高3~5米。钟灵山塔林对研究佛教传播及发展历史、考古、佛教建筑等都是难得的实物资料，具有一定的历史、科学、艺术价值。2001年3月2日被寻甸县人民政府公布为县级文物保护单位，2011年1月17日被昆明市人民政府公布为市级文物保护单位。

安姓籍贯源流碑

位于寻甸县联合乡三界村委会多素村，立于清光绪五年（1879年）。碑为方柱形，有座，通高1.45米，四方边宽0.33米。碑文为彝、汉两种文字并用，彝文16行，汉文11行，各行字数不等，彝文117字，汉文562字，楷书。碑文记述该族原系“百濮”之尊族，有安、张、杨、禄、李等9姓。祖先原住滇池东北地区，后徙居倘甸、东川和禄劝等地。

碑文是禄劝县原廪生李耀廷于光绪五年（1879年）春撰写，是了解寻甸安姓彝族迁徙发展历史的珍贵材料，对研究昆明地区彝族的迁徙发展、生产生活状况及宗教、民俗情况有重要的史料价值。该碑于2011年1月17日被公布为市级文物保护单位。

战斗水库纪念碑

位于寻甸县七星乡凤龙湾村村东凤龙湾水库大坝东面的坡地上，立于1958年。碑身由7块碑石镶砌而成，碑头、石柱、碑脚等由若干块较小石料镶砌而成。碑文楷体，横书第一、二、三、四块，每块碑文52行，第五块碑文41行，共249行，满行26字，总字数3792字，碑文撰写者姓段，名字无法考证，刻碑者是倘甸人杨明恩。整块碑文石质不一样，中间有一块已经风化，字迹模糊，总体上看保存较为完好。碑刻全面反映了“大跃进”期间的社会历史背景、政治、生产状况，真实记述了修建水库的必要性、紧迫性以及整个修建过程，歌颂了劳动人民战天斗地的伟大创业精神，具有鲜明的时代特征。2003年12月18日被公布为省级文物保护单位。

古建筑

太和宫金殿

又名铜瓦寺，位于昆明东北郊鸣凤山（旧称鹦鹉山）上，为明代云南巡抚陈用宾创建。据说陈信道教，一日忽梦吕洞宾而环游翠宫，见林中飞出异鸟，命工修筑太和宫，主祀真武大帝。其形制仿湖北武当山天柱峰太和宫，略加变化，以铜铸成。此殿建成，“左挹华山之秀，金马腾辉；右临昆海之滨，碧鸡焕彩”，成为滇中名胜。明崇祯十年（1637年），云南巡抚张凤翮将铜殿迁至宾川鸡足山。

今昆明鸣凤山之金殿，为清康熙十年（1671年）吴三桂所建。金殿为方形，长7.8米，高6.7米，为重檐式飞阁，以纯铜仿木结构铸造，用铜250余吨。为全国最大铜殿。殿中全部构件，从梁柱瓦顶、斗拱门窗，直到殿内神像神坛、经幢香炉、梁柱匾联，均为铜铸，布局和谐，十分精致。

太和宫（杨子人／摄）

金殿落成后，周建砖城护之，四角建有配殿，因其形制略似皇城，得名“紫禁城”。金殿供奉真武大帝，配殿有天师殿、老君殿、三丰殿、雷神殿、三元宫等。“紫禁城”为太和宫中心，布局幽奇险峻。太和宫外有三天门，喻三清天；从山脚至一天门有72级台阶，喻72地煞，复接36级台阶，又喻36天罡。沿途有3座天门，棂星门对联“天台高百尺东林竹舞，一半青山一半云；帝道满三千上古飞龙，无双玉宇无双地”。

1869年太和宫住持李元龙又“起宫楼后殿若干间，又造七星铜旗以应北极之象”。铜旗周镶二十八宿，旗中有北斗七星和“风调雨顺、国泰民安”八个字。光绪年间，住持杨智聪又修太乙殿、土主殿。1983年新建大铜楼，内悬14吨重的永乐洪钟。1984年扩建茶花园、木兰园、杜鹃园、鹦鹉山庄供人游览。1982年太和宫被列为全国重点文物保护单位。

安宁连然文庙

安宁文庙（李金能 / 摄）

位于安宁市连然街道。据旧志载连然文庙最早创建于元代，明、清以来，数次遭毁，又屡经增新修复，具有相当规模。原文庙建筑群规制严谨，除大成殿、崇圣祠、明伦堂等主体建筑外，门、坊、池、阁一应俱全，堪称宏伟壮阔。现保存较完好的古建筑大成殿，始建于元大德壬寅年（1302年），坐北朝南，单檐歇山顶，六椽栿带梁架结构，斗拱粗大雄浑，气势不凡，极富宋代营造法度，是云南省境内仅存的少量宋元建筑之一，对研究云南古代建筑史具有较高参考价值。抗战时期，著名建筑学家梁思成、刘敦桢等人曾到此进行考查，对文庙古建筑给予了高度评价。文庙内还存有元、明、清时期碑刻数通，是研究云南地方史的重要史料。1987年被列为云南省重点文物保护单位。2006年被列为全国重点文物保护单位。

昆明文庙

位于人民路中段。昆明文庙的初创，始自元代，旧址在五华山之右，后废。明洪武初，沐英又在旧址重建。至景泰时，巡抚郑容增建成德、达材二坊。嘉靖十年（1531年），增建启圣祠。万历元年（1573年），巡抚邹应龙开凿泮池。万历四十三年（1615年），巡抚周嘉谟建明伦堂。崇祯元年（1628年），云南知府王绍旦主持重修，又增修文昌阁及魁星阁。不幸的是，明末清初，毁于兵祸。清顺治十七年（1660年），在云贵总督赵廷臣的倡议下，众人捐资重修。康熙二十九年（1690年），总督范承勋、巡抚王继文共同向朝廷上疏，将文庙改建于长春观旧址。雍正十二年（1734年），总督尹继善、巡抚张允随等重修。此后乾隆、嘉庆等朝又相继增修，渐次构成与庙学规制相符的教育场所。

文庙的整体建筑群一直到清代仍保存得较为完好，但在1942年遭日寇飞机轰炸后，主体建筑尽毁，昔日恢宏气势不再。1946年，虽又进行修复，但限于人力物力，旧貌难复。1949年后，被辟作公园供市民游乐。昆明文庙现存的古迹仅有棂星门、礼门、义路等石坊和铭记历史的碑刻，以及几株一直守护于此的古柏，其余建筑均为后来修建。1992年列为市级文物保护单位。

呈贡文庙

位于呈贡区委党校内。据旧志记载，呈贡文庙最早创建于明洪武十六年（1383年），旧址在伽宗城（今大古城村），又经弘治、万历两次迁移。康熙二年（1663年），在知县赵申禧的主持下将文庙迁于县署旧址，即今址。此后各朝的地方官员和士绅均有增新修复的举措，呈贡文庙逐渐得到完善，并具相当规模。咸丰七年（1857年）毁于战乱，仅留“至圣”牌位一座。同治十一年（1872年），在地方士绅的倡导下，合民众之力重建一新。由于历史变迁，呈贡文庙一度为文化馆、幼儿园和县委党校所使用。近年在有关部门的努力下重修了崇圣祠、大成殿及左右两庑建筑，旧貌焕然一新。文庙内今仍存有石质碑刻数通，对研究呈贡地方历史有重要的参考价值。2011年公布为市级文物保护单位。

呈贡文庙（字应军／摄）

富民文庙

又名“黉学”，位于富民县城西二公里富民一中内，坐西向东，占地3245平方米。现存前殿、大殿及两厢房、月台和后殿，共5栋21间。前殿、大殿、后殿均为单檐歇山式瓦顶，左右厢房为硬山式瓦顶，梁架为穿斗式。殿前月台高1.2米，周围安置墨石望柱和围杆，望柱雕有十二生肖，栩栩如生。文庙始建于清康熙四十七年（1708年），康熙四十九年（1710年）建成，历经沧桑，1982年富民县人民政府拨款修葺一新，1985年立为县级文物保护单位，1986年收入《中国文物图集》，1997年被富民县委和人民政府立为县级爱国主义教育基地。1999年和2001年分别筹资对文庙进行大规模维修，并塑孔子立像和坐像各一尊，站像高3.18米、坐像高2.5米。经过维修和绿化的文庙环境优美、古树参天、亭台楼阁交相辉映，月台上的孔子立像仿佛正在向孜孜学子传道、授业、解惑，颇具古学府风范。文庙是研究当时历史、建筑很好的实物资料。2011年升为市级文物保护单位。

官渡金刚塔

位于官渡区官渡街道官渡古镇，建于明朝天顺二年（1458年）。塔体通身为砂石所砌，基座为方形金刚宝座式，底部东、南、西、北四道券门十字贯通，可通行人，俗称穿心塔。十字券洞的穹顶，嵌有铜铸“金刚界九会曼陀罗”雕板一方。基座上方由一座主塔和四座小塔构成，主塔居正中，高16.05米，下为方形折角须弥座，四角有力士像，塔座四方分别刻有金刚五部佛坐骑，象征五种正等正觉果智；塔身如喇嘛塔，下部为七级莲花瓣（金刚圈），逐层向上收缩，上部覆钵，四方开有眼光门（即佛龛），供养四方佛；再上为方形须弥式束腰塔脖子，承接十三天相轮、铜制华盖，外沿垂有八铃，盖面立铜铸四天王；塔刹由宝座、覆钵塔身、摩尼珠和宝瓶组成。立于四角的小塔均高8.84米，形制相同，简洁大方，与主塔共同象征五部佛。

官渡古镇金刚塔（字应军/摄）

据有关专家考证，该塔为全国建造最早的金刚塔，而且是唯一全部用砂石砌成的“石塔”，是研究云南宗教历史文化和建筑艺术的珍贵实物。1996年列为全国重点文物保护单位。

东、西寺塔

东寺塔，即常乐寺塔，位于书林街；西寺塔，即慧光寺塔，位于东寺街。相传两座塔均为唐南诏时期的弄栋节度使王嵯巅所建，由曾参与修建大理崇圣寺三塔的著名工匠尉迟恭韬负责建造，外形极似西安小雁塔，为十三层密檐式空心砖塔，可置灯火于塔中。东寺塔的塔砖有斜方格纹，略薄稍长，并有汉、梵文字模印，具有显著的唐代特征。在塔顶四角有金翅鸟（即迦楼罗，佛教八部众之一，俗称金鸡）铜饰，昆明地区的许多塔顶都有此饰。在佛教传说中，迦楼罗以龙为食，因此，塔顶的金翅鸟铜饰可能有祈求保佑、消除水患的意义。塔顶西南方的“金鸡”口中有簧管，遇西南风则会发出长鸣，精巧构思，令人称绝。

东、西寺塔（《滇南名胜图》）

比较有意思的是，二座塔都曾毁于地震，后又互相参照重建。明弘治十二年（1499年），西塔倾于地震，后仿东塔重建。而东塔在清道光十三年（1833年），亦倾于地震，又仿西塔重建。1983年，西寺塔经重修，虽有欠缺，但外形上仍保持了旧塔的风姿。2006年公布为全国重点文物保护单位。

大观楼

位于市区西南的大观公园内，濒临滇池草海。公园主要区域旧称近华浦，因近太华山而得名。据旧志记载，明代沐氏曾在此开有莲池，以“水云乡”名之。清康熙二十一年（1682年），来自湖北的僧人乾印在此筑观音寺，讲演《妙法莲花经》，听众络绎不绝。康熙三十五年（1696年），巡抚王继文扩修澄碧堂、催耕馆、华严阁、涌月亭等景致，并创建可眺碧波的“大观楼”。大观楼初为二层，道光八年（1828年），按察使翟锦观增之为三层。咸丰五年（1855年），咸丰皇帝为大观楼御题“拔浪千层”，咸丰七年（1857年）毁于战火。同治八年（1869年），马如龙重修，不幸又因水漶受损。光绪九年（1883年）岑毓英重修。1919年，唐继尧又加修葺。1930年，时任昆明市市长庾恩锡受省政府主席的嘱托，在赵鹤清的协助下仿西湖景致修葺近华浦。1937年，云南省政府专门从意大利订制了一尊“唐继尧铸戎装骑马铜像”立于近华浦广场中央，1959年拆除。

大观楼（《滇南名胜图》）

民国时期，近华浦周围相继建了一批私家花园别墅，较著名的有庾恩锡“庾庄”及鲁道源将军的“鲁园”，这些私园别墅多采用中西合璧的建筑样式，具有典型的时代特征，现已划入大观公园景区。

历史上的大观楼虽然兴废交替，却始终是云南人心目中不可替代的文化胜地。大观楼的构造并无精巧独到之处，历史也并不悠久，之所以能与国内其他名楼齐名，实赖乾隆间孙髯翁所撰的长联。上联描绘了“五百里滇池”周围如诗画般壮阔的风物，下联则精要点评云南的“数千年往事”，感叹兴亡沉浮不过是“苍烟落照”，何如舒展胸襟，珍惜当下时光，忘情山水间。长联180字，字字珠玑，淬炼精深，铺排得当，不拘一格。整体气势雄浑，纵横古今，非俱超然才智和勇猛之力不能为之，被后人誉为“古今第一长联”。孙髯翁百年之后，阮元和程含章先后修改过长联，但都改得非常失败，特别是阮元改联后还被民间以“软烟袋（阮芸台）不通，萝卜韭菜葱；擅改古人对，笑煞孙髯翁”的打油诗讥之。毛泽东主席读之再三后对孙髯长联有“从古未有，别创一格”的高度评价，并批评阮元改联之举是“点金成石”的败笔，可见孙髯翁长联的精彩绝妙，再难有出其右者。长联原为陆树堂的行书刊刻，后随楼毁，在岑毓英重修时，才又命赵藩工楷补悬楼前，存至现今。1983年列为云南省文物保护单位。2013年公布为全国重点文物保护单位。

金马碧鸡坊

位于市区金碧路中段。金马、碧鸡的传说在昆明流传久远，不仅有金马、碧鸡山，而且历史上还有金马、碧鸡寺，在众多纪念建筑中，其最著者为金马、碧鸡二坊。二坊最早建于明初，后两次毁于战火，清光绪十年（1884年），云贵总督岑毓英主持重修，呈贡籍书法家孙清彦为题坊名。据说原先的金马坊与碧鸡坊相距二丈多，但每六十甲子的中秋酉正（约15时）初刻二分，二坊的光影便会相向移动并能结合，稍倾即逝。这一奇妙的景观被人们称作“金碧交辉”，是吉祥的象征。原先士民为纪念赛典赤所立的“忠爱坊”位于二坊北面，正好呈“品”字形布局，因此又有“品字三坊”的合称。现在的三坊虽为后来重修，虽不能恢复旧时雄奇壮丽的景象，但“金马”“碧鸡”的精神却在昆明世代传承，代表着昆明人奋发向上，乐观积极的生活态度！2006年被列为全国重点文物保护单位。

金马碧鸡坊（《滇南名胜图》）

官渡土主庙

位于官渡区官渡街道螺峰村，始建于唐，现存大殿为清光绪二十一年（1895年）重修，坐西向东，总体建筑由大殿、山门、两厢及配殿等组成，占地面积1200平方米。大殿单檐歇山顶，面阔五间17.2米，进深15.7米，前廊后厦，穿斗式七檩梁架结构。正面檐下斗拱共四层，每层出45度斜拱，又称如意拱，所有拱头雕刻成龙头，施以五彩，系清代典型建筑式样。大殿正前方为一墀台，殿内供奉大黑天神塑像。1961年公布为市级文物保护单位，1982、2002年官渡区对土主庙进行过两次修缮，2003年12月公布为省级文物保护单位。

法定寺

位于官渡区官渡街道官渡社区螺峰村西，始建于宋，经历代重修，现存大殿为清代早期建筑。寺有三进，由厢房、配殿等构成。大殿单檐歇山顶，建筑规模不大，但举架较高，最大的特点是斗拱出45度翼形拱。正面外檐装饰华丽，明间檐下饰“双凤朝阳”透雕，檐柱顶端饰木雕麒麟，四角梁出头刻为凤鸟状，造型生动，山墙墀头用砖砌如意斗拱，具有清代风格。1983年12月公布为第一批区级文物保护单位，2003年12月公布为省级文物保护单位。

金马寺

位于官渡区金马街道金马山麓。金马寺始建于唐，历经宋、元，明正统年间重建时称“灵应寺”，后渐渐被称作“金马寺”。寺坐东向西，整个建筑群分为前后两进，每进二殿，二进四殿呈平行排列，厢房三幢，由左至右与配殿组成左右并排的两四合院。寺后进右方以阿育王殿为主，其左侧以三太子殿为主，两殿式样一致，规制略有大小。殿后有13层密檐方形实心砖塔1座，称“金马寺塔”，建于明正统九年（1444年）。金马寺的产生，源于金马碧鸡神话。金马寺及金马寺塔于1983年公布为区级文物保护单位，2011年1月公布为市级文物保护单位，2012年1月公布为省级文物保护单位。

文明阁建筑群

位于官渡区官渡街道螺峰村北面，包括孔子楼、棂星门、赐书堂、关圣殿，整个建筑群坐北向南。孔子楼又名文明阁，重檐歇山顶，方形，二层，楼前有东西两庑及棂星门。赐书堂，重檐悬山顶，属清代两层土木建筑，用于贮藏清康熙帝所赐书籍及王思训离京回乡所选购的书籍。关圣殿由大殿、山门及厢房构成，大殿单檐歇山顶，明间建成门楼式样。孔子楼、棂星门、关圣殿建于明代，赐书堂建于清代，现存建筑皆为清代重修。2011年1月公布为市级文物保护单位，2012年1月公布为省级文物保护单位。

云南大学建筑群

包含至公堂和东号舍（考棚）、会泽院、映秋院等建筑，位于云南大学东陆园内。

贡　院

贡院是明清两朝云南举行乡试的地方，黔籍生员也曾来此赴试。云南贡院最早建于明永乐年间，嘉靖、万历亦有重修，南明永历帝曾寓此。清康熙、嘉庆、道光又多次增新修复，颇具规模。

原贡院所遗建筑为至公堂和东号舍，以至公堂为最著。至公堂坐北朝南，为硬山式顶，前坡作卷棚式延伸，云南大学建校时以贡院为校址，至公堂便改作礼堂。抗战时期，至公堂曾是众多专业学会的主要活动场所，也是专家学者传播知识的重要讲坛，梅贻琦、冯友兰、金岳霖、汤用彤、冯至、田汉、潘光旦、严济慈、闻一多、费孝通等百余名家在此为学生作专门的报告讲座，深受广大学子的喜爱。而与此形成鲜明对比的是，那些不学无术的达官显贵在知识的殿堂却只能“享受”到爱国学生的当面指斥。某次，孔祥熙欲在至公堂做公开演说，但高贵的学术讲坛岂容祸国巨蠹腆颜胡诌，还没等他开讲，学生们便群起将其轰下台去。1987年，被云南省人民政府公布为省级重点文物保护单位。

贡院考棚（杨子人/摄）

映秋院

位于至公堂西侧，建于民国二十七年（1938年），是云南省主席龙云的夫人顾映秋捐资修建的女生宿舍，由我国著名古建筑学家梁思成及夫人林徽因共同设计。映秋院古朴淡雅，为四合院式建筑，北、西、南三面为二层楼房，东为走廊，内走道，东北设有月门。这样的构造与原贡院的至公堂、号舍等古建筑互相呼应，融为一体，呈现出建筑群的整体之美。1987年被列为省级重点文物保护单位。

会泽院

会泽院坐落于至公堂、东号舍之前。1923年奠基修建，1924年落成，以唐继尧的别号“会泽唐公”命名，作为东陆大学的主要办学基础设施。时由曾经留学法国的张邦翰先生负责设计，张先生参考法国巴黎大学院楼的建筑特点，将会泽楼建成一座“采中西法式，存古而不泥于古，尚新而不专骛于新”的标志性建筑。楼体呈“H”形，坐北朝南，面向翠湖。楼高两层，并设有地

云南大学会泽楼（杨子人/摄）

下室，第一层南面设正门，北面设后门，东、西两设侧门，楼顶有露台。四周墙体、窗沿均有白色条石镶嵌，与驼红色砖墙构成古朴大方的外观，正门前的平台上立四棵希腊多粒克式圆柱，更加雄浑气派。稳重威仪的会泽楼与正门下因势而筑的九十五级条石台阶（据说，此数取自《周易·乾卦》之“九五，飞龙在天，利见大人”，暗含“东大陆主人”唐继尧欲达“九五之尊”的愿望）相互映衬，使得整体建筑更加庄严肃穆，气势非凡。1987年被列为省级重点文物保护单位。

云南第一天文点

位于会泽院西侧，是中国早期大地测量定位标志。清康熙四十九年至五十七年（1710～1718年），昆明县的首测天文点位“云南省昆明县北极高25度6分；京师偏西13度38分”。1934年，由云南省政府教育厅、云南省教育经费委员会、云南通志馆、云南大学、昆明市一得测候所发起在云南大学复测，经测昆明的地理坐标为：东经102°41′58.88″，北纬25°03′21.29″。是我国除北京观象台外唯一与原测经纬度确切点位。后将首测原址定为“云南第一天文点”，立有圆形石柱标志，直径0.6米，高0.17米，上刻该点经纬度和编号。基座为石砌，北侧刻有1934年复测经过及结果，南侧刻有时任云南大学校长何瑶所题“云南大学天文点”。1993年，云南第一天文点被云南省人民政府公布为省级重点文物保护单位。

云南第一天文点（杨子人／摄）

翠湖建筑群

翠湖位于市区中心，五华山西侧。因明以前是城边一片水泽之地，后来开出稻田、菜园，并有荷塘大片，旧时俗称翠海、菜海子。又因曾有九支水流注汇聚于此，故又称九龙池。民国初年辟作公园，始称翠湖。

据历史文献记载，明初镇守云南

翠湖碧漪亭（《旅滇指南》）

的沐英曾在翠湖西侧筑有别墅，并效西汉周亚夫细柳营屯兵之举在此种柳牧马，今省图书馆洗马河即为当年遗迹。明末清初，吴三桂又填湖西营造王府，其孙改元洪化后，又称洪化府，吴亡后，改称承华圃，约今讲武堂附近。康熙时期，云南巡抚王继文在翠湖湖心岛上创建碧漪亭（又称海心亭或湖心亭，民国间昆明市政公所曾在此办公）、北岸筑来爽楼，文人墨客纷至沓来，匾联诗赋与景相协，渐为城中园林胜景。至嘉庆，邑人倪琇与僧雨庵合力又创莲华禅院，并凿放生池。道光年间，阮元在湖上修筑南北长堤，并设桥三座，南曰燕子、中曰采莲、北曰听莺，后称阮堤。民国时，唐继尧又筑一东西向长堤，是为唐堤。原湖西景龙潭旁曾有龙王庙，民国间改建景贤祠，后归昆明自来水厂作泵房，该泵房是昆明现存最早的机电供水设施。

翠湖周围原有钱南园祠、经正书院等著名建筑，现仍有袁嘉谷、王九龄和卢汉公馆等旧址。以翠湖人文景观为中心形成的文化圈，是昆明最值得珍惜的宝贵财富。抗战时期，西南联大的很多学子都喜欢到翠湖边的茶馆“蹭座”看书，绿柳翠堤，清风画影，挥之不去的美好记忆。汪曾祺先生的《翠湖心影》如诗画印心，表达了对昔日时光的无限眷顾，也勾勒出诸多旅昆故人心中永远的春城记忆。

每年秋末，都会有红嘴鸥如约而至，它们自西伯利亚远徙而来过冬，市民常在翠湖给海鸥喂食，人与鸟类和谐共处。毋庸置疑，这将是昆明最具人文情怀的标志性景观。

海口川字闸

又名白鹤桥，位于西山区海口街道中滩街滇池出口。元朝云南平章政事赛典赤兴修水利，疏浚海口。明清两代曾多次整修海口水利工程。明弘治十四年（1501年）疏浚后，形成牛舌洲及龙王庙洲，即今大、小中滩。清道光十六年（1836年），云贵总督伊里布在中滩川字河上建石闸3座，共21孔，全长109米，名曰“屡丰闸”，滇池水经此闸流入螳螂川。水过3闸，形如“川”字，故名“川字闸”。闸分南、中、北，南闸最佳，长50米，10孔，每拱高3米，宽4米，闸面宽3米，高5.6米，两边设拦马石。

海口川字闸（杨子人／摄）

1988年公布为区级文物保护单位，2012年1月公布为省级文物保护单位。

福林堂

福林堂（字应军 / 摄）

位于昆明市文明街与光华街交叉路口，由湖北黄冈人李玉卿创建于清咸丰七年（1857年），八面封铺、三层五开间的清代土木结构楼屋，底层为临街铺面，中间转角开店铺正门，左右两间分别临文明街和光华街。楼檐雕饰精美，整体大气庄重，正门两侧悬有"精工修丸散膏丹；遵法炮制生熟饮片"的木刻对联，简明扼要地介绍了药店主营药品和制作法度，充分展示了药店的信誉品质。福林堂的回生再造丸、益肾烧腰散、济世仙丹和精灸黑锡丹等八十余种中成药的口碑良好，享有盛誉。

2003年公布为市级文物保护单位，2012年公布为省级文物保护单位，2013年公布为第七批全国重点文物保护单位。

文庙棂星门

位于五华区人民中路文庙旧址内。昆明文庙始建于元至元十一年（1274年）。明万历四十年（1612年），搬迁至长春观（今文林街天君殿巷附近）。康熙二十九年（1690年）重建于文庙街今址。清代的昆明文庙是一座典型的、形制完备的儒家建筑群，"殿、庑、门、堂、斋舍、祠宇，诸所具备"。府县两级儒学，均设其中。现古建筑仅存棂星门、礼门、义路坊和泮池等。棂星门，本为祭天的礼制性建筑，文庙中的棂星门表示像尊天一样尊孔。昆明文庙棂星门为四柱三门花岗石建筑，高5米、宽10余米。平顶，中置葫芦宝顶，抱鼓石夹冲天柱。中门稍高，枋额高约1.5米，分为三格，中格镌刻楷书"棂星门"三字，左右两格彩绘图案。门下加有蟠龙抱柱两根，抬双龙望日枋梁。文庙棂星门含礼门、义路坊，于1993年公布为市级文物保护单位。

大德寺双塔

位于原五华山东侧祖遍山巅的大德寺内，今昆明华山东路。大德寺建于元大德年间，明成化二十年（1484年）重修，康熙四十五年（1706年）又重修。光绪四年

祖遍山（《滇南名胜图》）

（1878年），左塔顶被大风吹落，光绪六年（1880年），住持僧广顺多方募化善款再重修。清末，庙产兴学时改建云南工矿学堂。民国时期，又曾办昆华女子师范学校。现今寺已改作他用，但双塔犹存。双塔并峙于原大德寺接引殿和大雄宝殿之间，距约27米，均为密檐四方实心砖塔，下部有二层矮平的弥须座，基座上有砖砌方形台基，嵌有碑记。塔身共有十三层，每层四面均有佛龛，供奉有石佛像，外部轮廓线向外微凸，形如唐代塔式。

旧时祖遍山附近均无高大建筑，因此双塔如巨厦般矗立于祖遍山，与五华山遥对，登塔可观城郭万家灯火。时有大、小绿水河环绕其下，塔影倒映水面，景致极美。

1983年公布为市级重点文物保护单位。

大板桥龙泉寺

位于官渡区大板桥街道板桥社区五甲村贵昆公路西侧，原为龙泉观，始建于元代，明代弘治甲子年（1504年）重修，后历次重修，清咸同年间，毁于兵燹，光绪三十四年（1908年）重建。寺前有龙潭，景致优雅。寺坐北向南，沿中轴线有前殿、中殿、大殿，两隅有厢房、配殿等建筑组成三进两院。大殿面阔三间12.8米，进深10.7米，梁架结构为中柱分心，前后双步梁，单檐歇山顶。整个建筑古朴庄重，天井内保留有柏树、紫薇等名木古树。寺内存明代、清代碑刻4通。2009年12月公布为区级文物保护单位，2011年1月公布为市级文物保护单位。

罗衙村宝元庵

位于官渡区官渡街道罗衙村西南，始建于明宣德至天顺年间（1426～1457年），当时，镇守云南太监罗珪曾设官邸于此。现存建筑系清光绪二十四年（1898年）重建，由前后两殿及厢房组成四合院，建筑占地770平方米。大殿单檐硬山顶，面阔三间11米，进深10米，南北向。额枋所饰五墨彩绘、《三国演义》为题材的连环画及石栏板上的雕刻具有较高艺术价值。 2009年12月公布为区级文物保护单位，2011年1月公布为市级文物保护单位。

古盟台

位于嵩明县城南。土台面积约150平方米，高2.5米。上有武侯祠遗址。相传为诸葛武侯（亮）南征，擒孟获于秀嵩山，后孟获归附，筑台歃盟于此，又称蛮盟台，古县名崧盟始此。明嘉靖元年（1522年），州守瞿唐建诸葛武侯祠于古盟台上；万历元年（1573年），州守孙汝正立“古盟台”碑于此。“古盟台”碑在“文化大革命”期间遗失，1978年嵩明县文化馆、农机局又于原址重立新“古盟台”碑。

定风塔

定风塔（字应军 / 摄）

位于昆明北郊黑龙潭公园龙泉观后五老山。定风塔创建时间已不可详考，仅据《重修五老山定风塔记》得知清咸丰二年（1852年），由龙泉观道人及道众为“培风脉于名山”重修于此。塔身为石砌，通高13米，为七层八角实心密檐塔式。塔基为青石所砌，分有三级，底座为八角须弥座式。塔身八面均有石刻，第一层东、南、西、北四方刻青、赤、白、黑四帝咒符，东南、西南、西北、东北则分刻《重修五老山定风塔记》《玉皇心印妙经》《重修定风塔功德记》等文，每方石刻两侧均有对联，其中一联“太极南旋双镜月，定风北峙一壶天”更将个中“玄机”一语道破。二至七层各个方位则遍刻刘渊然等高道石刻碑铭和道教诸仙尊号。塔刹亦为石制，由相轮、四方露盘、宝瓶、八角伞盖、葫芦组成。原塔迭遭破毁，后又在多方努力下修复，虽有多处缺损，但仍可观其旧貌。

款庄白龙寺

位于富民县款庄镇马街南面的瑞松山麓。寺坐东向西，由月牙池、照壁、山门、中殿、厢房、后殿及配殿等附属建筑组成。该寺建于清康熙初年，乾隆三十年（1765年）建成配殿，道光十年（1830年）重修。建筑的梁架结构为穿斗式，大殿保持着清初建筑风貌，屋顶为歇山式瓦顶，其他殿宇均为悬山式瓦顶，厢房的客堂门上精心雕刻的八仙很有特点，寺内保存的楹联、碑刻众多，很有价值。2011年公布为市级文物保护单位。

小松园永安桥

位于富民县东村镇小松园村。该桥原名大石桥、永安桥，横跨于木板河上，东西走向。初建于清顺治十四年（1657年），原为木板桥，清咸丰元年（1851年）毁于洪水，光绪三十四年（1908年）重修，取名大石桥。民国十二年（1923年）洪水冲坏桥墩，再次重建成长25米、宽4.6米、高10.5米的石拱桥，更名为永安桥，当地人称旧石桥。1987年，为适应交通事业的发展，在旧石桥上空建了一座长49米、宽8.1米的三孔石拱桥，距旧石桥面7.1米，桥面距河底17.6米，桥两侧有水泥柱和钢管作护栏，当地人称桥上桥。2011年公布为市级文物保护单位。

青龙宫

位于盘龙区滇源街道白邑村北约1.5千米处，始建于清代，坐北向南，正殿为龙王殿，系台梁与穿斗相结合的木结构建筑，单檐悬山顶，通面阔10.85米，通进深6.9米，正殿两侧各有厢楼三间，宫门一座，四面建筑围成分上下两台天井的单座四合院，天井约80平方米。2008年公布为昆明市市级文物保护单位。

太极书院

位于安宁市连然街264号第一中学内。创建于清乾隆五十四年（1789年），咸丰九年（1859年）毁于兵燹，光绪十四年（1888年）重建，三十年（1904年）因朝廷宣布废除科举，书院停办，建立新学。此后的书院先后改为高等小学堂、乡村师范、县立初级中学、安宁第一中学等校址。2002年经维修，现保存完好。存藏书楼和礼堂两座建筑。藏书楼为清嘉庆十一年（1806年）建，抬梁式木结构，通面阔13.8米，通进深10.7米，重檐歇山顶。礼堂系清代木结构建筑，通面阔15.15米，通进深3.1米。太极书院在安宁教育史上具有重要地位。2003年由政府对太极书院进行修复。1995年安宁市人民政府公布为市级文物保护单位。2011年昆明市人民政府公布为市级文物保护单位。

小洛羊廻龙庵

位于呈贡区洛羊街道小洛羊社区中部，寺始建于清代，坐北朝南，为前殿、正殿、东西两厢及配殿组成。正殿面阔三间，进深三间。两侧有厢房各3间，为上下两层重檐建筑。正殿两侧各有一配殿，并设有小天井，正殿前部墙体经过简单修缮。前殿主体为抬梁木构架，有前廊，格子门窗早年已毁，改以砖砌成墙。穿枋饰龙头，檐枋饰缠枝花草、龙纹、人物雕刻栩栩如生。寺内存立《大小洛羊塘子水利碑》，记录清嘉庆年间大、小洛羊两村常因农田水利发生纠纷，后经县衙调解协商特制定农田用水管理办法，对研究当地历史及清代民间判例等方面有重要参考价值。2011年公布为市级文物保护单位。

妙湛寺东塔

位于官渡区官渡街道官渡古镇，妙湛寺塔原有两座，建于公元1327年至1335年之间，道光十三年（1833年）发生地震，西塔被毁。塔为十三层密檐方形实心砖塔，塔基边长5.5米，高17.5米。塔身下部第一层边长2.7米，高2.6米，往上各层层高1.2米。塔身自十二层以下四面皆有小佛龛一个，内有佛像一尊。1961年公布为市级文物保护单位。

石屏会馆

石屏会馆（杨子人 / 摄）

位于翠湖南路中和巷24号。民国以前，省内各地及省外旅昆人士大多以乡邑分聚，创建会馆以求互助。石屏会馆创设的宗旨与其他会馆相同，也是主要为在省城求学、经商或旅行的石屏同乡提供住宿及其他帮助，还可为乡人提供聚会议事场所，是非营利性的民间公益机构。据闻，该会馆始建于清乾隆时期，是现今昆明城内仅存的地方会馆旧址。

1921年，旅居昆明的石屏同乡多方募资重修，结实的青砖与西式石柱结合门楼颇为气派，清末经济特科状元袁嘉谷题“石屏会馆”四字，嵌于横额，具有清末民初云南建筑中西合璧的特点。院内则为三进二层的土木结构楼屋，悬有林则徐所书“三岛淳风”横匾。门窗镂空雕花，纹饰简洁明快。天井以长条形石板铺就，整洁清秀。石屏会馆于2003年公布为区级文物保护单位，2011年公布为市级文物保护单位。

汤丹赵氏宗祠

位于东川区汤丹镇大坪地社区内。始建于清代。宗祠原为清代官办矿务公司旧址，后由铜业大户赵本宽购置改建为宗祠。主体建筑由前殿、正殿以及南北厢房、耳房、附属花厅组成，占地面积约2500平方米，坐东向西。正殿面阔22米、进深11米，为单檐歇山顶、抬梁结构。1948年立《赵氏宗祠碑》，镶嵌于正殿回廊右壁上。另存1方残碑，置于正殿回廊上，碑文大致记述了赵氏先祖移居东川开发铜业的历史。2003年5月公布为昆明市市级文物保护单位，其间对主体进行过多次维修，2010年对附属花厅进行了揭顶维修。

董官营观音寺

位于嵩明县小街镇大桥村委会董官营村东部，始建年代不详，坐北向南，土木结构，占地524平方米，有正殿、东西厢房、前殿各1栋。建筑物顺应地势由南向北逐渐升高，正殿三间，单檐悬山顶，通面阔11.32米，通进深9.1米。东西厢楼两层各三间，重檐，面阔10.46米，进深5.96米。前殿两层三间，尺寸同正殿，明间一层为进出通道。正殿嵌清乾隆癸丑年（1743年）刻的石匾两方。正殿、前殿两侧皆设配殿。该寺是研究嵩明乡土建筑的实物资料，具有一定的历史价值及艺术价值。另外，寺内东侧配殿立民国六年（1917年）《董官营村重修水利碑》一通，记述董官营兴修水利工程的情况，具有一定的史料价值。2011年公布为市级文物保护单位。

纪念性建筑·近现代代表性建筑

云南陆军讲武堂

云南陆军讲武堂（字应军/摄）

云南陆军讲武堂旧址位于今五华区翠湖西路22号。现存建筑为一座走马转角楼式的两层砖木结构楼房，东、西、南、北四楼对称衔接，成一方形四合院，长、宽均约120米，高约12米，进深7～10米。主楼四面尚存大课堂（礼堂）和兵器库各一幢。四合院入口的顶部是一座阅操楼，高15米，宽13米，上竖有旗杆，下有拱形门楼，是整座建筑的制高点，门楼上镌刻有“云南陆军讲武堂”几个大字。四合院中间的内操场依然保存完好，今仍可参观。

云南陆军讲武堂是中华人民共和国建立前最早的一所培养陆军军官的学校，曾在中国近代历史中产生过重大影响。1988年讲武堂被列为全国重点文物保护单位。

国立西南联合大学旧址

西南联合大学教室（杨子人/摄）

旧址在云南师范大学校园内。校园东北角立有“国立西南联合大学纪念碑”。抗战胜利后，西南联大解散，北大、清华、南开三校北返前夕，1946年5月4日，由西南联大文学院院长冯友兰撰文，中文系教授闻一多篆额，中文系教授、系主任罗庸书丹，因而被称为现代的“三绝碑”。纪念碑碑体雄壮，书法遒劲，文采飞扬，意蕴深广，气势恢宏，具有较高的历史、艺术和文学价值。

1988年，为纪念西南联大建校50周年，北京大学和西南联大北京校友会一致决定对矗立在云师大校园内的西南联大纪念碑进行复制，复制碑立于北大勺园内，翌年复制碑落成。

2006年，国立西南联合大学旧址被国务院批准列入第六批全国重点文物保护单位名单。

石龙坝水电站

位于西山区海口螳螂川北岸石龙坝。电站占地345平方米，以大型钢管将引水渠与涡轮机进口连接，流水垂直落差14米。机房安装两台240千瓦水轮发电机组。附属建筑有泄水渠及拦沙装置共1478平方米。电站由商办“耀龙电灯股份公司”经营，总经理左益轩筹划，购买德国设备、聘请德国工程师指导。1912年4月通电，可供6000多盏电灯照明。石龙坝水电站是中国第一座水力发电站。

石龙坝水电站旧址（杨子人／摄）

2006年被列为全国重点文物保护单位。

人民胜利堂

位于市区光华街中段，建于1944年11月，初名“致公堂”，后改名“中山纪念堂”。1946年又改名“抗战胜利纪念堂”。1952年12月，经云南省第一次各族各界代表大会决定，改称“人民胜利堂”。会堂系钢混浇铸，框架结构。但外部造型为古典式殿堂风格，琉璃瓦，大屋顶，檐下施半拱，飞檐翘角。既典雅又雄伟。平面布局呈飞机形，是当时颇为新颖的设计。中华人民共和国

人民胜利堂（2003年版《昆明市志》）

成立后，胜利堂一直是省人代会、省政府、省政协举行重大会议的场所。

2006年被列为国家级重点文物保护单位。

富民东山学舍

位于富民县赤鹫镇平地村。建筑坐南向北，由山门、前院左右厢房、中殿、后院天井、左右厢房、大殿组成二进院式四合院，建筑面积285.7平方米。据存于寺内光绪丙子年（1876年）所立《大平地土主记事碑》记载：寺初为学馆，清嘉庆二十年（1815年）冬建成，1877年增建后殿改为土主寺，建筑基本保持原貌。整体建筑屋顶均为悬山式瓦顶，梁架为穿斗式，大殿和中殿为单层，两厢房均为一楼一底，檐下施有彩绘。寺内还存有叙述昆明、嵩明、富民三县界址起止的界址碑（立于1880年，高0.9米、宽0.45米，碑上刻有界址图案）和山照碑（立于1889年，高1.28米、宽1.07米，碑中记有昆明县等历史沿革资料）等多块碑记。该建筑和众多碑刻具有一定的历史价值。2011年公布为市级文物保护单位。

大桥村安顺桥

位于东川区汤丹镇大桥村东北50米处。光绪十九年（1893年）建。东西向横跨于晓光河上。桥身全长24.3米，宽1.75米，距河面高约11米。桥体由9根索链、7根底链以及2根扶手链组成。桥头东立有《建桥碑记》1通，落款清光绪十九年（1893年），上书督办云南矿务唐炯所书“安顺桥”三字以及参与建桥的各级官员名单。1992年12月原东川市公布为市级文物保护单位，其间维修一次。2011年1月公布为省级文物保护单位。

小板桥万寿楼（含小板桥街场碑）

位于官渡区小板桥街道小板桥街场东侧，始建年代不详，现存建筑为光绪三十三年（1907年）重建。该建筑平面呈长方形，为重檐歇山顶，魁阁式建筑，面阔五间16.2米，进深10.5米，高约20余米，占地323平方米。楼上悬有圆形木匾三块分别楷书“万”“寿”“楼”，楼前两侧立华表一对，方形，顶端各雕龙、狮。院内立“小板桥街场碑”。2003年3月公布为区级文物保护单位，2011年1月小板桥万寿楼（含小板桥街场碑）被公布为市级文物保护单位。

安流桥

位于官渡区阿拉街道普照社区高桥村以北宝象河上，始建年代不详，现桥为清同治七年（1868年）重修，系单孔石拱桥，南北走向，全长25米，桥面宽6米，桥孔跨度10余米，高9.6米。桥拱用楔形石建造，桥面则用规格不一的石块铺筑，桥身高大，气势雄伟，全为石质，两侧以不规则形状青石砌成护栏。桥西南有碑二通，碑额上篆书《重建安流桥记》《安流桥功德碑记》，但字迹大部分已磨损。昔日桥四周自然环境优美，为昆明东南郊一清秀之地。2011年1月公布为市级文物保护单位。

化城穿心阁

位于呈贡区马金铺化城村，始建于清光绪五年（1879年），光绪二十三年（1897年）重修。1992年、2009年两次维修。坐南向北，占地100平方米。四角攒尖顶，三重檐木结构建筑，高19.5米，南北面阔10.2米，东西进深9.8米，底层为过街通道，阁上壁画、彩绘精美，保存完整，为古归化县城最为高大雄伟的建筑，是研究古归化县城的重要实物见证。1986年公布为县级文物保护单位。2011年公布为市级文物保护单位。

护国门、护国桥及护国纪念标

位于护国路与东风路交叉处，整个护国文化景观占地约700平方米，建于1919年。

护国门宽18米，高5米，为四柱三开铁铸大扇花棂门，朱漆。门柱为雕花花岗岩石柱，上部饰以半圆形窗花图案，整个大门上部为栅栏式，下部为铁铸图案，雄伟庄严肃穆。护国门东西两侧，建有对称的重檐门楼。

护国纪念标紧挨护国门，通高15米。标身为三棱锥形铜铸，通高9.7米，如利剑指向蓝天，三侧面均刻有“护国起义纪念”字样。标身下为四方形石雕基座，高5.3米，其南西北三面刻有“云南首义”“全国响应”“护国胜利”题材浮雕，东面刻昆明市人民政府修建碑记。

护国纪念标（字应军/摄）

护国桥长23米，宽17.5米，是古朴典雅的双拱石桥。桥体由栏杆、拱顶、拱眉各部组成。桥体东西两侧遍刻象头、龙头、云头、云尾、日月光华、龙象呈瑞等。南北桥头雕有栏柱，祥云缭绕，气象万千。2003年，护国桥被列为省级文物保护单位。

昆明自来水泵房旧址

位于五华区翠湖公园九龙池。1915年，黄毓成、罗佩金、王灿等一批开明绅士筹建昆明自来水公司，1916年9月破土动工，由法商海防机械建设公司工程师戴阿尔负责，承建整个水厂工程。泵房建成于1917年，占地面积31.5平方米，装置有44匹马力电动机2台，6匹马力电动机1台，离心吸水机双盘及单盘各1台。每小时抽水量150立方米。泵房抽九龙池水送至五华山滤水池。精滤三次，蓄于清水池，再分压至东西南北4路总水管，供应城市用水。自来水厂1918年5月2日正式送水。日供水量1034立方米，用户大多为机关、学校、公共场所和绅商大户人家。

民国自来水厂泵房（杨子人／摄）

至1956年，昆明市自来水公司先后创建五个自来水厂，九龙池泵房因翠湖地下水位下降而停用。九龙池水泵房是昆明最早自来水厂的主要组成部分，是昆明自来水事业的起点。

2003年公布为区级文物保护单位，2011年公布为市级文物保护单位。

中共云南特别支部建党旧址

位于青年路节孝巷39号周宵之家。原为两组三间四耳的四合院。现中隔部位的三间厅房和耳房已无存，两院天井相通。1926年秋，共产党员李鑫奉广东区委指示，回昆建立党组织开展工作。11月7日，在此建立中共云南特别支部，吴澄任书记，周宵为农民特派员。

1987年被列为云南省重点文物保护单位。

普渡河铁索桥

位于禄劝县翠化乡头哨村普渡河之上。始建于1932年。桥身以8根铁索并列，上铺木板。两端与木结构引桥相连。全长46米，宽2米。1935年5月，红一方面军主力抢渡金沙江时经过此桥。1936年春，贺龙领导的红二军团第四师在这里与滇军发生激战，有79位红军将士在此役中牺牲。为纪念牺牲的红军烈士和对人民群众进行革命传统教育，云南省将普渡河铁索桥及红军烈士墓列为中国近现代史和国情教育基地。

1985年被公布为禄劝县文物保护单位。2003年普渡河铁索桥与“萧令彬烈士之墓”“红军战士之墓”合并公布为省级重点文物保护单位。

皎平渡红军长征渡江纪念馆

位于禄劝县皎平渡镇皎平村委会红门厂村。皎平渡是连通云南与四川的主要渡口之一，两岸连山，江水湍急，地形险要。1935年遵义会议后，中央红军四渡赤水，于5月1日攻占皎平渡，以后7天7夜，中国红军一方面军3万多人靠6只木船在当地37名船工9天9夜奋力摆渡下，全部渡过金沙江天堑，胜利摆脱了几十万国民党军队的围追堵截，真正地跳出了敌人的包围圈。为纪念这段历史，1992年省市两级投资修建红军渡江纪念馆，于1994年正式落成。纪念馆内陈列有《中国工农红军长征过禄劝展览》、抢渡皎平渡时的相关资料、红军用过的物品及200余张图片等。

1983年公布为云南省文物保护单位。1997年被列为云南省爱国主义教育基地。2003年被列为全国100个红色旅游景点之一。

拖布卡镇树桔红军渡江旧址

位于昆明市东川区拖布卡镇树桔村尾巴小组。树桔渡，隔金沙江与四川会东县相望，江面宽200～300米，流速每秒1米，平均水深约30米。古往今来，一直是滇川两省交通往来的重要渡口之一。1935年5月初，红九军团完成掩护中央红军主力强渡金沙江任务后，派先头部队到达树桔村，抢修渡船，占领北岸高地，控制两岸渡口，全军团3000多人马在东川船工的帮助下，于6日清晨全部渡过了金沙江，过江后直奔西昌，与从皎平渡过江的中央红军主力会师，完成了在滇东北的战略任务，取得了红军长征史上一次具有重大战略意义的胜利。树桔红军渡口现存一座纪念碑及红九军团渡江指挥所旧址。1988年，云南省人民政府公布为省级重点文物保护单位。1997年，中共云南省委将树桔渡公布为省级爱国主义教育基地。2007年7月，“树桔红军纪念馆”顺利建成开馆。

木克红军壁画

位于禄劝彝族苗族自治县九龙镇木克村委会大木克村，距九龙镇政府所在地23公里。地处普渡河河谷地带，壁画位于张氏私宅正房二楼后墙壁上。该“四合院”原为当地乡绅张有功私宅，1935年5月初，军委在寻甸柯渡发布渡江命令后，红三军团在彭德怀、杨尚昆的率领下，作为右翼部队进入禄劝境内，经过九龙镇木克村住宿在张有功家时，红军在正房二楼后墙壁留下了壁画和宣传标语。第二天，红军队伍离开木克村，继续北进，抢占洪门渡口。

木克红军壁画是研究红军长征经过禄劝这一段历史十分珍贵的实物资料。1987年12月公布为市级文物保护单位，1993年公布为省级文物保护单位。

红军长征毛主席路居旧址

位于禄劝彝族苗族自治县东南部的翠华镇界牌村，距县城26公里。旧址原为界牌村一汪姓老乡私宅。房屋坐北向南，土木结构，瓦屋面、四开间、一楼一底，占地面积300平方米。1935年5月1日，中国工农红军第一方面军从寻甸柯渡鸡街进入禄劝境内，途径九龙镇、翠华镇铁索桥到达界牌村，当晚大部队就在翠华镇的界牌村宿营。朱德总司令在李湘家住宿办公，周恩来率干部团在白家大院住宿办公，红军总部在小仓驻扎。毛主席就在界牌村汪姓老乡家住宿，用门板搭床，方桌办公，在这里召开军事会议，详细安排部署巧渡金沙江的一系列军事行动。中华人民共和国成立后，此房收归公有。20世纪70年代中期在进行红军长征历史、文物、遗物调查时，收集到的文物安放于此房内。1997年被云南省委宣传部等六部门联合命名公布为云南省爱国主义教育基地。是广大人民群众接受革命传统教育和爱国主义教育的重要场所。2003年公布为市级文物保护单位。

黄武毅公祠

位于黄公西街，今毓英小学内。在操场北端，建有六角琉璃“黄毓英纪念亭”1座。亭内悬有孙中山题书的“乾坤正气”匾额。亭中有青石碑1通，为蔡锷所撰，记黄毓英之生平。亭周以石阶围护，鲜花烂漫，四时不断。1987年公布为昆明市文物保护单位。黄毓英（1885～1912），字子和，云南会泽人，早年求学日本，结识孙中山、章太炎，并加入同盟会，参与河口起义和昆明“重九”起义，是著名的旧民主主义革命家。后殁于援黔之役，归葬圆通山，滇中故老建祠纪念。

南洋华侨机工抗日纪念碑

南洋华侨机工抗日纪念碑
（杨子人／摄）

位于西山公园内，碑身高9米，碑座高3米，建于1989年，另有南洋华侨机工抗日事迹陈列室。在抗日战争中，来自马来西亚、新加坡等地的2300多名华侨青年机工，组成“南洋华侨机工回国抗战服务团”，回国支援抗战，在滇缅公路上抢运军需、维护车辆，为抗战的胜利作出了重要贡献。为纪念在战争中献出年轻生命的1000余名侨胞，特修建了该纪念碑。

驼峰飞行纪念碑

驼峰飞行纪念碑
（2003年版《昆明市志》）

位于玉案山郊野公园内。为了纪念驼峰航线和驼峰飞行以及中美两国军民反法西斯并肩战斗的友谊，1991年，由中国北京航空联谊会、昆明航空联谊会、中国航空界知名人士发起倡议修建纪念碑，1993年夏天竣工落成。纪念碑主碑高10米，正面和背面各立两块对称的剁斧石面的附碑，象征驼峰山脉，又似飞机双翼。远看，整座纪念碑犹如一架欲冲蓝天的飞机，碑体上刻有原国防部长张爱萍将军题写的“驼峰飞行纪念碑”7个大字。

巫家坝机场

位于官渡区关上至中闸之间。蔡锷任云南都督时，将巫家坝辟为炮兵营地，1911年10月30日，蔡锷、唐继尧率新军第十九镇七十四标在巫家坝兵营发动“重九”起义，巫家坝成为革命军的大本营。1922年，唐继尧在巫家坝创建了中国历史上第二个飞机场，同时还建立了云南航空学校。机场竣工后，唐继尧从法国驻越南空军手中买了30架旧战斗机和15架旧教练机，组建了云南第一支空中力量。巫家坝机场也成为当时亚洲最早的航空训练机场，培养了一批飞行人才。1937年，抗日战争全面爆发后，云南作为抗战大后方，巫家坝机场成为中央政府航空总指挥的所在地，是飞虎队的主要基地和司令部所在，也是驼峰航线的终点站。因战争所迫，中国航空公司、中央航空公司逐渐向昆明转

飞虎楼（字应军 / 摄）

移，巫家坝机场成为两航的中心之一。1937年，滇黔司令部受命扩建巫家坝机场，云南省建设厅、航空处、参谋处、军需处、昆明县政府共同汇建，扩修工程在1938年冬天竣工。1941年，太平洋战争爆发后，巫家坝机场成为当时中国唯一的国际进出口机场。1949年以后，巫家坝机场又多次进行了改造和扩建，逐步从军民两用转变为民航机场。2012年6月27日停运。

魁　阁

位于呈贡区龙城街道古城社区中部，原名“魁星阁”，始建于清嘉庆二十三年（1818年），民国十一年（1922年）重建，为三重檐四角攒尖土木结构，高19.5米。抗日战争时期，为躲避日机的轰炸，著名社会学家费孝通先生主持下的云南大学社会系研究室迁至魁阁。陶云逵、张之毅、许烺光、谷苞、田汝康、胡庆钧等文化名人在此研讨中国的社会发展状况，形成了中国近代第一个学术团体，取得了令人瞩目的成就。因此产生的“魁阁精神”得到国内外社会学者的公认和追崇。魁阁作为中国社会学研究“魁阁精神”的实物载体，具有重要的历史人文价值。现为昆明市市级文物保护单位。

呈贡魁阁（李跃甲 / 摄）

马家大院

位于文明街小银柜巷7号，建造于1923年，坐南朝北，布局与结构为“四合五天井”“走马转角楼”的砖木建筑，建筑面积1143平方米的大宅院。现存三进四合院，均为灰瓦硬山顶，正房面阔三间，两厢各三间，进深二间，保存基本完好。1982年被公布为区级重点文物保护单位，2003年公布为市级文物保护单位。2001年曾获“联合国教科文组织亚太地区2001年度文化遗产保护奖”。

“马家大院”的旧主人，原籍为云南洱源县。马家乃洱源县的望族，马金墀是前清

“一颗印”局部（字应军/摄）

的举人，他的三个儿子马钤（1886～1963）、马锳（1895～1975）、马崟（1899～1979）都毕业于云南陆军讲武堂。1923年，刚升任少将参谋长的马钤，便与两个兄弟在小银柜巷建造了这座豪宅大院。

马家大院是昆明地区较具特色的“一颗印”建筑的代表。“一颗印”是滇中特别是昆明地区最具地方特色的民居，因其平面方正，形似印章而得名。

“一颗印”的外围多为用夯土或土坯筑成，也有外砖内土“金包银”式的高墙，其特点是牢固厚实，利于防盗。建构通常为“三间两耳”“三间四耳”或“五间四耳”，正房三间，两厢耳房二或四间，正房、耳房与倒座皆为楼房，互相之间采用走马转角楼式的做法相互连接，楼上各房前廊相通则可环行通畅。从底层大门入内，正对堂层，中间有天井。天井两侧为一楼一底吊厦式耳房，通常隔作四间，设厨房、牲畜房、厕所等；堂屋两侧为正房，设卧室两间。耳房与正房交接处，设两座木梯，通达楼上。第二层正房中间设牌位以祀祖先，两侧为卧室；耳房分作五间，以为储藏之用。规模较大的“一颗印”还可由两三个串联而成，由耳房外辟门相通，两院之间做成过厅，最大的“一颗印”，可有“明三暗五六耳五间厅”的规模。

“一颗印”的构造较为封闭，整体采光并不怎么好，且易受潮。主房屋顶稍高，为双坡硬山式，比耳房高出一个屋顶，不易漏雨，前面开窗，采光通风条件也好很多。厢房屋顶则为不对称长短坡的硬山式，长坡向内院，短坡向墙外。盖瓦如竹筒状，厚重耐久，能很好地适应大风天气。瓦当多为寓意吉祥的字花鸟兽图案，门窗格子雕花，可绘彩饰，石墩雕刻精细，这些装饰不仅美观，实用性亦非常突出。

“一颗印”既可简约建设，也可精工修筑，或严守传统法度，或中西合璧，可根据屋主各自的需求和不同环境的需要做相应调整，非常实用，符合民情，可称滇乡经典民居。市区现存较具代表性的“一颗印”建筑主要散落于正义路、崇仁街、富春街、景星街、文明街等处。

店房村马家大院

位于东川区乌龙镇店房村内。建于清代宣统年间。坐西向东，土木结构，四合院落建筑，面积约2500平方米。现存主体部分由牌坊式大门、正厅、四合二层楼阁厢房及耳房、南北碉楼组成。碉楼立于大门两侧，方形、攒尖顶、四层，四面筑有观察孔、射击孔、火炮孔。20世纪80年代调查时，在院内收集到清代鸟铳、大刀、长剑、长矛、铁弹丸等武器。2011年1月公布为市级文物保护单位。

大罗家营 366 号民居

位于官渡区矣六街道王官社区大罗家营村366号，建于民国年间，南北坐向，为“一颗印”式民居建筑。院内正房及耳房檐下木雕精美，院门门楣上的木雕及格子窗的雕刻也别具一格，特别是门楣上由人物、花鸟、鹿等构成的祥瑞图案，雕刻手法有透雕和浮雕两种形式。2009年12月公布为区级文物保护单位，2011年1月公布为市级文物保护单位。

文明街欧阳氏宅院

位于五华区文明街11号，系原滇军旅长欧阳永昌于1928年建盖的私宅。建筑坐北朝南，土木结构，坡面悬山顶，“三坊一照壁”形式。正房五间，边间在两间耳房之侧，即所谓“明三暗五”。二楼的正房、厢房前均有宽敞的走廊相通。照壁下天井中设花台水池。有井一眼。该建筑的特色在于用材讲究、装饰十分精美。檐坊、雀替、垂柱以及门窗等皆精雕吉祥图案，贴金。房屋的部分细节受西方文化影响很深，柱础、水池池壁等石作浮雕采用西式手法、楼地板铺法国彩色地砖；格扇门镶嵌的法国彩绘压花玻璃等，体现了西方文化对建筑的影响。欧阳永昌（1887~1942），字职斋，临安（今建水）欧旗营村人。曾任滇军第二军（军长胡若愚）旅长。1927年胡若愚发动“二·六”政变失败后，卸职闲居。2002年公布为区级文物保护单位，2011年公布为市级文物保护单位。

大富春街何氏宅院

位于五华区大富春街，建于1930年。坐北向南，占地450平方米。三坊一照壁式样。两层三间六耳，单檐硬山顶，有回廊相通。大门设于东南，其枋额、垂花柱、隔扇门及隔扇门窗等木构件雕刻精美。宅院为原滇军将领何世雄修建的私人住宅。1945年被旅缅侨商舒子烈收购，后几易其主。何世雄，字子侯，云南云龙人，云南讲武堂毕业。护国战争中任护国第二军第一梯团第四支队第一营营长。1919年任近卫军十四团团长，1924年任近卫军第三旅旅长，1927年重任第四混成旅少将旅长。2002年公布为区级文物保护单位，2011年公布为市级文物保护单位。

黄河巷杨氏公馆

建于1932年，系原滇军将领杨如轩所建宅院。宅院系法国建筑师设计建造。主体建筑为法式别墅风格的砖木结构的两层楼建筑，占地面积170余平方米。平面布局为“凸”字形，讲究对称。左右正立面为五面体，窗框高大，几乎占墙体四分之三的面积。三角屋顶高而陡峭，铺红色平瓦。中部二楼设外走廊，法式廊柱、顶部设露台，外围以罗马瓶柱围栏。装饰简洁，线条凹凸有致，细节处理制作工艺精细考究。建筑外形丰富而独特，形体厚重。杨氏公馆作为近现代典型风格建筑，2011年公布为市级文物保护单位。

福春恒商号旧址

位于文明街小银柜巷，建于1924年。该建筑坐北朝南，由东西两个部分组成。东面为两院，由一个“三坊一照壁”和一个四合院纵向串连组成“六和同春”式民居。西面南为门厅，北为库房。“六和同春”部分皆为两层走马转角楼房，土木结构，单檐硬山顶，举架高大，装饰精致，尤以隔扇门木雕工艺细腻精美。库房为大空间单层建筑，单檐硬山顶，卷山。该建筑总大门和内院两座大门以及外立面门窗石材装饰，具有鲜明的西式风格。该建筑主体为昆明地区典型“六和同春”构造，庄重精美、中西合璧，具有较高的建筑艺术价值，又见证了清末民国初期商号的兴衰历史。2002年公布为区级文物保护单位，2011年公布为市级文物保护单位，2012年公布为省级文物保护单位。

福春恒商号旧址（韦勇/摄）

中央研究院历史语言研究所旧址

位于龙头街龙头村。该所系中国著名学者傅斯年、顾颉刚、杨振声等于1927年在广州发起成立。1938年该所部分人员租用龙头村弥陀寺和棕皮营响云寺等寺庙工作与生活。冯友兰抗战时期内迁昆明，也搬至东岳宫前院西厢房居住。

中国营造学社旧址

中国营造学社是专门从事对中国古代建筑研究的学术机构。中国营造学社旧址位于盘龙区龙泉街道麦地村194号兴国庵内，系清末民初的建筑。1939年冬，梁思成为首的建筑学家在昆明兴国庵内组建营造学社西南小分队。他和刘敦桢带领着仅有的几位研究人员，在云南、四川、陕西、西康等地仍坚持着古建筑的研究，他们走访调查了40余县，为当时的中央博物馆绘制了大量古建筑模型图，在印刷条件十分困难的情况下，仍出版营造学社的汇刊。2005年前后因原兴国庵大殿失火被烧毁，2009年盘龙区政府拨款维修，现保存完好。

飞虎队军人俱乐部

位于宝善街179号，建于民国时期，坐西北面东南，为5层砖木结构半弧形建筑，东西两面临街。抗战期间，曾作为中国空军美国志愿援华航空队（飞虎队）军人俱乐部。现一二层为商场铺面，三至五层为办公、起居用房。2006年列为昆明市历史文化遗产保护建筑。

飞虎队招待所

位于昆瑞路38号。建于1936年，占地面积约1800平方米，建筑面积约5400平方米，坐北向南，硬山瓦顶，中西结合三层砖木结构建筑风格，最早为昆华农校教学楼。民国二十五年（1936年）龙云题词“豳风基础”，1938年3月至1939年7月为西南联大理学院、文学院、法商学院校舍。1941年10月，作为中国空军美国志愿援华航空队（飞虎队）招待所。2006年列为昆明市历史文化遗产保护建筑。

抗战时期美国驻昆领事馆

位于崇仁街3号，建于民国时期，占地面积约1600平方米，建筑面积约900平方米。为一进两院的西式建筑风格，3层砖混结构，几何图形设计富于变化，外形美观，内部装饰华丽精细。原为抗战时期美国驻昆领事馆。现为云南省商会使用。2002年列为昆明市历史文化遗产保护建筑。

甘美医院旧址

位于巡津街35号，始建于1914年，占地面积约400平方米，建筑面积约600平方米。原为警察医院，1921年扩建为宏济医院，1931年11月由法国驻云南交涉署主持开设甘美医院。整幢建筑为砖混结构，地上主楼3层，裙楼2层，地下1层，楼上楼下设内廊，楼顶有女儿墙，原系典型3幢主楼、裙楼连接的法式建筑，后经改建。2006年列为昆明市历史文化遗产保护建筑。

云南基督教青年会旧址

位于鼎新街4号。建筑及石雕纹饰具有浓郁的欧式风格，整体呈“V”字形砖木结构，临街角的位置建一高楼，共五层，呈八面塔状，沿街两侧与之相接，为三层内走廊楼屋。昆明的基督教青年会由李复初、董泽等人发起创建，成立于1912年。最初，在蔡锷的支持下，设禹门寺内。七年后，又迁临安十属会馆。1928年，政府拨给鼎新公地供建新址使用。1930年，时任云南省主席龙云又批准加拨鼎新街转角空地为建新址。1935年，新址落成启用，基督教青年会遂正式迁此。后曾开办过实习学校、鼎新商业职业学校，对昆明的民众教育有一定的积极贡献。2002年被公布为昆明市五华区文物保护单位。

云南基督教青年会旧址（字应军／摄）

石房子

位于北京路茶花公园内，系清代瘦马御史钱沣故居遗址。石房子建于1937年，占地面积333.5平方米，建筑面积523平方米。原为民国年间云南省警务处长兼省公安局长李希尧住宅，法国人所建，2层石面砖混结构。解

石房子（杨子人／摄）

放后，为昆明市市长潘朔端住所。2002年大修，现为茶花公园食馆、茶馆。2006年列为昆明市历史文化遗产保护建筑。

北门书屋

旧址位于昆明市区北门街68~70号，原为工商界人士李琢庵私宅。是一中式两层砖木结构房屋，面积180平方米。1942年李公朴先生迁居于此，楼上两间为卧室和书房，楼下两间临街铺面开设书店，取名“北门书屋”。彼时，北门书屋在昆明经销三联书店、华侨书店、上海图书杂志公司等出版的进步文化书刊。1943年，李公朴、张光年等又在此建“北门出版社”，同时成为民主同盟组织和进步学生、知识界人士的聚会场所。1946年李公朴、闻一多相继被国民党杀害后，书屋、出版社被迫停业。书屋房舍后租赁给他人居住，1958年原书屋店铺改作粮店，今房屋基本保持原貌。1983年公布为昆明市文物保护单位。

北门书屋（字应军/摄）

李公朴（1900~1946），江苏扬州人。1924年入上海沪江大学为工读生。“五卅”惨案时，加入国民党。之后，投笔从戎，1927年赴美留学。1930年回国后，投身抗日救亡活动。1936年参加全国各界救国联合会，被推举为负责人之一。1938年11月，到延安参观访问。后定居昆明，创办北门书屋和出版社。1944年加入中国民主同盟，积极参加爱国民主斗争。1946年7月11日在昆明被国民党特务杀害，年仅46岁。

盘龙阁

位于盘龙路25号原市委院内，建于20世纪30年代，原系民国时期担任过云南省财政厅长、民政厅长等职务的李培天的私人园林式住宅——静园中的主体建筑。盘龙阁坐西朝东，是一座采用中西结合的手法设计建造的砖木石结构两层建筑。其屋顶为传统中式，中间两间前后突出，单檐歇山顶。两翼建筑对称，悬山顶。前带单檐歇山顶雨亭，雨亭左右老角梁下悬垂柱，外檐彩绘。墙体全采用方形石块砌筑。门窗则采用西式手法，二楼窗框半圆拱券，以石线条延至一楼，构成宽大窗套。内部装修简洁精致。前设七级台基，围以石栏。盘龙阁建筑样式新颖奇特，坚固庄重，保存完整，1950年后为中共昆明市委办公楼之一。2011年公布为市级文物保护单位。

南屏电影院

南屏电影院（字应军/摄）

位于晓东街2号，1940年由刘淑清、顾映秋、龙泽清等筹建。初名南屏大戏院，有座席1352个，专映电影公司有声影片。1955年公私合营，改名南屏电影院，1957年改为国营。占地面积1820平方米，建筑面积1200平方米。设计新颖独特，空间组合灵活，结构简洁，造型优美，是昆明近代建筑史上有较高历史价值的代表性建筑之一。抗战时即以电影艺术推动抗战宣传，在西南及东南亚有较大影响，当时被誉为“远东第一影院”。为昆明市现存唯一有70多年历史的影院建筑。1963年将木结构屋架更新为钢屋架，1991年重点进行了抗震加固维修，整体建筑仍保留原有风貌。

2006年列为昆明市历史文化遗产保护建筑。

红庙收信台旧址（交通部国际广播电台红庙收信台旧址）

位于红庙村，始建于1937年，原系民国政府“交通部昆明国际无线电台”的收信台，占地约4亩，建筑面积216平方米，为砖木结构平房。抗日战争时期，红庙收信台与团山发话台一起，承担接收和发送国际国内无线电报，为保持战争时期的国际通信发挥了重要的作用，是昆明地区抗战时期重要史迹及代表性建筑。抗战胜利后，收信台改作云南地方通信使用，至2004年停用，它见证了云南通讯事业的发展历史，具有较高的历史和科学价值。

2011年1月公布为市级文物保护单位。

中国远征军将官住所旧址

位于高峣村冷水塘1号，原名愚华山庄，始建于1940年，系当时云南省政府接待军政要员的招待所。该建筑群占地约50亩，由1号别墅、2号别墅、3号别墅、礼堂组成，为中西结合的园林式建筑群。建筑均为砖木结构，建筑手法以西式为主，融入了中式建筑元素。造型各具特色，简洁实用，美观大方。1942年后，曾接待过中国远征军和盟军的高级将领。在此曾居住过中缅印战区美陆军司令兼中国战区总司令史迪威和远征军副总司令、第五军军长杜聿明以及第五军200师师长戴安澜等远征军高级将领。抗战时期中国远征军先后参加缅甸战役、滇西战役和缅北反攻作战，为抗日战争的胜利作出了杰出贡献。该建筑群既是优秀的近现代建筑，又见证了抗战的一段历史，具有较高的艺术价值和历史价值。2012年1月公布为省级文物保护单位。

云南艺术剧院

云南艺术剧院（韦勇 / 摄）

位于昆明市东风西路，坐北向南，建于1957年，1958年正式投入使用，是中华人民共和国成立10周年国庆的十大建筑之一。剧院平面布局为“凸”形。由前楼、观众厅、后楼与侧楼组成。钢混结构。建筑面积3803平方米。前楼正立面门厅设四根圆形石柱，观众厅能容纳1100余名观众，侧楼两层，通廊连接，造型庄重典雅。建筑内用孔雀、茶花、月琴民族图案装饰，具有浓郁的民族韵味。云南艺术剧院是云南高水平文艺演出场所，在全省乃至全国都享有盛名。2006年被列为“昆明历史文化遗产保护建筑”。2012年公布为省级文物保护单位。

云南省博物馆大楼

云南省博物馆大楼（韦勇 / 摄）

位于五华区五一路118号，是一座仿苏式建筑。1958年始建，1962年6月完工，是云南省为中华人民共和国成立10周年国庆的十大建筑之一，也是昆明市的标志性建筑之一。建筑面积6400平方米。建筑立面总体为“凸”字形，下部大厅舒展，呈弧形，前廊设12根圆形石柱。中部凸起二台方形塔楼，上立俄罗斯式尖塔，顶部置红星。通高达65米，整座建筑气势雄伟，造型别致。2011年公布为市级文物保护单位，2012年公布为省级文物保护单位。

上蒜人民公社旧址

位于晋宁区上蒜镇上蒜村中部，建于1959年，1960年完工。坐北向南，占地面积764平方米，由正厅及两边侧房组成。正厅为上下两层，中部有一走道，走道两侧为办公房，各五间，屋顶为剪刀屋架，四面坡屋顶；两面侧房为剪刀屋架，各六开间，二楼铺有楼板，该建筑具有苏联建筑特点，庄重大气。除主体建筑外，还建盖了农村早期社会主义建设的最高样板，村里统一规划建设了48间三组农家“联排别墅”，每家楼上楼下各有两房。上蒜人民公社是在1958年8月由原来的上蒜、六街两个乡，包括李能高级合作社等九个高级合作社合并成立的。目前整座建筑保存完好，对研究中国近现代史和当时的社会背景提供宝贵实物资料，具有重要纪念意义和历史价值。2012年1月公布为省级文物保护单位。

红军长征纪念塔

位于嵩明县嵩阳镇东北街居委会黄龙山一中校园内，建于1978年，占地20000 平方米，坐北向南，由屏壁、中心平台和纪念塔三部分组成，建筑顺应黄龙山山势由南向北逐渐升高。塔位于最高平台上，塔基为钢筋混凝土结构，底部宽4米，上部四周雕刻向日葵团，寓意嵩明人民心系红军。塔座正方体，边长2米，四周均镶大理石。正面镌纪念塔碑文，记述1935年4月和1936年4月中国工农红军第一方面军及第二方面军长征途中两次过嵩明的概况。碑文隶书，阴刻，文17行，满行35字，共527字。两侧大理石上依据天然石纹意境分别镌刻毛泽东《长征》诗句。塔身方锥体状，用171块粉青石砌成，高10米，正面镌刻草书“红军长征纪念塔”七字，背面镌“英勇奋斗的红军万岁”九字。塔顶装饰一面鲜红的中国工农红军军旗，直指昆明方向，象征当年红军佯攻昆明，巧渡金沙江的英雄壮举。下部平台建有屏壁，高2米，宽6米，正面和背面分别阳刻毛泽东词《长征》和《满江红》全文，均为红底金字。三座平台周围，皆建有水泥凭栏，凭栏上铸有“丰”字、“火炬”等图案，象征当年红军走过的地方，今已百业兴盛，欣欣向荣。纪念塔镌刻着红军长征的丰功伟绩，是矗立在嵩明人民心中的历史丰碑，是向广大干部群众和青少年进行爱国主义教育和革命传统教育的重要场所。2003年公布为市级文物保护单位。

名人故居

昆明地处祖国西南边陲，景色优美，人杰地灵，自古就是寓居的好地方。无论文人学者，抑或官宦名将，都选择这里修建自己的庭院、官邸。这里既有在云南历史上叱咤风云的军政要员的故居，如卢汉公馆、龙云灵源别墅、李根源龙山别业、朱德水晶宫旧居；又有昆明历史文化名人的居所，如明嘉靖谪滇名士杨升庵的“紫翠新居”及“升庵祠”、周钟岳公馆、袁嘉谷玉龙堆旧居和方树梅“南荔草堂”。音乐家聂耳、文艺工作者张天虚，云南近现代历史上的神秘人物王九龄、杨如轩也在这里留有他们的故居，还有被称为“校长楼”的熊庆来、李广田故居。

抗日战争爆发后，一些滇军名将也带军出滇奔赴抗日前线，为抗战胜利作出重要贡献，有的甚至付出宝贵的生命，如鲁道源、陈钟书、刘正富等。为了纪念他们，他们在昆明的旧居也被列入文物保护单位加以保护。作为抗战大后方的昆明，由于内地大批高校和科研单位的内迁，众多的文人学者和科研工作者云集昆明，他们在这里租住房屋或建造自己的居所，留下不少名人旧居。有费孝通等学者曾经工作并居住过的呈贡大古城魁阁，位于黑龙潭中科院昆明植物研究所内的严济慈、蔡希陶旧居，梁思成、林徽因自己设计建盖的棕皮营旧居，位于龙头街附近的闻一多、朱自清旧居，李公朴的北门书屋，冰心默庐、冯友兰龙头街旧居及位于普吉附近惠家大院的西南联大教授群体居所等。

当然，昆明的名人旧居并不止于此。名人旧居成为昆明的一道亮丽风景线，吸引了不少的游客和历史研究者。现在这些旧居已逐步被列为文物保护单位加以保护，未被列入的也进行了修缮。这些名人旧居是我们认识昆明历史、感悟昆明文化的重要载体。

龙云“灵源别墅”

龙云“灵源别墅”（杨子人 / 摄）

位于西山区海源街道办事处海源村，建于1932年，别墅背山面西，平面呈阔矩形，占地面积1.1万平方米，门面为朱红牌楼，南北各有八角亭1座。前院辟荷花池，围以石栏，中架小桥。中心建筑为白族风格的“三坊一照壁”四合院。正厅“燕喜堂”仿古建筑，五开间，琉璃瓦，前檐6根盘龙石柱很有气势。后院山脚有龙湫潭，清澈见底，山上有溶洞，多名人题刻。别墅以林泉见长，布局取胜。既擅人工技巧，又饶天然韵趣，是研究近代园林的宝贵实物。有人说，在玉案山石洞里曾藏有龙云的金库，为了保护黄金，龙云才在山下修了这栋别墅，当然这只是传说。在这里也曾发生了一个有趣的故事。1942年由重庆飞往昆明的蒋介石，住在龙云的灵源别墅里。熄灯就寝后，寂静夜晚传来的鸦雀声，让蒋介石忆起“西安事变”华清池的那个夜晚，忐忑不安，第二天便转到了安宁温泉的卢汉别墅。

除这一公馆外，1942年龙云在东门外还修建了震庄，现在的门牌号是北京路510号，由南北两院组成，园林设计以中国园林风格为主，主体建筑群引用西方风格，现在是震庄宾馆，成为接待国家元首和重要宾客的地方。

龙云（1884～1962），昭通人，彝族，年轻时考入云南陆军军官学校（讲武堂），在护国运动中，曾和蔡锷将军等为推翻袁世凯的独裁而立功，最后当上了云南省主席。1945年10月，龙云被迫离滇后，灵源别墅虽有人看管，但花园已逐渐荒废。1986年被西山区人民政府列为区级文物保护单位，1987年列为市级文物保护单位。

卢汉新公馆

即卢汉公馆，位于翠湖南路4号，是一幢别致的法式建筑，它占地约2500平方米，非常宽大。靠近翠湖南路一侧的房屋是两层砖木建筑，钢筋混凝土结构，陡坡影山平瓦屋顶，墙体及窗体讲究几何构图的形式美，具有明显的哥特式风格。有壁炉

翠湖南路卢汉公馆（杨子人 / 摄）

的起居室，落地式的门窗，是一幢中西结合的近代优秀建筑。红瓦白墙，绿树成荫，整个院落显得和谐而美观。它证明了昆明近代建筑文化多元化的历史进程，丰富了昆明的文化景观。

卢汉（1895～1974）原名邦汉，字永衡，彝族，云南昭通人。与龙云一起，辛亥革命后参加滇军，1912年进入云南陆军讲武堂学习，1914年毕业，参加过护国战争，是著名的抗日爱国将领、云南起义的领导者、云南省政协原主席。卢汉生前，将其在昆明的三处住宅翠湖公馆、西园别墅和温泉别墅捐献给云南省人民政府。卢汉公馆现在是云南省人民政府接待处办公室，为省级文物保护单位。

卢汉西园别墅

位于西山区碧鸡镇山邑村。整体建筑风格以法式为主，占地面积达33000平方米，建筑面积约1600平方米，有内、外两院，主体建筑位于内院中，设计精巧，装饰豪华，保存完好。别墅内绿树成荫，园艺精美，颇有异域庄园之风。1986年，英国女王伊丽莎白二世访华时曾在此就餐小憩。

李根源“龙山别业”

位于安宁温泉螳螂川西岸、龙山东麓的温泉小村，是一座中国传统式建筑，东西坐向，分前后两院，均为土木结构平房，计26间。前院称“茶花园”，有正房、厢房及书房等建筑。青瓦白墙，门窗均用青砖包砌；周围的墙壁上题镌有石刻“养卢”“龙山别业”“山茶花馆”“山水清音”等。居室、客厅铺有木质地板；走廊、过道用青石板铺砌。宅北侧有一山壑，每年春夏之时，山茶花、杜鹃花红遍山谷，取名为“万花谷”。1995年，安宁市人民政府将其旧址公布为文物保护单位。

李根源（1879～1965），字印泉，又字养溪、雪生，别号高黎贡山人，1879年生于云南省腾冲县，1905年留学日本时加入孙中山创建的同盟会。1908年回到昆明，创办云南讲武堂，任监督、总办。辛亥革命时参加云南“重九”起义，任云南省军政部总长兼参议院议长，1922年至1923年在北洋政府任农商总长，还兼署国务总理。

朱德水晶宫故居

位于市区水晶宫红花巷4号及相邻的小梅园巷3号两处。红花巷4号为四合院式布局，南向。正房一楼一底，明三暗五，进深二间，檐下有廊。两厢面阔3间，进深1间，倒座3间，占地380平方米。小梅园巷3号，为朱德亲自设计，有中西结合式砖木结构两层楼房，带外走廊一幢。楼后为花园，有“凝香池”“渡春桥”及假山小阁，园内遍植朱德喜爱的梅、兰、竹、菊。朱德把这座花园住宅题名为“洁园”。后李云谷先生征得朱德的同意将两处房屋交给国家。红花巷4号由省政府办公厅使用，小梅园3号拨给教育部门兴办市第六幼儿园，现由韶山小学所用并将其设为朱德事迹陈列室。1987年被公布为省级文物保护单位。目前，是省级爱国主义教育基地。

朱德（1886～1976），原名朱代珍，字玉阶，四川仪陇人。1909年朱德由川来滇，后以蒙自籍身份考入云南陆军讲武堂习武，1911年毕业，在云南辛亥“重九”起义、护国运动、靖国战争中屡建功绩，步步晋升。后赴法留学，加入中国共产党，是中国共产党、中国人民解放军和中华人民共和国的主要缔造者和领导人之一。

周钟岳故居

位于翠湖北路，是一座砖木结构的西式三层建筑。平面布局呈“凹”字形。中间3间带两柱外走廊，两侧突出部分正面为三面体，使得坡面悬山屋顶两侧前部形成半圆攒尖顶，美观而简洁。它是我省著名历史人物、文化名人周钟岳的故居，又是一幢反映了昆明城市建筑历史的代表性建筑，五华区已经将其列为文物建筑，加以保护。

翠湖北路周钟岳故居（韦勇／摄）

周钟岳（1876～1955），字生甫，号惺庵，1876年出生于云南剑川一个白族家庭。早年就读于大理西云书院，曾赴日留学。辛亥革命后，周钟岳步入政界，与蔡锷关系密切。1930年后主持纂修《新纂云南通志》及《续云南通志长编》两书。新中国建立后，周钟岳安居昆明，临终前让家人把私藏图书数万卷分赠云南大学及云南省图书馆，并留遗言：“吾所冀者，中国从兹统一，日进光明，世界共保和平，永息战祸而已！”

袁嘉谷玉龙堆故居

位于翠湖北岸玉龙堆，现为翠湖北路五号，建于1920 年，占地320平方米，坐北朝南。南临翠湖公园，北面临街，东西两侧是铺面，是清末民初典型的四合院式民居建筑，由正房、东西厢房和倒座房构成。正房为三重檐歇山顶，其余各建筑为单檐两层；所有建筑屋顶均为青色筒板瓦。正房面阔5间，进深2间；东西厢房面阔3间，进深2间；前厅面阔5间，进深2间，砖木结构。地面台阶等均为青石砌筑。正屋悬匾为“卧雪堂”；书房在顶楼，题名为“颐寿楼”。1923年，袁嘉谷又在楼房的东边开拓了一个小小的花园，取名“澍园”。2003 年，五华区人民政府将其公布为文物保护单位。2011年列为昆明市文物保护单位。

袁嘉谷故居（韦勇 / 摄）

袁嘉谷（1872 ~ 1937），字树五，号澍圃，晚年自号屏山居士，石屏人。清光绪二十九年（1903 年），参加经济特科考试，因取得一等第一名，大魁天下，成为“经济特科状元”，是云南历史上唯一的状元。1909 年，调任浙江提学使，不久又兼布政使，兴办教育、整理文献典籍。辛亥革命后，他回到云南，担任过云南省政府顾问、省图书馆副馆长、省通志馆编纂等职。袁嘉谷是一位杰出的学者，毕生致力于国学研究，在史学、经学、文学等方面都有很高的造诣，也是一位爱国、爱乡、爱才的诗人和教育家。

段筱峰公馆

位于宜良县匡远街道办事处光德巷13号。占地面积2085.6平方米，建筑面积1801.49平方米，为段筱峰1932年所建的私人宅院。主体建筑为四合三天井走马转角楼式建筑，由正堂、左右耳房、东西厢房及前廊组成。正堂及东西厢房面阔均为3间，左右耳房面阔各1间，共有房屋22间。正堂及东西厢房皆为穿斗硬山式建筑，屋面青瓦，梁、枋、柱子、椽子均为朱红色油漆，楼道下脚有各种精美雕刻图案。前廊为钢混结构，正中拱形大门，门前为平台。段氏宅院的建筑风格融中国古典建筑与欧式建筑风格为一体，和谐美观。

2002年段筱峰公馆被公布为宜良县文物保护单位。

段克昌，字筱峰，早年投身护国运动。后被龙云任命为军需部主任，历任军政部驻军粮局局长、昆明行营兵站总监，为陆军中将军衔，国大代表。段克昌聚财置产，创办实业公司电业部和纺织部，出资扩建民众教育馆，是赫赫有名的官商富绅。后随国民党退居台湾。

方树梅“南荔草堂”

南荔草堂（杨子人／摄）

位于滇池南岸晋城西北的方家营村，占地1亩左右，是土木结构的重檐二层楼房。楼房面阔5间，进深2间，外带走廊，体量虽然较大，但没有繁复的装饰，没有雕梁画栋，十分简朴。楼房建成后，方树梅将它命名为“学山楼”。“南荔草堂”的名称来源于方树梅对清代为官清廉、为人耿直，又关注云南地方文献的大学者钱南园和师荔扉的景仰。这虽然是一所普通的农村宅院，却遗存着厚重的文化气息，宅院的墙上至今犹存有著名学者和书法家的亲笔题刻。“南荔草堂”是方树梅一生致力于云南文献的抢救、收藏、研究和治学著述的主要基地，赵藩、周钟岳、袁嘉谷等名士也曾到此居住游览。现在南荔草堂的房屋和大部分碑刻保存下来。2002年，晋宁县人民政府将其列为文物保护单位并进行了修缮。2012年列为昆明市文物保护单位。

杨升庵“碧峣精舍”

升庵祠（杨子人／摄）

位于昆明西山之麓的高峣村。此处原为毛沂的一座别墅，毛沂即为在明嘉靖时“议大礼”事件中被杖击而亡的昆明人毛玉之子。杨慎也因参与“议大礼”而被贬谪到云南，在昆明期间受到毛沂的礼待，并邀请他到毛氏在高峣的别墅居住。杨慎在此寓居多年，颇为喜爱，还以“碧峣精舍”为之命名，曾有“碧峣亦吾庐”的诗句记之。精舍园内有三玄亭、朝晖楼、一萍轩、墨池及会心亭。巡抚汪希周（文盛）为其题匾曰“紫翠新居”（又称“碧鸡书舍”）。后明万历时期云南布政使刘之龙主持将高峣杨升庵旧庐紫翠新居改建为奉祀杨升庵的祠堂，并置祭田，名“太史祠”，内塑杨升庵塑像。清康熙二十八年（1689年），云南总督范承勋重建。咸丰七年（1857年）毁于兵燹。光绪七年（1881年）重建，改名升庵祠。1987年昆明市文管会重建了升庵祠，修复了普贤寺的部分建筑，建成集中展示其生平事迹的“杨升庵纪念馆”，并以“升庵祠”的名称一起列为省级文物保护单位。

聂耳故居

位于原云贵总督府前的官道、现在的甬道街上73、74号，是商住两用的清代官房，聂耳的父亲曾在这里开了一间中药铺“成春堂”。该房坐东朝西，临街为土木结构两层楼房三间。1912年聂耳出生于此，他的童年也基本在这里度过。1920年，聂耳一家搬离了甬道街。后聂耳的三哥聂叙伦等曾前往甬道街找寻他们曾经的住房，确认了其位置即今甬道街73、74号。1986年盘龙区人民政府将甬道街73、74号临街铺面命名为“聂耳故居”，并列为区级文物保护单位，2003年升级为省级文物保护单位。聂耳故居现成为广大人民群众纪念和缅怀人民音乐家聂耳的重要场所和进行革命传统、爱国主义教育的基地。

张天虚故居

位于呈贡区龙城街道办事处龙街中段东侧，是一所坐东向西的临街宅院，建于1890 年前后，占地192 平方米，为土木结构两层居民建筑。临街为重檐三开间铺面房，中间为跨门通道，后院则为三间四耳的合院，天井不大，但正房台基较高。1986 年5 月由呈贡县人民政府公布为县级文物保护单位。楚图南特为之题字：“张天虚故居”。现为昆明市文物保护单位。

张天虚故居（字应军／摄）

王九龄翠湖边故居

位于翠湖北路3号，之前的门牌是翠湖东路25号，建盖于1925年，是土木结构的传统四合五天井式宅院，占地500多平方米，坐北向南。北面正房稍高，明3暗5（间），两侧耳房皆为3间，三面的二楼皆设外走廊，两侧耳房二楼的外走廊延至南面。站在外走廊上，翠湖美景，尽收眼底。王九龄去世后，云南大学将其收购。2002 年被昆明市政府列为历史文化遗产保护建筑。现为市级文物保护单位。

王九龄故居（韦勇 / 摄）

王九龄（1880～1971），字竹村，号梦菊。辛亥革命后，王九龄进云南省都督府供职。此后担任过靖国联军总司令部军事参议、省财政司副司长、东陆大学名誉校长。后潜心研究佛学，曾任云南省佛教会理事长、云南佛学院董事会院董、云南佛教会监委等职。1950年，他将毕生珍藏的文物古籍捐献给省人民政府，并以宗教界人士身份，参加了云南省第一届政治协商会议。

杨如轩温泉别墅

位于安宁温泉曹溪寺北侧，是一幢中西合璧的石房子，建于1938～1939年间，主体建筑为石砌墙体，单檐歇山卷棚顶，门窗及内部装修为西式风格。室内左侧为一通间会客室，右侧内走廊两侧各有三间住房，门前屋檐下有休闲露台。别墅曾由温泉宾馆接管，多种原因致使其长期闲置或作他用，未进行开发利用。2009 年，安宁市将其公布为历史保护建筑，进行了修缮。

杨如轩（1895～1979），字夷斋，云南宾川人。昆明“重九”起义时，随云南讲武堂学员参加战斗和援川的军事行动，后又参加过护国战争。1928年，杨如轩奉命围剿井冈山根据地，被红军击败，当时还流传着一首民谣：“不费红军三分力，打败江西两只羊。”他就是当时所称的“两只羊”之一（此两只“羊”并非江西的，而是云南的，另一只“羊”为石屏杨池生）。

熊庆来、李广田故居

位于云南大学会泽院东北侧，熊庆来、李广田任云大校长时都曾居住于此，又称校长楼。此处旧居是一座单檐悬山顶，面阔四间，进深两间的砖木结构的两层楼房。低层及二层楼面均为木楼板，外墙面为浅黄色，墙身中部做装饰腰线贯通。在建筑及结构形式上其受西洋建筑影响较大，具有民国初期同类西式建筑做法特点。楼房坐北朝南，楼上楼下的南面设有走廊，朴素而优雅。现由云南大学文物管理办公室管理，为省级文物保护单位。

熊庆来、李广田故居（杨子人／摄）

熊庆来（1893～1969），字迪之，云南省弥勒人。我国著名数学家和教授，1937~1949年任云南大学校长。李广田（1923～1968），山东邹平县人。我国著名的教育家、诗人、文学家，1957~1960年任云南大学校长。

鲁道源“子泉别业”

位于大观公园南园，又称鲁家花园，原由子泉别业馆、太华晚照廊、不系舟石舫、道源崖等园景组成，是中国传统园林的典型代表。子泉别业馆由两栋砖木石结构的西式平房组成。主建筑位于5级台基之上，面阔3间，右侧突出1间，坡顶红色平瓦，门框窗套及墙体转角均为石嵌，饰以西式石雕图案。台基下左侧有稍矮的附属平房。园林设计由赵鹤清指导，采用传统中国园林景观的造景手法；主体住宅建筑由法国人设计，使得鲁家花园具有浓郁的中西合璧的特色。1950年后，鲁家花园与周围的庾园、郑园、马园、陈园、柏园、李园、丁园等8家私家花园、别墅，先后由昆明市人民政府接收并交付大观公园管理使用。现鲁园由大观公园管理，为西山区文物保护单位。

鲁道源（1900～1985），字子泉，保山昌宁人。抗战爆发后被任命为第58军新11师师长奔赴抗日战场，作战骁勇，是著名的抗日将领。

庾恩锡“庾庄”

位于大观公园南园。1927年，庾恩锡在赵鹤清的帮助下设计建造。庾庄以“晋侯楼”为主体，整体呈现出中西合璧的建构艺术，原曾有砖木结构的“枕湖精舍”和庾氏祠堂，后被改建为苏式风格的五幢平房。园内还有一座石坊，西式立柱与中式雕饰完美结合，颇有意趣，赵鹤清为题“寻芳深处”和“亦足以畅叙幽情”。庄园中拱桥、荷塘、假山、环堤通过精心别致的设计和布局，园林风韵堪比江南。

庾恩锡，字晋侯，云南墨江人。曾留学日本专攻园艺，归国后办过实业，其所创“亚细亚”烟草公司生产的“重九”卷烟是最早的知名品牌之一。后历任云南省水利局局长、昆明市市长等职。担任昆明市长期间，对昆明城市的园林规划颇为用心，先后主持改建大观、翠湖、圆通、金碧、古幢等公园，对城建园艺贡献较大。

庾恩锡“磊楼”

位于滇池西岸白鱼口。磊楼为庾恩锡私人别墅的主体建筑，据说是庾恩锡在赵鹤清的协助下共同设计建造。二人不愧为善治园艺的行家，设计时充分考虑到人居与自然和谐，实用与美观兼顾等各方面因素。楼体由若干不规则石块堆砌而成，共有三层，壁设落地玻璃窗，湖光山色一览无余。建筑整体方正简朴，呈“品”字结构，颇有欧式古堡建筑的风格，又似西南少数民族的碉楼。这样的设计在湖畔多风潮湿之地显得非常紧凑实用，又能与周围景色和谐相容，不乏审美之趣，可谓构思巧妙，独具匠心。20世纪50年代后，以庾氏磊楼为主体创建云南省工人疗养院，后来还曾经接待过周恩来、朱德、邓小平等党和国家领导人。2011年列为市级文物保护单位。

磊楼（杨子人／摄）

陈钟书何家营故居

位于昆明何家营村，是一座高大的宅院，高出周围的民居。宅院四周有高大的围墙，正房面阔5间，二层单檐悬山顶，高10多米，四角原有碉楼。楼板楼梯等用材较为单薄，墙体均为泥土筑成。墙基宽约1米，逐渐向上收缩，以承抬屋顶。一、二楼的开窗和门头为半圆形，有点类似于陕北的窑洞。2009年，安宁市政府将陈钟书旧居列为文物保护建筑。

陈钟书（1891～1938），字树藩，云南安宁人。陈钟书参加了昆明“重九”起义和护国战争，抗战爆发后，被任命为60军183师第542旅旅长领军奔赴抗日前线。1938年4月24日，在台儿庄战役中壮烈牺牲，年仅47岁。

刘正富大五岳村故居

位于安宁大五岳村，建于1924年，宅院十分宽敞豪华，现存两个相邻的院落，北边的宅院是一所走马转角楼四合院，南边的宅院较小，有一座面阔3间的三层中式楼房。两座宅院的装饰木雕、彩绘都非常精美，是传统优秀民居的代表。现被安宁市人民政府公布为文物保护单位，加以修缮。

刘正富（1892～1942），昆明安宁大五岳村人。曾随军参加辛亥昆明“重九”起义，援川、护国战争，转战四川长达8年。抗日战争爆发后，云南继六十军后，于1938年8 月又组成五十八军出征。由孙渡任军长，刘正富任五十八军新十师师长，转战于湘、鄂、赣等地，屡立战功。1941年7月，刘正富因病回到云南医治。1942年1月5日因家庭纠纷，被刺杀。

严济慈、蔡希陶昆明植物研究所故居

位于黑龙潭公园旁的中科院昆明植物研究所内，是一座中西结合式样的简洁平房。房屋建筑在一坡地上，缓缓而上三段巧级台阶。房屋为砖木结构，坐西向东，3开间，进深2间，南侧突出一间，总面积约一百多平方米。灰色瓦屋顶，褐色门窗，白色墙体，低矮而陈旧。它是蔡希陶和严济慈的住房和办公室。2003 年，官渡区人民政府将严济慈、蔡希陶居住工作过的这所平房公布为文物保护单位，昆明植物研究所对其进行了修缮。2011年被列为昆明市文物单位。

蔡希陶（1911～1981），浙江东阳人，我国著名植物学家，被誉为“云南植物科学界一代奠基人”和“西部大开发的一位先驱性人物”。严济慈（1900～1996），中国现代物理学开拓者之一、享誉中外的科学家、教育家，抗战时任北平研究院物理研究所所长。抗战爆发后，同在昆明从事科研工作。

梁思成、林徽因棕皮营故居

梁思成、林徽因故居（字应军 / 摄）

位于北市区金汁河畔的棕皮营，是梁思成、林徽因夫妇一生中唯一为自己建盖的房屋。这是两座相对独立的土木结构平房，正房3间，坐西向东，每间约28 平方米。正房的南间是客厅，中间是书房和卧室，北间是孩子们的卧室。两间附属，一间是厨房，一间是佣人住房。这两组面对着的房屋，围成了小小的院落。这一平房门窗较多，3间住房内安装了木地板，吊有顶棚；客厅里还有1米见方的壁炉，几个壁橱安装在墙上。2003年，昆明市人民政府将其列为市级文物保护单位，并按原貌进行了修缮。

梁思成（1901～1972）、林徽因（1904～1955）夫妇，是我国古建筑研究与保护事业的开拓者，曾赴欧美留学，回国后一同加入古建筑研究的学术团体——中国营造学社，卢沟桥事变后来昆。

华罗庚陈家营故居

位于大普吉村陈家营，现门牌号为144，是一农舍，叫杨家宅院，抗日战争时期它曾是以清华大学为主的西南联大教授们的临时居住地。它是昆明地区典型“一颗印”民居。当时闻一多和华罗庚都住在正房楼上，共3 间房。中间没有墙，便挂一条床单隔开，但两家相处融洽。为此华罗庚还写过一首小诗，记述了居住于陈家营村的生活工作状况：“挂布分屋共容膝，岂止两家共坎坷；布东考古布西算，专业不同心同仇。”2003 年，西山区人民政府将其公布为文物保护单位。

华罗庚（1910～1985），江苏金坛县人。自学成才，1934年被破格任用为清华大学数学系助教。1936年前往英国剑桥大学。在英国的两年之中，他攻克了许多数学难题，一篇关于高斯的论文给他在世界上赢得了声誉。在抗日战争期间，他回到祖国，到昆明西南联合大学任教。1946年，华罗庚赴美讲学，家人也定居美国，1950年重回祖国，终身从事于数学的教育与研究。

闻一多、朱自清司家营故居

位于龙泉街道办事处司家营，原为司家营17号，门牌现为61号，是抗日战争爆发后清华大学文科研究所在昆明设立的工作点。它是昆明郊区普通的三间两耳“一颗印”民居建筑。“三间两耳”，指的是面对大门的正房有三间，两侧的耳房各有两间，大门上面的楼房叫“倒座”。为两层楼房。四面房屋围成一个小天井。正房楼上三间房没有分隔，较为宽敞明亮，是当时的研究室，摆放了8张书桌，并用木板书箱折叠做成了十余个简易书架，陈列着从北京辗转带运至此的书籍。这幢民房，既是闻一多他们工作的地方，也是生活的地方。2002 年，官渡区政府将其公布为文物保护单位，现为市级文物保护单位。

闻一多、朱自清故居（字应军 / 摄）

清华大学文科研究所1940年8月在昆明恢复招收新生时，只在北京大学文科研究所内设置了一个研究室，而当时清华大学文科研究所设的中国文学、历史、外国语文、哲学四部，其中历史、外国语文研究工作均与西南联大的相关学系分别进行，因此，司家营17号清华大学文科研究所只有闻一多担任主任的中国文学部及哲学部的部分研究生。

冰心默庐

位于呈贡区三台山，是一所普通的三间两耳合院式建筑。土木结构，硬山顶。正房举架较高，两层，外带走廊。耳房只有一层。默庐在呈贡区高处，视野开阔。从默庐楼上远眺，呈贡八景中可见“凤岭松峦”“海潮夕照”“渔浦星灯”“龙山花坞”“梁峰兆雨”和“河洲月诸”等六景。冰心很喜欢“默庐”，她在《默庐试笔》中曾写道：“论山之青翠，湖之涟漪，风物之醇永

冰心默庐（李跃甲 / 摄）

亲切，没有一处赶得上默庐。”为了纪念这位世纪文化名人，2003年5月昆明市人民政府将默庐公布为文物保护单位。2005年，呈贡县人民政府修缮默庐，建立了冰心默庐纪念馆。

冰心（1900～1999），原名谢婉莹，福州人，我国著名的文学家。抗战爆发后，随其丈夫吴文藻来到昆明，后住到呈贡的“华氏墓庐”，冰心将它取名为“默庐”。1940年9月，因工作需要，冰心一家离开了昆明。

冯友兰龙头街故居

位于龙泉街道办事处（龙头村）东岳宫的西厢房，即现在龙泉粮管所内标写着“龙7号”的房屋。这是一座面阔三间的平房，由于长期作为粮仓，房屋正面原有的木门窗已经被拆除，被厚实的墙体所替代，但屋顶、梁架及山墙、后墙，还是当年的旧貌。现在，盘龙区人民政府作为文物保护单位加以保护。2011年，冯友兰旧居与中央研究院历史语言研究所旧址一起列为昆明市第五批市级文物保护单位。

冯友兰（1895～1990），字芝生，河南唐河人。1915年入北京大学，1919年赴美留学，历任中州大学、广东大学、燕京大学教授、清华大学文学院院长兼哲学系主任等。其编写的《中国哲学史》，为中国哲学史的学科建设作出了重要贡献。1937年，清华大学内迁，冯友兰随校南下西迁昆明，任西南联大文学院院长、哲学系教授兼清华文科研究所所长。抗战胜利后随校返京，长期从事中国哲学研究。

潘光旦大河埂故居

位于大河埂村137号。1938年，潘光旦随清华大学内迁到昆明后，便安家于西郊大河埂村西北角的一处农舍内。这处农舍是一座独院，院子北边是一排重檐土木结构的二层楼房，潘光旦就租住在东北角楼上。抗战时期，随迁而来的文化名流常聚在潘光旦家中做客，感受战时难得的平静。因为居处太拥挤，当时的蚕业教育家、企业家、云南蚕业新材公司经理葛敬中把居处新盖的一间屋子腾给潘光旦作书房，这里东面有铁峰坳，向西可以望见螺蛳山，潘光旦将书房命名为“铁螺山房”。

潘光旦（1899～1967），字仲昂，江苏宝山县人。我国著名优生学家、社会学家、民族学家和教育学家。1938 年随清华大学搬迁昆明，曾先后担任西南联大教务长、社会学系主任以及清华大学秘书长、图书馆馆长等职。

西南联大教授惠家大院故居

位于五华区黑林铺街道龙院村龙普路133号，原来叫作惠家大院，院外是一座土木结构的两层门楼。惠家大院，始建于1910年。其主人是宣威人惠我春，曾任云南陆军讲武堂国文教员。抗战爆发后，惠我春移居到西郊大普吉镇龙院村，并邀请西南联大的朱自清教授到此居住，此后一些清华教职工也陆续避居惠家或附近农村。从1940年开始，先后居住于惠家大院的有清华大学校长梅贻琦、西南联大理学院院长吴有训、物理学家赵忠尧、数学家杨武之、外文系教授吴达元和杨业治等。这些教授大部分都带有家属，有大大小小四五十人，显得十分热闹。由于多种原因，惠家大院原来的房屋所剩不多，只有门楼和两三幢房屋保留下来，而西南联大教授们居住过的楼房，只有吴有训、杨武之、赵忠尧家共住的一幢保存至今。2003 年，五华区人民政府将惠家大院门楼公布为文物保护单位，并进行了修缮。2011年列为昆明市级文物保护单位。

范石生故居

位于昆明西北王家桥红联小学旁，建于1917年。系范石生1916年底由驻川滇军第六师参谋长任上辞职回滇时所建。该房为土木结构二层楼房，坐东朝西，占地325平方米。平面布局为“凹”型，正房五间，南北耳房各两间，悬山顶，外走回廊。建构简朴但举架尺度较大，几无装饰。范石生故居及范石生墓于2011年公布为市级文物保护单位。

诗赋·楹联

◎诗赋

◎楹联

昆明以山川秀丽、气候温和、历史悠久、人文荟萃而闻名于世，是祖国西南边疆的一座历史文化名城。它有“天下第一奇观”的石林、“天下第一汤”的碧玉泉及“天地奇观”的九乡洞天，也有被称之为“高原明珠”的滇池和“睡美人”的西山；有翠湖春晓、龙门飞峙、圆通花潮、双塔烟雨、金碧交辉等美丽的风景。因为昆明四季如春的气候，冬无严寒，夏无酷暑，“天气常如二三月，花枝不断四时春”，故有“春城”的美称。公元前286年，楚庄蹻率部入滇，开发滇池地区，带来了中原文化。而后的数千年间，云南与内地交往频繁，经济文化不断发展，使得滇中人文蔚起，名家辈出。一个地方的景物能够让人倾情，让人驻足停留，不仅是因为其本身鬼斧神工的自然之美，更多的是文人墨客赋予它的文化内涵！正所谓“人因山水而灵，山水因人而名”，山水与人文之间的关系在昆明地区体现得淋漓尽致。

昆明所独有的风景民俗让人倾情，吸引了文人骚客、达官显贵在这里驻足，他们摊纸泼墨，把自己的真情感悟化成文字，融入山水亭阁、风俗民情中。“景以文传”，这些景致、民风与浩如烟海的诗词、歌赋、楹联有机地融合在一起，使昆明的山川风物名扬海内外。

诗词、歌赋、楹联是中国传统文化中的璀璨部分，昆明各界人士为搜集、整理这些文化遗产做出了大量努力，先后出版了《历代诗人咏昆明》《云南历代诗词选》《昆明风物诗词选》《昆明诗词楹联碑刻集萃》等著作，历代咏昆明的文学诗作多如繁星，本书只选取部分菁华展示。

诗赋

移金马碧鸡颂

西汉·王褒

持节使王褒谨拜南崖，敬移金精神马缥碧之鸡，

处南之荒。深溪回谷，非土之乡。归来归来，汉德无疆。兼乎唐虞，泽配三皇。黄龙见兮白虎仁，归来归来，可以为伦。归兮翔兮，何事南荒也！

王褒，字子渊，四川资阳人，生卒年不详，只知他的文学创作活动主要在汉宣帝（公元前73～前49）时期。生前为汉宣帝文学侍从，谏议大夫。王褒有赋十六篇，今存《洞箫赋》《九怀》《甘泉宫颂》《碧鸡颂》《僮约》等。

说明：据《汉书》“王褒传”记载，汉宣帝时，有方士盛言益州有金马碧鸡之神，可祭祀而致。于是汉宣帝封当时四川的著名文人王褒为谏议大夫，持节前往求之。由于当时诸蛮叛乱，道路闭塞不通，王褒并没有到达云南而只到了川西一带，故写了这篇颂词进行遥祭。

鄯阐台

唐·骠信

避风善阐台，极目见藤越。
悲哉古与今，依然烟与月。
自我居震旦，翊卫类夔契。
伊昔经皇运，艰难仰忠烈。
不觉岁云暮，感极星回节。
元昶同一心，子孙堪贻厥。

骠信，南诏君主的称谓。据袁嘉谷考证，此诗作者实为寻阁劝，又名寻梦凑，异牟寻子，唐宪宗（805～820）时在位，是南诏统治者中第一位写汉诗的人。

说明：此诗又名《星回节》。云南古代风俗，以每年十二月十六日为星回节。鄯阐台，又名避风台。鄯阐，今昆明。

和虞部卢四酬翰林钱七赤藤杖歌

唐·韩愈

赤藤为杖世未窥，台郎始携自滇池。
滇王扫宫避使者，跪进再拜语嗢咿。
绳桥拄过免倾堕，性命造次蒙扶持。
途经百国皆莫识，君臣聚观逐旌麾。
共传滇神出水献，赤龙拔须血淋漓。
又云羲和操火鞭，暝到西极睡所遗。
几重包裹自题署，不以珍怪夸荒夷。
归来捧赠同舍子，浮光照手欲把疑。
空堂昼眠倚牖户，飞电著壁搜蛟螭。
南宫清深禁闱密，唱和有类吹埙篪。
妍辞丽句不可继，见寄聊且慰分司。

韩愈（768～824），字退之，河阳（今河南孟州）人，郡望昌黎，世称韩昌黎，唐代文学家。卒谥“文”，后人又称“韩文公”，明人推他为唐宋八大家之首。

说明：虞部，唐代尚书省工部虞部司简称。台郎，汉代尚书治事之地称中台，唐代尚书省也称为中台，所以尚书郎称为台郎。

玉案山

唐·道南

其一

松鸣天籁玉珊珊，万象常应护此山。
一局仙棋苍石烂，数声长啸白云间。
乾坤不蔽西南境，金碧平分左右班。
万古难磨真迹在，峰头鸾鹤几时还？

其二

美人高隐乐从容，宅近滇南第一峰。
喧枕泉声常似雨，傍檐云气或如龙。
长镵破雪寻黄独，曲几看山荫碧松。
此趣料应知者寡，抱琴何日逐游踪。

道南，旧志称道南和尚，生平不详，唐朝诗人。《滇释纪》载，道南曾作《题玉案山房》二律。但万历《云南通志》《滇略》仅见前一首，现据《云南史料丛刊》录入二首。

说明：玉案山，在昆明西北郊，因山顶有平石如案而得名。其山顶有一巨石形似棋局，传说乃仙人弈棋之迹，仙人一局棋，人间千万年。

玉案山（《滇南名胜图》）

题筇竹寺壁

元·郭松年

南来作使驻征鞍，风景还惊入画看。
梵宇云埋筇竹老，滇池霜浸碧鸡寒。
兵威此日虽同轨，文德他年见舞干。
北望乌台犹万里，几回挥泪惜凋残。

郭松年，号方斋，陕西商州（商县）人，官西台御史，曾奉使到云南驻节。著有《大理行记》，记当时宦滇见闻。

说明：筇竹寺，在昆明西北玉案山上，是昆明地区历史最为久远的佛教古刹之一。乌台，即御史台。

初到滇池

元·李京

嫩寒初褪雨初晴，人逐东风马足轻。
天际孤城烟外暗，云间双塔日边明。

未谙习俗人争笑，乍听侏儰我亦惊。
珍重碧鸡山上月，相随万里更多情。

李京，字景山，号鸠巢，河北河间人。元成宗大德五年（1301年）到云南，曾任乌撒乌蒙（今昭通一带）宣慰司副使。所著《云南志略》四卷，为元明以来云南志书之最早，为后世记述云南事略所本。

说明：侏儰（lí），昆明少数民族语言。

滇池赋

元·王昇

晋宁之北，中庆之阳，一碧万顷，渺渺茫茫。控滇阳而蘸西山，瞰龟城而吞盘江。阴风澄兮不惊，玻璃莹兮空明。晴晖澹苍凉之景，渔翁作欸乃之声。蛟鼍载出而载没，鱼龙或变而或腾。岸芷兮馥馥，汀兰兮青青。粤穷其源，合众派而为潨，爰究其流，乃自西而之东。不假乎冯夷之力，不劳乎神禹之功；自混沌之肇判，经螳川而朝宗。电光之迅兮，不足以彷其急；雷声之轰兮，未足以拟其雄。此滇池气象之宏伟，难以言语而形容者也。

予归自于神州，寻旧庐与林丘；怀往日之壮游，泛孤艇于中流。薄雾兮乍敛，轻烟兮初收，晴光兮浴日，爽气兮横秋。川源渺兮莽苍，江山郁兮绸缪。鸿雁集于沙渚，凫鹭翔于汀洲。睹景物之萧萧，纵一叶之悠悠。少焉，雪波兮凌空，霜涛兮叠重；荡上下之天光，接灏气之鸿蒙。叹濯缨之靡暇，乃系缆于岩丛；发长啸于云端，寄尘迹于谾巃。探华亭之幽趣，登太华之层峰；览黔南之胜概，指八景之陈踪。碧鸡峭拔而岌㠉，金马逶迤而玲珑；玉案峨峨而耸翠，商山隐隐而攒穹。五华钟造化之秀，三市当闾阎之冲；双塔挺擎天之势，一桥横贯日之虹。千艘蚁聚于云津，万舶蜂屯于城垠。致川陆之百物，富昆明之众民。迨我元之统治兮，极覆载而咸宾；矧云南之辽远兮，久沾被于皇恩。惟朝贡之是勤兮，犀象接迹而骁骁。如此池之趋海兮，亘昼夜之靡停。因而歌曰：万派朝宗兮，海宇穹窿。圣神膺运兮，车书大同。

王昇（1285 ~ 1354），白族，字彦高，号止庵，元代诗人。

说明：潨，音同从，指小水流入大水；龟城，旧时昆明城池形状似乌龟；鼍，音同驼；谾巃（hōng lóng），指山大谷深；骁骁（shēn），众多的样子。

火把节

元・文璋甫

云披红日恰衔山，列炬参差竟往返。
万朵莲花开海市，一天星斗下人间。
只疑灯火烧元夜，谁料乡傩到百蛮。
此日吾皇调玉烛，更于何处觅神奸。

文璋甫，名如玉，字璋甫，四川南充人，历任陕西行省都事，云南行省郎中，著有《石山集》。

说明：云南一些少数民族每年六月二十四日（农历）为年节，亦称火把节。这一夜人们点火把祝节，欢庆丰收，兼有消灾除恶之意。此风俗在彝族、白族、哈尼等民族中尤其盛行，至今不断。

愁愤诗

元・阿禚

吾家住在雁门深，一片闲云到滇海。
心悬明月照青天，青天不语今三载。
欲随明月到苍山，误我一生踏里彩。
吐噜吐噜段阿奴，施宗施秀同奴歹。
云片波粼不见人，押不芦花颜色改。
肉屏独坐细思量，西山铁立风潇洒。

元朝末年，红巾军明玉珍部入滇，大理总管段功助梁王退之，娶梁王把匝剌瓦尔密之女阿禚（kè）为妻，并留驻昆明。后梁王疑段功有“吞金马，咽碧鸡”之心，授意阿禚以孔雀胆毒杀段功，阿禚把阴谋告诉了段功，并劝他回大理，段功不从，终被害。

说明：踏里彩，蒙古语，意为“锦被”，象征青春和夫妻爱情。吐噜，蒙古语，可惜、可怜之意。押不芦花，蒙古语，意为“北方起死回生草名”，这里借以表示死者不能复生。后，郭沫若根据此故事创作了《孔雀胆》。

云南（节录）

明·史谨

城南双塔高嵯峨，城北千山如涌波。
隔断中原万余里，耳边无处闻弦歌。
我来正值兵戈后，厌听边声出刁斗。
壮士沉雄细柳营，岂效棘门空赳赳。
……
碧鸡苍苍元气湿，梁王宫殿如荆棘。
鹏鸮朝鸣狐夜集，金满床头总何益。
不如一醉杏花村，濯足昆明看山色。

史谨，字公谨，江苏昆山人，生卒年不详。洪武初谪居云南。撰有《独醉亭集》三卷，《四库全书》收录。

滇阳六景

明·机先（日）

金马朝晖

岧峣金马在城东，黛色苍凉淡墨中。
画角声消残月白，阳乌影动早霞红。
梁王去国荒丘在，汉将开边古道通。
岂料长为南窜客，朝朝相对独为翁。

碧鸡秋色

碧鸡西望水天虚，漠漠秋光画不如。
翠壁烟华摇浪处，丹崖树色着霜初。
前朝有阁今游鹿，落日何人独钓鱼。
却讶维舟溢浦上，芙蓉九叠看匡庐。

玉案晴岚

山如玉案自为名，卓立天然刻画成。
白昼浮岚浓且淡，高秋叠翠雨还晴。
阴连太华千寻秀，景浸滇池万顷清。
杖策何当凌绝顶，滇南一览掌中平。

滇池夜月

滇池有客夜乘舟，渺渺金波接素秋。
白月随人相上下，青天在水与沉浮。
遥怜谢客沧州趣，更爱苏仙赤壁游。
坐倚蓬窗吟到晓，不知身尚在南州。

龙池跃金

路入商山景更奇，玉皇坛畔有龙池。
行逢柳色烟深处，坐看桃花水涨时。
映日金鳞鸣泼刺，含风翠浪动沦漪。
由来神物非人扰，变化云雷未可知。

螺峰拥翠

螺峰近在滇池里，下有招提倚翠屏。
雨后光含僧眼碧，云中色拥佛头青。
层崖鸟度通天险，古洞龙潜秘地灵。
自是幽深回俗驾，不须重勒北山铭。

机先，又作机先鉴、鉴机先，原名不详。为洪武间被谪戍流寓云南的日本诗僧。

说明：画角，乐器，声哀厉高亢，多用于军中警昏晓，振士气，肃军容。南窜客，指流寓云南的诗人自己。谢客，指南朝诗人谢朓。南州，指云南。龙池，昆明北郊商山下有冷泉，又名莲花池。玉皇坛，商山旧有商山寺，玉皇坛即在寺内，今不存。

风波渔叟

明·兰茂

一棹入苍烟，江风晚更颠。

摇摇船似叶，汹汹浪粘天。
蛟蜃能为患，鱼虾不值钱。
羡人平地上，燕坐饱肥鲜。

四景六言

明•兰茂

其一

花开沽酒留客，睡起卷帘看山。
闲院小窗人静，数声啼鸟绵蛮。

其二

柏子香销昼永，黄梅雨过风清。
绿荫自无炎暑，碧窗静有棋声。

其三

露下鹤翻松叶，窗开风袅炉烟。
清宵明月如许，铁笛幽人未眠。

其四

山窗听雪敧枕，石鼎敲冰煮茶。
谁共此时清兴，老松疏竹梅花。

早　梅

明•兰茂

东风破早梅，向暖一枝开。
冰雪无人见，春从天上来。

说明：这首诗其实是归纳古代汉语二十个声母的一个口诀。不仅明了易记，而且富有意味；不仅是学问，而且是诗章。古汉语专家王力先生说，“直到十五世纪，北方话的声母才变为二十个。明兰茂的《韵略易通》（1442年）所载的《早梅诗》……

算是代表这二十个声母的‘字母’”，其结论是：“可见至少在十四世纪，现代普通话的语音系统就已经奠定了基础”。

滇南即事

明·沐璘

谩说滇南俗，人民半杂夷。
管弦春社早，灯火夜街迟。
问岁占鸡骨，禳凶瘗虎皮。
輶车巡历处，时听语侏㒧。

沐璘，字廷章，沐昂（沐英第三子）之孙。明景泰年间，由云南都指挥佥事升任右军都督同知，充总兵官，镇守云南。喜读书，尤长书法，有儒将风。

说明：瘗，音同亦，意为埋葬。

太华寺

明·郭文

晚晴独倚旃檀阁，烟景苍苍一望开。
湖势欲浮双塔去，山形如拥五华来。
仙游应有飞鸟空，僧去宁无渡水杯。
不为平生仙骨在，安能得上妙高台。

郭文，字仲炳，号舟屋，昆明布衣，著有《舟屋集》。

说明：太华寺，位于西山太华山腹。旃檀阁，佛寺楼阁。旃檀即檀香，梵语叫旃檀那，是礼佛香木。渡水杯，相传有晋宋间僧人能乘水杯渡河。妙高台，即梵文须弥山，意译为妙高台。

滇池夜月

明·沐昂

水色澄秋接绛河，琉璃影里漾金波。

分明一鉴从空落，皎皎清光不用磨。

沐昂（1379～1445），字景高，沐英第三子。据史料记载，沐昂喜好诗文，常与文艺人士交往。曾收集明初寄居滇南21家诗人作品，编成《沧海遗珠》。

昆明八景

佚名

滇池夜月

揽尽昆池胜，登临壮大观，
楼台秋瑟瑟，烟水夜漫漫。
山转帆千片，波灯月一丸，
凭栏思汉武，豪饮酒杯宽。

云津夜市

云津桥上望，灯火万千家，
问夜人沽酒，寻店客系槎。
城遥更漏尽，月圆市声哗，
破晓阑游兴，疏钟传太华。

螺峰叠翠

好山负城郭，螺髻拥千重，
青霭松崖合，绿云芝径封。
鹤来寻大隐，蝶走剩仙踪，
凉翠侵衣袂，登高一倚筇。

龙泉古梅

阅世一千载，开花三两枝。
山空孤鹤泪，潭古老龙痴。
黑水欣留记，唐贤惜少诗。
漫谈天宝事，玉笛且横吹。

官渡渔灯

朝泛昆池艇，夜归官渡村。
鱼穿杨柳叶，灯隐荻花根。
浦远星沉影，江空月吐痕。
闲邀邻父饮，篝火醉清樽。

商山樵唱

担荷月黄昏，商山古寺门，
唱残樵父曲，惊起玉人魂。
旧路回头认，新腔信口翻，
莫嗤嘲哳调，渔笛又孤村。

坝桥烟柳

古道坝桥柳，阴深过往多，
烟萦增妩媚，风动舞婆娑。
碧乱离人意，丝牵游子哦，
眉愁心有愧，为听唱骊歌。

陋山倒影

滇池五百里，北靠蛇山边，
日丽璧沉水，岚浮镜里天。
只须风雨静，曾见琪瑶鲜，
成趣辉相映，图画无此妍。

说明：以上八首诗描述的是明清时期昆明八景，有资料记载为文人宋嘉俊所作，但更多资料则记载为“佚名”。

天宝事，天宝年间唐与南诏之间的战争。

明万历中在今西坝河上造的石桥，称“望安桥”。

陋山，又名蛇山、长虫山，位于今昆明市北市区。

坝桥烟柳

陡山倒影

官渡渔灯

滇池夜月

龙泉古梅

螺峰叠翠

商山樵唱

云津夜市

西山杂咏二首

明·杨一清

其　一

十里长堤一掌平，野田溪草正纵横。
青山远映秋云薄，红树疏含夕照明。
细荇牵风浮不定，落花随水去无声。
幽人合是忘机者，传语沙鸥莫浪惊。

其　二

夕阳红树绕平丘，极目乾坤万里秋。
自是闲官堪适兴，不须吾土亦消忧。
幽岩碍日悬青蔓，高阁凭虚瞰碧流。
咫尺洞门无路入，野云孤鹤为谁留？

杨一清（1454～1530），字应宁，号石淙、邃庵、三南居士，祖籍云南安宁。成化八年（1472年）进士。历任陕西巡抚、吏部尚书。嘉靖初，为内阁首辅。著有《石淙类稿》等。

金马山赋

明·刘寅

蓐收炳灵，房星聚精。超鸿蒙而合秀，倏凝结而成形。此金马之山，所以直訾陬而奠昆明也欤？在昔神禹受命，爰分九区；表岳镇之崇崇，隔方维之顿殊。有岱有华，抗东西以屹。若曰衡曰恒，界南北而截如。旷哉梁益，并包坤隅。功不假于疏凿，地独钟乎膏腴。起层峦之嵯峨，控南滇之故墟。嘶谽谺之岩谷，驾绵邈之方舆。造父固莫施其衔勒，王良亦难范以驰驱。观其蔓草垂鬃，尖峰批耳，白月悬瞳，青松掉尾，渍赤渖以湛露，流汗沟之逦迤。铸莫待乎棠溪，产非资于丽水。形类腾骧之骐骝，势似振鬣之騄駬。过日影之须臾，磨苍旻于尺咫。迨夫嘘气成云，喷沫起风。障泥炫荧荧之彩霞，鞶缨绕煌煌之流虹。迅电张其猛烈，疾电助其威雄。泻甘澍以注下，卷拳毛之蒙茸。叠巘益翠，巅崖增红。洞扉启厩闲之弘厂，莺声响和鸾之玲珑。

万骑仰观而辟易，群夷睨视而惊冲。至于岌嶪肖巍，岧荛崮崒。或奔如惊，或骤若突。峻拔天脊，峭削风骨。蓊蘙森爽，隐辚巊郁。杳横亘于百里，拟长城之矶矶。是宜拱帝京之尊严，障大藩以宁谧也！

或有野老诘余而言曰：“子徒见其小而不穷其大，知其名而不究其实。吾将为子陈之：

玄黄肇分，氓生蚩蚩，若鱼若虫，无识无知。聪明间出，命为君师，立一代之典章，成四海之雍熙。嗟惟此邦，视为外夷。境荒荒而泯泯，水漫漫而弥弥。姚姒置之，不即顾问；商周鄙之，不遑保厘。俾昏迷而弗悟，竟风靡于侏离。

楚命庄蹻，略地远来，自王于滇，顾瞻徘徊。君臣之分少定，天叙之典未谐。汉武奋志，劳民费财。命张骞而远出，弭使节而虚回。亦有孝宣，不务大体。慕神怪之慌惚，行禋祀之渎礼。王褒驰驿而西上，仅致一奠而乃已。遗祠庙于岩阿，谩冥搜而远纪。唐畏嵯颠之跳梁，宋限大渡之涯涘。元虽小康，亦何足齿！

猗欤皇明，抚有万方。圣武神文，巍巍堂堂。既底宁于华夏，遂有事于戎荒。命矫矫之虎臣，挥天戈而奋扬。直指云南，扫除欃枪。截长鲸之鬐鬣，刳妖狐之肺肠。显允黔宁，知勇忠良。威已宣于戡定，思复尽于胥匡。化强梗为礼义，变椎卉为冠裳。揖让之风济济，弦诵之声琅琅。绍述前烈，适有惠襄。招携贰以诚信，镕顽嚚以慈祥。国公继之，纲纪益张。载平安南，功业弥昌。总制仁贤，淑旂绥章。来镇来临，克柔克刚。致远人之尽服，迈前哲而有光。俾金马迥然而特立，与碧鸡相对而相望。小姑息之宋元，陋怯弱之汉唐。夫然后知皇明之盛德，冠古今而莫并。纪昭靖之殊勋，垂悠久而不忘。”

余闻其言，拜跪叹嗟。遂为之歌曰：“金马之傍兮，有稻有粳，金马之阳兮，有郭有城。臣旬宣其善政兮，民勤事乎农耕。咸矢心而弗渝兮，愿永享夫千万年之太平！”

登碧鸡山

明·杨一清

苍山突兀瞰林皋，下有洪流卷怒涛。
异代淫祠嗟汉武，重来词客岂王褒。
蜀川旧榜空留胜，滇海诸峰合让高。
天亦似怜登眺乐，更将风日助诗豪。

拱华楼

明•杨一清

蝗水潺湲不断流，白云芳草带斜舟。
坐来山色无余地，占尽风光是此楼。
鸡岭夕阳高树合，石桥新雨落花稠。
也知看竹须乘兴，不用东君扫榻留。

说明：拱华楼，原在安宁境内螳螂江畔，今已不存。鸡岭，指碧鸡山。

二月八日留别

明•杨慎

东台北道苦相留，花月春城夜色悠。
锦伞夫人双毂转，金冠太子四门游。
九枝灯下开华宴，百戏棚中夺彩筹。
乘兴佳期殊不远，绿波红岛更轻舟。

说明：杨慎受晋宁唐锜邀请，与陈表等到晋宁游，登今呈贡安江村海宝山寺，写下了《登海宝山寺》一诗，对滇池和周围景物倍加赞颂。回程时，感于主人挽留，写下《二月八日留别》诗。

昆海远眺

明•杨慎

昆明波涛南纪雄，金碧洸漾银河通。
平吞万里象马国，直下千尺蛟龙宫。
天外烟峦分点缀，云中海树入空蒙。
乘槎破浪非吾事，已斩渔竿狎钓翁。

春　兴

明·杨慎

昆明初日五华台，草长莺啼花乱开。
探禹穴游今已遂，吊湘累赋未须哀。
巢云独鹤时时下，傍水群鸥日日来。
散地幸容高枕卧，清朝岂乏济川才。

春　望

明·杨慎

其　一

春风先到海东头，春兴催人独上楼。
最是晚来凝望处，曲堤烟柳似皇州。

其　二

滇海风多不起沙，汀洲新绿遍天涯。
采芳亦有江南意，十里春波远泛花。

其　三

古岸新花金碧丛，昆池三百水烟通。
梁王阁道青芜国，渔父帆樯白鸟风。

滇海曲

明·杨慎

其　一

梁王阁榭水中央，乌鹊双星带五潢。
跨海虹桥三十里，广寒宫殿夜飘香。

其 二

碧鸡金马古梁州，铜柱铁桥天际头。
试问平滇功第一，逢人惟说颍川侯。

其 三

昆明池水三百里，汀花海藻十洲连。
使者乘槎曾不到，空劳武帝御楼船。

其 四

苹香波暖泛云津，渔枻樵歌曲水滨。
天气常如二三月，花枝不断四时春。

说明：梁王阁榭，元朝梁王曾在西山罗汉崖筑避暑宫（旧址在今三清阁）。双星，牛郎、织女二星。五潢，星名，又名天潢、天津。跨海虹桥，这里是想象中的银河鹊桥。广寒宫，传说月中的宫殿。此处指梁王西山罗汉崖上的避暑宫。

滇春好四首

明·杨慎

其 一

滇春好，韶景媚游人。拾翠东郊风袅袅，采芳南浦水粼粼。能不忆滇春?

其 二

滇春好，百卉让山茶。海上千株光照水，城西十里暖烘霞。能不忆滇花?

其 三

滇春好，翠袖拂云和。雅淡梳妆堪入画，等闲言语胜听歌。能不忆滇娥?

其 四

滇春好，最忆海边楼。渔火夜星明北渚，酒旗飘影荡东流。早晚复同游。

说明：这四首诗是仿唐代诗人白居易的《忆江南》而作。

山茶花

明·杨慎

绿叶红英斗雪开，黄蜂粉蝶不曾来。
海边珠树无颜色，羞把琼枝照玉台。

滇海竹枝词

明·杨慎

其　一

罗汉孤峰祇树林，梁王辇道海中心。
海埌青青堪牧马，海眼只今无处寻。

其　二

东浦彩虹悬水桩，西山白雨点寒江。
烟中艇子摇两桨，空里鹭鸶飞一双。

试改郭文诗

明·杨慎

仙人掌上梵王台，雨霁秋清望眼开。
湖势欲浮双塔去，山形如拥五华来。
摩天鹳鹤窥明镜，呷浪鱼龙引渡怀。
金碧西南无此境，为君扶病一徘徊。

昆明池歌

明·顾应祥

昆明池，延袤数百里，千山万水直自昆仑来，诸山之水汇于此。相传其水颠倒流，滇池之名由此始。左有金马山，右有碧鸡峰，弥漫浩瀚渺无际，但见洪涛巨浪，日夕排苍空。青天忽惊，白日起霹雳，震撼蛟龙宫，天兵水怪，九首八足，不可以名状，时复出没于其中。有时风恬波浪息，一碧万顷开青铜。其广也如此，胡为乎不在九域之内，不得与五湖七潭相争雄。神禹治水迹不到，穆王八骏难为穷。汉武凿池徒仿佛，王褒将命何匆匆?唐宋以来各僭据，声教不与中国通。天开景运圣人出，一扫海内群邪空。五服之外更五服，俯首授命旧提封。侏儒椎结之类，吾不知其几千万种，礼乐不异车书同。眇余生当全胜日，观风两度乘青骢。古来多少豪杰士。局于偏安之世，不得一洗块磊胸，百年过眼一弹指，得此胜览真奇逢。振衣独立太华顶，狂歌目断孤飞鸿。

顾应祥（1483～1565），字惟贤，号箬溪，王阳明弟子，思想家、数学家。祖籍长洲（今江苏吴县）。嘉靖六年（1527年），迁山东布政使，不久任都察院右副都御史，巡抚云南。云南任上，极意经略，多善政，滇人称颂。

说明：五服，王畿外围，每五百里为一区划，由近及远分为侯服、甸服、绥服、要服、荒服，合称为五服。

高峣泛舟

明·李元阳

不到昆明三十年，重来今日已皤然。
担头诗卷半挑酒，水上人家都种莲。
山色满湖能不醉？荷香十里欲登仙。
碧鸡岩畔堪题字，欲把滇歌取次镌。

李元阳（1497～1580），字仁甫，号中溪，云南大理人。明嘉靖五年（1526年）中进士，授翰林院庶吉士，曾做过监察御史、荆州知府。晚年回到大理老家隐居，与谪居于云南的杨升庵相契最深。著有《李中溪全集》。

环翠宫

明·陈用宾

十二楼台紫翠开，祥云飞绕凤凰台。
松深雨细萧寥亮，月朗天空鹤去来。

杖起葛陂轻九转，槎乘汉使傍三台。
蓬莱会赴功成后，沧海桑田任几回。

陈用宾（1550～1617），字道亨，号毓台，福建晋江人。进士，明万历时以右佥都御史巡抚云南。

说明：环翠宫，金殿公园中一宫名。紫翠，祥瑞的光彩。因老子出函谷关有紫气东来，故成道家象征祥瑞之语。凤凰台，指昆明东郊的鸣凤山上之台，相传此地“双凤翔舞”，故鹦鹉山又名鸣凤山。

盘龙寺

明·唐尧官

野寺盘龙古，登临二月天。
山门遥对海，石壁澹生烟。
净域三乘近，梨花一径偏。
何当谢尘鞅，于此奉金仙。

唐尧官，字廷俊，云南晋宁人。《新纂云南通志》中说，唐廷俊是明嘉靖辛酉（1561年）解元，屡上春官不第，仕途不畅，后在梅谷书院主讲，以诗文倡导后进，著有《五龙山人全集》33卷行世。

古洞别天

明·徐霞客

其　一

鸾鹤空山路渺茫，重峦绝处逗云房。
何人天外能来往？有洞花间独秘藏。
瑶草琼枝开自落，金茎玉乳滴还长。
神龙百尺潭时护，不许桃花出夜郎。

其　二

洞天原不在人寰，三派东边更仰攀。

直到万峰穷极处，忽悬双阙窈冥间。
碧桃开落门常在，玄鹤纵横路不关。
东向蓬莱三万里，片云时去又时还。

徐霞客（1587～1641），名弘祖，字振之，号霞客，江苏江阴人。明代著名的地理学家、旅行家和探险家。游历云南山川，写下《滇游日记》，后收入《徐霞客游记》中。

说明：古洞，指富民县内的河上洞。

昆池篇

明·雷跃龙

汉家欲拟昆明池，油幢绣鹄晚风吹。于今池上波独阔，枉度清宵鼓角时。五更鼓角三更歇，石鲸骧首窥明月。野凫画鹢寂无声，十里芙蓉连夜发。芙蓉万朵柳千条，双堤一镜照花娇。三三五五菱歌女，暮暮朝朝燕子桥。燕子桥南烟馥馥，罨画楼台冰雾縠。明霞水际郁空苍，绿鬟青黛潇湘竹。潇湘昨夜雨茫茫，不分昆湖杜若芳。日月悠悠闲出没，溪山历历自笙簧。笙簧奏罢长天碧，晴雪喷崖螺髻白。太华峰顶揖桐君，玉案山头淹羽客。羽客淹留玉案愁，海风吹断五湖秋。腻香春粉栖黄蝶，白鹿青荷停彩鸥。彩鸥初浴青波暖，荇带蘅裳流艳满。九十七泉琼孔长，五千万顷瑶华短。瑶华丹毂会轩朱，玉笋金莲槛凤雏。绕过碧扉仍雾锁，醉余红树倩烟扶。烟扶红树岚扶鹤，露浥胭脂堆翠萼。四百八十寺云横，飞来片片归晴壑。晴壑霏微带远钟，曹溪钵底卧苍龙。珠宫绛阙疑蛟室，银涛雪浪拍虬松。雪浪银涛兰蕙沚，荻芦瑟瑟珊瑚紫。靺鞨杯传白苎村，水晶帘挂桃花里。桃花千树武陵溪，杯亦罗浮月底迷。鸳鸯锦水秋光冷，鹦鹉芳洲曙色低。芳洲锦水伤南浦，十二峰西空暮雨。解佩江皋忆楚妃，怀仙渡口思交甫。渡口怀仙去不还，吹箫人在野萸湾。我欲从之横别渚，微风落日水潺湲。君不见，辋川图，鉴湖曲，处士孤山梅萼绿。又不见，寻江悄，归帆杳，徒悲天际孤鸿绕。何似泛星槎，歌窈窕，银河清浅寒光皎。盈盈一水两心悬，年年照彻湖天晓。

雷跃龙（1602～1661），字伯麟，号石庵，云南玉溪人。万历四十八年（1620年）进士，选翰林院庶吉士，成为翰林院中年纪最轻的一位。与吴伟业、黄道周一同被誉为“当代名流”，崇祯时任礼部尚书。清兵入关后，回滇随永历帝任南明政权大学士，为明朝最后一位宰相。后死于咒水之难，以身殉国。

说明：罨（yǎn）画，彩色画。靺鞨，中国东北古代民族名，南北朝时称勿吉，隋唐时称靺鞨。

山茶花

明·担当

冷艳争春喜灿然，山茶按谱甲于滇，
树头万朵齐吞火，残雪烧红半个天。

昆池曲

清·担当

昆明池小可容舟，划地休轻水一沤。
西望已辜炎汉想，南来空忆腐迁游。
百蛮洗甲星俱动，万马投鞭月不流。
莫道两关终外域，旌旗千古指神州。

滇　曲

清·担当

道入滇南迥不同，一年天气半西风。
杜鹃声里春犹浅，吹遍人家落叶红。

金碧谣

清·担当

一关在东一关西，不见金马见碧鸡。
相思对面三十里，碧鸡啼时金马嘶。

望西山二首

清•孙鹏

其 一

满楼山屹屼，好是美人峰。
眉黛翠双锁，鬟螺云几重。
二姑开晓镜，五老望朝容。
笑尔多情者，春来色倍浓。

其 二

山口吐山气，沉沉堕水中。
湖心光一点，破雾出鸿朦。
倒照太华晓，寒云一扫空。
此时花有信，吹到几番风。

孙鹏，字图南，号南村，昆明人。康熙戊子（1708年）举人，官泗水知县。著有《南村诗集》8卷。

昆明竹枝词二首

清•时亮功

其 一

芦浦几处萃成堆，遥见扁舟柳外来。
日暮泊船何太晚，太华山下打渔回。

其 二

蓼叶红时鱼更肥，日斜收网晒蓑衣。
孙儿拍手忙携去，三市街头换酒归。

时亮功，字钦之，号佛山，云南赵州（今弥渡）人，清康熙乙卯（1699年）举人。

登拓边楼

清·孙髯

炎荒万里静秋鼙，试倚高楼瞰碧鸡。
六诏关河资锁钥，百年生聚重耕犁。
青山势绕金沙外，黑水波流铁柱西。
寄语南中诸将帅，武乡祠与彩云齐。

孙髯简介，见《人物》部分。

说明：拓边楼，旧时昆明城大西门城楼。南中，古时称云南一带为南中。武乡祠，即武侯祠。蜀汉建兴元年（223年），诸葛亮被封为武乡侯，因此又被后人称为“武乡侯”或“武侯”。

大观楼

清·孙髯

月光拔作海门潮，屋涌椒兰水可淘。
半夜神灯波上走，三春画桨镜中摇。
笔床茶灶宜青草，酒市溪村接板桥。
听唱竹枝来山渚，醉看塔影忽双漂。

碧鸡关

清·倪蜕

土人不能识凤凰，呼为碧鸡真可伤。
梧桐枝枯练实尽，何不飞去丹山藏。
凤鸡一样俱毛羽，岂与世俗争辉光。
我行独立岭头上，不见凤鸟鸣朝阳。
莺鸠燕雀相顾笑，飞则控地抢榆枋。
莫嫌人家粒食少，且喜秋熟有余粮。

凤兮凤兮尔何苦，忍饥悒悒居高冈。
碧鸡关前迤西路，惆怅行人从此去。
仰看鹏运北溟风，凤固非真鸡亦误。

倪蜕（1666～1736），本名羽，字振九，晚更名蜕，自号蜕翁，人称倪三怪，浙江松江人。康熙五十三年（1714年），以幕僚职随云南巡抚甘国璧入滇，后足迹几遍天下，返滇，于西山附近筑草堂而居。工诗，善画山水，精书法。一生刚正不阿，为官清廉。著有《蜕翁诗文集》《滇云历年传》《滇小记》等。

说明：碧鸡关，在昆明西南碧鸡山北，古为昆明通往省西南的交通要冲。

近华浦秋泛

清·卢夔

翠屏矗峙雨初收，霁色全开入镜浮。
渺渺帝乡从北望，滔滔昆水更西流。
芙蓉半落惊秋晚，鸥鸟闲盟忆旧游。
一瞬沧波浑不尽，归帆征雁两悠悠。

卢夔，字官汝，号凤岗，昆明人，乾隆间岁贡生，官平彝（今富源）县训导。辑有《金碧诗隽》。

说明：近华浦，今大观楼一带，近华浦为明代所称，即靠近太华山的水边之地。

黑龙潭看梅花即以题壁

清·伯麟

谁识癯仙面目真，开元天宝认前因。
浮云历尽千年变，老树犹先万卉春。
根近灵湫沾溉久，香飘阆苑岁华新。
青峰碧玉环相映，不必离尘已绝尘。

伯麟（？～1824年），字玉亭，瑚锡哈哩氏，满洲正黄旗人，清朝大臣。嘉庆九年（1804年）任云贵总督，后任兵部尚书。在云南为官十六年，多次击退缅甸对边地的进犯，对西南边防作过重大贡献。

说明：癯仙，指梅花。

游黑龙潭看唐梅二律

清·阮元

其　一

千岁梅花千尺潭，春风先到彩云南。
香吹蒙凤龟兹笛，影伴天龙石佛龛。
玉斧曾遭图外划，骊珠常向水中探。
只差李杜无题句，不与逋仙季迪谈。

其　二

铁石心肠宋开府，玉冰魂魄古梅花。
边功自坏鲜于平，仙树遂归南诏家。
今日太平多雨露，当年万里隔烟霞。
老龙如见三沧海，试与香林较岁华。

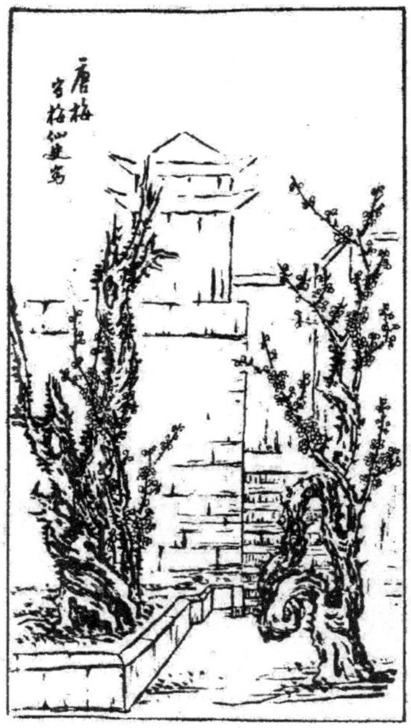

唐梅（《滇南名胜图》）

阮元（1764～1849），字伯元，号芸台、雷塘庵主，晚号怡性老人，江苏仪征人。清代嘉庆、道光间名臣，曾任云贵总督。他是著作家、刊刻家、思想家，在经史、数学、天算、舆地、编纂、金石、校勘等方面都有着非常高的造诣，被尊为一代文宗。

说明：逋仙，宋代诗人林逋，工书画，善为诗，植梅蓄鹤以为伴，有“梅妻鹤子”之称。季迪即明代诗人高启。林逋、高启均善写梅花诗。

石州慢·碧玉泉和韵

清·段昕

混沌才分，天工弄巧，凿开灵窍。暖烟一望空蒙，水火济阴阳妙。蒸云煮雪，千年常是温和，变人冷淡疗人燥。神女戏抛珠，用鲛绡笼罩。

堪笑。华清蒙垢，何以斯泉，藏幽山奥。更爱冰壶，月满玉人相照。风尘涤尽，振衣濯足随高啸。第一欲标题，有前人曾道。

段昕，字浴川，号皆山，安宁人。康熙三十九年（1700年）进士。著有《绵山堂诗集》《温泉图经》《安宁州志》等。钱南园评其诗“意在笔先，写景新，写情真，用古化，练字响”，为“卓然一大家”。

说明：碧玉泉，指安宁温泉。杨升庵曾题安宁温泉为“天下第一汤”。

凤岭松峦

清•张旭

三台松树五华齐，招引祥鸾此地栖。
翠羽摩空疑日近，绿云出岫觉天低。
高峰原自连金马，灵瑞何尝让碧鸡。
一自九苞仪盛世，文明雄峙古滇西。

张旭，云南呈贡人，清康熙壬辰科（1712年）进士。选翰林院庶吉士，康熙五十二年（1713年）散馆，授职检讨，卒于官。

说明：九苞，意为凤的九种特征，后为凤的代称。

宿太华寺

清•钱沣

半壁苍烟拥薜萝，江禽唬处晚船过。
树交危磴盘青霭，天纵飞楼纳白波。
夜不分明花气冷，春将狼藉雨声多。
愁中不暇耽幽兴，佳山佳水奈尔何。

高峣口号

清•钱沣

随水随山错结庐，城中无此好家居。
渚间鸥合雌雄片，遂断牛逢子母初。

柳市估帆春落早，松林僧磬午闻徐。
何年分买余田地？来伴枯樵作老渔。

阿姑祠

清·钱沣

梁王山色晚烟生，鸦不啼时月更明。
一夜风吹西寺塔，霜空不断响铃声。

钱沣简介，见《人物》部分。

说明：阿姑祠是后人为祭祀元梁王的女儿阿褴公主建的祠，在今东寺街西寺塔附近，已废。梁王山，在呈贡东与澄江交界处，又名罗藏山，相传因梁王在此操练兵马而得名。西寺塔，原名慧光塔，与东寺塔并称城南双塔。

万松山赋

清·黄寅

圣主当阳，台衡秉宪。则山川效灵，草木咸若，所必然者。会城左腋，晋代封疆，阳堡旧治，文献名乡。层峦迤逦而拥屏翰，乔木葱茏而壮金汤。维山特秀，正位东方。枕梁王之峰而西下，对望鹤之嶂而端庄。风岭盘盘，爰著来仪之瑞；象麓蹲蹲，毕昭驯伏之祥。

其居尊也，龙江潆其怀抱；其度大也，昆水献其汪洋。控三台五马，而高自位置；俯金砂玉案，而作镇中央。登斯山也，则见夫龙马蹑云，鲸鱼涌浪，镜花洲渚，水月渠塘。延庚凤翥，秉曜龙翔，具瞻离焰，拱极琼浆。天女城高，不碍莲峰法界；唐仙谷应，常闻碧韵铿锵。

入定僧定，千载慧灯燃宝炬；坛灵神应，五龙蟠窟护云堂。巍巍发东来之紫气，郁郁霭覆地之岚光。不骞不崩，祝皇图之巩固；出云兴雨，翊国运之隆昌。

山既美矣，木则如何？维松之盛，遑计其他？丛生涧底，布满山阿，根株深固，枝叶婆娑。络绎成材兮，来九皋之鹤唳；参差挺秀兮，抛出谷之莺梭；老干扶疏兮，万片龙鳞生动；丰棱青翠兮，一群鹿尾斜拖。

春日融融，细细黄花堆满地；秋风飒飒，纹纹绿浪漾清波。谡谡声幽，夏云染翠涛之湿；淙淙韵冷，东岭鸣苍玉之珂。

霜雪不侵，喜同盟于梅竹；性情直峭，绝依附于茑萝。陋汉朝之丛桂，小山何以如是其小；比泰山之五树，秦封安能若此之多。或徂徕之遗种，岂景山之同柯。

丁固梦之而拜爵，陶潜抚之而啸歌；元裴摩之而东向，斯立仰之而吟哦。晚节同新甫之嘉植，清操异群卉之猗傩。独是人物之生，际遇何常，维山与松，寄迹遐荒。穆王之马迹不至，输班之斤斧莫张，纵崇窿之屹屹，徒秀色之苍苍。倘能甄收于嵩岳，俾获选任于栋梁。山兮得松而名世，松兮以山而用彰。否则以不老之姿，常伴高人之箕踞，又或以孤芳之赏，乐同处士之徜徉，表表于风尘物色之外，亭亭于特立不拔之场，更何计知遇之光宠与声名之抑扬。

大江东去·大观楼醉后题壁

清·谢琼

乾坤许大，怎天教此水，西流如汉。百尺飞楼云际倚，三面青山相向。鸥鹭沉浮，鱼龙出没，日夜掀风浪。归帆隐隐，晚霞红处渔唱。

遥想武帝当年，凿池通道，枉习楼船战。劫尽灰残人不见，惟有湖山无恙。酒罢凭栏，诗成题壁，只把髯翁让。临风吹笛，海门明月飞上。

谢琼，字石瞿，昆明人。嘉庆戊辰（1808年）举人，任云南禄劝县教谕。著《彩虹山房诗钞》。

说明：习楼船，即汉习楼船。汉武帝派使者四出西南夷，想要打通往身毒的道路，但为“嶲”“昆明”等部所阻，终不得通。于是在长安凿池曰“昆明湖”以练习水军。此即汉习楼船的典故。

解连环·晓过湖心亭

清·杨载彤

嫩寒春晓正扶桑，捧日初升树杪闪，灼灼红透波心恍。台照金银，光摇玛瑙。杰阁凌虚飘不断，香云缥缈。指东窗高处，老衲犹眠，落花未扫。

韶华此间最好。看柳牵丝细，舟横叶小。把满腹、旧恨新愁，都散与飞烟，传从啼鸟。是甚因缘，等闲到，蓬壶三岛。似夜中那场诗梦，一池芳草。

杨载彤，字管生，号嶰谷，太和（今大理）人。嘉庆十二年（1807年）丁卯副榜，官马龙学正。有《嶰谷诗钞》六卷。

说明：湖心亭，因在翠湖中而得名，也称“海心亭”。蓬壶三岛，传说中蓬莱（又称蓬壶）、方丈、瀛洲三神山。

湘春月夜·大观楼即景

清·杨载彤

木兰舟，轻如叶样飘浮。好把往日尘怀，豁向大观楼。试看湖山满眼，共天光一色，点缀新秋。见晴沙露处，两行征雁，几个闲鸥。

烟波四面，纷纷画舫，呖呖歌喉。栏杆依遍，想不尽狂吟烂醉，前辈风流。涛翻浪滚，瞥目间、人又白头。这境界、只孙髯领取，长联题柱，胜迹传流。

见会城

清·师范

一片昆池水，盈盈照眼来。
人烟双塔晓，殿阁五华开。
尚想平蛮略，谁怜作赋才？
十三年外事，踪迹付尘埃。

师范（1751～1811），字端人，号荔扉，又号金华山樵，赵州（今弥渡）人。官至望江县知县。著有《滇系》一书。

说明：会城，指昆明。

登五华山晚眺

清·孙清元

独上丛祠思杳冥，凉风吹我醉魂醒。
城围烟树初生白，门对湖天不断青。
双塔铃声摇夕照，万家灯火乱寒星。
竹兰旧宅今谁主？落叶孤鸿未可听。

孙清元，字仁甫，一字仲初，号菊君，云南呈贡人，道光甲辰（1844年）举人。

著有《报素堂诗钞》。

夏日海心亭

清•何彤云

东面高楼西面廊，翼然亭子起中央。
碧琉璃水过新雨，红菡萏花娇夕阳。
不厌蛙声喧阁阁，欲知鱼乐听堂堂。
一堤界破湖天景，缺处还须补绿杨。

说明：一堤，指连接海心亭南北纵向的阮堤。

春晓登五华山

清•何彤云

林杪日光红，浓烟散晓风。
春声万户里，山色一城中。
镇国天威重，兴文云瑞隆。
登临喜清昼，佳气郁葱葱。

何彤云，字赓卿，号子缦，云南晋宁人。道光二十四年（1844年）甲辰二甲进士。官至户部右侍郎。咸丰八年（1858年）充云南团练大臣，回籍过重庆，丁艰道阻不得归，留主东川书院讲席。著有《矢音集》《赓缦堂诗集》。

春晓望太华山

清•戴絅孙

镜天数点高峰出，曈曈晓镜上初日。
回风吹逐岫云孤，山光倒入昆明湖。
我家旧傍太华住，吟身久为烟霞痼。
谢安屐齿未得闲，目成空与心相遇。

朝来怅望几凭栏，层峦瘦尽芙蓉寒。
石嵌径曲隐深窈，铁立壁面森巑岏。
波涛下搏鲛宫紫，楼阁凌虚绛霄起。
万里空青开断烟，百丈悬崖照春水。
绿萝何处梁王宫，沐浦桃花锦浪中。
会凌绝顶眺城郭，俯视一气青濛濛。

戴䌹孙（1795 ~ 1857），字袭孟，别号筠帆，又号云帆，云南昆明人。清道光间进士，做过贵州监察御史等。工诗，亦善古文、骈体。编著有《昆明县志》《味雪斋诗钞》等。

说明：巑岏（cuán wán），峻峭。

题大观楼二首

近人 • 赵藩

其　一

近华浦上大观楼，高压滇南十四州。
此日筹边何限事，凭栏无语对闲鸥。

其　二

掀翻蒙段劫余灰，金碧丹青壮丽开。
都在髯翁凭吊里，更谁楼上赋诗来？

赵藩（1851 ~ 1927），字介庵，号樾村，别号蝯仙，晚年自号石禅老人，云南剑川人。清末举人。才气横溢，著述颇丰，尤工书法、善联咏。

翠湖赋

清 · 陈荣昌

苴兰城堞之间，有翠湖焉。岭枕其后，华山抱其前。地近市而能雅，人侪俗而欲仙。北地寒多，万象忽焉变态； 南天暖甚，九龙各自安眠。我归乡里，五年于此。羌夺席而抗颜，匪沉渊而洗耳。出门一笑，揩倦眼以看花；竟日三餐，寄生涯而在水。

初谓此间足乐，终岁皆春。下欢稚子，上慰衰亲。消寒则绿萼为伴，避暑则白鸥结邻。莲华之寺里，钟声屡惊残梦； 燕子之桥边，柳影好憩游人。有月色风色，有云光水光。有燕语莺语，有书香酒香。朝朝暮暮，洒洒洋洋。

白社人来，尽入敲诗之座；紫衣客在，同归安砚之乡。今何风景依然，幽怀顿懒。登楼而愁听鼓鼙，隔水而厌闻箫管。将军谁是，苍茫细柳之营；举子空忙，寂寞皇华之馆。

岂不以遥望长安，心悲骨酸。车上之铃声乍起，舟中之指血难干。如此风波，孰挽滇池之倒；敢言地气，决无易水之寒。况复千古楸枰，几场傀儡。

汉唐之日月都湮，蒙段之山川易改。料梁王之画舫，曾来此游；问沐氏之名园，而今安在？风习习兮雨萧萧，水澹澹兮烟飘飘。寄迹则浮萍一片，抽心则乱絮千条。安所得红藕香中，涤尘襟之懊恼；碧漪亭畔，终身世以逍遥。

九龙池八景

近人•陈荣昌

春树晓莺

南山已卧归，久不听宫莺。
何事二三月，忽闻千万声。
春风吹菜海，晓梦入蓬瀛。
仿佛朝天去，满身花露清。

秋窗夜月

城居太湫隘，得月苦无多。
不住翠湖畔，其如良夜何。
水边帘乍卷，天上镜新磨。
触我悲秋思，凭轩发浩歌。

精舍书声

惭愧教无术，相期多读书。
吾侪半穷士，难得此精庐。
广厦欢颜处，长吟抱膝初。
睡龙倘惊起，奇气共吹嘘。

莲华禅院（《滇南名胜图》）

酒楼灯影

太白不到处，何年来酒星。
谪居此楼上，化作灯光青。
新绿杯浮蚁，微红火似莹。
夜长几时旦，烂醉不须醒。

柳营洗马

不图城市里，乃有亚夫营。
伏枥新羁马，和戎罢旧兵。
愿将凡骨洗，誓与乱流争。
神骏滇池出，边尘会荡平。

莲寺观鱼

无恙白莲社，十年寻旧踪。
花开不泥滓，鱼出亦从容。
云水洗人眼，海风吹我胸。
浮屠多幻术，看尔变为龙。

绿杨息阴

一径跨湖水，双堤垂柳阴。
本非恶木荫，能慰渴人心。
未必得旌旆，胡为遭斧椹。
碧云尽消散，无地可眠琴。

翠荷听雨

圆叶尽张盖，四山云正低。
急风吹骤雨，直过翠湖西。
惊破群龙梦，奔来万马蹄。
幽人水台上，乍听意都迷。

说明：九龙池，即翠湖。旧时翠湖曾是滇池中的一个湖湾，后来因水位下降成为一汪清湖，因湖东北有九眼泉水，故名九龙池。

渔歌子·忆昆明湖

近人·陈荣昌

绿杨丝，白莲朵，小舟围在长堤左。
盘钜石，钓清波，不管残阳西堕。
笠与蓑，随身裹，群鸥见惯休藏躲。
春酒熟，午炊香，隔岸渔翁唤我。

说明：昆明湖，汉武帝派人出使西南，想要打通到身毒的道路，但为“嶲”“昆明”所阻，终不能通，于是在长安凿湖演习水军，湖名“昆明湖”。

大观楼怀古

近人·陈荣昌

十年重此泛游航，眼底亭台尽改张。
风物自随时世变，情怀却为古人伤。
梁宫沐墅都荒废，舟屋升庵亦渺茫。
惟有湖山依旧好，白鸥飞过水云乡。

游西山

近人·袁嘉谷

碧鸡旧迹访禺同，化作梁王避暑宫。
秋草斜拖飞鸟背，岩泉高挂彩云中。
水天一色山分界，台阁三清月半空。
俯视尘寰烟几点，步涯堪羡老渔翁。

秋初游安宁温泉

近人·袁嘉谷

其　一

山前山后路回环，晓日人行翠霭间。
流水有声如笑语，年年嘉会碧鸡关。

其　二

第一人称第一汤，尘襟涤尽腋生凉。
升庵太史春游后，应许吴曹字字狂。

其　三

昆明湖水走螳螂，中有人文万古扬。
岂但滇云呈五色，吴江楚泽亦增光。

袁嘉谷（1872～1937），字树五，号澍圃，云南石屏县人。1898年赴京应试时，曾参加康有为、梁启超的维新运动，后袁嘉谷回滇，重入五华书院。1903年6月，应经济特科试，列二等七名，复试列一等一名，为云南惟一的状元。后任东陆大学教授。从封建王朝的状元，到现代高校的教授，古今惟袁嘉谷一人。著有《滇绎》《卧雪堂诗集》等。

安宁温泉袁嘉谷题刻（李金能／摄）

登五华山二首

近人•蔡锷

其　一

双塔峥嵘拥翠华，腾空红日射朝霞。
遥看杰阁层楼处，五色旗飞识汉家。

其　二

东风吹彻万家烟，迎面湖光欲接天。
千载功名尘与土，碧鸡金马自年年。

蔡锷（1882～1916），原名艮寅，字松坡，湖南邵阳人。蔡锷是云南“重九起义”、护国首义的主要领导人之一，是民国时期的杰出军事领袖。遗著被编为《蔡松坡集》。

说明：双塔，即大德寺双塔，位于今平政街大德寺内。五色旗，即中华民国国旗，旗面为红、黄、蓝、白、黑五色横条，代表汉、满、蒙、回、藏五族共和，所以又称“五族共和旗”。

秋兴八首用杜甫原韵（选二首）

朱　德

其　三

重光祖国借余晖，万众同心用力微。
毳幕腥膻终寂寞，汉家子弟尽雄飞。
喜当年富兼身壮，时正秋高又马肥。
戎马少年半同学，倾心为国志无违。

其　八

博得勋名万古垂，轰轰烈烈不逶迤。
雄飞志在五洲外，烈战功存四海陂。
信有霜寒堪寄傲，肯因苦雨便离枝。

岁寒劲节矜松柏，正直撑天永不移。

朱德（1886～1976），字玉阶，原名朱代珍，曾用名朱建德。毕业于云南陆军讲武堂。伟大的马克思主义者，无产阶级革命家、政治家和军事家，中国共产党、中国人民解放军和中华人民共和国的主要缔造者和领导人之一。

丙辰九日

近人·唐继尧

晚来天气雨霏霏，薄雾轻寒透锦帏。
冷眼最怜尘世小，闲居常觉道心微。
风云底事龙犹蛰？魂梦当年鹿正肥。
大陆何时收拾定？江天花月漫忘归！

唐继尧（1883～1927），字蓂赓，云南会泽人。自号“东大陆主人”。中国近代史上的风云人物。丙辰九日，此处所指应为1916年在云南发起的护国运动。

护国胜利浮雕（杨子人／摄）

云南首义纪念日

近人·李烈钧

金碧驰驱忆昔年，滇黔鼙鼓上云天。
义声远播幽燕动，那得刘唐再戍边。

李烈钧（1882～1946），原名烈训，又名协和，字侠如，号侠黄，江西省武宁人。云南护国运动领导人之一。

说明：刘唐，指刘显世、唐继尧。

菜海行

清•李专

翠湖（宇应军／摄）

昆明池水三百里，菜海与之为一体。菡萏之国蛟龙窟，昔日曾闻今见矣。缓步行游到海边，海边有人头皓然，为余细叙菜海事，当时万顷水如烟，辽东有鸟名精卫，欲填东海志未遂。一朝发愤变作人，力能拔山气盖世。自从振旅入滇中，意在移封非建功。明帝蒙尘国公走，上书不愿归辽东。橐弓解甲才几日，命匠选材造宫室。明帝行宫不称意，却叫再见阿房出。军令传宣部下儿，移山倒海只片时。波涛吞声不敢怒，但割一段还冯夷。去天尺五难言峭，食客三千犹觉少。雕甍绣闼生云烟，何处十洲与三岛。金屋珠扉锁丽人，娇歌妙舞四时春。花草亭台香沁骨，沦漪月夜洒生鳞。正难更仆数骄乐，螭头有点大如骆。不知此鸟是前身，谬拟凤凰下阿阁。称兵北向胡为乎，长江未渡身先殂。鲸鲵精卫岂一物，疮痍四海无完肤。箕裘自谓孙堪绍，称帝称皇据六诏。王师未至先倒戈，覆败甘为天下笑。君不见，八年以前此海旁，春风垂柳更垂杨。于今采做薪烧尽，秋雨秋烟甘断肠。我闻此语长太息，人生富贵何有极。原宪蓬蒿尚一邱，石崇梓泽安所适。铁骑消沉故垒平，颓垣伥鬼昼吞声。冥顽似尔成何事，空博曾填菜海名。

李专（1656 ~ 1737），字知山、知三、艺三，号白云居士，贵州黄平人，清康熙二十五年（1686年）拔贡，后选为教官不就。有才气，工诗文，精书法，尤善楷、隶书，所到之处，皆有吟咏，留下手迹。达官多延引为幕客，一度在云南总督署教书。

说明：菜海，即翠湖旧名。

滇池歌

清•何彤云

于廓哉，滇池之水，浩浩荡荡不知几百里。白浪高于山，不风常自起。四顾惟一碧，黏天无涯涘。第见太华之峰雄且奇，绵延直走昆明西，其上列仙常来往，乘云御气骖蛟螭。银台金阙耸千尺。奇花异果无四时。不死之药往往在，入口千岁忘渴饥。碧鸡金马时下饮，神光煜爚来游嬉。自古无人到，舟近风引之。流传万里外，惟闻黑水祠。劫灰飞尽长安中，五尺之道西南通。靡莫漏卧尽臣服，蒟酱岁入甘泉宫。织女朝朝弄机杼，石鲸夜夜鸣秋风。旌旗至今如在眼，楼船几费攻习功。吁嗟乎，唐铁柱、宋玉斧，一朝划断益州土。七百余年几沧桑，南中又来革囊渡。从此滇波不倒流，鱼稻蒲嬴岁无数。迩来风景尤丽都，高楼杰阁出烟树。登临到此惟饮酒，境好往往难成句。可惜当年长卿乘传来，归朝不奏滇池赋。

作者介绍见《春晓登五华山》条。

说明：五尺之道，即五尺道，秦汉时云南通往蜀地的重要通道，南起云南曲靖，北至四川宜宾。唐铁柱，即唐标铁柱。唐中宗景龙元年（公元707年），唐朝派遣唐九征为讨击使，击毁吐蕃城堡，拆除了吐蕃在漾水、濞水上的铁索桥，切断了吐蕃与洱海地区的交通，唐朝取得了重大胜利，唐九征立铁柱记功，但今已不存。宋玉斧，即宋挥玉斧。宋朝建立，平定后蜀政权后，将臣想乘势南图大理国，于是呈上地图，但宋朝皇帝总结唐亡的原因是调兵至桂林防守南诏导致腹地空虚受敌，于是在地图上划出大理国，认为是化外之地不再进讨。实则是因为宋朝北方面临辽政权大敌，无暇南顾而放弃征讨。

筇竹寺新塑五百阿罗汉歌

清·李坤

古来画罗汉，金水有张元。变法用泥捏，杨惠妙无痕。庄严塑绝曾亲见，金刚夹侍三世尊。曹衣团沙临水活，吴带蜒土当风翻。黎生极嗜古，万象心月吞。挟技游滇寺，曝背玉案迎朝霞。山僧请作五百阿罗汉，诸天龙象皆烦指掌扪。有如九歌肖尺木，摹及文鱼兼白鼋。我来睹神迹，秋风动兰荪。入门见长老，道侣素契情更敦。谓我曾拜宝光像，旧书读之无嫌温。莲台有佛大欢喜，其余罗列偎墙根。侏儒诘奇多异能，一一俱若探禅源。传神在阿睹，画理可同理。屏除笔墨事。专揽六法仍自游其樊。古有绝艺今再见，观止应作吴扎言。

李坤（1866～1916），字厚安，一字栎生，号雪道人，昆明人。光绪二十九年（1903年）进士，授翰林院编修。善诗文，著有《思亭诗文钞》《齐风说》《温泉志》等。工行草书，入赵孟頫之室。

说明：白鼋（yuán），白色的大鳖。

石林歌

清•蒋元楷

参差突兀畸能补，缥缈常飞云色五。万状离奇地底生，巨灵擘作芙蓉坞。瑶室璇房宛转通，纵横四达纷难数。铁笔摩空天削成，开凿无容修月斧。龙蛇窟仰云根穿，峡拆支撑若门户。嵌窦虚张结绮疏，月夜娟娟明玉宇。岩洞黝黑莫敢窥，积阴神物蟠水府。探奇历险学猱升，褰裳荦确翠如组。图开入阵隐旌旗，叱起群羊能跪乳。高柱玉女洗头盆，底覆容成丹灶釜。或类仙掌或虎牙，鸟迹微茫似石鼓。重重楼阁自玲珑，仿佛趋跄鸣佩瑀。伏流清冷寒于冰，奇峭干霄无尺土。苍皮驳落转光泽，石痕皲裂偏多妩。白日还疑山魈藏，惊看怪石如蹲虎。

左拏右攫鸟道缠，嵚岈对面相吞吐。遥岑日入压黄云，崖前迸落山花雨。振衣木末忽苍茫，徘徊四顾群峰俯。罗列儿孙说本奇，嶷嶷竞秀将何取。剀崖岁月手频扪，数行蝌蚪文同禹。当年避世迹犹存，结构依稀不可睹。凌嵩蹑华亦常事，梯云跻胜全忘苦。李实冬鲜是幻成，翻思缩地通崑圃。松风石韵水潺湲，清音谁复调琴谱。眼前屹立指难屈，米颠笏拜我狂舞。心耽幽赏发长歌，假以文章大块主。

乃知造化钟神秀，群玉峰头留太古。

蒋元楷，生于清康熙年间，生平不详，曾任路南（今石林）知州。此诗收于道光《云南通志》中。

春城赋

周善甫

美哉昆明，爽适无伦！山横水颠，开川原之奇局；钟灵毓秀，见先民于鸿钧。南近回归，朔漠之寒流弗届；高拔千九，亚热之蒸暑不巡。四季无非艳阳，湖山莫不长春。况乃舒澄湖于高原，千顷似鉴；展绿野于山国，极目如茵。秀嶂环拱，爱雨林之畅茂；甘泉交注，喜物类之咸臻。于是，阳和催百花，碧波跃锦鳞。孔雀舞，宝象驯。金马绝尘，碧鸡来宾。信人间之福地，伊甸之迩邻也！

惜乎云山莽莽，轮鞅莫至；急流汹汹，舟棹难行。去蚕丛而尤远，五丁抚膺；叹南荒之广袤，诸葛息钲。金印徒颁，不毛之恶谥莫白；玉斧轻画，夜郎之讽刺如黥。致令长为戍客之哀牢，黄娥泪尽；久滋民族之纷扰，阿禚魂惊。但布裙荆钗，虽遭嗤嗤之轻，而幽资令质，终存颙颙之诚，璞玉真金，终待发煌其精英！

《春城赋》（字应军/摄）

是以开拓发展，历有俊杰之士夫；踵事增华，不无信实之录述。草莱既辟，楚庄蹻始建且兰；池隍堂堂，凤伽异乃拓东都。尉迟恭韬之匠斧，双塔永峙；赡思丁王之惠政，六河长哺。“壮丽大城”，马可•波罗所目击；“凌云危构”，日僧昙演之羡谀。于焉，才俊继出，实至名孚。兰茂《本草》，先《纲目》而见重；三保远航，届东非以扬威。苍莽担当画，雄沉钱沣书，潇洒髯翁联，生动广修塑，沉痛石淙诗，务实矿工图，振奋聂耳曲，华美孔雀舞。灼灼南天，俱祖国文化之明珠。

世纪之初，略见繁庶。米轨接海隅，工矿乃得助。水电厂、无线电、自来水、航空署，领列省之先河，启引进于初曙。设堂讲武，振雄风于靡痿；联大办学，培桢干乎危遽。五华山上，奋举护国之义旗；至公堂中，怒呵反动之狂狙。有“抗战基地”之盛名，获“民主堡垒”之美誉。

迨解放以迄今兹，遂乃脱颖而出。拨乱以还，发展尤速。天衢九达，号航空之大港；铁道三始，居陆行之会突。攘往熙来，骈轮并辐；竞胜争华，高楼林矗。学府列北廓，弦歌连绵；厂区布西郊，轮机绾毂。既开放以交流，名产涌现于方物：非仅白药奇灵，云烟芬馥，云子铮铮，雨铜鹘鹘，即精密机床、光学仪器等高技产品，亦为世人所仰瞩。况乃聚磷盐以丰嘉禾，化云天而茂果蔬。引银鱼于太湖，交壮鸡以优属。织机繁响，毛棉充足。餐桌于焉丰腆，时装因衣文縠。故尔生计从容，民情雍睦。怡颜多见，暴戾少瞩。广路覆绿荫，深巷罗草木。丽日高悬，大楼之贸易欣荣；华灯炫彩，舞厅之笙歌鼎沸。廿六种民族优游，三百万居户淳笃。不愧“名城”之称，应中“文明”之鹄。

且也，美景如画，有口皆碑：岂离阛阓，即可掀翠湖之绿幛；只一旋踵，便克揽螺峰之林帏，细柳拂波，叹绿云之柔弱；繁樱蔽天，惜红雪之霏霏。赏荷柳荫，犹怜佳人袖薄；探梅崖畔，莫愁名士衣絺。忽若丛莽猎奇，猿啼虎啸；恍然田园逸兴，鱼出鸥归。见山林于城市，免尘嚣之可诽。至若游艇南泛滇池，轻车西攀云栖，则湖山双绝，犹当信其奇瑰。人从危岩窦间出，山向平湖尽处稀。或也繁弦急管，满船果饵待秋月；或也疏钟缓呗，绕寺松楸迎春晖。殿阁干云，疑仙凡之无别；彩灯流波，似觉梦之俱非。西湖稍逊旷达，黄山略过块巍。并依而兼其秀健，或庶乎其可几。尚有鸣凤密迩，五老非遐。看铜殿巍峨、铜钟斑驳、铜旗高树、铜剑张夸，黑水祠中，矫矫前朝嘉木；植物园里，比比异卉奇花。信符“植物王国”之誉，合称“有色金属之家”。如欲尽其奇奥，请劳出以巾车。极尽皱瘦透漏，应拜石林之嵯岈；享领软玉温香，当浴安宁之名沸。“天下第一”果然，“世间无双”不差。胜慨美景，每兴难穷之叹嗟。

加以艳阳常驻，霜雪稀加，遂令春风得意，春色修夸：众卉争妍，果然名种皆汇；四物独绝，信乎并世无它，纷若绣锦，三十六品兰蕙；灿若卿云，七十二种山茶。杜鹃遍林壑，报春漫天涯。名园幽圃，固争奇以斗艳；小廊高槛，亦随意而堪夸。寻常无非胜慨，四时相继繁花。蝶追轮后芳躅，人醉杯中流霞。时际盛世有据，世称“春城”不差。

漪欤兮，美哉昆明，爽适无伦！

周善甫（1914 ~ 1998），纳西族，丽江人。长期从事教育工作，桃李满天下。晚年致力于国学的系统研究，成一代大家，尤其在老子与孔子思想的研究领域有诸多开创性的见解，得到国内外学术界公认。此作以“春城无处不飞花”为韵。

楹联

大观楼

五百里滇池，奔来眼底，披襟岸帻，喜茫茫空阔无边。看东骧神骏，西翥灵仪，北走蜿蜒，南翔缟素。高人韵士，何妨选胜登临。趁蟹屿螺洲，梳裹就风鬟雾鬓；更苹天苇地，点缀些翠羽丹霞。莫孤负，四围香稻，万顷晴沙，九夏芙蓉，三春杨柳。

数千年往事，注到心头，把酒凌虚，叹滚滚英雄谁在？想汉习楼船，唐标铁柱，宋挥玉斧，元跨革囊。伟烈丰功，费尽移山心力。尽珠帘画栋，卷不及暮雨朝云；便断碣残碑，都付与苍烟落照。只赢得，几杵疏钟，半江渔火，两行秋雁，一枕清霜。

——（清）孙髯

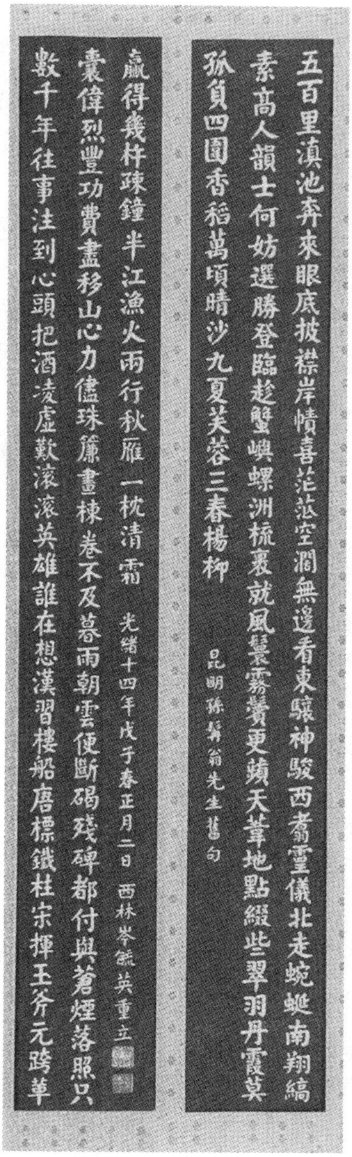

大观楼长联

说明：此联素有“天下第一长联”之称，大观楼因之而扬名四海，驰誉九州，成为与黄鹤楼、岳阳楼及滕王阁齐名的我国四大名楼之一。毛泽东对此联颇为赞赏，“从古未有，别创一格”一语，道出了他的激赏之情，其《沁园春•雪》结构上于孙髯长联多有借鉴。

曾经沧海难为水；
欲上高楼且泊舟。

——（清）马如龙

千秋怀抱三杯酒；
万里云山一水楼。

——（清）宋湘

群贤毕至乐无涯，有酒，有诗，有画；
老子于斯兴不浅，此山，此水，此楼。

——（近人）舒绍舆

滇池非即昆明池，误认战习楼船，元人殊陋矣；
汉县原为谷昌县，上溯疆开笮路，楚蹻实先之。

——（近人）赵藩

仆本恨人，吞大海一沤，焉得洗胸中块垒；
谁非乐土，卧高楼百尺，也应游梦里华胥。

——（近人）陈荣昌

朝云起雨，暮霭飞烟，世事古今殊，只余无恙西山，随时在目；
雪浪吞天，风涛卷地，英雄淘泻尽，为问倒流滇水，何日回头？

——（近人）王灿

与岳阳、黄鹤相衡，一样雄奇，各有大名垂宇宙；
揽昆海、碧鸡之胜，同来眺赏，莫将佳日负春秋。

——（近人）由云龙

华亭寺

一水抱城西，烟霭有无，拄杖僧归苍茫外；
群峰朝阁下，雨晴浓淡，倚栏人在画图中。

——（明）杨慎

青山之高，绿水之长，岂必佛方开口笑；
徐行不困，稳地不跌，无妨人自纵心游。

——（清）钱沣

风轮金轮水轮中，大地山河，勿云同云异；
法身报身应身外，当前知觉，竟何是何非。

——（清）钱沣

南浦绿波，西山爽气；

春风落日，秋水长天。

——（清）李棠阶

梵唱数声烟寺晓；
渔歌一曲海天秋。

——（近人）李根源

收起闷愁，且听大海潮音与竹韵松声互答；
涵来妙相，试看中天日影映山光水色皆空。

——（近人）王灿

滇海波平，鬟镜清漪真可鉴；
西山雨霁，太华缥缈总凭临。

——佚名

西山三清阁

极目太华高，偌大乾坤撑半壁；
荡胸滇海阔，无边风月倚层楼。

——佚名

石级有尘清风扫；
洞天无锁白云封。

——佚名

西山玉皇阁

千寻危磴盘苍霭；
半壁风楼瞰积波。

——佚名

西山太华寺

万树合参天，伫看坊表一新，长使名山留胜迹；

八方齐向治，际此干戈永靖，愧无善政慰苍生。

——佚名

净扫烟尘，只关心千顷碧中，俨同无照；
闲评风月，更放眼万峰青处，永怀岩栖。

——佚名

半壁起危楼，岭如屏，海如镜，舟如叶，城郭村落如画。况四时风月，朝暮晴阴，试问古今游人，谁领略万千气象？

九秋凌绝顶，洞有云，崖有泉，松有涛，花鸟林壑有情。忆八载星霜，关河奔走，难得栖迟故里，来啸傲金碧湖山。

——佚名

西山龙门

高山仰止疑无路；
曲径通幽别有天。

——（近人）雷宣

举步维艰，要把脚跟立稳；
置身霄汉，更宜心境放平。

——佚名

西山普陀寺

海立云垂，到此间殊非凡境；
岩高径曲，至其上亦是洞天。

——佚名

西山慈云洞

槛外开明镜，坐定时如临弱水；
崖半起祥云，到此者宛游蓬莱。

——佚名

西山半山寺

云霞丽天，山可自悦；
吕阎扑地，海不扬波。

——（近人）袁嘉谷

昙华寺

贝叶三车，悟后本无文字；
昙华一现，空中偶有楼阁。

——（近人）赵藩

三竺我归来，片石犹留山外寺；
六尘人悟否，夕阳空缺水中花。

——（近人）袁嘉谷

归化寺陈圆圆墓

尘劫中不昧本来，朗月生性海；
迷阵里能开觉路，青莲净孽根。

——佚名

云南贡院

文运天开，风虎云龙际会；
览关地启，碧鸡金马光辉。

——（清）那文凤

吴井龙神祠

其清若镜，味甘如醴；
有龙则灵，水不在深。

——（近人）李坤

正觉寺

山不在高，水不在深；
清斯濯缨，浊斯濯足。

——（近人）李根源

清净观音，头顶宝珠垂进耳；
正觉罗汉，手执笻竹上妙高。

——佚名

妙高寺

妙造自然，开金刚界；
高吟无碍，正海潮音。

——马洁

金钟寺

全收远近风光，八窗洞辟乔林上；
好趁春秋佳日，一笠闲云积翠中。

——（近人）赵藩

安宁法华寺

望穿千八百国，未尝合眼；
睡到十二万年，乃大翻身。

——戈立青

普贤寺

自东汉以来，二千年变幻沧桑，重开古刹；
在西山之麓，五百里苍茫云水，一涤尘襟。

——（近人）陈荣昌

杨文襄祠

万里滇云，将三公荡涤腥膻，庄严金碧；
一泓吴井，任九辈品评芥莽，感慨沧桑。

——（近人）赵藩

名世五百年，文武经纶，公真不朽；
故乡七十里，湖水俎豆，神格来歆。

——佚名

升庵祠

步楚大夫泽畔行吟，续离骚于此日；
和贾太傅长沙痛哭，奉宣室以何年。

——（清）许希孔

当年抗张桂延争，一念不欺名教，扶持忠孝重；
此地合杨毛祠祀，九京可作大招，迎送主宾欢。

——（近人）赵藩

经籍之光，古书浑浑灏灏尔；
湖山在抱，佳气郁郁葱葱然。

——（近人）袁嘉谷

筇竹寺

游来此地无双，古佛开山，高寺千古留拄杖；
传道名僧不一，英龙护宇，深林百尺挂飞云。

——（明）熊才

托钵归来，不为钟鸣鼓响；
结斋便去，也知盐尽炭无。

——（清）担当

护门惟遣白云，听钟声何处；
依仗却分青霭，话竹色当年。

——（清）戴絅孙

两手把大地山河，捏瘪搓圆，洒向空中，毫无色相；
一口将先天祖气，咀来嚼去，吞在肚里，放出光明。

——（清）舒藻

地产灵山，白象呈祥，青狮献瑞；
天开胜境，犀牛表异，筇竹传奇。

——（清）舒藻

杖从天竺携来，金星罗列朝诸佛；
山自太华拥出，玉案穹窿现五峰。

——（清）周廷辅

六道无私，玄机妙悟传人录；
仙缘有份，胜地同登选佛场。

——（清）黎广修

跃蓝若者灵犀，知放佛光，胜逐千年大圆觉；
栖竹林之野鹤，乐逢僧话，浮生半日小游仙。

——（清）张祖荫

诵三乘贝叶尊经，五蕴皆空，四众同钦长老；
参九品莲花法座，六度具足，十方都念弥陀。

——（近人）范承枢

一池荷叶衣无尽；
数树松花食有余。

——佚名

真佛不从心外觅；

圣人常在道中行。

——佚名

三千弟子皈依佛法；
五百罗汉各显神通。

——佚名

金 殿

春梦惯迷人，一品朝衣，误了九寰仙骨。鸡鸣紫陌，马踏红尘，教弟子向哪里跳出；

空山曾约伴，七闽片语，相邀六诏杯茶。剑影横天，笛声吹海，问先生从何处飞来。

——（明）陈用宾

金殿凤凰鸣晓月，
玉阶鹦鹉醉春风。

——（清）黄嘉兴

威武镇南滇，七星耀处河山朗；
神灵钟北极，一剑飞来玉宇清。

——（清）李明清

威镇朔方，十统九州、五岳、三界、万灵之化育；
德尊水位，先开百垒、黄官、青阳、炎气生生成。

——（清）王烘

铁笛无声，知音者忠言贯耳；
黄粱未熟，睡着的切莫翻身。

——（清）吴崇仁

北极玄天，灵物龟蛇驯玉座；
南滇福地，名山鹦凤拱金堂。

——（近人）赵藩

铜瓦一殿，肖若武当，此地升香同享帝；
铁壁诸关，屹然腾越，前代筹边大有人。

——（近人）赵藩

帝道满三千，上谷龙飞，无双玉宇无双地；
天台高百尺，东林竹舞，一半青山一半云。

——佚名

画栋凌云，只占青山三亩地；
朱楼映日，别开绿野一重天。

——佚名

黑龙潭

寒潭千载洁；
玉骨一堆香。

——（清）许弘勋

两树梅花一潭水；
四时烟雨半山云。

——（清）硕庆

至道宏泽，孤忠希古，抗心足以有别也；
潭水梅花，明月孤景，发兴如此良夜何。

——（近人）赵藩

扶一代纲常，秀才真以天下任；
奉千秋俎豆，伊人宛在水中央。

——（近人）袁嘉谷

荷风送香气，竹露滴清响；
山光悦鸟性，潭影空人心。

——（近人）袁嘉谷

黑龙潭（《滇南名胜图》）

瑞雪频摧香不减；
寒霜欲坠水先知。

——（近人）涂向仁

梵宫数院临黑水，
古木千章盖碧荫。

——（近人）涂向仁

翠　湖

白日寒林孤管静；
青霄野卉寺门低。

——（清）许弘勋

有亭翼然，占绿水十分之一；
何时闲了，与明月时饮而三。

——（清）黄奎光

城市别开仙佛界；
楼台妙在水云乡。

——（清）黄奎光

风雨动鱼龙，池影碎翻红菡萏；
丹青映楼阁，天光倒浸碧琉璃。

——（清）李增蔚

赤鲤跃碧波，吞却三分明月；
红莲开翠海，托来一瓣馨香。

——（清）李霆锐

观其鱼水相投，洋洋得所；
悟到濠梁之乐，栩栩忘机。

——（清）陈之美

一湖春水，共挹清风，相期温不争华，寒不易叶；
万里风云，若开怀抱，自当退思补过，进思尽忠。

——（近人）李宗黄

圆通寺

水声琴韵古；
山色画图新。

——（清）许弘勋

百尺高楼，一片岗峦千点树；
满城春色，半边海水四周山。

——（清）孙髯

庄严世界还须佛；
点染春光也要人。

——（清）孙髯

步步小心，须念石头路滑；
层层着眼，方知峰顶人高。

——（清）孙髯

采芝径（《滇南名胜图》）

圆如满月丽天，靡幽弗显，广照大千世界，觉路同登，休论珠火为眉，青莲作眼，但入选佛场，莫非罗汉；

通喻慈航泛海，无往不达，普渡亿万众生，菩提共证，奚必金花着面，卍字横胸，始知转轮王，即是如来。

——（清）刘鸿翱

酒罢客将归，一阁峥嵘斜照紫；
曲终人不见，数峰香霭暮烟青。

——（近人）赵式铭

梵宇耀滇池，水月清华，广度鱼龙登正觉；
人间成净土，香华微妙，好因闻见证圆通。

——赵朴初

五华山

六诏锁烽烟，望僰道苗疆，六服河山双眼底；
五华开画景，看雕甍绣户，五云楼阁半天中。

——佚名

五华书院

本修齐治平之道，成己成人，登斯楼也，坐而言，起而行，昆水华山，直可接鹅湖鹿洞；

萃经史子集之篇，有原有委。诵其书者，博以文，纳以礼，乘签玉轴，其徒供饰句寻章。

——佚名

地藏寺

地藏寺八百年，旧迹犹存。誓度众生，誓成正觉；
昆明市十万人，偕乐之所。如游化雨，如登春苔。

——（近人）袁嘉谷

真庆观

莫谓霹雳一声，若遇那贪官污吏，管教尔粉身碎骨；
须知威灵有赫，果然是忠臣孝子，定许他增福延龄。

——佚名

钱南园祠

立品从慎独来，落落得素怀简；

建言使权豪慑，侃侃有长儒风。

——（近人）赵藩

请自今指海为盟，告我先生所不同心如此水；
更愿人闻风而起，读公遗集亦将有感于斯文。

——（近人）陈荣昌

近日楼

东西双塔，金碧两坊，云灿星辉，光于中夏；
烟火万家，湖山千里，忧先乐后，式是南邦。

——（近人）袁嘉谷

星映滇海清，两汉名邦谷昌县；
日近长安远，五云深处筹边楼。

——（近人）王九龄

晋宁盘龙寺

个中合有人，问往古来今谁破？
何处元无佛，任眉横鼻直俱非。

——（清）担当

度岭鹤飞来，万本梅花诸佛像；
听径龙老去，四山风雨一僧归。

——（清）钱沣

何处觅清虚？瞻凤阁头，牖开碧落，栋插丹霄，高矣九重无上地；
于斯是广穆，看龙窟外，杖拥青山，班环绿水，堂哉一座大罗天。

——佚名

安宁温泉

澄清超万派；

涵谷化群生。

——佚名

如鱼饮水，冷暖自知；
挥月如杯，人我两忘。

——佚名

春满冰壶，真火还从水出；
珠喷贝阙，纯阴却有阳生。

——佚名

天地为炉，未许石边流出去；
阴阳合注，争看举世尽皆清。

——佚名

安宁云涛寺

正嘉而后，推公气节文章，独来独往；
山水之间，安排状元宰相，一主一宾。

——（清）张汉

呈贡凤翥宫

全县四区分，羡城中凤岭松峦，名称第一；
方春三月好，看海面渔舟花漫，风景无双。

——（清）毕宣

呈贡龙翔寺

千重紫翠云中敛；
几点青山海上来。

——（清）阚祯兆

嵩明兰茂祠（墓）

说甚神仙，与邵康杰、程明道是一流人物；
留些著述，共杨野崖、葛澹渊为三大奇书。

——（近人）陈荣昌

古滇真名士；
玄壶老诗人。

——（近人）袁嘉谷

神农后裔；
滇南乡贤。

——楚图南

嵩明嘉丽泽

天水相涵，单舸撑来明镜里；
云山掩映，群鸦飞入画图中。

——（明）兰茂

人物

了解一方历史人物是了解该地历史的必要途径。昆明，云贵高原上一颗璀璨的明珠，物华天宝、钟灵毓秀。古往今来，生息在这块土地上的人们，用辛勤智慧，促进社会发展，推动历史前进，谱写了华丽而不朽的篇章，值得后人学习、尊敬、纪念。

昆明历史悠久，历代名人辈出。先秦有庄蹻万里奔滇而王，开辟内地与西南边疆的联系；元代有赛典赤、张立道治理水患、兴修水利；明代有伟大的航海家郑和、出将入相的杨一清；清末民初，风云际会，各种人物在昆明尽显风流；抗日战争时期，大批学校及文化名人来昆，一时名人云集，可谓是群英荟萃；中华人民共和国成立后，在昆明的社会主义建设中，更是涌现出众多可歌可泣的人物。

在几千年的历史进程中，昆明代有名人，这些人物的思想和事迹，是昆明历史文化的重要组成部分，都应大力彰显歌颂，但考虑到容量及本土特点，一些声名远播的全国性著名人物本书就不予以一一介绍，而是尽可能多记叙一些本籍人物和直接在昆明市工作的人物。

王滇楚将——庄蹻

庄蹻，生卒时间不详，史载系“楚庄王之苗裔”，楚国将军。战国时期，中原七国争雄，后来，秦国逐渐强大。在与秦国的争夺中，楚国日渐处于下风。为巩固西南后方，楚顷襄王时（一说楚威王时），打算向西南地区拓展，遂命将军庄蹻率领一支数千人的队伍，从楚国国都郢（今湖北省江陵县附近）出发，“济湘沅以南征”，由今湘西进入贵州的且兰、夜郎地区，再沿今滇黔路进入滇池地区。其时，当地的人民已在滇池周围开垦了大片肥沃的田地，并建立了“滇国”。庄蹻及其部属用武力降服了滇国，使其归附楚国。滇国臣服后，庄蹻正要率兵回楚国，归路却被秦国切断。于是回到滇池地区，成为滇王，并改变服饰，融入当地风俗习惯中，从而定居下来。庄蹻作为有史料记载的内地第一个开发云南边疆的历史人物，把楚国的先进文化和生产技术带到滇池地区，推动了当地社会和经济的发展，并为秦汉时期在云南设置郡县创造了条件。

庄蹻像（李跃甲/摄）

关于“庄蹻王滇”，史学界尚有争论。关于庄蹻生活年代、入滇的路线、身份等，尚有不同说法。明代以前，许多史籍将滇、黔一带的汉人称为“庄蹻苗裔”。

巾帼英雄——李秀

李秀（291～？），女，一名杨娘，字淑贤，今四川广汉人。父李毅，晋武帝太康三年（282年）为南夷校尉，持节统兵镇守南中，晋惠帝太安元年（302年）兼任宁州刺史。李毅驻节宁州（今晋宁）时，地方大姓不时煽动少数民族部落反晋。太安二年（303年），于陵承及毛铣、李勐的亲家煽动谋反，受到压制的其他大姓（汉族豪强）和夷帅（少数民族首领）即发动本地区人民一齐响应。反抗者围攻州城，攻城略地，遍地烽烟。适值内地也爆发了流民反晋事件，李特、李雄父子率流民攻占了蜀郡，晋王朝无力顾及宁州，李毅孤立无援，平叛未果而病卒。

李毅死后，晋军节节败退，州文武官员认为其女李秀（时年15岁）明达且有父才，遂推举她代父领州事。李秀受任后，不敢有懈怠，悉心军事，日穿甲胄，身先士卒，率领军民倚城固守待援。城中粮尽，就掘鼠煮草充饥，顽强困守孤城。叛军气势稍怠，李秀便率领军马开城出击，打击敌人。守守打打历时7年，李秀终将叛军打败。

因李秀守城平叛有功，晋惠帝诏封她为宁州刺史、南夷校尉，佩其父虎符。李秀事迹影响深远，隋代时被封为镇靖夫人。唐时又加封为明惠夫人。宁州百姓感其德，念其功，将她当年作战的村寨定名为天女城（今晋城天城门），并在晋城塘子口建娘娘庙塑甲胄像以祭祀。李秀是昆明市史书记载的首位女将军。

宽仁治滇——赛典赤·赡思丁

赛典赤·赡思丁（1211～1279），元代著名政治家。成吉思汗西征时，赛典赤任成吉思汗帐前侍卫。元世祖至元元年（1264年）任陕西、四川行中书省平章政事（相当于省长）。

至元十一年（1274年），忽必烈出于对赛典赤的信任，将他派到云南任行省平章政事，时年63岁。赛典赤还未入滇，宗王（梁王）脱忽鲁疑心他入滇夺权。赛典赤到云南之前，派长子先到滇说明来意，打消了梁王顾虑。到滇后又注意处理好与宗王的关系，使得各项改革措施得以施行。

至元十三年（1276年），赛典赤奏请设立云南行中书省，“云南”首次作为省一级行政单位名称出现，并把省的行政中心从大理迁到昆明。

赛典赤在滇设立云南行省期间，元江禾泥（今哈尼族）萝槃甸主很不配合，赛典赤认为“力攻不如德胜”，于是遣使说降，避免武力征服。最终，赛典赤用宽宏大度将一场干戈化作玉帛。鉴此，各地土司纷纷归顺，全省各民族人民和睦相处的局面很快出现。

赛典赤主滇期间最大的贡献在于兴修水利。当时，昆明郊区的田地依靠滇池灌溉。滇池水源众多，而排泄的地方只有海口一处。由海口到安宁鸡心滩一段，河床经常被泥沙淤塞，一到雨季，滇池水倒流，淹没田舍，甚至倒灌入城，造成严重水灾。赛典赤遂委张立道、忽辛修治滇池，首先在昆明城东北地区清理水源，疏浚了盘龙江。赛典赤、张立道带领治水大军，把来自东北部群山的“邵甸九十九泉”引入盘龙江，从而消除了滇池上游的水患。接着建造了松华坝闸，用以截流分洪。同时开凿金汁河，并沿河堤建造水闸10座，涵洞水渠360个，自上而下轮流放水。灌溉东部地区农田，使大量旱地变良田。他主持修筑的松华坝泽及后世，被称作“春城头上的一碗水”。

赛典赤在修浚滇池和修筑松华坝后，修建了中庆（昆明）城。在鄯阐城的基础上，向西北发展到现城区的中部，城称押赤（鸭池、雅岐），因中庆路治所设于此，又称中庆城，昆明城初具规模，逐渐成为全省的政治、文化中心。

赛典赤十分注意昆明的教育事业，倡办儒学。他“捐金市地”，在昆明五华山右，建成了云南第一座孔庙——昆明文庙，开云南庙学的风气，不仅士人子弟可以入学读书，“爨僰亦遣子入学”。

赛典赤信仰伊斯兰教，伊斯兰教在云南大规模传播就是从他入滇开始。现昆明的南城清真寺和永宁清真寺都是赛典赤时始建。他还广设驿站，增进了云南与全国的交通。

赛典赤在云南实现了云南历史上的四个第一，即首建云南行省、首建松华坝大型水利工程、首次进行云南历史上的大规模屯田和首建文庙。

至元十六年（1279年），赛典赤于昆明逝世，后葬于松华坝。送葬之日“百姓巷哭”，交趾（今越南）王遣使致祭，有“生我育我，慈父慈母”之语。后人为了纪念他的功德，修建了忠爱坊。民国初重建赛典赤墓（在昆明五里多小学门口的体育场内）。

航海先驱——郑和

郑和（1371～1433），晋宁区昆阳宝山乡和代村人，回族，原姓马，小字三宝，故又称三宝太监或三保太监。

郑和12岁丧父，洪武十四年（1381年），被作为“秀童”征召入京，入宫为太监。后来投于燕王朱棣府内做宦官。“靖难之役”时随燕王起兵，因立功而被赐姓郑（一说为皇帝赐）。燕王称帝后，因功擢为内官监太监。

明成祖时，国力雄厚，为了打通海路，开拓海外市场，同时因疑建文皇帝逃到海外，意欲出海寻找，于是决定派“有智略，知兵习战”的郑和为正使，出使西洋（今印尼、苏门答腊、北印度洋及沿岸地段）。

永乐三年（1405年）六月，郑和奉命出使南洋群岛及印度洋一带。他率领水手、医生、翻译、将士27800余人，携带大量的金、帛、茶叶、丝绸、瓷器，分乘62艘大船，自苏州刘家河出发，经过占城、爪哇、苏门答腊、南巫里、古里（印度）、锡兰和满剌加（今马六甲）诸国，于永乐五年回国。此后，郑和于永乐五年、七年、十一年、十四年、十九年和宣德六年六下西洋。

宣德六年（1431年），郑和第七次，也是最后一次奉旨出使西洋，在返回途中，辞世于印度南部西海岸，年63岁。遗体运回后，赐葬于南京牛首山。郑和一生七下西洋，历时28年，所到国家37个，最后一次远征是在宣德帝时期。第一次至第三次从东南亚到达印度西岸。第四次至第五次主船队到达波斯湾入口处的霍尔木兹海峡，分队经阿拉伯到达麦加，最远到达非洲东海岸，是名副其实的“大航海”。

孙中山、邓小平、江泽民都曾对郑和给予过极高评价。孙中山在《建国方略》中说："乃郑和竟能于十四个月之中，而造成六十四艘之大舶，载运二万八千人巡游南洋，示威海外，为中国超前轶后之奇举，至今南洋土人犹有怀想当年三宝之雄风遗烈者可谓壮矣。然今之中国人借科学之知识，外国之机器，而造一艘三千吨之船则以为难能，其视郑和之成绩何如？"邓小平在中顾委第三次会议上指出："恐怕明成祖时候，郑和下西洋还算是开放的。"江泽民在访问马来西亚时指出："早在明朝时期，中国伟大的航海家郑和七下西洋，其中五次驻节马六甲，与当地人民结下深厚友谊，构筑了中国通向东南亚的海上'丝绸之路'，中马之间的这种友好关系一直延续至今。"

郑和像（2003 年版《昆明市志》）

2013年，中国政府提出共建"一带一路"的倡议后，郑和研究又受到普遍关注，今后必将会出现更为丰富、深入的研究成果。

旷世逸才——兰茂

兰茂（1397～1470），字廷秀，号止庵，又号和光道人、玄壶子（长期以来，人们将"玄壸"误作"玄壶"，"壸"音"捆"，"玄壸"与"悬壶"含义相去甚远），嵩明县杨林人，祖籍河南洛阳。

兰茂天资聪颖，少有大志，爱学习，16岁通经史，又深谙医道、堪舆、丹青。永乐十四年（1416年），兰茂20岁，耻于利禄，自匾其轩曰"止庵"。

兰茂自幼酷爱本草，及长则关心百姓疾苦，遍尝百草。他访问父老，搜集单方，采集标本，绘制图形，探求本源，历时十余年，终在明英宗正统元年（1436年）写成《滇南本草》，比李时珍的《本草纲目》早142年。云南后世医师范洪、高宏业、朱景阳、于怀清等人先后为书增补了一些内容，成为我国现存较完整的地方性本草。根据《滇南本草》所记载的药物及其药理，通过临床配方运用，人们研制出灯盏花注射液、黄石感冒片、复方抗炎片、红黑丸等药物和

兰茂雕像（李金能 / 摄）

制剂，以及杨林肥酒等。兰茂还著成《医门揽要》二卷，上卷论脉法，下卷论方症。

除此之外，兰茂在音韵学方面颇有造诣，曾执教于杨林社学。至正统七年（1442年），兰茂结合自己的教学实践，为解决卫所内外的语言交流问题，著成《韵略易通》和《声律发蒙》。《声律发蒙》以一种通俗的、易于接受的方式，将较为难懂的音韵之学传授给儿童。该书影响甚深，明清直至民国时期云南，“村塾启蒙，几乎人手一编”。兰茂还将云南的名物、用字、用语等，编成一部杂字书《四言碎金》，供学童认识生僻字。

景泰五年（1454年），兰茂撰写了云南第一个南曲剧本—《性天风月》，又作《性天风月通玄记》。剧本以滇池为背景，具体地提到官渡等昆明地名。晚年的兰茂，相信起“世间万事善恶，皆由人心之所生”。兰茂以诗为伴，写下“古来耕钓间，往往皆英雄”“农歌早稻黄”“太平村酒贱”等诗句，并作有《玄壶诗》，主张“心即是佛，何必外求”“教立三门，理归于一”，被人尊为“理学宗匠”。

兰茂为自己留下《自题像赞》：“形骸猥琐，我问是谁？人说是我。又没甚道骨仙风，又不事雪窗灯火，花月之妖，为何潜躲？万灵之英，为何虚佐？泛泛尘缘，茫茫因果。闲坐对青山，无可无不可。”

兰茂一生著述颇富，形成“兰著”流传下来。现存诸书中，最为有名的是《韵略易通》《滇南本草》《性天风月通玄记》，被人称为“兰氏三书”。

成化六年（1470年），兰茂辞世。成化十二年（1476年），乡人在杨林城南兰茂墓前建兰公祠进行祭祀。现成立兰茂纪念馆，内有兰止庵祠堂和兰茂墓，为云南省重点文物保护单位。昆明城中昙华寺有兰茂园，相传兰茂曾在寺中完成《滇南本草》。

一代高僧——古庭

古庭像

古庭，明永乐年间生于昆明，俗姓丁，法号善坚禅师。《曹溪一滴》、天启《滇志》及《滇释纪》等典籍记载，古庭7岁出家，10岁入五华寺，拜慈宗和尚为师，易名善贤。古庭16岁来到金陵，拜谒无际和尚，先后受学于无际和尚及柏岩禅师，改名善坚。

此后十余年，古庭游方参学，行脚黔、蜀，曾到贵州萝拥山（螺拥山），在四川时间约为10年。

古庭经过十余年的行脚修持，终获大悟，于是再次回参无际，请求印证。关于禅宗印证一事，圣严法师认为：“禅宗重视修证经验，其所证经验的真伪及深浅，纵然已有自信，仍得经过称进禅德的勘验与印可。”

《古庭语录》记载古庭顿悟："忽闻僧云：'见无所见，即真见。'我听得此说，如太虚空碎之无迹，豁然如闻百千亿霹雳之作，如出百千亿日轮之照，如百千亿劫冰山融化，如百千亿劫一念前后际断。到此之际，方悟无量劫来，若大窠臼，顿然脱落。"

古庭得无际印可，成为无际的法嗣弟子。无际付袈裟拂子，赐号古庭，为临济二十三世先师。住锡安徽浮渡山华严寺，弘扬宗旨，大兴法道。

成化年间，古庭返滇，于昆明建归化寺，滇南禅宗至古庭而中兴。后卒于寺，年八十余，奉塔建院于寺南。谥号栴檀尊者，著有《语录》《山云水石集》。近代名僧虚云大师作《颂古庭祖师》："名句拈提处，由来沐祖恩。清风吹遍野，丽日七沉烟。金壁宗风远，禅源福慧深。愿将昆海水，洒作十方春。"

四朝元老——杨一清

杨一清（1454～1530），字应宁，号邃庵，别号石淙。祖籍云南安宁，生于岭南，长于湖南巴陵，老于江南镇江，晚年号"三南居士"。杨一清是云南古代历史上官位最高、历官时间最长的一个。

一清幼时"颖悟绝伦，一览成诵"，8岁以奇童读书翰林院，成化八年（1472年）考中进士。后历任山西提学佥事、陕西提学副使、都察院左副都御史。弘治年间，蒙古侵扰三边，杨一清被举荐为陕西巡抚，兼经略边务。一清整肃军务，亲临前线作战指挥，退蒙古精骑数万，边地将士将他比作唐朝的郭子仪。后受命总制陕西延绥、宁夏、甘肃等处边务，致力修筑边墙、增设卫所，以壮边兵。正德年间，遭大太监刘瑾陷害，被迫辞官隐退。不久一清重回朝廷，与宦官张永设计除掉刘瑾，一时人心大快。此后，一清任户部尚书、吏部尚书、兵部尚书等职。正德十五年（1520年），武宗南巡至丹徒，在杨一清家留居两日。君臣二人饮酒和诗，其乐融融。一清又从容讽止，规劝武宗放弃游玩江南之行，武宗遂放弃了原先的计划。

嘉靖三年（1525年），杨一清以少傅、太子太傅改兵部尚书、左都御史，总制陕西三边军务，开启了明朝以卸任大学士总督边境军务的先例。两年后，大学士费宏离职，一清遂为内阁首辅。八年（1529年），因内阁矛盾重重，一清气罢。次年一清被张璁等人构陷，被剥夺一切官职荣誉，未久即病逝。二十七年（1548年），朝廷恢复一清所有官职，赠太保，谥文襄。

杨一清一生出将入相，经历宪宗、孝宗、武宗、世宗四朝，宦海沉浮，几起几落，共50多年，人称"四朝元老"。他熟知边务、用兵如神，动合时宜、学识博雅、名扬天下。

杨一清有诗才，其主要著作有《关中奏议》14卷、《石淙诗钞》15卷及《制府录》《西征日录》《吏部献纳稿》《密谕录》《车驾幸第录》《辅臣唱和集》《邃庵集》《通家杂述》等。

明末清初，安宁人在今温泉镇建塔一座名为“杨文襄公纪念塔”，后毁。杨慎在连然题刻的《杨文襄公故里碑》及撰写的“相业四朝称第一，人文六诏羡无双”对联今尚存。至今，安宁还流传着许多有关杨一清的美好传说。

第一诗僧——读彻

读彻（1587 ~ 1656），名苍雪，晚年又号南来，初字见晓，俗姓赵，云南呈贡人。华严宗匠。十一岁随父亲祝发（削发受戒为僧尼）于昆明妙湛寺。由于领悟力高，十余岁就能读懂许多大乘经典，在禅坛传为佳话。平生好诗歌，年轻及中年时曾遍访天下名师，跟随水月、雪浪、巢松、一雨等潜心学习佛经义理，足迹遍及云南鸡足山及两江、天台、雁荡等地。明天启四年（1624年）入居吴县中峰，开始独立讲经，由于精通法藏及澄观的各种典籍，其所讲《华严》《楞严》《法华》以及《唯识》《中论》《百论》等经论，一时听者如云，声名远播，誉隆江南。

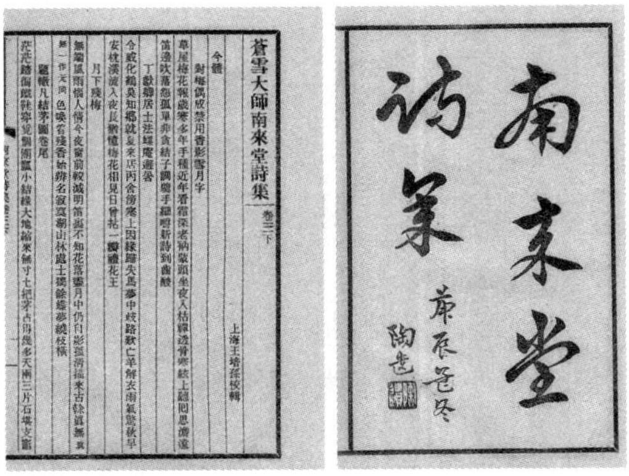

《南来堂诗集》（字应军 / 供）

佛学之外，读彻诗、书、画技艺俱称一流，当时的著名文人董其昌、陈继儒、王渔洋、吴伟业等纷纷前来聆听。读彻情操高洁，颇受文人士子崇仰。清顺治十三年（1656年）暮春，抱病讲经的读彻坐化于讲坛，江南名士一片痛惜之声，文坛领袖钱谦益亲撰塔铭：

师之南来，启明东庙，烟水无涯。点苍积雪，照耀东南，如涌日车。弹指说法，华严楼阁，重重开遮。悲愍末法，泪如春雨，我何求耶？鸡足之山，有大比丘，守佛袈裟。我勒斯铭，印正法藏，埃彼龙华。

读彻诗多机趣禅理，吴伟业称其“苍深清老，沉著痛快，当为诗中第一，不徒僧中第一”，王士禛称“近日释子诗以滇南读彻苍雪为第一”，评价不可谓不高。

谪滇状元——杨慎

杨慎（1488 ~ 1559），字用修，号升庵，祖籍四川新都，生于北京。明正德六年

（1511年），24岁的杨慎殿试第一，高中状元。任翰林修撰和经筵讲官12年，杨慎与父同朝为官，得以出入皇史宬（皇家图书馆），遍览典籍。在“议大礼”事件中与父亲杨廷和（时任内阁首辅）一同得罪了皇帝，两次在朝廷上受杖刑，几乎丢了性命，后升庵被发配到云南。

升庵像（杨子人／摄）

杨慎自称博南山人、博南戍叟、金马碧鸡老人。在滇期间，杨慎足迹遍布昆明、大理、建水、丽江、保山等地区，交友、授徒、游历、著述。他大多数时间居住在昆明五华山麓、西山高峣及安宁遥岑楼，偶尔也到保山小住。“议大礼”时的难友毛玉是西山高峣人，其子毛沂于嘉靖二十五年（1546年）迎接杨慎到高峣居住。杨慎将高峣居所题名为“碧峣精舍”，并在这里度过了心情舒畅的6年。升庵还得到云南地方官员的暗中优待，沐绍勋暗使安宁知州王白庵建遥岑楼，以作杨慎讲学居住之所。

杨慎文章卓绝，在云南与各族人士交游、讲学，传播中原文化，在云南各族人民中培育了一大批人才。杨慎在安宁、西山期间，省内学子纷纷前来与他切磋，一时文风大兴。当时形成了以杨慎为首的“杨门七子”（或称“滇南七子”），即杨慎、杨士云（号弘山，大理人）、李元阳（号中溪，大理人）、张含（号禺山，保山人）、胡廷禄（号在轩，昆明人）、王廷表（号钝庵，开远人）、唐锜（号池南，晋宁人）。

杨慎创作近3000首有关云南的诗歌，且佳句迭出，如写昆明气候：“苹香波暖冷云津，渔枻樵歌曲水滨。天气常如二三月，花枝不断四时春。”杨慎的诗中有“春城风物近元宵”“君侯载酒过春城”等句，故他也是雅称昆明为“春城”的第一人。同时，升庵足迹所至，操笔题辞，撰书刻石，安宁温泉“天下第一汤”、华亭寺“一水抱城西”等匾联即出自其手。《明史》称：在明代，记诵之博，著作之丰，要数杨慎为第一。其中史学方面的如《云南山川志》《滇载记》《滇程记》等，为云南历史的研究提供了宝贵的资料。

嘉靖三十八年（1559年）七月，杨慎去世。隆庆元年（1567年），嘉靖帝死，穆宗即位，赠恤前朝建言已死诸臣，杨慎被追赠光禄寺少卿。天启中，追谥文宪。

杨慎在滇期间平易近人，深得民心，妇孺尽知杨状元，故云南民间流传着许多关于杨慎的传说故事，如《杨状元充军》《入川》《锄奸》等。在呈贡县城北门有洗墨池，传说杨慎曾于此洗墨；安宁北门内有洗砚池，传说是杨慎洗砚池；昆阳普照寺有升庵碑。杨慎去世后，昆明百姓以碧峣精舍作为祠堂纪念他，民国重建时把毛玉也请进祠堂，称“杨毛二贤祠”，今改建为杨升庵纪念馆，为云南省重点文物保护单位。

三绝和尚——担当

唐泰（1593～1673），字大来，出家后初名通荷，后改普荷，号担当，生于晋城上东街士大夫之家。屡次赴京应试不第，后绝意仕途，寄情于诗书画，但心系天下忧乐，有拯救明王朝之志。

大来自幼就长于写诗，被誉为“滇中第一人”。明万历三十三年（1605年）考贡生名列第一。天启五年（1625年）获“岁荐”从昆明到京会试，入太学。后遨游于大江南北，与江南“复社”诸名士结识，拜当时著名书法家董其昌为师，并向著名画家陈继儒学习，而又参鉴黄公望、倪瓒两家笔法，自成一家，风格枯淡。其画以泼墨山水为主，兼及人物，代表作有《一筇万里图卷》《三驼图》《太平有象图》等。徐霞客来到云南时，因继儒的介绍与唐泰相识，吟对互答，引为知交。

担当像

担当虽以“诗、书、画三绝”著称于世，但以诗流传较广且影响最大。他的诗，反映了社会现实和群众感情。他早年在昆明的诗作苍劲豪放，忧国忧民之情洋溢于字里行间。如“山薮何处不饿虎，岁时此日有穷民”“此地告食馑，中原犹战危，两眼遍疮痍，山城虎豹窥”等等。唐泰的诗作，生前刻印的有《翛园集》8卷，收录他13岁至50岁的作品；《橛庵草》7卷，收录他50岁至70多岁的作品。他在《橛庵草序》中说：“除年来患难焚溺之外，又除有类偈颂者不入，有类香奁诗余者不入，有悲歌慷慨，触及时忌者不入，不啻十去九矣。”最后一类未入，令人惋惜。尽管如此，两本诗集仍收诗千余首，足见其诗作之丰富。

据赵藩《鹊巢小识》记载，唐泰曾参与沙定洲推翻云南统治者沐天波的活动。沙定洲败北后，他到滇西鸡足山当了和尚。担当虽置身方外，却心存社稷，“暂时虽俯首，龌龊岂能久”。后吴三桂入滇，永历帝逃到缅甸，他曾以“云游”为名，下山到保山腾冲一带找大西军，由于道路险阻未能如愿。第二年（1661年）春，永历帝遇害。担当为此以诗缅之：“去年行脚欲傍君，道上羽檄悉纷纷。今年风鹤仍复尔，凄惨目击非耳闻。”永历帝亡，复明希望彻底破灭。担当先后移驻鸡足寺、感通寺，于1673年卒。

万树梅花一布衣——孙髯

孙髯（？～1774），字髯翁，号颐庵（亦称“蝬庵”），昆明人（祖籍陕西三原），传说因生下来上嘴唇即有少许胡子，故以“髯”为名字。其父以武职宦滇，遂在昆明安家。孙髯生而聪颖，自幼喜读古诗文，精研诗词格律和楹联，成名于少年。成年应试，因进考场要搜身，孙髯认为这是以盗贼对待学子，不能受辱。于是掉头而去，从此不再应考。孙髯年轻时住昆明水晶宫梅园巷，植梅万株，自号“万树梅花一布衣”。今五华山北坡有大梅园巷，原来是一个梅园，相传就是孙髯居所。

早年家境优越，孙髯与昆明当地文人雅士赋诗饮酒，笑傲山林，过着悠闲的生活。但好景不长，父亲去世后，家道中落，他寄寓于圆通寺的咒蛟台，更号蛟台老人，以卜易、卖药为生，三餐难继，过着贫困的生活。师范去拜访他时，见其“白须古貌，兀坐藜床上，如松阴独鹤。互相问询，乃以诗请。拍案敷陈，目光炯炯射人。”可见孙髯潦倒，却兀自有别样的文人风情。

孙髯传世著述有《盘龙江水利图说》《永言堂文集》《金沙诗草》《孙髯翁诗残钞本》以及《滇南诗略》所收的20首诗。影响最大的为其所撰180字大观楼长联，被誉为“海内第一长联”。

孙髯像（杨子人／摄）

大约在乾隆三十九年（1774年），其子接他到弥勒安度晚年，因年事已高，经不住颠簸劳累，病逝于途中。今弥勒城西还有孙髯墓，墓碑上书：“滇南名士孙髯翁先生之墓”。

滇中完人——钱沣

钱沣（1740～1795），字东注，又字约甫，号南园。出生于昆明太和街。钱沣自幼勤奋好学，7岁开始读书识字，尤其酷爱书法。因无钱买书，钱沣常到附近庙里拣别人拿去焚烧的字纸残片阅读。后拜滇中名儒陈世烈和王瑾为师。在名师点拨下，学业大进，乾隆三十三年（1768年）乡试中举，乾隆三十六年（1771年）考中进士。历任翰林院检讨、国史馆纂修官、江南道御史、通政司副使、湖南学政、湖广道御史等职。

钱沣生性刚直不阿，慷慨敢言。敢于当面指责乾隆宠臣和珅，又曾上疏弹劾陕西巡抚毕沅、山东巡抚国泰贪纵营私，《清史稿》称他“以直声震海内外”。

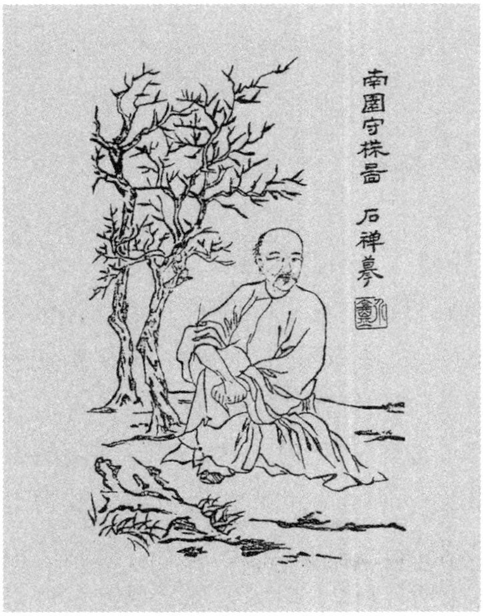

钱南园先生像

乾隆五十四年（1789年）、五十六年（1791年），因母亲和父亲相继病故，钱沣回乡守孝，在昆明近4年。在此期间，他与文人雅士赋诗唱和，在昆明留下了众多墨迹。著名的如西山华亭寺弥勒佛对联：“青山之高，绿水之长，岂必佛方开口笑；徐行不困，稳地不跌，何妨人自纵心游”，筇竹寺华严阁联：“已作真金，讵复成矿；是惟狮子，乃解逐人”，以及东郊金马寺“道同博济”匾等。

钱沣是清代著名的书法大师。他的书法，集诸家之长，以学唐代大书法家颜真卿书法为主，学习古人而迈出古人的法度，自成一家。近代著名书法家李瑞清评价钱字称：“钱南园先生学习颜字能够创新，又没有一笔失去颜体的法度，实在令宋代书家蔡襄却步，苏东坡失色。他是颜鲁公后第一人啊!”现存钱字代表作有《施方谷寿序》《正气歌》和《桂花厅记》等。

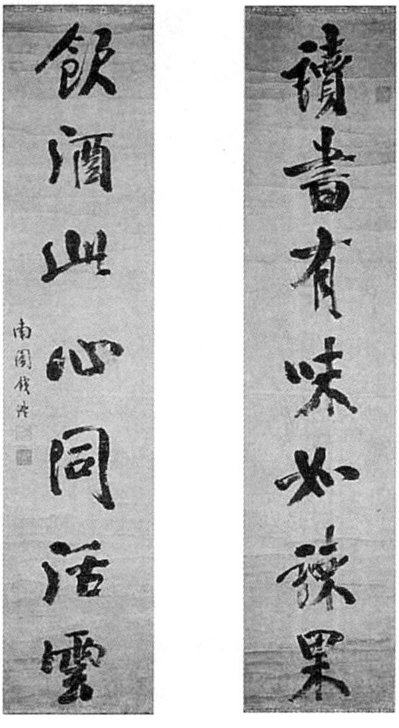

清钱沣纸本行书对联

钱沣还善画马，尤爱画瘦马，人们问他原因，他回答说：“人都吃不饱，马焉能不瘦。”

钱沣的诗文有很高的造诣，主要著作有《南园诗存》《钱南园遗集》《南园文存》等。

钱南园十分关心家乡发展，乾隆五十七年（1792年），昆明盘龙、金汁、银汁、宝象、马料、海源六河壅塞，洪水泛滥，百姓苦不堪言。南园不辞辛劳，周览六河源委，切究利弊，向昆明地方当局献上《六河图说》，倡议疏挖六河，以解除水患。

乾隆六十年（1795年），钱沣逝世于北京，年仅56岁。其死因一说为军机劳苦、积劳成疾而死；一说为喝了和珅命侍者送来的毒酒，中毒身亡。

钱沣死后归葬于昆明龙泉镇羊肠村北山，今墓已修复，被列为昆明市重点文物保护单位。翠湖东畔旧时有钱沣祠，俗称“草公馆”，馆前小巷又称“学士巷”。

《昆明县志》首修者——戴䌹孙

戴䌹孙（1795～1857），字袭孟，号筠帆，昆明人，家住城内五华山麓（今小梅园巷）。父早丧，家贫寒，靠外伯祖抚养长大，因勤奋好学且悟性较高，15岁时便中秀才。戴䌹孙在五华书院求学时，便深受五华书院山长刘大绅的器重。刘大绅曾将在该书院求学的戴䌹孙、池生春、李於阳、戴淳、杨国翰五个高才生的诗选编为《五华五子诗抄》，故时人将戴䌹孙等五人并称为“五华五子”。道光九年（1829年），戴䌹孙考中三甲第二十五名进士，位居云南进士的第二名。戴䌹孙中进士后，在京城担任工部主事，在此职位上一干就是十五年。道光二十六年（1846年）任贵州道监察御史。戴䌹孙的一生，著述很多，大多散失于咸丰、同治年间的战乱。现存而又最有影响的是他于道光年间编纂的《昆明县志》以及《味雪斋诗文抄》。

戴䌹孙热爱家乡的山水，闲暇之时，戴䌹孙常爱流连山水，为其写铭，或吟诗作对以抒所感。他曾为祖遍山、九龙池、太华山写铭。然最让戴䌹孙名垂青史的是他自费编纂的《昆明县志》。清朝云南修志蔚然成风，仅省志就有范承勋、王继文纂修的康熙《云南通志》；鄂尔泰、靖道谟等纂的雍正《云南通志》；阮元等修纂的道光《云南通志稿》等。云南各府、州、县的志书更是不胜枚举，但作为云南省治和首邑的昆明，却没有一部县志。远离家乡在京城为官的戴䌹孙，很早就有为家乡昆明修志的念头了，但却苦于资料缺乏，无法动手编纂。明代天启《滇志》记述有《昆明县志》三卷，但已失传。当时云贵总督阮元主修的省志传到京城，书中有关昆明的记载较为详备，给他提供了很多可靠的资料,他决定自费编一部《昆明县志》。道光十五年（1835年），戴䌹孙开始编纂《昆明县志》，经过五个寒暑的不懈努力，终于在道光二十一年（1841年）将《昆明县志》编纂完毕。《昆明县志》编竣后，由于碰到云南长达18年之久的战乱以及其他原因，一直无缘付梓，幸好戴氏的子孙精心收藏，志稿才在战乱中完整无损。清光绪二十七年（1901年），经邑绅吕心源等人出资、谋划，志稿才得以印行问世。

在京城为官26年后，戴䌹孙回到昆明，定居于五华山麓，同时掌教育材书院，为昆明培养了许多人才。咸丰七年（1857年）病逝，终年62岁。

慈禧御用画师——缪嘉蕙

缪嘉蕙（1842～1918），字素筠，清末昆明人。幼习书画。小楷秀健俊逸。绘画以花卉翎毛见长。早年守寡，靠卖画抚育幼子。后为避战乱，缪嘉蕙迁往四川，投靠在四川西充做官的哥哥缪嘉玉，仍以卖画为生。

因慈禧太后爱好绘画，专门下诏在全国访选精于绘画的女子送到北京，缪嘉蕙被选入宫。慈禧很赏识她，赐给她五品官服，后又升为三品，免跪拜之礼，令坐身边陪侍谈天说地，并让宫人称呼她为“缪先生”。慈禧六十寿辰时，缪嘉蕙着凤冠霞帔接待宾客，朝中官眷莫不艳羡。有一天，缪嘉蕙正在绘画，慈禧突然到来，她准备停笔跪迎。慈禧叫宫女拉住她，让她像平时那样作画，并说：“我来看看你如何用笔。”由于思想紧张，缪嘉蕙不能挥洒自如。慈禧察觉这种情况，以后就命宫人留意，每逢她作画时就来报告，慈禧则悄悄站在她后面观看，悄悄学习，逐步掌握了绘画的一些要领，但画起来毕竟不如缪嘉蕙得心应手。当时，以慈禧名义赏赐给大臣的花鸟扇轴等，多半出自缪嘉蕙的手笔。

《富贵牡丹图》（昆明市博物馆官方网站）

缪嘉蕙陪侍慈禧近二十载，后人尊称为“缪姑太”。1918年，卒于北京，葬在赵公祠云南会馆义地。

撒尼文化传播者——邓明德

法国人邓明德（1855 ~ 1918），原名保禄·维亚尔（Paul Vial），法国依赛尔省格勒诺布尔城北部的瓦隆镇人。1876年9月，邓明德入巴黎外方传教会神学院，1879年从巴黎神学院毕业，9月20日被祝为神父，领受了到中国传教的使命。

1880年4月，邓明德到达云南盐津县龙溪主教公署，同年10月分派到漾濞县任天主教副本堂。1885年又被派到嵩明县得子村教堂。1887年他来到天生关，结识了路美邑撒尼（彝族支系）农民杞跃山，后随杞来到路美邑建教堂。他是第一个来到路南的天主教传教士，先后在青山口、维则、冒水洞、大湾箐、烂泥箐、大色多、野猪塘（今属弥勒）、绵羊坡（今属宜良）等彝族村寨盖教堂传教。

邓明德在路南31年，为扩大天主教在路南的影响及取得教徒对他的信任，他不时身着彝族服饰，学习撒尼和阿细人（彝族支系）语言，盖学校、办教育、修水利。1892年，邓明德在路美邑开办一所小学，亲自任数学教师。1911年在青山口兴办天民小学，任数学兼法文教师。

为了在彝区传播天主教义，他学习彝族文字，请了四五个精通彝文的毕摩到路美邑教彝文。他先后用彝文编译《教义回答》《领圣体前后经》，著有《云南倮倮文研究》《倮倮与苗子》《倮倮人之历史与宗教》《法倮字典》等论著，在法国铸彝文铅模，在香港印刷出版。

1918年1月19日，邓明德在路南青山口病逝，教徒遵照他的遗言，将他葬在维则村天主教堂旁。

邓明德著《倮倮·云南倮倮泼》（韦勇／供）

滇南硕儒——陈荣昌

陈荣昌（1860～1935），字小圃，号虚斋，晚号困叟，昆明人，1883年中二甲进士。历任翰林院编修、武英殿纂修官、国史馆协修官、顺天府乡试同考官、山东提学使、贵州提学使、云南经正书院山长（院长）、云南高等学堂总教习（校长）、云南劝学所所长、云南教育总会会长等职。民国以后避居不仕，主要从事学术研究和文化教育工作。陈荣昌的教育成就在近现代云南具有重大的影响。

陈荣昌出身科举，却不泥古守旧，有革新精神，终身致力于云南文化教育事业。1897年起，他任经正书院主讲，1900年任书院院长。1902年，他提议选送钱良骏、李培元、吴锡忠、李厚本等学生赴日本留学，开云南籍学生留学外国之先河。1903年，清廷开经济特科，其门人袁嘉谷名列榜首，成为云南历史上的惟一特科状元。陈荣昌禀呈云贵总督丁振铎、云南巡抚林绍年续选滇省学生130多名赴日本和北京深造，其中经他提名的有顾品珍、刘祖武、赵复祥、唐继尧、谢汝翼、李鸿祥、杨琼、赵伸、李根源、罗佩金、李曰垓、华封祝等。后来，这批人对云南近代历史产生了重大影响。

1905年，陈荣昌赴日本考察学务，回国后写成《西学杂记》，书中强调中国教育必须吸取西方教育经验和科学技术。1906年，陈荣昌担任云南学务处总参议；1907

年，任学务公所所长；1908年，被推荐为劝学所总董；次年，又被举荐为云南教育总会会长。这期间，他在云南新式学校的创办、科举制的废除等方面做了大量的工作。

陈荣昌博学多识，毕生致力于研究中国传统文化，对诗词章句、经史策论有较深造诣，著述甚丰，在云南文化界享有盛誉。其著作中，付梓的有《陈氏全书》《虚斋文集》《虚斋诗集》《桐村骈文》《困叟净土集》《滇南陈荣昌诗册》《滇诗拾遗》《经正书院课艺》等；成稿未出版的有《骚涕集》《明夷子》《砚食录》《甲骨文考》等。

陈荣昌是位改良色彩较浓厚的人物。清灭亡后，他说："既为清吏，不敢背朝；既生中土，不敢忘中国。若清亡，则终身为民，不复言仕。今民国已成，是即荣昌终身为民，不复言仕之秋也。"自此，他潜心著述，致力于文化教育事业。

《竹》(昆明市博物馆官方网站)

民国初立，任《昆明县志》总纂，并手定体例。1914年8月，辑刻《云南丛书》处成立，陈荣昌出任名誉总纂，并将数十年搜罗的滇省文献精心审核、按类编排，悉数交给丛书处。1918年，被聘为《晋宁州志》总纂。1927年9月，复聘为《云南丛书》总纂。国学专修馆成立后，陈荣昌任馆长。这一时期，他还着意培养方树梅、周钟岳、何秉智等人，为他们的书稿作序，以资鼓励。

1935年9月20日，陈荣昌因其夫人病故，伤感过度去世。

秦氏三杰——秦光玉、秦光铭、秦光第

秦光玉、秦光铭、秦光第三兄弟系云南呈贡人。光铭最长，光第最幼，而光玉影响最大，在近代云南历史上有重要地位。

秦光玉（1869～1948），字璞安，号瑞堂，别号罗藏山人。5岁时父亲病逝，时其兄9岁，妹7岁、弟3岁，生活艰难。光玉和兄长光铭全赖伯父资助，才得以入私塾求学。光玉14岁中秀才，1892年，考入经正书院，次年与兄同中举人。之后，两次京试，都未考取，最后肄业于经正书院。1903年，经正书院停办，改设高等学堂，他在其中担任历史地理教习（教员）。次年，与周钟岳、钱用中、杨琼、蒋谷等40人赴日本，入东京宏文学院学习师范兼考察学务。一年后学成回国。此后，他以毕生精力致力于本省文化教育事业。

秦光玉一生的贡献和成就，主要在两个方面：一是兴办教育、培养人才；二是对滇省地方文献资料的征集、整理和编纂。

教育方面，秦光玉从清末就在教育行政机关工作。1906年云南学务处设立，他是普通教育处和审定处职员。次年改设学务公所，他任图书科副科长。1909年成立云南教育总会，他是发起人之一。辛亥革命后成立学政司，他仍任图书科长兼图书博物馆馆长。1921年被任命为云南省教育厅厅长。因从政有违“行政不如著书，居官有碍治学”的初衷，一年后即辞去。秦光玉门生弟子遍及海内，被尊为“天南师表”。李根源、李曰垓、方树梅、谢显琳、杨春洲、罗佩金、徐嘉瑞、陈一得等知名人物，都是他早年的学生。

秦光玉先后担任过云南图书博物馆馆长，昆华图书馆（省图书馆前身）馆长，辑刻《云南丛书》处编纂、总经理，《新纂云南通志》顾问、编纂、审订委员会主任委员，云南文献委员会主任委员等职务。他编纂的主要文献资料和大型丛书有：《续云南备征志》，该书与师范的《滇系》、王崧的《云南备征志》并列为最重要的三部云南史料集；他的《滇文丛录》，与赵藩的《滇词丛录》、袁嘉谷的《滇诗丛录》同为民国以来辑录的三部滇人诗文总汇。他参与编纂的大型文献，有《云南丛书》《新纂云南通志》。除上列者外，还著有《滇南名宦传》《明季滇南遗民录》《云南历代名人事略》《滇谏官录》《名将事略》《滇谚》《教育学》等。

1948年12月19日，秦光玉在昆明去世，当时昆明报纸称他为“一代师表”“一代宿儒”“本省教育界先辈”。云南省政府发出了“褒扬令”，表彰他“以毕生精力，致力教育文化事业，诲人不倦，著述等身”。周钟岳挽联云：“以朴学教育英才，侧诸汉代儒林，当无愧色；继先哲网罗遗著，信是滇中文献，赖有传人。”

秦光铭（1865～1920），字箴伯。秦光玉之兄。精于文史，与弟在经正书院时，即著有《张浚论》，见解精辟，为山长许印芳赞赏，推荐为第一。光绪二十年（1894年），所著《游万寿山昆明湖记》，表现了强烈的忧国忧民之心。后在呈贡化城高级小学和师范学校历任校长，30年如一日，深受社会敬仰。他教书育人，桃李满天下，培育出苏鸿纲等一代教育家。

1920年光铭逝世，终年56岁，葬于呈贡古城。

秦光第（1871～1940），字少元，别号六余居士，秦光玉之弟。初为呈贡廪生，23岁考入育才书院和方言学堂学习。25岁经县府两试列为首名，仍归乡教学。光绪二十五年（1899年），昆明创办武备学堂，光第投笔从戎。光绪二十八年（1902年）入云南武备学堂学习军事，毕业后留任学长。曾赴日留学，从日本陆军士官学校学成回滇复职。

宣统三年（1911年）参加辛亥革命，为云南“重九”光复做出了贡献。护国起义时，任省军需局长。护国运动结束后，他因筹集军饷、军械有功，获大总统黎元洪颁发的有功武将三等文虎勋章和有功文官三等嘉禾勋章，升为陆军少将。

1925年秦光第任省内务司司长兼省金融处处长、富滇银行行长及抚仙、星云两湖工程处总办。这期间他整顿滇越铁路，从严查处挪款人，铁路秩序大为好转。他还主持疏通抚仙、星云两湖出水口河道，减轻沿河洪水灾害，扩充良田，利国利民。因此他又获得国民政府颁发的二等文虎勋章和二等嘉禾勋章，晋升为陆军中将。

因政坛黑暗，对仕途失望，1927年2月辞去职务，转而从事文化研究。他校勘出版明洪应明著《菜根谭》、明吕新吾著《呻吟语》《榕门之手札评》等书，并自撰《年谱》。龙云任云南省主席后，聘其为省财政厅长，他力辞不就；后又被聘为省政府参议，亦不从。

从清末以来，秦光第出入军、政界30多年，两袖清风，一尘不染；光第喜藏书，积年薪所余，购书数万卷，以遗子孙。1940年10月17日病故于西郊普坪村，终年69岁，葬于昆明黑龙潭后山。

革命先驱——杨振鸿

杨振鸿（1874～1908），字秋帆，号志复、福升，官渡小街子人。少时因语言行动冒犯当局，被逮捕入狱。狱中认识了一位有文化的室友，教他读书，始对读书识字感兴趣。出狱后，受良师指引，从《扬州十日记》《王船山遗书》等著作中受到爱国主义思想熏陶。光绪二十九年（1903年）考入日本陆军振武学校，1905年后加入孙中山领导的同盟会。与李根源、吕志伊、赵伸创办《云南》杂志和副刊《滇粹》，宣传革命思想。

光绪三十二年（1906年）六月，杨振鸿回到昆明，受云贵总督丁振铎委托为云南体操学校监督，主讲军事课程，向学生宣传爱国进步思想，后来该校的许多学生参加了“重九起义”。为了推进革命运动，杨振鸿与同盟会员陈文瀚、刘九涛成立革命团体公学会，在昆明街头演讲，遂将清政府出卖矿产、出让修筑铁路权等劣迹公之于世。振鸿的革命言行引起当局的惧恨，将他调离昆明，任腾越滇西巡防第四营管带。振鸿到任后，在腾越发展了张文光、刘辅国为同盟会员。还仿效昆明创办了一所体操学校，积极训练和培养革命力量，培养边疆军事人才。随着革命活动的开展，振鸿在滇西声威日振，当局十分惊恐，即饬令振鸿回昆，意图暗害。得到同志的通知后，振鸿一面谎告卸职返昆日期，一面只身潜往缅甸。

1907年腾越起义失败后，振鸿从缅甸到了日本，又一次进入了振武学校，参加吕志伊主持的同盟会云南支部工作。1908年，河口起义爆发，振鸿在日本积极组织声援并准备回国直接参加起义。未回到国内，起义即告失败，振鸿入缅甸办《光华日报》，宣传革命。十月，杨振鸿由缅甸进入腾越，并横渡怒江到达保山蒲缥，组织农民“敢死队”，准备突击保山城，但未获成功。他仍不放弃，准备重集力量，再次进攻，不幸身染恶疾，于十二月病逝于蒲缥何家寨。辛亥革命后，振鸿被追谥为“忠毅”，礼葬于永昌城内太保山。乡人曾在昆明金碧公园（现云南第一人民医院）为他立铜像（后毁）。腾冲也曾为他立祠。

宜良烤鸭鼻祖——刘文

刘文（1875～1945），字质彬，宜良县狗街镇西村人。清光绪二十七年（1901年），刘文作为书童随举人许实赴京参加会试。到北京后，两人投宿在米市胡同“老便宜坊”附近。当时，北京烤鸭自同治三年（1864年）由“全聚德”店挂牌张业后，“老便宜坊”以迥异的制作技艺与之对峙，形成北京烤鸭制作的两大系列：一为“全聚德”明火挂炉烤法，另一为“老便宜坊”暗火焖炉烤法。两家声誉均名震京华。

刘文心眼灵活，侍学之余到“老便宜坊”细心观摩，学习制作技艺。回狗街后，刘文在火车站开了一家饮食店，取名“质彬园”，谷熟季节专卖烤鸭。刘文勤于钻研，对制作工序严格要求，使烤鸭既保持北京“老便宜坊”风味，又具有骨白似玉、色鲜味美的地方特点，时人誉称“京都烤鸭”。

县人段克昌年轻时与刘文结识，段供职省城后每念及乡情，也想到了“质彬园”的烤鸭。逢谷熟节令，邀请刘文到省城，为省府要员献技。一次宴会，省主席龙云欲以重金相赠，刘文婉言谢绝，最后龙云改送大红锦旗一面。积年之中，各界人士赠他的颂语缎幅多如彩云，贺辞楹联不胜枚举。开远铁路警察局长钱小方题赠“南国老便宜，西村小吃恬”，六十军一八三师师长高荫槐贺楹“南圃春前新燕舞，西村秋后乳鸭肥”堪称代表之作。

刘文精技艺，讲信誉，重质量，为人耿直、豪爽，不贪钱财。工艺上坚持毛鸭不壮不杀、烤鸭不透不出炉。烤鸭店小有薄利后，有人劝他买田地或放债发家致富，他却摇头回答：“儿孙不如我，要钱干什么？儿孙赛过我，何愁钱不多？”

民国三十四年（1945年），刘文因病去世。

文献巨匠——方树梅

方树梅

方树梅(1881～1967)，字臞仙，号雪禅，一号梅居士，又号和衲山人，晚号红豆老人。晋城镇方家营人。文献学家、藏书家。生滇爱滇，尤爱乡邦文献、滇云文化，人称“方古董”。

方树梅早年入云南优级师范学堂学习，以转研国学为志业，并开始留意搜访滇南文献。1908年，纂成《晋宁乡士志》，作为高等小学课本。1910年，担任《云南日报》编辑。至1911年，方树梅已搜得各类文献约万卷，其中方志尤多。1914年，重新编成《方氏族谱》，完成了父亲的遗愿。1920年，当选晋宁县议事会议员，提议修复象山书院作为学校，未被采纳，遂辞去议员。1921年，任《云南丛书》处编校员。1923年，全国教育会联合会在滇开会，赵藩、袁嘉谷倡办书画展，方树梅积极响应，并将自己所藏与其他名贵作品一起展出，后将精品收入《滇南书画录》。1924年，重刻《担当和尚诗集》七卷，集句为传附于末。1926年，在高等师范讲授诗学，叙历代诗学源流派别。1928年，编成《钱南园先生年谱》二卷，以彰显先贤事迹，激励后人。1931年，任云南通志馆编查干事、分纂，负责《艺文志》的纂修。

1934年底，在云南通志馆的支持下，方树梅北游访书，搜罗滇南文献。在半年多的时间里，他遍历广东、广西、上海、苏州、南京、山东、陕西、安徽、江西等省市，访回李鹤峰、师范、杨慎、檀萃、方玉润、兰茂等人的著作，又抄录大量珍贵有关云南的史料，为《新纂云南通志》的编纂和自己的学术研究奠定了坚实的文献基础。访书途中，方树梅坚持撰写日记，成《北游搜访滇南文献日记》五卷首一卷。中有《归来》一诗，应算是对其北游访书的最佳总结：“南北搜罗愿不违，一肩文献尽珠玑。平生最大快心事，多少先贤伴我归。”截至1935年，方树梅历年购书约有30000卷。此后，他陆续编成《晋宁诗文徵》《古滇人物考》《滇南学者生卒考》等书。

1942年，任云南大学教授，《滇南碑传集》由开明书店印行。1944年，云南大学西南文化研究室将其所编“通志艺文考滇人著述部分”收入“西南研究丛书”，命为《明清滇人著述书目》，是了解明清滇人著述的重要参考书。1948年，《学山楼诗集》印行，收录历年诗作七百多首，从中可见其性情趣尚及出处交游。1949年底，《新纂云南通志》印成。这部通志，从筹办到印行，方树梅都有参与，与之结下不解之缘。

1950年，《师荔扉先生年谱》粗成。此书从1922年着手编纂，其间不断搜访文献，时时增补，至此粗告完成，足见他对此书是何等的重视。1951年，被聘为云南大学终身教授。1953年，捐献数十年搜得云南文献171册、计一千余卷于省图书馆。同年，成《历代滇游诗钞》二十三卷。1954年，任云南省文史研究馆馆员，同年《杨文襄公年谱》编成。1955年，编成《担当年谱》二卷并诗文集十八卷；又将学山楼藏书搬运十马车至省图书馆，其一生心血所得，悉萃于此。1956年，始纂《续滇南碑传集》。1957年，因《南诏野史》疵谬百出，编《南诏备徵录》7卷。1958年，纂《滇谚汇钞》3卷，成《历代滇诗选》二十卷。1960年，成《滇南近代诗钞》二十卷。1961年，成《滇词丛录》四卷、《太华山志》十二卷。1962年，任昆明市市志编纂委员会委员，成《滇南红豆集》二卷。1964年，成《翠湖小纪》二卷、《学山楼文集》十卷。"文革"开始后，仍发奋著述。1967年6月逝世，葬于昆明筇竹寺后山。

方树梅著述颇丰，除上述者外，尚有《陈虚斋年谱》《师斋随笔》《臞仙年录》《滇会梦痕录》《近代滇人著述书目提要》等等。他的著作，多未付梓，今分藏云南省图书馆和云南大学图书馆。

护国干城——顾品珍

顾品珍（1883～1922），字筱斋，昆明人。清末附生。光绪二十八年（1902年）留学日本，在宏文书院和日本陆军士官学校第六期骑兵科学习，在校时参加同盟会。宣统元年（1909年）毕业后回云南，任云南陆军讲武堂军事教官兼骑兵科长。

辛亥年（1911年）农历九月九日，昆明爆发"重九起义"，顾品珍积极参与，他率学生20余人，先攻占巫家坝骑兵团阵地，又带领学生迅速攻入城内，并亲斩小西门守将，后至北校场迎接义军大队人马入城。11月1日，云南军政府成立，顾品珍任军政府参谋部所属第五部（辎重弹药部）部长。此时，四川局势混乱，清政府川督赵尔丰仍占领四

顾品珍墓（字应军／摄）

川，云南军政府应重庆都督张培爵之请，决定派兵支援四川的革命斗争，顾品珍随谢汝翼梯团入川作战。援川回滇后，顾品珍先后任骑兵团长、云南陆军讲武学校（原讲武堂）校长、兵工厂厂长、陆军第二旅旅长、第二师中将师长、第六师中将师长、云南讲武堂监督等职。

1915年12月，袁世凯在北京复辟称帝，12月25日，云南发起护国首义，出师北伐讨袁。顾品珍任护国第一军总司令蔡锷所属主力第三梯团长。随蔡锷由昆明经宣威入川，与北洋军张敬尧、吴佩孚、李秉之等部鏖战泸州。1916年3月22日，袁世凯被迫宣布取消帝制，于6月6日死去，黎元洪升任总统，蔡锷任四川督军兼省长，顾的第三梯团改编为川军第六师，顾任师长兼成都卫戍司令。

1917年，孙中山掀起护法战争，云南唐继尧组织靖国军响应，顾品珍的第六师被改编为“在川靖国军第一军”，顾为军长（后称“驻川滇军第一军军长”）。同年，川滇两军发生两次成都巷战，滇军受挫。北洋政府趁机派长江上游巡阅使吴光新为四川查办使，率兵入川，企图把四川纳入北洋势力范围。顾品珍与滇军赵又新、黄毓成部联合，向重庆发起进攻，将吴光新部赶出四川。随后，顾品珍率部驻于四川资阳、简阳、资中、内江4县。

1920年3月，唐继尧下令免去熊克武四川靖国军总司令职，5月任命吕超、刘湘为四川靖国军正、副司令，又命驻川滇军第一军军长顾品珍、第二军军长赵又新联合黔军进攻熊克武。吕超等推举顾品珍为“追击总司令”。顾率滇军金汉鼎、田钟谷、胡若愚三个旅，黔军两个旅，川军唐明德师追击熊部，将熊克武赶往川北。同年冬，熊克武联络川军各部分别向成都、重庆及川南进攻。10月18日，泸州失守，军长赵又新战死，赵军所部归顾统领，滇军退出成都。形势已发生变化，顾品珍遂以“士兵厌战”为由，班师回滇。唐继尧为安抚顾，任命他为云南东防督办。但此时顾已有反唐之心，后来他与在昭通的旅长金汉鼎、纵队长杨蓁等人认为唐继尧穷兵黩武“私树党羽，不得人心”，“广搜民财，大兴土木，穷奢极欲，浪费无度”，以致云南“盗匪充斥，农工辍业，米珠薪桂，十室九空”，遂决定倒唐。

1921年2月9日，顾品珍在叶荃、杨蓁、金汉鼎的支持下率部回到昆明。众人推举顾任滇军总司令，维持社会秩序。同年4月20日，周钟岳辞去省长职务，顾在金汉鼎等人的提议下，于4月23日兼任省长。后唐继尧纠合部队兵分两路入滇，并收买滇南大土匪吴学显，从内部配合，向顾突袭。1922年2月24日，指挥部遭到吴学显匪部的袭击，参谋长和警卫营长相继阵亡，顾上马冲出重围，当他到天生桥时，脚受重伤跌下马来，遭土匪枪杀（一说为自杀），终年42岁。唐继尧顺利进入昆明，重上五华山掌握云南政权。

滇剧泰斗——栗成之

栗成之（1884～1952），原名崇信，昆明人。是云南滇剧艺术史上颇负盛名的艺术家，被人称为“滇剧泰斗”“云南叫天”“滇伶大王”。

幼时曾读私塾，经常到二纛街（今民生街）一带茶室听唱滇戏。久而久之崇信掌握了基本板眼，且嗓音、身体、扮相均好，故在十六七岁时，被几位滇剧老艺人看中，领到蒙自一带参加流动班子演出。20岁时正式在蒙自搭班，老艺人们对崇信祝贺说：“今天是你们唱戏成功之日。”崇信为纪念这个日子，遂依据“成功之日”改名“成之”。此后在各地挂牌演出，正式步入滇剧生涯。

栗成之博采众长，在艺术实践中独创自己的戏路。经过多年的求教、实践、研究，唱做技艺日臻成熟，并形成自己的特色，成为显赫一时的滇剧名伶。后因积劳成疾，在养病期间根据自己多年的艺术经验，悉心进行滇剧研究工作。在分析、比较、吸取京剧精华的基础上，栗成之亲自编著《滇剧指南》12册。20世纪30年代中期，曾率领滇剧班子到贵州、四川一带巡回演出，颇受省外观众和同行的赞赏。1940年前后，创办滇剧“继”字改进科班，在日寇飞机轰炸的危境之中坚持办学，培养了大批滇剧优秀人才。栗成之除到滇南等地演出外，还先后在老郎宫办学、演出。太和茶园、金马茶社、正义剧场等处，是他的主要演出场所。

栗成之身材、扮相、嗓音天赋独厚，表演上从人物出发，通过剧情，深挖人物的心理活动和性格特征。和李瑞兰在合演《桑园会》时，因观众太多，竟把厢楼压垮，原因就在于栗成之不是为唱而唱，而是把人物的心情唱活，把冷戏唱热。20世纪三十年代，他灌制了《三娘教子》《打侄上坟》《弦高救国》《捉放曹》《拜月赐环》《徐策跑城》等滇剧唱片。在《七星灯》的演唱中，通过气功变脸，表现孔明临终时的神态，堪称一绝。扮演《马房失火》中的白槐，《四进士》中的宋士杰，《醉金殿》中的李白，《徐策跑城》中的徐策等人物，充分表现了唱、念、做、表演俱佳的深厚功力。在《麦里赠金》等丑角戏中的表演亦为独到。他对滇戏唱腔和念白，总结了六项“滇剧之要诀”，一是戏要有四要：嗓音、字眼、腔调、板眼；二是戏要有五声：唇、齿、鼻、舌、喉；三是十三韵之分；四是字音之四呼：开口、齐齿、合口、撮口；五是应辨字音之尖团；六是滇腔之板腔系统。

栗成之为振兴滇剧耗尽一生精力，从剧目、表演、理论、戏德、育人等方面均有重大贡献，在滇剧史上留下不可磨灭的功绩。他还博得社会各阶层人士的高度评价，被誉为“滇剧泰斗”“云南叫天”“滇剧一天”“戏曲津梁”，称他的艺术为“清新俊逸”“超神入化”“誉满梨园”……这些褒誉，栗成之是受之无愧的。

1949年后，栗成之担任实验滇剧团团长，为云南省第一届政协委员。1952年病逝于昆明。

云南英语教育开拓者——柏励

柏励（1886～1940），字西文。1866年12月25日出生于中国（一说上海，一说广州，一说香港）。其父为法国人，曾任法国驻中国上海领事署办事员，母亲为广东高州人。柏西文8岁被送到英国读书，16岁时因病回中国休养了3年。1913年，柏西文携巨款入滇，原想在滇开矿，后意识到教育、培养人才意义更著，遂投身云南教育事业，他曾说："人生惟有读书最好。"

起初，柏西文被聘为云南甲种工业学校英文教师。在校期间，他发现英文课时甚少，便建议校长增加课时和课程，并开办补习班。次年到其补习班的学生渐多，又租借昆明南门清真寺场所，自办夜间补习班。不久，在补习班的基础上扩建为英语学会。学会建立后，为了专心教学，柏西文推荐他人任会长，自己任教务主任，专心于教学、教材、课程编制等工作。学会收费低廉，一般家庭子女亦有能力就读，因此求学者甚多，以至教室常爆满亦不能满足社会需求。学会持续开办16年多，几无利可言，惟培养了上千学生，其中后来有大成就者不下百人。柏西文是创办东陆大学的积极倡议者之一。东陆大学成立后他兼任英语教授。云南学生得以考送香港大学也同样得力于柏西文最多。以往云南学生到英国及其殖民地留学一直很不容易，经柏西文在中外之间不懈努力，云南公派留英学生名额得以逐渐增加。其中不少人还获得奖学金，仅他的学生就有18名。

1929年，柏西文又在昆明创办达文学校，由他的学生李国清任校长，继续为云南学生补习英文。1933年，他辞去云南大学的兼职英语教授之职，专心于达文学校的教学。1940年6月后，柏西文身体日渐衰弱，但仍坚持到达文学校上课，直至11月中旬病情太重才停止授课，12月28日与世长辞。

柏西文平生淡泊名利和享乐，终身独处，一生未娶，为云南教育贡献了他后半生的全部精力和心血，以广博的知识、高尚的品格，赢得了云南教育界的钦敬。他喜爱中国文化，临终前留下"穿中国服装入殓，按中国方式安葬"的遗嘱。他去世后，认识不认识的人，闻之同声哀悼。当时云南省政府也拨款为他治丧，把他安葬在昆明西山华亭寺左侧300米处。他的学生李国清、徐嘉瑞为他撰写墓志铭，刻石立于墓前，至今犹存。中华人民共和国成立后，政府和人民仍怀念柏西文。1988年，西山区人民政府将柏西文墓列为重点文物保护单位。

云南气象奠基者——陈一得

陈一得（1886～1958），原名秉仁，字彝德，云南昭通盐津人。因创办"一得测候所"即以"一得"为名。由于对科学兴趣浓厚，通过自修成为云南现代气象、天文、地震学科研究开创人。

陈一得成绩优异，曾有机会前往比利时学习铁路，但云贵总督锡良怕留学生参加革命，不予放行。之后陈一得就读师范学校。毕业后，在昆明的中等学校教书。

云南第一天文点（杨子人/摄）

陈一得对天文学、气象学有浓厚的兴趣，他利用丰富的教学知识，经过多年的观察，创制了以昆明经纬度为基础的“步天规”，并绘制出第一张“昆明恒星图”，并于1926年建起了自己的气象所，这也是云南的第一个气象所。1927年7月，陈一得将气象观测台设在他宿舍屋顶上，他家门口也挂上了“一得测候所”的招牌，旧址在钱局街上段民宅之内，这是云南最早的气候观测站，现已不存。1934年，陈一得在云南大学体育场实测云南子午线成功，建立了“云南大学天文点”，并立石标为记，这是云南的第一个天文点，后被列为云南省重点文物保护单位。1936年，云南省政府在西山太华山顶建云南省立气象台，陈一得任台长。

1958年10月17日，陈一得病逝于昆明。陈一得潜心研究，治学严谨，作风朴实，值得我们景仰。

首任市长——马锪

马锪（1886～1963），字少坡，云南省洱源县城北乡大果村人，白族。马锪为家中长子，曾任云南省军管区中将副司令；其二弟马锳，曾任国民党云南绥靖公署中将副主任；三弟马崟曾任滇军第十一师少将副师长，故有“一门三将、三迤一家”的美称。

马锪幼时在村中私塾读书。1909年，陆军讲武堂在云南开办，马锪得知消息后立即投考，录取在丙班。后来云南成立新军，需要中下级军官，学校由丙班中选80名优秀学生编为特别班，加强训练后提前8个月毕业，马锪名列其中。1911年毕业后，马锪与同学朱德、范石生、田钟谷、李文汉等人分发到新军见习，参与了辛亥革命云南光复的战斗。

1920年，马锪经唐继尧保送到日本陆军青山第一联队留学见习，1922年1月回国。1922年2月唐继尧回滇主政，马锪被委为上校参谋，不久升为陆军第五军少将参谋长。1924年4月，为加强昆明市政建设，马锪调任昆明市政公所会办，1928年4月升为督办（督办、会办相当于正副市长）。1928年8月，国民党政府正式批准成立昆明市政府，委任马铮为昆明市第一任市长。

马铮任昆明市会办、督办和第一任市长期间，廉洁奉公，专心市政。1929年春旱夏涝，作物歉收，马市长发起廉价粥厂，每天组织专人买米煮粥，低价出售或者布施。此外，还组织京剧、滇剧名角联合会串，开办义赈游艺会，市、郊贫民灾民每日受济者达数百人，为市民所称颂。马铮积极发展教育事业。1926年，尽管昆明市的教育经费贫乏，但马铮领导的市政府还是在东寺塔附近羊神庙新办小学1所，在云津街崇善巷开办民国小学（招男女生各1班），又倡导两广会馆新办粤侨公学1所。马铮还首先与有关方面和社会名流共商以茶花为昆明市市花。

1929年后马铮重回军界，先后任讨逆军第十路军总指挥部参谋长，云南陆军宪兵司令部司令。"九·一八"事变后，云南省政府提出"足食足兵，备战备荒"的口号，积谷练兵，拟定十年训练20万新兵的方案。1932年成立云南全省团务督练处，委任卢汉为处长，高荫槐、马铮为副处长。抗日战争爆发后，云南督练处为云南训练了大量的士兵。五十八、六十两军，约共七万人，在抗日战争后以滇军整编而成，开赴前线作战，云南团务督练处七年教练之功至关重要。处长卢汉在外医病，很多时候由马铮代行处长职务。马铮为训练全省兵丁，储备抗日兵员，亲自制定训练方案，亲自到外地检查，为抗战作出了应有的贡献。

一级上将——朱培德

朱培德（1888～1937），字益之，安宁人。出生于仕宦之家，书香之门。先祖朱化孚为明代湖广按察使，父朱秉堃系清代举人。其父出任广通（今属禄丰县）书院山长时，携全家同往。1892年，父秉堃去世，培德年仅4岁，与长兄润德、幼弟树德一道被叔父朱秉鉴接回安宁。

1910年，考入云南陆军讲武堂，以优异成绩选进丙班学习，与同期的朱德并称为"模范二朱"。1911年，参加"重九起义"，不久升为连长。1913年6月，被选送讲武堂步兵科深造，毕业后升任营长。1915年，护国起义后，升为护国第二军支队长。

1916年2月20日，护国第二军在总司令李烈钧的指挥下，出师桂、粤，朱培德支队为前头部队，屡建战功，并创造了以少胜多的源潭大捷，后被授予少将军衔，并升为羊城攻略军司令。护国运动胜利后，第二军奉命南撤，回师广州，改三、四两梯团为三、四两师，朱培德升任四师七旅旅长。

1918年，护法战争期间，朱培德率领杨益谦、张怀信、赵德裕（云南保山人）三支队北上迎敌，歼敌万余人，粉碎了冯、段的军事进攻，升任第四师师长兼广州卫戍司令，时年30岁，与大理人赵慧君女士借胜利之庆，在广州酒楼举行婚礼，孙中山出席并主婚。

1921年4月，孙中山在广州就任非常大总统及陆海空三军大元帅之职，再次组织北伐，由李烈钧函请朱培德南来。朱培德接信后直奔桂林，就任北伐滇军总司令兼前敌总指挥。1922年6月，粤军总司令陈炯明突然叛变，朱培德奉命回到广州，因陈军所阻转至桂林。1923年2月，孙中山由上海回到广州设大元帅府，再次准备北伐，将朱培德北伐滇军改编为大本营拱卫军，并由朱培德兼任大本营参军长并代理军政部长。1924年9月，孙中山发表第二次北伐宣言，朱培德任北伐军中路总指挥，率军入江西。1925年6月，朱培德奉命平息杨希闵、刘震寰驻粤滇、桂两军叛乱，被广东革命政府任命为建国滇军总司令。同年7月，广州国民政府成立，朱培德被选为国民政府委员、军委会委员兼军需部长。所有北伐军改编为国民革命军，朱培德为第三军首任军长。10月5日，国民革命军第二次东征开始，朱培德担任南路军总指挥，于次年2月，渡海歼灭陈炯明退逃海南岛的全部残余武装，为广东全省的统一建立了卓著功勋。1926年3月，广州发生"中山舰"事件，军队中的共产党员和进步人士遭到迫害，朱培德则以军长职权将迫害本军共产党的教育长熊式辉撤职，并慰问本军全体受害政工干部。同年7月，国民政府发表第三次《北伐宣言》，并在广州举行誓师大会，由总司令检阅部队，朱培德被指定为检阅总指挥。部队出发时编为左中右三路军，朱培德为中路军，其任务是策应左右两路。9月7日，左路军在朱培德率领的第三军策应下，胜利攻克武汉，宣告了北洋军阀吴佩孚的失败。随即朱培德又奉调江西，成为右路军的主力，于11月6日进入南昌，军阀孙传芳宣告失败。占领南昌后，朱培德被任命为江西省临时政治委员会委员、代理主席、南昌警备司令。

1927年4月，朱培德因功升任江西省主席兼第五路军总指挥，辖王均（云南呈贡人）、金汉鼎（云南江川人）三、九两军。同年"四·一二"政变，蒋介石全面清洗共产党员和革命人士，朱培德则以文明的方式礼送三军中的上述政工干部，并在动员会上表示："留者欢迎，走者欢送，朱某决不给兄弟们为难。"留下的朱德，仍像从前一样受到信任。这与其他各军清查抓捕形成鲜明对照。7月下旬，朱培德觉察到朱德、贺龙、叶挺等联系密切，必有重要举动，为避免牵连，他让王均到遂川掌握部队，他自己向蒋介石请假上庐山疗养，南昌的军政要务统由朱德处理，在客观上为"八一"南昌起义提供了方便条件。1928年11月7日，朱培德调任湘赣"剿匪"总指挥，对中国工农红军发动军事围剿，战败后，以"清剿"不力被免职。但在蒋介石对冯玉祥、阎锡山、张作霖、李宗仁、白崇禧等军阀的战争中，朱培德都作出重大贡献。

1932年3月，改任军委会办公厅主任。1933年12月，兼任军事训练部总监。1934年12月，兼任代理总参谋长，曾受命主持修建沪宁国防军事工程。1935年4月，国民政府颁布新的军衔制，朱培德被授予一级上将，成为全国八大一级上将之一。1937年2月17日，朱培德因打针中毒，不幸逝世。

朱培德逝世时，年仅49岁。噩耗传出，举国悲痛。当时《云南日报》甚至发表社论“请国葬朱上将”。朱培德灵堂设于总统府，各界往悼人士，络绎不绝。汪精卫敬挽：“从昆明出师以来，寸寸关山留战绩；自羊城订交以后，心心相印独公多。”蒋介石悼曰：“益之一生为公不为私。”

滇军名将——杨蓁

杨蓁（1889～1925），字映波，云南昆明人。少时家贫，靠父母省吃俭用入东文堂读书，后考入云南优级师范学校。1906年加入同盟会，1909年考入云南陆军讲武堂，入丙班学习军事。读书期间秘密建立同盟会组织，联络各班反清同学，宣传同盟会纲领。

1911年，昆明爆发“重九起义”，杨蓁英勇地投入其中，但当蔡锷任云南都督后，执行梁启超“运用滇军控制川、黔，雄踞长江上游，以观天下之变”的“西南政策”时，杨蓁认为不可，便只身离开云南，北上燕赵，投奔河北义军领袖吴禄贞，以期扫平清室。途中听闻吴禄贞遇刺身亡，遂决定转道南京，晋谒孙中山先生。杨蓁受到孙中山的巨大鼓舞，参加暗杀团，准备刺杀袁世凯。在他行将抵达北京时，袁世凯转向革命，已无行刺必要。于是杨蓁返回云南，加入滇军。

1914年初，杨蓁受云南都督唐继尧委派担任营副。同年6月，孙中山在日本东京成立中华革命党，以反对袁世凯取缔国民党、镇压革命派的行径。杨蓁在昆明起而响应，与邓泰中、董鸿勋等滇军将领加入中华革命党，并创办《滇省报》《觉报》等报刊，揭露袁世凯专制卖国，痛斥进步党为虎作伥。

1915年12月12日，袁世凯在北京称帝，云南于同月25日通电全国，讨伐袁世凯，护国运动爆发。在起义之前，杨蓁已接受唐继尧的命令，担任刘云峰第一梯团第一支队长，与邓泰中第二支队一同以剿匪的名义开到了昭通，通电发出时，立即出其不意，进入四川，袁世凯为之大惊。蔡锷率领的护国军主力进入四川后，杨蓁受命投入纳溪战役，但在是战还是守的问题上与蔡总司令发生分歧，被调回云南休整。

1917年段祺瑞废除约法，实行专断，孙中山发起了护法运动，云南起而响应，联合川、黔、桂、粤、湘、秦六省组织七省靖国联军，出师北伐。杨蓁为总参谋长，授中将军衔。后因对唐继尧以滇控川战略提出异议，被免去军职，调任云南咨议厅长。不久赴日本考察军事。途经上海，谒见孙中山，建议团结驻川各军，共同北伐。建议为孙中山所采纳，但遭熊克武阻挠，未能成功。孙中山对熊克武所为极为愤怒，即时电令唐继尧出兵讨伐之，熊克武反目，川滇交恶。

1920年，杨蓁结束了在日本的考察后回到云南，毅然参加唐继尧讨伐熊克武的军事行动。但四川幅员广阔，兵力雄厚，川军各部联合行动，驻川滇军惨遭失败，赵又新第二军在泸州覆没，顾品珍第一军撤回云南。顾品珍倒唐主滇后，指派杨蓁担任滇中卫戍司令。杨蓁上任后，遵照孙中山提出的兵工政策，率领所部，首筑昆明至腾冲的昆腾公路昆明段。1921年4月，杨蓁劝顾品珍出兵北伐，与顾意见相左，离开云南到达广州，后又到达香港。

1923年夏，广西军队首脑沈鸿英与北洋军将领方本仁联合进攻广州，军政府告急，大总统受难。杨蓁联合驻粤滇军将领杨廷培、廖行超等部奇袭沈军并大胜，方本仁部溃败，解了广州之围。4月19日，杨蓁等又在白云山粉碎了叛军沈鸿英的反攻。因功劳卓著，孙中山将他调升大本营参谋长。

1925年初，滇桂交战，杨蓁担任大元帅府组织的拒唐援桂联军范石生部参谋长兼前敌总指挥，将唐军龙云部围困在南宁。龙部突围后，范部紧紧追击至云南广南，杨蓁不幸被刺身亡，时年36岁。

爱国将领——高荫槐

高荫槐（1889～1976），号蕴华，云南昆明人。清光绪三十年（1904年）考入云南武备学堂，次年毕业，以优异成绩选送河北保定陆军速成学堂深造。清宣统元年（1909年）学成回滇，担任排长，驻防滇南。宣统三年（1911年）辛亥革命爆发，高荫槐于同年11月参加朱朝瑛、赵复祥等人领导的临安（今建水）起义。胜利后率部平定蒙自兵变，并推动滇南各县光复。

民国元年（1912年），高荫槐担任殷承瓛西征军二等参谋，入藏平叛，次年2月班师回滇，升任营长，驻守昆明。

此后数年，高荫槐任云南陆军讲武学校将校队队长、云南护国第一军左翼部队参谋、滇军步兵第十一团团长、建国联军总司令部参谋、第三十八军参谋长、三十八师三旅旅长、云南团务督练处副处长等职。

“七七事变”爆发后，省主席为了抵御侵略，保卫国土，“将全滇人力、物力贡献中央”，先后编成60、58两军出征抗日。60军在卢汉的率领下，于10月5日在昆明誓师出征，高荫槐任第二师师长，即中央番号183师，率部与从。

1938年4月22日至5月14日，作为甲种部队的六十军，在第二次台儿庄战役中，历时22天、牺牲1.1万人、负伤1.4万人，将日军的三个王牌师打垮了两个，即坂垣第五师团、矶谷第十师团，取得了第二次台儿庄血战的重大胜利。在这次血战中，高荫槐183师和安恩溥182师担负主攻。尖刀部队尹国华营与敌人血战，该营除1人外，其余500余人全部壮烈殉国。高师两旅四团，在胜利完成任务后，缩编为一个团。但是他们捍卫了日军要争夺的台儿庄，并守住了城外的许多重要村庄和阵地，军长卢汉因此升任第三十军团军团长，高荫槐升任副军团长。

同年9月，高荫槐和卢汉一道奉命率军团参加武汉保卫战，担任防江任务，他们成功地将日军增援部队第九师团阻止在汉北，保证了武汉市民及政府机关安全撤退，因此得到第九战区司令长官部和全国最高统帅部的通令嘉奖。

10月1日，奉最高统帅部之命，云南出征抗日部队改组成第一集团军，辖六十军、五十八军和新三军，龙云任总司令。12月1日，卢汉升为副总司令，次年2月28日，高荫槐升为副总司令。后又兼任新三军军长。

1940年9月，由于日军南进政策迅速扩大，祖国西南及东南亚各国受到严重威胁，六十军奉调回滇，驻防开远、蒙自等地，第一集团军总部由卢汉带回，剩下的五十八军、新三军设副总部于江西，由高荫槐统率，继续在华南、中南战场抗击日本军队。

1942年10月，高荫槐因脱离滇军体系被免职，留居贵阳。1947年退役，变服为民，不问政事。1950年全国解放，高荫槐回到云南。1976年在昆明病逝，终年87岁。

“云烟奠基人”——徐天骝

徐天骝（1901 ~ 1989），原名徐嘉祜，曾用名徐嘉锐，生于昆明。1920年徐天骝赴法留学，半工半读，先进修初高中课程，后去烟厂学习种植和烤烟技术。1924年考入法国国立瓦乐耶大学，获法国国家博士学位，后又获法国国立巴黎大学农学院农学博士学位。1927年回到云南。先被聘为云南省实业厅厅务委员，后任教于省立女子中学、省立女子师范、省立一中，1931年被聘为东陆大学法文教授。中华人民共和国成立后任教于云南大学、昆明农林学院、云南农业大学等院校。

徐天骝60多年研究烟草、引进并推广美国弗吉尼亚良种烤烟“大金元”，首创中外烟草国际经济技术交流与合作之先河，培养出一大批烟草科技人才和专家。系统地整理出一整套符合云南特点的烟草栽培、烤制、管理技术理论，指导生产出的云南烤烟，在1953年全国烟草质量首次评比会上，夺得全国烤烟之桂冠，创下了“云烟”这块金字招牌的辉煌，为云南省和全国烟草产业的发展奠定了坚实的理论基础。在1980年6月云南省烟草学组成立大会上率先提出用高科技手段，综合开发利用烟草的科研课题。徐天骝也因此被誉为“云烟始祖”“云烟之父”“云烟奠基人”等。

“中国美术家中的天才”——廖新学

廖新学（1902 ~ 1958），富民县永定镇人。父亲早逝，家庭生计全靠母亲手工刺绣和做童装、童帽的收入维持。受母亲刺绣的影响，廖新学自幼喜爱画画。不论在家还是在田野，他常将大地作画板，用木棍、木炭或石块甚至手指作画笔，画山画水、画鸟画花、画人画兽，用泥作原料捏人、捏小动物。

1919年，经人介绍，廖新学到昆明市华山南路“如真像馆”当学徒，拜李鸣鹤为师，学作画。1921年又到“荣光照相馆”学摄影。1925年出师后，在护国路开设“新学美林画馆”。此时，他已经掌握了肖像画、动物画、风景画及雕塑、摄影的艺术技巧。他的作品《昆明大水灾》《农民插秧》《渔家生活》等多幅油画以及为龙云、卢汉等人绘制的肖像和塑造的雕像，展示了他年轻时代的艺术才华。

1929年，廖新学受聘为昆明民众教育馆艺术部主任。他一面工作一面学习法语，并向在昆明任教的日本雕塑家吉川学习雕塑。1932年底，他考入南京中央大学美术系，在徐悲鸿的指导下学习素描。1934年留学法国，学习雕塑。次年2月考入法国高等美术学院雕塑系。留学期间，廖新学学习刻苦，成绩优异。1937年制作的半身男雕像第一次获春季沙龙奖，半身女雕像获世界博览会银质奖，雕塑少年头像被法国邮政部门用作1939年明信片画面。

1943年美术学院毕业后，廖新学在巴黎从事美术创作。期间曾到意大利、英国、瑞士、比利时等国观摩画展，学习西方绘画技巧，创作出不少优秀的作品。在巴黎创作的《白孔雀》《黑天鹅》等6件大型雕塑作品，荣获1945年国际“沙龙艺术之友”金奖。1946年创作的男立像获沙龙竞赛金质奖。当时的《巴黎报》在英、法文版高度评价廖新学，说他是“欧洲最有影响的中国画家之一”。同年在法国独立艺术协会的支持下，他在巴黎举办了“廖新学中国画展览”。巴黎画坛的艺术家称他是中国美术家中的天才。

《设色花鸟：独立苍茫》
（昆明市博物馆官方网站）

1948年，廖新学回国，居住在昆明，同年11月在昆明胜利堂举办画展，赢得省城各界人士的赞誉。1950年受聘为昆明师范学院教授、艺术系主任。为丰富学生的绘画知识，他增设一门粉画课，将从法国带回的一盒粉画颜料分发给学生使用，并研究制作粉画颜料，在云南推广粉画。他常在星期日带学生到郊外写生，亲自为学生做示范，边画边讲，耐心指导。

廖新学一生专注于艺术创作和培养人才，终身未婚，1958年病逝于昆明。骨灰葬于西山原聂耳墓西侧。1983年重修陵墓时，著名艺术家吴作人为墓碑题书“美术家廖新学之墓”。

遗臭万年的贪官——许良安

许良安，生卒年不详，墨江县通关街人，国民党军统特务。1943年初任路南县县长。

许到任后一方面大肆搜刮民脂民膏，中饱私囊；一方面野蛮镇压路南中学进步力量，以为“党国”尽忠。

1943年10月，路南县政府违背中学生学习期间缓服兵役的有关决定，擅自抓走一名学生当兵，激起了师生的愤慨，校园内贴出的揭露贪官污吏抓丁派款、鱼肉百姓罪行的壁报，激怒了县当局。11月23日，许良安率领武装警察三十多人闯进路南中学，大肆搜查办公室和宿舍，诬陷学校教导主任刘桂五、训导主任张孝昌是共产党员，并抓捕到县政府。此举使路南中学师生和人民群情激奋，发起了“倒许运动”。

“倒许运动”震动了省政府，12月中旬，省政府派员到路南调查，群众历数许良安的种种劣迹，要求省政府秉公处理。随后许良安被撤职。路南历史上的“倒许运动”取得胜利。闻一多先生称路南的这一事件为“小五四运动”。路南一中为纪念这次斗争，决定每年11月23日为校庆日。

运动胜利后，为使许良安遗臭万年，也为警诫后者，路南县机关及全县民众于民国33年（1944年）1月10日立《路南县贪官许良安遗臭碑》，现在县文化馆武庙墙外。上刻《遗臭碑简记》，叙录了许良安的贪污和暴虐事实。古往今来因贪婪和暴戾而被贬、被逐、被打倒，甚至被刺死者大有人在，而因此被立碑勒石遗臭万年者，许良安鲜有同伴。

飞虎队长——陈纳德

克莱尔·李·陈纳德（1890～1958），美国空军中将。二战期间他率领的中国空军美国志愿援华航空队痛击日寇，屡立战功，为中国抗日战争作出重大贡献，以“飞虎队”的美名著称于世。

陈纳德的签名照片（昆明市博物馆官方网站）

1918年，陈纳德在第一次世界大战时在军中服役，到长岛米契尔机场担任第46战斗机队的副官。1920年，正式成为飞行员。1923年，调任夏威夷珍珠港担任第19驱逐机中队中队长。1930年，陈纳德被保送到维吉尼亚州兰黎空军战术学校学习，毕业后，在阿拉巴马州马克斯韦尔基地的航空兵战术学校任战斗机的战术教官。1935年，陈纳德编著出版《防御性追击的作用》，在该书中论述了战斗机的重要性，但在当时未能受到足够重视。

1937年5月，陈纳德应邀来到中国，并受到蒋介石和宋美龄的接见，身兼航空委员会秘书长的宋美龄任命其为空军顾问，协助中国发展空军。1938年8月，根据宋美龄的要求，陈纳德到昆明筹办航空学校，为中国训练飞行员。

1940年，苏联与日本在远东的关系出现缓和，苏联志愿航空队从中国撤走。中国空军在数量和质量上都处于绝对劣势，于是，蒋介石请陈纳德回美国寻求援助。最初，陈纳德在美国为中国进行的抗日宣传并未获得广泛理解与支持。直到1941年，美国总统罗斯福对日本的政策渐趋强硬，才同意陈纳德帮助中国组建空军，以期拖住日本。陈纳德先通过援助盟国武器的“租借法案”，为中国提供100架P-40战斗机；同时又准许退役或预备役美军士兵到中国参加美国志愿队。

1941年7月，陈纳德返回中国时，已有68架飞机、110名飞行员、150名机械师和相关后勤人员到达中国。8月1日，蒋介石发布命令，正式成立“美国志愿大队”（英文名：American Volunteer Group，简称AVG），又称“中国空军美国志愿援华航空队”，陈纳德任大队指挥官，下辖三个中队。12月7日，陈纳德率第一中队和第二中队抵达昆明。20日，日军飞机来袭，昆明机场所有的飞机都升空迎击，10架入侵飞机，被击落6架，3架负伤，志愿队无一受损。志愿队首战告捷，极大地鼓舞了中国军民，士气大增。当晚，昆明各界还为美志愿队举行庆功会。各大报纸头版头条详细报道了战斗经过，并把美国志愿队的飞机称作“飞虎”，从此“飞虎队”便成为美国志愿队的代称。此后，陈纳德率领的飞虎队还配合盟军开辟了从印度到昆明的“驼峰航线”，为抗日战争输送物资。

1941年12月，日本向英美宣战后，飞虎队曾到仰光协同英军作战，对日作战31次，共击落日机217架。陈纳德亦恢复美军现役，并升为准将。1942年7月，飞虎队宣告解散，改编为美国第10航空队第23大队（亦称美驻华空军特遣队）。1943年3月，特遣队扩编为美国陆军第14航空队，陈纳德晋升少将司令。在整个二战期间，陈纳德指挥的航空队，战功卓著，以500架飞机的代价击毁日机2600架，击沉日舰44艘，击毙日军6.67万人，炸毁敌人桥梁600座。

1945年7月，陈纳德辞职，8月1日离开中国，距日军投降仅半个月。对于自己不能亲自参加日军受降仪式，他曾十分遗憾地说：“8年来我唯一的雄心就是打败日本，我很希望亲眼看看日本人正式宣称他们的失败。”在陈纳德离开中国前，他被授予了中华民国最高荣誉——“青天白日大蓝绶带”，也算有所安慰。陈纳德因参加中国抗战而与中国结下不解之缘，还邂逅了中国女记者陈香梅，1947年两人结婚。

1958年7月27日，陈纳德因病在华盛顿去世，享年67岁。美国国防部以最隆重的军礼将其安葬于华盛顿阿灵顿军人公墓，墓碑正面是英文墓志铭，背面则是中文书写的“陈纳德将军之墓”，这是阿灵顿公墓中唯一有中文的墓碑。

埃纳河畔的英魂——马毓宝

马毓宝（1894～1918），字善楚，回族，昆明人。1909年入省立高等学堂实业科，后投笔从戎，考入云南讲武学校，1912年作为优秀生提前派往南京军官学校学习。1913年“二次革命”爆发，马毓宝前往江西湖口参加革命，在军中任营长，革命失败后回滇，次年出任玉皇阁、董干、田蓬等汛一等副汛长。

1915年，袁世凯在北京称帝。滇省组建护国军准备护国讨袁，护国军第二军总司令调马毓宝到杨益谦部任副营长，驻守桂林。不久奉调回省担任募兵委员，后调蒙自任保安团教练官。在蒙自任职期间，常与法国驻蒙自领事往来交谈，谈及对法西斯罪行的愤慨，他的正义之精神令法领事深为感动，遂为马毓宝多方联系，经法国政府特准，前往欧洲战场参战。时中国加入协约国对德宣战，马毓宝的正义之举得到滇督唐继尧鼓励，以正式公文致中国驻法公使，照会法国陆军，马毓宝遂被编入法国陆军外籍志愿军团义勇挺进团，开赴前线作战。出发前中国政府派驻法国的观战团团长、陆军中将唐在礼接见马毓宝，并要求他在前线逐日将战情写成日记。马毓宝先后寄给唐在礼的日记有好几本。

1918年3月至6月，马毓宝先后在索姆河大战和色尔河前线大战中受伤。中国驻法国公使胡维德和中国在法的观战人员极为称赞他的英雄气魄，对他的才智和品德十分推崇，想留他在巴黎进陆军军官学校深造。他认为战争未息，中途退离战场是一种畏缩的表现，会功亏一篑，实在不明智。1918年秋天他重返前线，参加旧庇卡底省的第三次大战。

1918年9月2日，在索姆河上亚眠城东面的哈姆省东南的哈姆前线，在追击敌人时，马毓宝不幸中弹，壮烈牺牲，终年24岁。

毓宝的遗体，由法国政府按穆斯林礼节，葬于法国埃纳省苏瓦松专区埃纳河畔维克城的法国陆军公墓。在花岗石的巨大墓碑上刻着“1918年9月2日为法国而阵亡的外籍志愿军烈士马毓宝”。

马毓宝牺牲后，家乡昆明准备为其举行隆重的纪念仪式。1920年春，特派员到云南，筹备马毓宝公祭大会。大会在昆明忠烈祠举行，由靖国联军总司令兼云南省省长唐继尧主持。中央政府各部院、各省重要军政人物、各国驻华使馆、各界社会知名人士敬献挽联或祭品。孙中山亲书挽联“黄胄光荣”，前总统黎元洪也书写“邦家之光”的大幅横联，云南回教俱进会敬“中国有人”巨型木质漆金匾额，配联“天地四方，有志有士；勋名万里，无古无今”。公祭结束后，在忠烈祠安放灵位。同时还用多种文字编纂《马毓宝纪念册》，将他的英雄事迹在全世界传播。

爱国实业家——缪云台

缪云台（人民网）

缪嘉铭（1894～1988），字云台，出生于昆明一个经营酱菜的小业主家庭。7岁开始读书，1907年考入方言学堂英文班（后改云南高等学堂），1912年进留学预备班，继续深造英语。1913年，他被云南省政府选派留学美国，先后在美国堪萨斯州西南大学、伊利诺大学和明尼苏达大学攻读矿冶。毕业后，在纽约实习一年多后于1919年秋返回祖国。历任云南锡务公司总经理、云南省政府高级顾问、省政府委员、农矿厅厅长、劝业银行经理、富滇新银行行长、云南省经济委员会主任委员、国民参政会参政员。抗日战争胜利后，出席了在重庆召开的政治协商会议。随后，出任国民政府行政院政务委员、处理美援物资救济委员会主任委员、国大代表、立法委员。

缪云台回到祖国后，决定用所学本事振兴云南经济。为了改善个旧所产大锡质量，亲赴马来西亚、新加坡等国考察冶炼技术，后又以高薪聘请工程师，购买设备和技术，个旧锡矿取得了经久不衰的信誉，产量也大幅度增加，成为云南外汇的主要来源，使个旧赢得“锡都”美称。

1934年，他出任富滇新银行行长，加强外汇管理，把个旧厂商出售大锡的外汇买入富滇银行。这一举措，直接损害了法国东方汇理银行的利益，遭到该行的强烈反对。法国驻越南总督命令海防海关控制过境的出口物品，不许滇越铁路运大锡。云台毫不畏惧，他说，法国人用铁路来卡我们，我们就用牲畜驮运大锡。由于他坚决斗争，东方汇理银行不得不作出让步。1935年，在他的建议下，云南省政府又发布命令，禁止东方汇理银行在云南发行越币。在当时的历史条件下，他为了维护国家的主权，敢与外国侵略势力进行斗争，这种精神是十分可贵的。1937年底，代表云南省政府与缅甸商定修筑滇缅公路，并奔波于缅甸、云南之间，勘探地形、催促兴工。1939年，公路终于全线通车。他还与法国方面商定由滇越铁路输入军火和大米等问题，并为安排接待进入云南的美国盟军做了大量工作。

抗战胜利后，云台出任行政院处理美援救济物资委员会主任，成绩显著。1949年去香港，1950年移居美国。在美国期间，台湾当局曾邀请云台去台湾，但遭云台拒绝，后被台湾当局吊销护照，云台只好申请在美国的永久居住权。云台在美，心系中华，时刻关心着祖国，关心着故乡，1973年和1976年曾两次回国观光。1979年，他毅然放弃美国国籍，回国定居，历任对外经济贸易部特约顾问，中国国际信托投资公司董事，被选为第五届全国人大常委会委员，第五届全国政协常委，第六届、第七届全国政协副主席。

1988年9月3日，缪云台逝世于北京，终年94岁。

戏曲理论家——徐嘉瑞

徐嘉瑞（1895～1977），字梦麟，原籍昆明，出生在邓川县。著名戏曲理论研究家。6岁随父学习，15岁考入昆明工矿学堂，但因当时家境贫寒，改读省立师范。18岁，父病逝，徐嘉瑞被迫辍学，到昆明陆军医院任司药，但他仍奋发自学，博览群书。1923年入昆明承德中学、省立第一中学、省立女子中学任教。1924年出版了第一部著作《中古文学概论》，胡适为之作序。后又在大理书院、曲靖书院任山长（即校长）。

徐嘉瑞积极宣传民主、科学，提倡妇女解放，兴办义务教育，支持创办求实中小学。1927年，徐嘉瑞加入中国共产党，负责学运、情报和宣传工作，办地下刊物《压榨》《南焰》，任《民众日报》社长兼编辑。后因报纸宣传进步思想而被查封，他远赴上海，加入中国文学研究会，经郑振铎邀请，到暨南大学、复旦大学和中国公学任教，后又到日本学习。1930年返回家乡时中共云南党组织遭到严重破坏，徐嘉瑞与党组织失去了联系。1931年他回昆明女中任教，又到达文学校教高级班英语。1939年任云南大学教授兼文史系主任。此期他参加抗日救亡运动，任中国文艺界抗敌协会云南分会主席，主编了抗战诗刊《战歌》，发起援救迁至西南的被生活所困教授、作家、艺术家活动。1943年与党组织接上关系，负责联系云南文化界、教育界人士。1946年在武昌华中大学任教，1948年回云南大学，因他支持学运很快被解聘。1950年后先后担任云南省文教厅厅长、作协云南分会主席、全国人大代表、全国文联常委、省政协委员等职。曾随周恩来总理访问缅甸。

徐嘉瑞毕生从事教育、文化工作，成绩显著、著作颇富、造诣较深。除教育工作以外，主要进行中国文学研究、云南民间文学研究和创作活动，涉猎文化史、民族学、语言学、考古学、戏剧理论、戏剧创作等多个学科。先后著有《中古文学概论》《近古文学概论》《云南农村戏曲史》《金元戏曲方言考》《大理古代文化史稿》，以及歌剧《望夫云》等。其《大理古代文化史稿》得到了当时众多专家学者的高度评价，罗庸、方国瑜亦为该书写序。至今，该书仍是研究大理地区，特别是白族文化、白族历史的重要著作。

因为对云南花灯极为喜爱，徐嘉瑞陆续邀请民间艺人陈老爹、方老爹、段文、董义等录剧本、说唱腔、讲灯史，在1940年写成《云南农村戏曲史》。他还选了几曲花灯曲调，请琵琶演奏家李廷松用工尺谱录下。当他携稿求印时，云大却以“鄙俗俚曲”而拒绝印行。后经方国瑜、刘尧民等教授力荐，才于1949年付印出书。1958年云南人民出版社又将此书重印发行。

1949年9月，他在《正义报》上发表了新花灯剧《欢迎新太阳》，号召工农大众行动起来迎接解放。1950年他又修改此剧，发表在《云南人民日报》上，当时云南大学学生编演了花灯剧《保家乡》得到徐的热情支持，他还积极支持成立学生业余花灯团，并写了《姑嫂拖枪》《立功回家》《驼子拜年》等花灯剧，供云南大学、昆明师范学院学生花灯剧团演出。1950年春，昆明市各族各界代表到沾益迎接解放军进昆明，云大花灯团被指派为惟一的随团文艺演出队，演出了《姑嫂拖枪》等剧，受到解放军指战员的热烈欢迎。

1950年2月，在中共云南省委的领导下，他会同省文联的陆万美等人，汇集了一批花灯艺人，组成昆明花灯联谊会春节宣传队，在市郊演出花灯新剧，宣传党的政策。在此基础上，又由省文联戏改会吸收了一批老艺人和青年演员，于同年4月成立了昆明人民花灯剧团，演出了大批优秀传统及新编剧目，受到好评。在建立剧团过程中，他亲自过问、商议，多次观看宣传队及剧团的演出，发表了许多中肯的意见，为弘扬云南花灯艺术，为建立新型的云南花灯队伍，付出了心血。“文革”中他遭到残酷批斗，身心受到严重摧残。1977年10月2日，因病逝世，终年82岁。

英勇的民族战士——严家训

严家训（1898～1938），字诲诚，富民人。幼年丧父，16岁离家从军。先后在滇军中担任排长、连长、营长、团长及云南省主席龙云侍卫大队长等职。在蒙自、建水等地剿匪时，因作战勇敢，有“猛将”之称。他带兵纪律严明，克己奉公，事必躬亲，体恤部下，深得军中将士好评。

1937年，抗日战争爆发。病休在家的严家训多次请缨赴抗日前线为国杀敌，后被龙云任命为60军183师五四一旅1082团少将团长北上抗日。1938年4月21日，六十军所辖3个师12个团共4万多人到达台儿庄，受命布防二线。183师集结于陈瓦仓、小庄、五圣堂和凤凰桥一带。严家训的1082团奉命据守凤凰桥和瓦窑路。22日拂晓日寇进攻，1081团团长潘朔端挥兵进至途中与敌相遇，小庄失守。严家训率1082团官兵冲进东庄与日寇浴血奋战，英勇杀敌。23日战斗激烈，连长黄文钦阵亡时，身上留下一封致新婚妻子的遗书写道：“倭寇深入国土，民族危在旦夕，身为军人，义当报国，万一不幸，希汝改嫁，幸勿自误。”看了此封信，更激起了严家训和将士们为国抗日、为兄弟复仇的决心。24日拂晓，日军集中炮火对东庄、凤凰桥一带狂轰滥炸，步兵冲锋十多次，均被1082团击退。

严家训自4月22日战役开始以后，亲自在前沿阵地指挥，带领全团官兵英勇杀敌。4月28日，严家训在战壕中巡视指挥时，不幸被敌人炮弹碎片击中而牺牲，为国捐躯，时年40岁。

严家训牺牲后，由于其作战英勇，战功卓著，经报最高统帅部特许，发回原籍安葬（富民县永定镇元山村）。灵柩途经武汉、重庆等地时，受到沿途各界的公祭和悼念。1938年8月13日，昆明市人民在古幢公园举行盛大的迎灵仪式。云南省主席龙云在会上发表讲话时说："严团长的死，是为国家民族争生存，为滇人争光荣……"《云南日报》的悼念文章写道："安息吧!英勇的民族战士!三迤健儿会为你复仇!"

1984年11月28日，中华人民共和国民政部追认严家训为革命烈士。

云南第一位女共产党员——吴澄

吴澄（1900～1930），女，字幼清，又名剑秋。1900年出生于今盘龙区桃源街。吴澄自小成绩优异，1917年以第一名的成绩考入省立女子师范预科。在校期间，特别是五四运动爆发后，她在校内组织读书会，成立图书室，阅读进步书籍报刊，接受新思想，探讨妇女出路问题，团结领导同学参加革命活动。

1924年，吴澄以前三名的成绩从女子师范学校毕业，分配到昆明市立第五小学任教。1925年9月共青团云南地下组织建立，吴澄由李国柱介绍首批加入中国共产主义青年团。李国柱到苏联学习期间，由吴澄负责云南的共青团和"青年努力会"工作。

1926年8月吴澄由李鑫介绍加入中国共产党，成为云南省第一位女共产党员。11月7日中共云南地下党特别支部成立，吴澄任书记。她受组织指派，利用与龙云夫人的同学关系，不顾个人安危，深入龙云家中做工作，策动"倒唐（继尧）"，为1927年2月6日云南"二六政变"、迫使唐继尧下台作出了积极的贡献。1927年4月下旬，作为正式代表出席中共第五次全国代表大会，并列席青团四大。

吴澄烈士墓（字应军/摄）

1928年秋，与李国柱结为夫妻。

1930年当局实行反共清共政策，大肆抓捕共产党员，因叛徒出卖，吴澄与李国柱等同时被捕，被分别送往五华山审讯。当时，吴澄已有孕在身，但她仍然威武不屈，并利用审讯之机，揭露国民党的行径。

1930年12月31日，吴澄与李国柱、王德三、张经辰等在昆明西郊地台寺英勇就义，时年30岁。后被追认为革命烈士。

“云南的谢晋元”——赵琛

赵琛（1900～1938），字玉波，晋宁人。16岁被征入伍。初为步兵，后因处事有胆识，被提升为特务长。1927年2月，云南发生“二六”政变，他站在“倒唐（继尧）”一边，被任命为排长，后被保送入云南陆军将校班深造，毕业后被提升为连长，继升营长。

1937年“七七”事变后，云南人民组建了第六十军，于10月5日从昆明誓师出征，奔赴抗日前线。赵琛被编入一八二师五三九旅一零七八团第三营任营长。

六十军参加了发生在1938年4月17日至5月14日的台儿庄战役（亦称鲁南战役）第二次战役。战役中赵琛营陷入日寇的重围，他对官兵说：“身为抗日军人，理当报效国家，不能为死夺志，给子孙后代带来耻辱，矢志当与阵地共存亡!”他率领全营官兵，与日夜连续发起进攻之敌展开殊死搏斗，使阵地巍然屹立了七天七夜，后在增援部队的配合下，奋勇突围，以仅阵亡一人的代价转移。消息传出，全国振奋，新闻界称赞他们的壮烈行为“胜过沪上的八百壮士”，誉赵琛为“云南的谢晋元”。日寇在台儿庄的整个攻势在六十军的有力打击下，已全部崩溃，第二次台儿庄战役以日寇伤亡近3万人而仍未踏进台儿庄一步的结局胜利结束。

台儿庄战役结束后，第五战区数十万部队奉命转移，六十军担任掩护部队任务。在行进途中，赵琛营在河南永城的南丹徒要塞不幸被敌包围。而六十军主力部队已远去百里，赵琛营孤军奋战，阻滞敌人。任务完成后，赵琛率百余名官兵奋勇突围，终因寡不敌众，最后壮烈殉国，时年仅38岁。

“承前启后”的市长——曾恕怀

曾恕怀（1900～1983），号竹虚，祖籍湖北麻城，1900年6月生于云南绥江。1919年考入云南陆军讲武堂，毕业后在滇军三旅机枪连任少尉排长。1926年在“六·一四政变”中，因营救龙云有功，后递升营长、团长、少将旅长。1946年任昆明市市长，1949年12月9日，率市政府参加云南和平起义。后任昆明市副市长，还兼任市政协副主席、市人大常委会副主任、全国政协委员、民革中央委员、市民革主委。

1946年，曾恕怀在市长任上，对昆明市政建设颇为关注。曾指挥园林局在圆通公园种植了不少樱花和西府海棠，新建亭台楼阁和抗日将士纪念碑，公园面貌为之一新。他亲自参与园林局制订市区街道和排水规划，敦促有关部门翻修扩宽部分主要街道：将石块的正义路扩修成水泥路；新建祥云街，沟通南屏街、宝善街和金碧路；将原三纛巷同华山路拉直修成民权街；二纛街和文庙街拉直修成民生街；拆除大西门的城楼，修通西站公共汽车路；修建南太桥。大南城墙脚，当时有市立医院，房屋矮小，设备简陋，病床不多，医疗条件差。曾市长出面几次找卢汉请求将保险公司的一幢楼房要过来作医院。医院缺经费，他派人从香港请“亚洲球王”李惠堂来昆明进行表演，又邀马连良来昆公演，所收款除支付酬金外，全部给医院购买设备。

1950年3月28日，成立昆明市人民政府，曾恕怀被任命为副市长，此后一直至1968年为昆明市人民政府或昆明人民委员会副市长。此外，他还历任昆明市各族各界代表会议协商委员会一至三届常委、第五届副主席，昆明市政协一至五届副主席。

1983年2月12日，大年初一，曾恕怀在胜利堂举行团拜活动过程中突发脑溢血，后经抢救无效，于2月20日去世，终年83岁。

新中国昆明市首任市长——潘朔端

潘朔端（1901 ~ 1978），字文孝，又名潘夔，云南威信县人。因不受制于传统的封建礼教，于1919年只身来到昆明，考入省立第一中学。在省城，他汲取了新思想、新知识，增长了见识、开阔了视野。1925年，考入黄埔军校，接受正规而严格的军事理论和技能的学习和训练。

潘朔端（陶邦成著《威信走出来的将军潘朔端》）

抗战爆发后，升任团长随六十军出征抗日。在台儿庄战役中身先士卒，中弹负伤，因战功获一级宝鼎勋章。1940年朔端被提升为一八三师师长，一个月后蒋介石采用一贯的“假提升，真免职”计谋，将潘朔端编遣回滇。此后，潘朔端在高峣升庵小学谋得一代课教员职位糊口，生活贫困，不得不靠典当过日。

1945年抗战胜利，潘朔端调任六十军一八四师师长。1946年5月30日，潘朔端率一八四师全体官兵在海城起义。

1946年，国共双方在东北处于胶着状态，海城起义使双方力量布局发生重大变化，成为辽沈战役的最重大的转折点。在整个解放战争中，辽沈战役是解放战争胜利的前提和关键，从这个意义上说，潘朔端及海城起义对解放战争胜利和中华人民共和国的成立的意义是重大的。

1946年10月潘朔端加入了中国共产党。1949年底，他随宋任穷、周保中南下云南，接管昆明，转入地方。1950年3月28日，昆明市人民政府成立，潘朔端被任命为市长，后又被选任市长直至1968年。

作为一名人民政府的市长，潘朔端忠诚于党的事业，坚决贯彻执行党的各项方针政策，廉洁自律，以身作则，平易近人，全心全意为人民服务，为昆明市经济和社会发展作出了自己的贡献。在任职期间，他为昆明城市建设做了很多工作，比如在圆通公园内设动物园，西山建森林公园，西山从太华寺到龙门靠海边建公路栏杆，翠湖公园周围围上栏杆。在东风路、人民路、正义路、北京路、白塔路等街道种植银桦树、桉树，在南屏街、金碧路、拓东路两旁种植法国梧桐树等等。

十年“文化大革命”中，潘朔端受到不公正对待，但仍对党赤胆忠心。1972年，潘朔端以昆明市革命委员会副主任的身份，再度主持政府工作。1978年8月20日，他拖着3天便血的身躯，上午在东风广场开会，解决数百家拆迁户住房的遗留问题，下午又实地勘察6个厕所修建的地点。因失血过多，傍晚回家时晕倒，住进医院，9月14日病逝，终年78岁。他逝世后，中纪委常委曹瑛和陈维清发来唁电，对他的毕生给予高度评价：“海城义军壮志云，解放业绩建奇勋；埋头苦干言行正，艰苦奋斗不求名；妖魔鬼蜮横侵害，赤胆忠心永不泯。”

云南妇女运动先驱——赵琴仙

赵琴仙，字友恒，女，白族，1906年出生于昆明，1926年加入共产主义青年团，1927年2月加入中国共产党，历任女师附小教师、《女声》杂志编辑等职，是昆明早期妇女运动的领导人之一。

1924年冬，赵琴仙在女师读书时，经吴澄介绍参加了“云南青年努力会”，成为青年努力会在女师的骨干。

1925年“五卅惨案”以后，昆明积极响应，各校学生组织罢工、罢课、罢市，抵制日货，以示反抗。赵琴仙是此次运动中女子师范学校的领导人。

1927年2月，赵琴仙从广州的短期政训班学习完回到昆明，由吴澄介绍加入了中国共产党。从此，她不仅是一个优秀的小学教师，而且成为一个充满热情的革命宣传家，成为革命青年的挚友和领导者。她介绍许多女教师和女中同学参加“青年努力会”，介绍先进同学和教师徐克、李桂珍等人加入中国共产党。赵琴仙还同吴澄、徐克等办起了《女声》杂志，为广大受压迫的妇女申诉不平，争取男女平等、妇女解放。

1928年2月，赵琴仙被捕入狱。在被敌人拷打审问时坚贞不屈。3月30日早晨，赵琴仙被押往刑场。她戴着沉重的脚镣，沿路高呼：“我参加革命，没有罪恶，杀人放火的是国民党反动派!”她竭尽全力地高声控诉反动派的罪行，并不时地高喊口号，在大西门地台刑场，赵琴仙高喊着“中国共产党万岁!”英勇就义。

云南第一位共产党员——李国柱

李国柱（1906～1930），字剑英，1906年出生于巧家县。1920年高小毕业后，在新思潮的吸引下，来到昆明省立一中读书。1922年毕业后，因家贫无力继续升学，经校方同意，留校任图书管理员。图书馆里的进步书刊，既丰富了他的知识，又坚定了他的革命信念。他还将书籍和报刊上的重要文章，分类编了目录，供学生借阅，并借机宣传进步思想。

当时的云南当局，禁止有关国民革命和国共合作的宣传。为此，李国柱与毕昌杰、向镇清、饶继昌等同学在少数进步学生中秘密串联。1925年初，在省立一中秘密组织“云南青年努力会”，旨在“唤醒云南青年”“改造云南社会”。李国柱亲自起草了会章，大家分头抄写后，散发各校，秘密联络、团结一批进步青年，进行倒唐（继尧）活动。“云南青年努力会”是当时昆明地区进步青年的核心组织，李国柱任总会书记兼事务和组织工作，吴澄、严英俊分别负责训练和宣传。

1925年8月中共党员张永和受全国学联和上海学联的委托，回到昆明宣传“五卅”惨案真相，经了解后很佩服李国柱等人的勇敢行动，于是就介绍李国柱、陈祖武、严英俊和吴澄等四人加入中国共产主义青年团，并指定李国柱为负责人。随后经中央批准，李国柱加入了中国共产党，成为在昆明地区（及在云南省）入党的第一个共产党员，又是在昆明的共青团云南省特支的第一个书记。

1930年5月，由于叛徒出卖，在昆明的党、团省委机关均遭严重破坏，形势十分险恶，李国柱和妻子——中共云南省委委员吴澄，继续坚持在昆明工作。12月上旬，李国柱和吴澄夫妇同时被捕。被捕时，吴已怀孕数月。12月31日，李国柱夫妻和王德三、张经辰被杀害。这一年，李国柱才24岁，他们用鲜血和生命实践了他和吴澄曾在《赤光》上发表的诗篇中的豪情壮志“凭我们不平之血的飞溅，把全世界涂染遍!”“看啊，狂风暴雨中，扬着那面红旗的，便是我们少年战士!”

左翼作家——张天虚

张天虚（1911～1941），原名张鹤，又名剑平，呈贡龙街人。1924年，考入省立一中，教师中楚图南、罗稷南等对他影响较深。在校期间，他参加了中共云南地下党领导的青年努力会和娱乐会，投入“五卅”反帝爱国运动，也就在这个时期，他加入了中国共产主义青年团。不久与聂耳相识，两人携手到玉溪等地宣传演出，结下了深厚的友谊。

1930年，张天虚在上海加入“中国左翼作家联盟”（即“左联”），走上革命文艺创作的道路。1931年，到北平，与主持北平“左联”工作的同乡陆万美共同提出“活路文学”的口号（活路即“普罗”的谐音，即无产阶级之意）。

1933年初，张天虚创作完成长篇小说《铁轮》，成为当时“左翼”文学的重要作品之一。郭沫若给予高度评价，并欣然为之作序。同年，张天虚在上海加入中国共产党。

1935年春，为躲避反动势力的追捕，天虚遵循上级的指示东渡日本。在好友聂耳罹难后，云南旅日学生会推选他与郑子平负责料理后事，他主编出版了《聂耳纪念集》，其中收有不少聂耳的手迹，十分珍贵。他在《忆聂耳》一文中写道：“一株大树下滴着小雨的珠子，打落在一顶伞上……在封建的昆明这是罗曼斯的奇迹。”1936年，天虚护送聂耳骨灰回国，在上海结识了茅盾。天虚谈吐不凡，才华出众，深受茅盾器重。

张天虚是一位写实主义作家，他留下的短篇文艺作品有40多篇。在辞世前的一年时间里，张天虚以惊人的毅力撰写社论、文章近百篇，并完成了十余万字的中篇小说《五月的麦浪》的初稿。1941年8月10日，张天虚病逝于昆明车家壁，年仅30岁。他的遗体葬于西山，长眠于老友聂耳身旁。郭沫若闻讯后悲痛不已，挥毫撰写了《张天虚墓志铭》。碑文最后写道：

西南二士，聂耳天虚，金碧增辉，滇洱不孤。
义军有曲，铁轮有书，弦歌百代，永示壮图。

大地之子——蔡希陶

蔡希陶（1911～1981），字侃如，浙江东阳人，毕业于上海光华大学，中国著名植物学家。历任昆明植物研究所、云南热带植物研究所副所长、所长，兼任云南省科委副主任、中国科学院昆明分院副院长等职。

蔡希陶
（中国科学院西双版纳热带植物园官方网站）

1930年蔡希陶进入北平静生生物调查所（现中国科学院植物研究所前身），工作出色，所长胡先骕赞其为“不可多得的人才”。在胡先骕的鼓励下，刚过20岁的蔡希陶来到云南，从此与这个植物王国结下一生之缘。从1932到1934年的三年间，蔡希陶和他的小团队走遍云南的山水，从乌蒙山到碧罗雪山，从金沙江到澜沧江和红河两岸的密林，他们风餐露宿，冒着生命的危险，采集了21000余号的10多万份珍贵植物标本，其中有不少从未被鉴定的新物种，为静生生物调查所的科学研究提供了宝贵资料。从此，云南“植物王国”的神秘面纱被揭开了，人们第一次见识了这个植物王国的真面目。

“七七事变”后，静生生物调查所转移到昆明，与云南合办“云南农林植物研究所”，专门调查、研究云南的植物，蔡希陶任专职研究员。1945年抗日战争胜利后，静生生物调查所撤回北平，副所长蔡希陶留在昆明。1950年，云南农林植物研究所改为中国科学院植物分类研究昆明工作站，蔡希陶任站主任。不久，蔡希陶积极筹建昆明植物园，开明人士土改时捐献的以云南山茶花为主的大量观赏植物和果树，构建了植物园的框架。1959年昆明工作站升格为中科院昆明植物研究所，如今，昆明植物所已经成为国内外负有盛名的科研机构，蔡希陶为其建立与发展奠定了重要的基础。

西双版纳地处边陲，分布有大面积的热带雨林和丰富的动植物资源，是植物资源研究的理想之地，但经济条件十分艰苦。1959年，蔡希陶带领一批年轻的科技人员和工人，在一个由澜沧江一大支流罗梭江环绕的“葫芦岛”上，用双手开辟葫芦岛，创建了我国第一个热带植物园。在他的领导下，此园在1978年升格为中国科学院云南热带植物研究所。

蔡希陶热爱植物，热爱研究，“立定要用植物学这门理论科学去为人民做一些有用的志愿”，他不仅培植美国大金元烤烟品种并推广，还参加产胶植物、金鸡纳、芳香油资源调查及三叶橡胶、紫胶宜林地考察，是植物资源开发的先驱者。1981年3月9日，蔡希陶因患脑溢血，不幸在昆明逝世，享年70岁。

人民音乐家——聂耳

聂耳像

聂耳（1912～1935），原名守信，字子义，一作紫艺，乳名嘉祥，聂耳是他在上海的艺名。聂耳祖籍云南玉溪，1912年2月14日，聂耳出生于昆明甬道街72号“成春堂”中药铺内，今楼前还立有一块“聂耳故里碑”。

聂耳自幼就喜爱音乐，能敏锐地辨别声音，模仿能力极强。10岁时，他在昆明私立求实小学读书，就会演奏笛子、二胡、三弦、月琴等民间乐器，熟悉许多民歌曲调，学习成绩也很好。1927年秋，聂耳初中毕业后以优异成绩考入省立第一师范学校高中部“外国语组”，主修英语，开始接触马克思主义，1928年秋天加入中国共产主义青年团，积极投身革命活动。

1930年夏，聂耳来到上海，在“云丰申庄”当店员，虽然工资只有20元，但他省吃俭用，每月花费12元学习小提琴、钢琴和作曲。第二年考入“明月歌舞社”任小提琴师。1933年，经田汉介绍加入中国共产党。从此，聂耳成为一名用音乐武器与敌人进行战斗的共产主义战士。他积极参加左翼音乐、戏剧和电影工作，并以“黑天使”的笔名发表了许多文笔犀利的文章，抨击当时上海流行的靡靡之音，提出“为大众呐喊”的口号。

1933年至1935年间，聂耳创作了《开矿歌》《大路歌》《开路先锋》《义勇军进行曲》《新的女性》《毕业歌》和《卖报歌》等34首歌曲。其中最为人所熟知的是1935年聂耳为许幸之导演的影片《风云儿女》主题歌《义勇军进行曲》所谱之曲，这也是聂耳音乐创作的顶峰。

聂耳的歌曲鼓舞了人民，触怒了敌人。1935年4月1日，社会上传来了要逮捕聂耳的消息。根据党组织的安排，聂耳于4月15日乘日轮秘密离开上海到日本东京。同年7月17日下午，聂耳与友人在神奈川县藤泽市鹄沼海滨游泳时，被无情的狂涛夺去宝贵的生命，年仅23岁。聂耳之死，举国震惊。郭沫若挽诗写道：“雪莱昔溺死于南欧，聂耳今溺死于东岛。同一是民众的天才，让我辈在天涯同吊!”

聂耳逝世后，他的生前好友张天虚收领了遗体，并在当地火化后带回上海。1936年，聂耳的三哥聂叙伦赴上海接回骨灰，并于1937年将其葬于昆明西山。楚图南、光未然、徐嘉瑞等为其立碑，徐嘉瑞撰写碑文。中华人民共和国成立后，郭沫若为聂耳墓题了“人民音乐家聂耳之墓”大字并撰写了碑文。

1949年9月27日，中国人民政治协商会议第一次全体会议通过以《义勇军进行曲》为中华人民共和国代国歌。1982年正式确定为中华人民共和国国歌。

1980年5月又迁葬于西山太华寺与三清阁之间。新墓的平面布局如聂耳生前最喜爱的云南月琴，墓园前松林中有聂耳雕像，并有聂耳事迹陈列馆。1988年，聂耳墓被公布为全国重点文物保护单位。

花鸟画大师——袁晓岑

袁晓岑，1915年生于贵州普定县半耕半读之家。1935年，20岁的袁晓岑只身来昆明，投考云南大学，却因无高中文凭不得入学，于是插班昆华中学，于1938年再次考入云南大学文史系攻中国画、雕塑及诗文。1959年任云南艺术学院美术系主任，1963年任昆明师范学院艺术系主任、教授。1978年回云南艺术学院任副院长、教授。袁晓岑国画精湛出色，除了他个人努力、天分和际遇外，也得益于云南这个鸟语花香的大自然画卷提供的灵感。

袁晓岑早年深受岭南画派影响，在画作中注重表现形神、表现灵性。1941年，徐

袁晓岑（袁晓岑艺术园官方网站）

悲鸿先生来到云南大学映秋院，熊庆来校长将袁晓岑引荐给大师。徐悲鸿给了他许多作画指导，年轻的袁晓岑受益匪浅。

1953年，袁晓岑随边疆工作队到傣族地区体验生活，与傣族老乡同吃、同住、同劳动。清晨与傣族农民入山寻猪草，见孔雀成群出没于林际草坪，如置身仙境，领略了大自然里的孔雀的清新、野逸、幽雅、出尘，在意境处理及表现形式上大受启发。

“文革”中，袁晓岑以惊人的毅力投入花鸟画创作。其写意孔雀独树一帜，确立了写意孔雀画的代表地位。1973年经周恩来总理倡议，中国画研究院调集黄永玉等国画家为北京饭店作画，袁晓岑名列其中。

正如人们说“虾”就想起齐白石，说“马”就想起徐悲鸿，而一说到“孔雀”和“仙鹤”就想起袁晓岑。袁晓岑将孔雀和仙鹤的美描绘得淋漓尽致、仪态万千。袁晓岑笔下的仙鹤还成为国家领导人出访的国礼。1999年，袁晓岑为昆明世博园创作的青铜雕塑《孔雀》，构图、造型都别具匠心。2001年，86岁的袁晓岑以昆明金马碧鸡传说为题材，由孙髯翁“长联”获灵感，倾心创作了青铜雕塑《金碧腾辉》，立于昆明东风广场，再次展示了袁晓岑雕塑艺术的魅力。之后又创作了雕塑《纳西人家》和《茶马古道系列》，立于丽江古城。

2006年4月10日，2004年由昆明市政府投资并联合袁晓岑先生共同建设的重点文化产业项目——袁晓岑艺术园正式免费对公众开放，这是云南省第一个，也是当时省内唯一一个以个人名字命名的省级艺术园。

袁晓岑一生，对艺术执着追求，笔耕不辍，他把雕塑与绘画、诗情与画意作为一个有机的整体在创作中体现，著名评论家王朝闻先生评价：“画家、雕塑家袁晓岑的作品，不只创造性地体现了两种艺术形式的差别与联系，更可贵的是诗意与民族性与地域性的统一。”

花灯王子——袁留安

袁留安（1932～2009），昆明人，中国剧协会员，省、市剧协理事，音协云南分会会员，中国曲艺家协会云南分会会员，国家一级演员，享受国务院特殊津贴。云南省第四、五、六届政协委员。曾任省花灯剧团副团长、市花灯团团长。

袁留安幼年时就经常观看花灯，长大后愈加痴迷其中，并以继承和发扬这一云南传统文艺为己任，视若生命。1947年，袁留安首次登台表演，1950年进入昆明人民灯剧团，成为正式演员，从此开始了他对花灯艺术的毕生追求。

袁留安不仅有认真学习、积极进取的敬业精神，还有高原人广阔坦荡的胸怀，他善于学习众家之长，不断充实自己，并创造出有自己鲜明特色的艺术风格。他除了学习花灯、山歌和小调的演唱之外，还先后向京剧、滇剧名家学习唱腔和表演技法，向湖南花鼓戏、安徽黄梅戏、陕西秦腔、河南豫剧等剧种的艺术家学习各种戏曲唱段。后又到中国音乐学院进修学习一年，学习了西洋科学发声方法。在长期的艺术实践中，把民间传统演唱方法与西洋发声技巧妙地结合起来，融会贯通，演唱时字正腔圆，既保持了花灯风格，又丰富了演唱效果，形成了自己的风格。他成功塑造了《蟒蛇记》中的金哥、《经葫芦》中的王小郎、《老牛筋相亲》中的老牛筋等一大批个性鲜明的角色，并创作了《大茶山》《探干妹》《红葫芦》《昆明是个好地方》及《唱不尽云南好风光》等一大批有着浓郁本土文化特色的经典之作，剧作中无不充满了他对家乡的热爱之情。

袁留安时刻不忘花灯的根在农村，创作的源泉在广阔的乡土，他经常深入农村，贴近群众，坚持为老百姓演出，为丰富基层业余文化生活奉献了自己的力量。他待人诚恳，和蔼可亲，又有着德艺双馨的优秀品质，喜爱他表演的群众都亲切地称他为“袁哥哥”，还有群众时髦地称他为“花灯王子”。

首位立像的民办教师——张秀芬

张秀芬（1947～1993），女，汉族，云南石林人。1964年受聘为大哨小学民办教师，成为县内首批跨地区的民办教师。大哨是一个闭塞落后的贫困村，生活条件十分艰苦，山外的老师不愿来，本地也没有一个高小毕业生。在这样的贫困山区，张秀芬和她的丈夫克服种种困难，不计报酬，以惊人的毅力，顽强的拼搏精神，扎根大哨小学二十多年。1978年，她教的班级参加全县统考，成绩排到全县第四名；1979年她带的毕业班，有一半考进县一中，她被评为县级先进教师，1980年又被评为曲靖地区模范班主任，被授予三八红旗手。1993年5月27日，张秀芬因抢救落水儿童不幸以身殉职，时年46岁。张秀芬牺牲后，先后被授予市县模范教师，市“巾帼建功标兵”“见义勇为勇士”“特等劳动模范”，省“优秀教师”“革命烈士”等称号。1994年4月被云南省人民政府追认为“劳动模范”。为缅怀张秀芬老师的业绩，激励后人，根据李岚清副总理的提议，1994年9月10日石林县人民政府在县城双龙公园建成雕像，这是中国第一座为民办教师设立的雕像，“呕心沥血奉公忘私苦育山乡桃李，鞠躬尽瘁舍己救人放射师表光辉”，这是对张老师一生作为的概括和褒奖。

歼 10 之父——宋文骢

宋文骢（1930～2016），大理人，1930年3月生于昆明。中国工程院院士、自然科学研究员、歼7C飞机总设计师、歼10飞机总设计师、中航工业成都飞机设计研究所首席专家。

“歼－10之父”宋文骢（新华网）

1948年在昆明参加“民青”。1949年参加人民解放军滇桂黔边区纵队。1951年参加“抗美援朝”。1954年入哈尔滨军事工程学院学习。1960年毕业后，先后在沈阳飞机制造厂、沈阳飞机设计研究所工作，是我国飞机战术和气动布局专业创建人之一，为我国第一架超音速歼击机——歼8飞机的研制做出了重要贡献。1980年8月至2004年6月任成都飞机设计研究所副所长兼总设计师，2003年当选为中国工程院院士。2004年7月任中航工业成都飞机设计研究所首席专家。宋文骢先后担任了歼7C飞机和歼10飞机的总设计师。第三代战斗机——歼10研制成功实现了中国航空工业的跨越式发展，对我军武器装备现代化具有重大意义。宋文骢被誉为“歼10之父”。

宋文骢先生先后荣获国家科技进步奖特等奖、何梁何利科学与技术进步奖、全国劳动模范（先进工作者）、全国“五一劳动奖章”、全国优秀科技工作者、人事部一等功、中华人民共和国国防科学技术工业委员会“献身国防事业荣誉证章”、航空航天部有突出贡献专家、“航空报国”金奖、“感动中国年度人物”、航空工业总公司劳动模范等重大荣誉称号。

世居少数民族

◎彝族
◎回族
◎白族
◎苗族
◎傣族
◎壮族
◎哈尼族
◎傈僳族
◎布依族

自古以来，滇池地区就是多民族共居的地方。从司马迁《史记·西南夷列传》“西南夷君长以什数，夜郎最大；其西靡莫之属以什数，滇最大；自滇以北君长以什数，邛都最大，此皆魋结，耕田，有邑聚……”的记载可以看出，秦汉时期，在滇池周围有靡莫、滇、邛都等数十个民族共同生活。南诏统一云南后，为了巩固统治，将滇池地区的二十余万户西爨部族迁至永昌府（今保山一带），又将“乌蛮”等部族徙于西爨故地滇池地区。大理国时期，各民族之间的融合持续进行。元朝灭大理后，在民族杂居区实行土官制度。直到明初，文学家童轩在《滇南即事》中对云南的民族状况还有“谩说滇南俗，人民半杂夷”的描述。随着明代对云南实行大规模移民屯田，大量内地汉人到来，滇池地区“夷多汉少”的情况才有了改变，汉族人口全面超过了少数民族人口。

生活在这块土地上的各族人民以自己的勤劳勇敢和聪明才智缔造和丰富了昆明文化，为昆明的进步、发展、繁荣、昌盛作出了积极努力和贡献。2016年昆明市有3个自治县、4个民族乡、333个少数民族聚居村。2016年底，少数民族户籍人口88.69万人，较上年增加1.33万人，占全市户籍总人口的15.84%，增加0.12个百分点。有54个民族成分（无塔吉克族、珞巴族），9个世居少数民族（分别是彝族、回族、白族、苗族、傈僳族、壮族、傣族、哈尼族、布依族），人口排序第一是彝族，有42.31万人，占少数民族人口的52.22%；第二是回族，有16.62万人，占少数民族人口的18.74%；第三是白族，有8.69万人，占少数民族人口的9.80%；第四是苗族，有55960人，占少数民族人口的6.31%；第五是傈僳族，有2.05万人，占少数民族人口的2.31%；第六是壮族，有1.74万人，占少数民族人口的1.96%；第七是哈尼族，有1.65万人，占少数民族人口的1.86%；第八是傣族，有1.60万人，占少数民族人口的1.81%；人口最少的是布依族，有4910人，占少数民族人口的0.55%。少数民族地区占全市国土面积的57%，全市少数民族依然呈现分布广、大分散、小聚居的特点。

彝族

源流

初期彝族祖先主要居住在安宁河流域的邛都（今四川西昌）和普渡河流域的滇池两个地区。在公元前5世纪左右，滇国的统治区除了主体民族“滇”之外，尚有“昆明”和“叟”部落。“滇”“昆明”和“叟”与今彝族有较深的渊源关系。秦汉时期，《史记·西南夷列传》所记的邛都、滇池两个部落居民及叟、昆明人与今彝族有直接的渊源关系。魏晋时期，爨氏称霸南中，其统治下的“东爨乌蛮”为今滇东乃至贵州部分地区彝族先民。南诏、大理国时期的“乌蛮”与今天的彝族有直接的渊源关系。此期乌蛮分布在不同地区，互相间的经济文化发展不尽平衡。其分布地区大致可分为三片：西部乌蛮分布在今云南省大理州至保山北部、楚雄州西部一带；北部乌蛮分布在今大渡河南、金沙江北至滇东北、黔西一带；东部乌蛮分布在今楚雄东部、滇中地区、曲靖地区、红河州、文山州一带。东部乌蛮虽在南诏的统治之下，但他们长期地保持着自己的氏族、部落组织。经过不断的分化组合，到南诏末期，他们中间出现了所谓“东方黑爨三十七部”。元朝时，彝族被概称为“罗罗”，主要居住在川、滇、黔连接地带。元代起，彝族内部的各个支系基本分化出来，有专门的称谓，其名称、分布区域大体稳定并保持到近现代。从元代彝族的几种称谓中可以得知，滇中地区的彝族，除概称“罗罗”者外，尚有罗婺、撒摩、葛倮罗、阿系、摩察等名称。

彝族服饰（2003年版《昆明市志》）

明代以来，汉族大量进入昆明地区，部分彝族特别是撒摩都支系的人口大量融入汉族之中。加之统治阶级的民族压迫和民族歧视政策以及改土归流活动，使大部分彝族从坝区退居山区，逐渐形成近现代的分布格局。如天启《滇志》记载，“撒弥罗罗，滇池上诸州邑有之”，而到近现代则只剩官渡区的阿拉乡有撒梅人。

历史上彝族自称繁多，因地而异。昆明彝族自称有：罗婺、纳苏、阿罗、诺苏、撒尼、阿细、黑彝、白彝、阿彝子、彝青、民期、撒梅、子君、鸡滇泼芽。他称有：撒尼人、撒梅人、子君人、明朗、麦叉、罗武、花腰、阿西、阿车、阿成等。1949年以后，按照广大彝族人民的共同意愿，以“彝”作为统一的民族名称。

昆明市的彝族呈大分散、小聚居、交错杂居的分布状况，大量的彝族人口主要分布在禄劝彝族苗族自治县、石林彝族自治县、寻甸回族彝族自治县、晋宁区的双河彝族乡和夕阳彝族乡、宜良县的耿家营彝族苗族乡和九乡彝族回族乡、官渡区的阿拉彝族乡、西山区的团结彝族白族乡和谷律彝族白族乡、富民县的罗免彝族苗族乡。

文化

语言文字

彝族有自己的语言文字。其语言属汉藏语系藏缅语族彝语支。昆明地区彝族各支系的语言主要属于东部和东南部两大方言。有武禄、寻甸、巧武、石林、弥勒等土语，其中，禄劝县的“纳苏人”属武禄土语，石林县的“撒尼人”属石林土语。

古彝文是自成体系的文字符号系统，汉文献经籍称为“爨文”“爨字”“蝌蚪文”“罗罗文”“夷文”“韪书”等。彝文是一种音节文字，原则上是一字一义，但在书写时通行通假之法，可循“音同意通”的法则配字达义，其字形独立成块，呈方形和圆形。彝族文字产生于何时，至今尚无确切定论。昆明地区的彝族，包括禄劝和石林的彝族历来使用彝文，在禄劝还存有一块刻于明嘉靖十二年（1533年）的彝文碑——《罗婺盛世碑》。1898年，法国天主教传教士邓明德（保罗·维亚尔）在云南石林调查彝族社会文化，后编著了《倮倮人的历史与宗教》，随后又于1909年出版了自己编译的《倮法字典》。20世纪80年代，为帮助解决少数民族语言文字的规范和使用问题，国家在西南地区进行了彝文规范工作，云南省1996年制定了一套《云南彝文规范方案》，以云南彝文为主，兼顾其他省区的彝文。

彝文古籍

彝文古籍是古代彝文化的结晶。昆明市已收集整理了彝文古籍700多册。石林彝族自治县收集整理了《阿诗玛》《天地人的传说》《尼米诗》《天文书》《脑斯古谜》《地理书》《历算书集》《礼仪书》《指路经》《祭龙经》《守灵经》《寻找书》《盘古分天

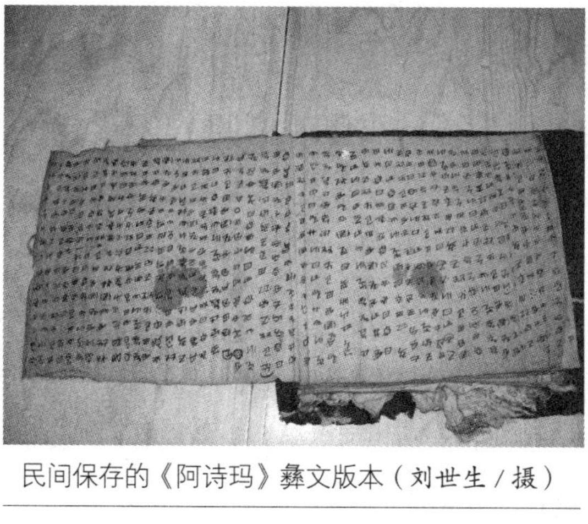

民间保存的《阿诗玛》彝文版本（刘世生/摄）

地》《洪水泛滥史》等彝文典籍。其中，叙事长诗《阿诗玛》被翻译成多国文字流传于世，根据《阿诗玛》改编的中国第一部彩色宽银幕立体声音乐歌舞片《阿诗玛》，于1982年获“西班牙桑坦德第一届国际音乐节”最佳舞蹈片奖。禄劝彝族苗族自治县收集了彝族谚语格言近4万条，彝族古歌150多首，抄写彝文墓碑30多块，整理彝文残书20余册。

歌舞

歌舞是彝族人民生活中的一项重要内容。彝族人民常将自己的生活、经历编成诗歌演唱。词藻华美、内容广泛的“盘词”，常在婚礼宴庆等场合由一些阅历较深的人互相吟咏对答。彝族的歌舞富有特色，舞蹈与歌唱相伴。彝族人民多流行“跳乐”，也称“打歌”“跳歌”“打跳”“叠脚”等等，其舞蹈动作大致相同，通常用笛子、三弦琴等乐器伴奏。古老的舞蹈有模仿动物动作的“斗鸡”“斗羊”，象征战争的“跳钗”“刀舞”，庆丰收的“大鼓舞”等。石林彝族自治县大三弦舞声名远播，其代表作是《阿细跳月》；充满撒尼元素的《远方的客人请你留下来》曾是我国接待重要外宾的压轴歌曲。

传统工艺

彝族的传统工艺美术有漆绘、刺绣、银饰、雕刻、绘画等，以及彝族妇女服装上绣的花草、蝴蝶、小鸟等各种精美鲜艳的图案，较有特色。彝族的传统工艺，纺织颇具特色。

习俗

饮　食

居住在山区的彝族以玉米（苞谷）、荞麦、燕麦、洋芋为主食，居住在坝区的彝族以大米为主食。彝族人习惯吃大块肉，俗称“砣砣肉”，喜食酸辣，喜饮酒、茶。彝族的苞谷饭、荞疙瘩饭和荞粑粑很受欢迎。随着时代的发展，现今彝族日常饮食与其他民族逐渐趋同。

服　饰

彝族支系繁多，每个支系都有自己独特的服饰。彝族的服饰传统，至少已保持了上千年的历史，但随着社会的发展，各民族之间交流的加强，大多数彝族群众都已普遍接受了汉族的服装款式。传统服饰一般只在重大活动的时候才使用。

彝族头饰有纳苏濮的链子帽和马樱花帽、尼濮（撒梅人）的鸡冠帽和沙帕瓦、撒

石林彝族黑彝妇女服饰（刘世生／摄）

尼女性的七色包头等。彝族女装的上装款式大都为竖领、斜襟、长摆。各支系的服饰区别主要是布料的颜色、刺绣图案、绣花的部位和银饰物的式样。撒梅妇女的上装与其他支系不同，为内外二件组合式。内为一件白布或青布衬衣，外罩一件黑绒布的低领、大面襟、无袖褂衣（彝语称“来芝达”）。“来芝达”的前摆略短（仅至腹脐），后摆较长。下装有长裙和长裤二种。禄劝纳苏濮和诺苏濮妇女的传统下装是长裙。裙子的腰高齐胸，下摆及地，裙摆有褶，以纵褶为主，多达百褶，故又称“百褶裙”。尼濮妇女的传统下装是宽裆直筒裤。石林撒尼妇女在筒裤的裤脚和膝部要绣上彩色图案。撒梅妇女的筒裤上则不绣花。筒裤的布料以深色为主。彝族的男上装一般是内外二件组合式，内为一件圆领斜襟衬衣，外罩一件竖领、对襟、无袖的褂衣。男褂衣的布料为青色或白色布料。彝族男子的下装款式比较统一，大都为直筒、宽裆、大裤脚，一般都不绣花。老人的裤管比年轻人的要宽一些，但略短。男裤的布料以青、黑色为主。彝族妇女的传统首饰以银质和玉质为主。包括耳环、耳坠、手镯、戒指等等。部分支系的妇女还喜欢在头上加饰贝壳、光珠和银币等物。历史上，彝族男子也有配戴耳环、手镯和戒指等首饰的习俗，但随着社会的发展，男子戴首饰已非常罕见。

婚　俗

彝族不同的支系有不同的婚宴礼仪，有的相异很大，但各支系的传统婚俗大致包括提亲、订婚、迎亲、拜堂和回门五项内容。男女青年大多自由恋爱，实行一夫一妻制。

丧　葬

彝族古代实行火葬。从明代开始逐渐开始土葬。老人临终前，儿女要守在身边，并用一只鸡去接老人最后一口气，然后将鸡掐死，供在棺材前，出殡时再弃之野外。彝族认为接到老人最后一口气，说明老人临终前儿女守在身边，进而说明儿女孝顺。阿细濮支系为活人办丧的葬俗较为特殊，无子女或晚年无靠的老人在50岁后可选一日提前举行丧葬仪式，程序如常。出殡时，主人坐于棺中至冢穴后出棺，随即按常规空棺入土，掩埋并垒起坟头。葬礼后，当晚即请人将空棺挖出抬回主人家。凡办过这种葬礼的老人在死后丧事从简，入土即可。

节 日

彝族的传统节日很多，且大多与某种固定的崇拜或祭祀活动有关。此外，彝族在与其他民族的长期交往中，也吸纳了一部分其他民族的传统节日及内容，如春节、端午节、中秋节、冬至节等。但对这些节日含义的认识以及过节的方式与其他民族有所不同，形成了具有彝族特色的节日习俗。每年农历六月二十四日的火把节是彝族最重要的传统节日，禄劝、石林等地的彝族都有隆重的庆祝活动。石林彝族自治县的火把节最为隆重，每年的这一天都在石林、长湖等地举行斗牛、摔跤、文艺演出等文体活动，现已提升为“中国石林火把节”。密枝节是石林彝族的又一个传统节日，源于撒尼人祭拜地神、树神的传统活动，每年农历冬月中旬的鼠日，各地以村为单位，每家出一男子，集体到密林中的大神树前，杀牲祭献地神、树神，祭献仪式由“毕摩”主持。在密枝节期间，妇女只能在家中做家务，不能出门活动，更不许靠近密枝林。

禁 忌

昆明彝族各支系都有自己的禁忌，但许多禁忌是相同的，如：忌在别人家流泪；忌坐在门槛上；忌用手指月亮或太阳；忌牛或猪闯入堂屋；妇女分娩时，忌男性生人入家；忌用脚踩踏炉灶；死在村外的人，禁止入村装殓；妇女忌从盖房用的木料上跨过等。

信仰

“祖先”是彝族神灵系统中最重要的神灵。彝族各个支系乃至家支，都有各自的“宗筒”。“宗筒”是各支系或各家支的最高统祖，神圣不可侵犯。彝族有耐尼、拴灵牌、作斋等祭祀祖先的仪式和活动。彝族的泛神崇拜倾向十分明显，除祖神外每一种神都具有善和恶两个方面。因此旧时彝族的祭祀活动十分频繁，几乎每个月都有一个主祭神：年头祭年神，月头祭月神，正月祭火神，二月祭密枝，三月祭龙神，四月祭山神，五月祭漫神，六月祭火把，七月祭祖神，八月祭叶神，九月祭地神，十月祭石神，冬月祭树神，腊月祭天神。此外，昆明地区的部分彝族还信仰天主教或基督教，天主教徒主要分布在石林彝族自治县境内，基督教徒主要分布在禄劝县、富民县、官渡区。天主教和基督教徒中，中老年妇女所占的比重较大。

月湖村的密枝林（刘世生/摄）

回族

源流

唐代就有回族先民进入云南定居，宋代也有回回商人、工匠、旅行者来到云南，但回回大量进入云南、定居昆明是在元代。元自太祖成吉思汗（铁木真）起至宪宗年间，曾三次对外用兵，攻占了几十个信仰伊斯兰教的国家，将被征服的伊斯兰各国军队改编为蒙古军队，设“回回军”。元宪宗二年（1252年），蒙古大元帅兀良合台率蒙古军和西域回回亲军10万人，随世祖忽必烈攻云南，并于1254年攻下鸭赤城（昆明）。元宪宗六年（1256年），朝廷把阿姆河（即花拉子模）回回降户分赐给诸王大将，镇守云南的兀良合台亦分得一份。这两批进入云南的回回，落籍昆明的不在少数。元世祖至元十一年（1274年），赛典赤·赡思丁为云南行省平章政事，驻守昆明，其部下信仰伊斯兰教的很多兵将定居昆明。赛典赤命张立道带领回回士兵开挖滇池的出水口——海口，公山脚下露出大片肥沃的土地，回回士兵便留在此处屯垦。至元二十二年（1285年），雪雪的斤率领一千畏兀儿人戍守云南，其中也有在昆明落户的。赛典赤逝世后，其子孙先后继任省政，继续治理云南。这样，赛典赤的子孙便大部分居于昆明一带。后随征而来的中亚伊斯兰士兵、工匠解甲归农，在昆明开垦、繁衍，成为昆明回族的重要组成部分。明清时期，又因战事、经商等原因，也有回民进入云南。经过元明清500多年的生息繁衍，到了道光、咸丰年间，昆明及近郊回族人口达2万余人。咸丰六年（1856年）“丙辰事件”后，回族居民四散。同治十一年（1872年）杜文秀起义失败后，四处逃散的回民陆续回归昆明，从事各种商业活动，进而定居下来。1949年以后，来昆明定居的回族，绝大多数是参加工作或来昆读书后落籍的。

昆明的回族主要聚居在交通沿线和附近的村寨，寻甸回族彝族自治县、五华区、嵩明县、西山区、盘龙区、官渡区、东川区等县区都有回族居住，其分布具有大分散、小聚居的特点。

文化

语言文字

历史上，回族使用阿拉伯文、波斯文。由于长期和汉族及其他少数民族杂居，文化上相互影响，从明代开始，汉语、汉文已成为昆明回民通用的语言文字。昆明回民在通用汉语汉文的同时，仍保留了一些阿拉伯语和波斯语词汇。有一些阿訇、学者仍使用和精通阿拉伯语。回民在进行宗教活动时都用阿拉伯语。

诗　歌

昆明回族从15世纪起，陆续出现了一批颇具才华的诗人。明代较著名的有孙继鲁、马上捷，清代有孙鹏，民国时期有马骢、马瑞麟、马运升、李士厚等。孙继鲁为明嘉靖癸未进士，著有《松山集》《破碗集》。孙鹏著有《南村诗集》《锦川集》《少华集》等。其他回族先民也留下了优秀的作品，如马瑞麟出版的《咕咚来了》获得少数民族文学作品奖。

文献典籍

清代云南回族学者马复初、马联元等留下了阿拉伯文木刻版《赫听》《杂学》《尔母得》《母倍摩太》，以及中文木刻版《指南要言》《天方性理》《天方典礼》《大化总归》《修真蒙行》等60多种经书。清光绪年间，刻成中国第一部《古兰经》木刻版，全书共30册。这套由回族实业家、群众出资木刻印刷的《古兰经》，在“文化大革命”中曾一度散佚。1978年后，逐渐由昆明回族找齐。这是昆明回族的珍贵文物之一，现存于正义路南城清真寺内。

习俗

饮　食

回族常吃的食物，近百年来基本上没有什么变化。通常以米、面为主，吃牛、羊、鸡、鱼肉等。逢年过节炸“油香”“馓子”等食品。回民爱喝茶，招待客人时，还要在茶里加冰糖、红枣等。清真风味小吃享有盛誉。

回族少女（2003年版《昆明市志》）

服　饰

一般中年以上的男子戴白色小帽，穿白衬衫；妇女戴黑、白或绿色盖头，老年妇女爱穿黑色襟衫袄。昆明的回族多数在民族宗教节日或礼拜时才穿民族服饰，平时穿着多与汉族相同。

婚　姻

民国时期，昆明城乡回民婚俗基本相同。其过程大致有说亲、订婚、结婚。结婚前一天，男方向女方家送礼，女方回礼，叫作过大礼。结婚当天，由阿訇在堂屋朗诵《古兰经》，男方内亲跪立听经。事毕新郎迎娶新娘。结婚仪式由阿訇主礼，结婚第二天叫回门，新郎陪新娘回家。第三天叫复门，新娘单独回娘家。至此，整个婚礼方告结束。1950年以后回民婚俗有了很多变化。多数男女双方自由恋爱，有了对象，告诉父母，征得同意后，登记结婚，举行婚礼。实行一夫一妻制。

丧　葬

昆明回民称人死为“归真”。人去世后，家属立即向亲友报丧，同时到清真寺告诉阿訇。阿訇通知附近回民，遍传消息。丧葬过程主要有看“买依台（尸体）”、洗“买依台”、传“以斯科（意为罚金，用来为死者赎罪）”、站拜、送葬、抬“买依台”、下葬、分忧、酬客。昆明回民实行土葬、速葬、薄葬。一般早晨死去，中午就要埋葬；晚上死去，第二天早晨就埋葬。请阿訇主持殡葬，将死者净身后用白布包身，用移尸匣运往墓地。

节　日

主要节日有开斋节、古尔邦节和圣纪节。开斋节是伊斯兰教重大而隆重的节日，于伊斯兰教历的10月1日举行。古尔邦节是伊斯兰教的传统节日，于每年伊斯兰教历12月10日举行。圣纪节是伊斯兰教历3月12日，是伊斯兰教圣人穆罕默德的诞辰和逝世日，回民称圣节。

禁　忌

忌食猪、狗、马、骡肉，不吃未经信仰伊斯兰教者宰杀的或自死的畜禽，不吃动物的血等；忌讳别人在自己家里吸烟、喝酒；忌讳用禁食的东西做比喻；忌用左手拿食物；忌反手舀汤舀水；房屋内忌挂人像、动物像及摆人物塑像等；忌偶像崇拜。

信仰

回族信仰伊斯兰教。伊斯兰教的主要教义：信仰安拉是宇宙唯一的主宰；信仰穆罕默德是安拉的使者；信奉《古兰经》是安拉启示的经典；信世间一切事物都是安拉的“前定”；信“死后复活”“末日审判”等等。由于对教义、教律的解释不同，出现了许多教派。昆明的伊斯兰教有两个教派，一为格底目，意为“遵古派”，又称“老教”；一为哲赫林耶，意为“高声派”。

白族

源流

关于白族族源问题，至今尚无定论。一般认为，白族与秦汉时期的僰人有较深的渊源关系，形成于南诏、大理国时期，与唐代居于大理洱海地区的白蛮有直接的亲缘关系。昆明白族是自唐代以后逐渐从洱海地区迁徙而来的。现居昆明的白族基本上是元代以后迁入的。据史料记载，明代以前昆明地区即有白族居住，且多住在坝区、城镇。明代以后，汉族成了云南境内的主体民族，取代了元明以前白族先民在云南的主体民族的地位，原住这里的很大一部分白族逐渐融入汉族之中，一部分则逐渐退到郊区。

白族主要聚集在五华区的沙朗白族乡、安宁市的太平镇、西山区的团结镇，全市有白族聚居自然村78个，白汉杂居的自然村16个，白彝杂居的自然村11个，白苗杂居的自然村2个。

文化

语　言

昆明地区白族语言属南部方言（大理方言）。无文字，白族与汉族交流较为密切，因而白语中含有大量汉语词汇。白族曾借用汉字讲述历史、传记、家谱等，称汉字白读。

传说、故事

昆明白族地区自古至今有着许多流传下来的传说、故事，表达了白族人民对新生活的向往，具有一定的趣味性、知识性和丰富的想象力。如《龙潭的传说》《海妹与山哥》《沙朗龙王》《法华寺的传说故事》《十八罗汉》《白鹤塘的传说》等等。

山　歌

白族群众尤其是男女青年在山上劳动之时的对唱对答，俗名“调子”。一般是七言四句式唱法，唱词活泼、婉转动听，唱中有说、说中有唱，有表达爱情的，有抒发对家乡热爱之情的，也有对美好生活向往的。

曲　调

又名“小曲子”。每折都有固定的格式和唱调，内容多半演唱一个故事的一个片段，以表现人们对真、善、美的爱，对假、丑、恶的恨。有送礼调、探郎调、对对鸡、采花调、猜调等。

舞　蹈

昆明白族能歌善舞，凡在节日都有民间歌舞表演。除演唱白族调外，一般要表演“霸王鞭”“八角鼓”“双飞燕”“龙灯”“狮子灯”“秧歌舞”等舞蹈。有的刚健有力，有的委婉绵绵，舞姿活泼，优美动人。西山区白族喜欢耍狮子舞，以团结乡和沙朗乡（行政区划前，下同）为基地。在清末民初，西山龙潭、沙朗两地的武艺爱好者自发筹资组建狮舞班，哪里办喜事，他们便要起狮子舞助兴。

白　剧

白剧历史悠久，原名吹吹腔，是在吸收了大本曲的一些曲调的基础上发展起来的。昆明安宁市流行由大理等地传入的少数白剧曲目，逢年过节，婚丧嫁娶时演唱。唱词基本采用“三七一五”的民歌形式。唱腔分生腔、旦腔、丑角腔等多种。剧目除反映白族人民的生活外，大多数取材于汉族历史传说故事，如《三国》《红楼梦》《杨家将》《白蛇传》《封神榜》等。

花　灯

花灯也是昆明白族民间流传较广泛的一项文艺活动。花灯分花灯歌舞和花灯小戏两类，属曲牌联接类型的声腔系统戏曲。演唱起来有双人、三人或四五人，边歌边跳。在白族地区演唱的剧目既有传统的，也有改编的，还有根据地区人或事新编创的。如《打渔杀家》《双采花》《卖货郎》《换金扇》等传统剧目；《游春》《破四门》《猜花》以及《赞新貌》《两亲家》《计划生育好》《谢谢你》等新编剧目。

白族背被（昆明市博物馆官方网站）

习俗

服　饰

白族崇尚白色，以白色衣服为贵。男性穿对襟衬衣外套黑色领褂，系腰带，头裹毛巾。年轻女性喜穿白色上衣外套黑袍，下着蓝色裤子，腰系缀有绣花飘带的短围腰，脚穿各式布底绣花鞋及叫底“皮衲遢”。白族姑娘还喜戴银、玉耳环，手着钮丝平扁银手镯及银戒指。随着社会的发展，现除西山区农村及少数中、老年白族妇女穿白族衣服外，大部分白族男女服饰与当地汉族相同。

饮　食

昆明白族主食米、麦面、玉米面，辅以各种豆类、洋芋。副食有猪肉和牛、羊、鸡、鸭、鱼肉等，既当菜又作为油脂。蔬菜一般自种自吃，有部分剩余菜每年都腌成咸菜。昆明白族农家除做咸菜外，还喜欢制作独特的地方风味食品，如猪头酢、骨头生、猪肝生、潮血肉、生肝，其传统保留至今。另外，腌猪肉、鱼酢、杂菌酢、糟排骨、血肠、糯米肠、生鸡血等都是白族群众喜爱的地方风味食品。

婚　姻

白族婚姻，多系一夫一妻制，除同宗不婚外，可与本族异支或其他民族通婚。婚姻娶嫁要经过访亲、订婚、娶嫁、回门几个过程。1952年《婚姻法》颁布后，白族婚俗也发生了变化。青年男女自由恋爱，按照法律办理登记手续，结婚仪式较旧时有所简化。

丧　葬

白族丧葬古为火葬，直到清乾隆年间才改为土葬。老人去世，儿女们先要“接气”，随后要“边西”，即家人悲伤流泪、放声恸哭，同时向本家亲友报丧。完成后，就进入丧葬仪式，分入殓守灵、治丧吊孝、出殡送葬三个仪式。入殓后供奉在正房堂屋的高凳上，棺前点七星灯，儿孙通宵守灵。出葬日儿孙戴孝，揭棺盖向遗体告别。下葬时，和死者生肖相同者要远离回避；入葬完毕回家时，在村口用草烧火，送葬者从火堆上跨过，烧掉邪气以保平安。安葬后的第一个清明节要上新坟，就此“烧孝”。

节　日

昆明地区白族的主要节日大部分与汉族相同，有春节、端午节、火把节、中元节、团圆节、清明节、三月节等。火把节是白族人民最古老和较为隆重的节日，每年农历六月二十五日晚上要杀鸡祭祀，在家堂祖先牌前撒松香、点油灯以示敬祖。中元节，白族俗称“接祖节”“七月半”，每年农历七月十五日，各家接送已故的亲人亡魂。送灶节，各家各户在厨房灶梁上贴上灶君纸，保佑农家安居乐业。三月节，由大理“三月街”演变而来的，现已成为昆明地区白族群众的重大节日。近年来，昆明地区的白族群众，每年农历三月十五日至二十日之间，选一天举行三月节活动。

禁　忌

除夕晚上和大年初一禁忌互串门子，禁口吹火，妇女禁洗衣、梳头；建新房、办婚事忌与家长属相相克的年、月、日；立秋日忌做农活，禁用锯、斧、镰刀、弯刀、犁等工具；在外死亡的人，不准抬进村和家中，只能在村尾或村头收殓入葬，非正常死亡的人或夭折的人不准埋进祖坟地；产妇未满月不准进别家门，孕妇也不得进初生婴儿家，婴儿初生时，生人不得进家；妇女进家不许踩门槛或坐在门槛上；新婚7天内新郎新娘不得进别家门；老人丧葬的7天内孝子孝女不得随便进别家门。

信仰

昆明白族不同区域有不同的宗教信仰。安宁和西山观音山白族信奉佛教。西山谷律、团结、沙朗等地白族主要信奉道教和“本主”，并将两者融为一体。昆明白族地区土主与大理地区的“本主”相同，早在南诏时期就已经存在，系把英雄人物、神仙、帝王等作为崇拜的偶像。一村供奉一个土主，或数村供奉一个土主。所有的土主神号都叫“本境土主大黑天神”。每年农历二月十九日是保护神“土主骑白牛”的佛日，又是观音圣诞日，各村都要宰杀猪做土主盛会，吃斋供祭“土主”和观音菩萨。

苗族

源流

苗族是我国历史悠久的古老民族。苗族何时迁入云南，不可考，但至迟在唐末就已有苗族入滇。禄劝彝族苗族自治县的苗族是清咸丰年间从黔北迁入。寻甸回族彝族自治县的苗族大部分是清朝及以后逐渐从武定、会泽、东川和禄劝迁入。石林彝族自治县的大塘子苗族是在清代光绪年间从昭通迁入，糯斗村苗族是清代咸丰年间从贵州迁入。

不同的历史时期，人们对苗族的称谓也不同。或因不同的文字记音，造成苗族的族名也不同。苗族自称为“卯”“蒙”“果雄”“毛”“带叟”等。历史上曾因地而异，在“苗”字前冠不同的名称。如“长裙苗”“红苗”“黑苗”“花苗”“青苗”“白苗”“汉苗”等。禄劝的苗族自称“阿卯”。1949年以后，依照苗族人民的意愿统称为苗族。昆明的苗族主要有“花苗”和“白苗”两个支系。

昆明的苗族主要居住在禄劝彝族苗族自治县、寻甸回族彝族自治县、富民县、嵩明县等地。

文化

语言文字

苗语属汉藏语系苗瑶语族苗语支，分湘西（东部）、黔东（中部）和川黔滇（西部）三大方言。昆明市95%的苗族语言属于西部方言滇东北次方言，5%属于川黔滇方言。苗族曾经创造过自己的文字，后因战争造成苗族先民大幅度流徙，苗文也随之失传。1956年，在党和政府的关怀下，通过语言调查，创制了4种方言的拉丁字母拼音文字方案。

古　诗

苗族有很多古诗反映苗族人民的社会、经济、文化状况。如《创世诗》《迁徙诗》《英雄诗》等。

民间故事

苗族的迁徙历史、对天地万物的预测以及与大自然搏斗的生产和生活斗争均有民间故事反映，如《洪水滔天》《造天地万物》《杨亚射日月》《天女》《孤儿变皇帝》《蠢木匠》等。

音乐舞蹈

苗族是能歌善舞的民族，音乐和舞蹈有着悠久的历史和广泛的群众基础，史籍上早有“男吹芦笙女振铃”的记载。唱歌是苗族人民的一种特别爱好，有古歌、山歌、祝酒歌、情歌、新民歌等。独具一格的芦笙舞是苗族人民最喜爱的舞蹈，分独舞、双人舞和集体舞。昆明地区的苗族将基督教音乐与本民族音乐相结合，形成独具特点的合唱风格，其中富民小水井合唱团最有特点，曾参加全国各种比赛活动，屡获佳绩。

传统工艺

民间纺织是苗族历史悠久的传统工艺。千百年来，苗族人民善用棉、麻、丝、毛等原料纺织加工成精美的衣料。蜡染方面有着高超的工艺，在国内外享有很高声誉。苗族的挑花、刺绣、织锦、蜡染、剪纸等工艺美术瑰丽多彩。

医　学

苗族的医药学，自成体系，内容丰富。苗医把人体疾病分科。苗医药品种类繁杂，有植物、动物、矿物，共千余味。许多苗族村寨都有苗医。

取　名

苗族姓氏有着悠久的历史。苗族的姓氏分苗姓和汉姓两种。苗姓一般只在本民族内部使用，在没有汉姓之前与其他民族交往只说名，不说姓。苗族的汉姓是与汉族交往中逐渐形成的。昆明市苗族命名，分家名和学名两种。

习俗

饮　食

昆明市苗族人民多住山区，因受自然条件的制约，粮食作物只能种植苞谷、荞子、马铃薯及部分小麦和燕麦。蔬菜以青菜、萝卜、辣椒、番茄以及部分豆类和瓜类为主。酒是苗族待客、过节不可缺少的饮料，分为白酒和甜酒两种，均用苞谷酿成。

服　饰

苗族服饰分盛装和便装两种。便装，即男子上衣为麻质长服，着长裤，女子穿麻质白短服，着青色褶裙或蜡染花裙。花衣服为节日、娶嫁的盛装，为外套服，其主要

苗族妇女（2003 年版《昆明市志》）

部分为“花背”和“后方巾”，白底上织有红、黑、蓝传统花纹图案。穿着时缝上常服为里衬，将两襟搭合于胸前，系上腰带即可。苗族妇女发式很别致，已婚妇女发式梳尖髻，头发梳理平滑后，在额顶上方支上髻撑挽上髻，形成一座光洁的锥形髻座。未婚青年妇女将头发收至耳后边挽髻或加黑毛线假发绕头盘结，缀上饰物。近年来，男性平时穿着与汉族大体相同。女青年服装较前有变化，平时穿着苗族服饰减少，穿着汉服增多。

婚　姻

苗族实行一夫一妻制婚姻。一般为族内婚、平辈婚，姨表不婚和同姓不婚。另外，也有部分苗族同宗不婚。男女青年一般在节庆、赶街、走亲戚等社交活动中自由择偶。苗族结婚要选日子，选好日子后，男女双方到婚姻登记机关办理结婚登记手续，领取结婚证，举行婚礼。结婚后第七天，由长辈领着新郎、新娘，带着鸡等礼品到亲家回门。

丧　葬

一般农村实行土葬，传统葬法以头朝东、脚朝西的方式进行横葬，其意是苗族的祖先是从东方迁徙而来，让死者的灵魂回到东方故土与祖先亡灵聚会。清朝以后，因受其他民族的影响，逐渐改为顺葬，但也有少数老人要求横葬。苗族丧葬有正常死亡与非正常死亡之别，正常死亡者才能葬于公墓。以年长者居上，次者在下。夫妻同葬者，分男左女右。村里遇到丧事，家家户户都要主动上门帮助料理，以物相助。非正常死亡者，不能抬进村里，不能葬入公墓。

节　日

主要有苗年、春节、清明节、花山节。春节、清明节和汉族大致相同。每年农历冬月三十日的苗年，是苗族人民的传统节日，也是苗族群众庆丰收之日。农历五月初五至初七为“花山节”。节日期间，开展爬花竿、对歌、打秋千、赛跑、斗牛、赛马、篮球、文艺表演等文体活动。

禁　忌

苗族禁忌很多，随着社会的发展，人们的思想观念发生变化，有些禁忌逐渐淡薄。流传下来的主要有以下禁忌：严禁砍伐“山神树”；禁止在龙潭正上方建房，妇女忌在龙潭边晒裙子；在家烧火不准从柴梢烧起；严禁踩踏做饭的“三脚架”；给客人添饭不能反手添；忌在家里或夜间吹口哨等等。

信仰

祭奉祖先，缅怀先人，崇拜灵魂，苗族尚祖先崇拜，认为人死后灵魂不灭，故要祭祀，祈祷祖先保佑后代。另外，苗族还尚自然崇拜，崇拜山、树、雷、风、雨等自然物和自然现象，认为神灵主宰着这些自然物和自然现象，所以只能敬奉，不能得罪。部分昆明的苗族也信仰基督教。

傣族

源流

傣族历史悠久，远在公元一世纪，汉文史籍就有关于傣族先民的记载。禄劝傣族来源没有文字记载，只有两种说法：一种说法是从今玉溪市元江县迁入元谋，再迁至武定，后于清顺治七年（1650年）始入禄劝的汤郎、皎西两乡；还有一种说法是在清嘉庆五年（1800年）从四川米易县渡过金沙江后，在禄劝大松树定居至今。

傣族自称“傣仂”“傣雅”“傣那”“傣绷”等。汉晋时称之为“滇越”“掸”“擅”“僚”或“鸠僚”。唐宋时期称“金齿”“黑齿”“茫蛮”“白衣”等。元朝时“白衣”又写成“百夷”“白夷”“伯夷”等。明清后称之为“摆夷”。1949年以后，根据本民族人民的意愿，定名为傣族。禄劝傣族自称有“旱傣”和“水傣”两种。

傣族主要居住在禄劝彝族苗族自治县。五华区、盘龙区、西山区等县（市）区也有分布。

文化

语言文字

傣族有自己的语言文字。禄劝傣语属汉藏语系壮侗语族壮傣语支中的傣泐方言。由于长期与当地汉族、彝族杂居，有部分汉、彝语借词。不少村寨的傣族已不会讲本民族语言，而使用汉族语言文字。

民间文学

傣族民间故事非常丰富。有反映本民族起源历史的《创世纪》《人祖起源》《谷种起源》和《火种起源》等。有叙述山川景物、日月星辰的故事。此外，还有有关历史迁徙的故事。

民歌调

傣族民歌有自己的曲调，但用汉语唱。曲调有山歌调、爱情调、放牛调、放马调、喜事调（包括结婚整个过程，其中还分迎亲调、接亲调、开饭调、催饭调、送亲调、送客调等）等等。

雕　刻

有石雕和木雕两种。石雕除雕石狮、石虎竖于村外以镇邪恶外，是雕刻于坟墓上的碑文、龙凤花鸟之类，有“双狮抢宝”“二女寿线”“金鸡扑火”“双狮守门”等图案；木刻一般是镂刻在屋檐的花纹，刀法虽粗放，但具有本民族特色。

习俗

饮　食

傣族主食为大米、玉米或麦子，以各种薯类、瓜豆类作副食。能自种白菜、青菜、苦菜、牛皮菜、莲花白、莴笋、芫荽、萝卜、茄子之类。食法有炒、煎、煮、炖等多种，能腌制腊肉、豆腐肠和腌酸菜等。傣族还能自酿白酒、烧酒、红糖等食品和饮料。

服　饰

过去，傣族男子头扎青布包头，上装着青布或麻布面襟，下身着大裆宽裤。妇女已婚者头戴长三丈六尺的黑布纱帕，上着蓝布右大襟，在衣襟的领口、袖口处镶有花边，下着自织麻布百褶长裙，脚穿绣花布鞋，形式有剪刀鞋和帮头鞋两种。现除老年妇女还保留着本民族的服饰外，年青的妇女和男青年已和汉族穿着相同。

婚　姻

傣族实行一夫一妻制。严禁同姓家族通婚，姨表可开亲，有转嫁和妻死可讨妻妹之俗。男女婚前有恋爱自由，但结婚要征得父母同意。男家首先请媒人向女家提亲，若女家收下酒礼品，即可定亲，叫“吃糖酒”，男家要送女家礼物。接着媒人即约男子到女家点三炷香插在家堂上，称“定万年桩”，向女方父母及亲属认亲。然后，即正式送彩礼。迎亲时，男家备三五匹马迎接新娘。新娘进门后，拜堂，认男家亲戚。当晚，闹新房，跳跌脚舞，拂晓始散。

丧　葬

傣族的成年男女，若遇正常病故，临终前，家属即将其从卧室移至客房火塘边，由长子抱着断气。父死由儿子淋浴，母死由女儿淋浴，擦洗全身，换上新衣、新鞋，将尸体先安放于木板上。口内放一点碎银，始装入棺木，棺木头上点燃七星灯。灵棺两边，分别由死者家属跪着守灵，并披麻戴孝。送葬时，妇女只送到途中“开路”之地，由孝子跟随上山。棺木葬下后，每年清明扫墓一次。傣族亦有火葬之俗。凡属跌岩死、落水死、火烧死、被杀死等凶死者，不得抬入村寨内或家内。埋葬时，要选择村外山林处，堆上干柴，将尸体置其上，进行火化，然后将烧剩尸骨堆拢一起，挖土埋之。凶死者不举行葬礼。

节　日

傣族主要节日有春节、泼水节、祭羊节、元宵节、中秋节等。春节是最隆重的节日。除夕晚，杀鸡献祖先，将血滴于纸钱之上，供三碗饭、三杯酒。初一早晨，要抢清泉水，谁抢到头挑水便认为最吉利。同时，在水塘边取一物回家，以示一年里招财进宝。从初一到初三，妇女一律不得做针线活，但要参加村中男子打磨秋活动。到初四后，可互相走亲串戚，跳“跌脚舞”，唱调子。直到二月初八，春节才算过完。近年来，昆明地区的傣族在每年傣历六月（即傣历新年）也欢度泼水节。

禁　忌

孕妇不能进入别人家或参加红白喜事；凶死者不能抬入家内或村内；大年初一，不能到别家串门；被雀鸟屙屎于身，认为家中不吉；妇女不能跨越男人所用的劳动工具；陌生人不能擅自闯入主人家；不准辱骂老人、妇女和孩子；忌进入生育之家，认为踩着奶水，不吉利。

信仰

居住在禄劝县的傣族主要信奉万物有灵的神灵论，认为天地间的一切万物都有灵魂存在。与汉族杂居的傣族也信仰大乘佛教。亦有少数傣族信仰基督教。

壮族

源流

壮族是由中国古代越人的一支发展而来的。它与周秦时期的西瓯、骆越，汉唐时的僚、俚、乌浒，宋以后的僮人、良人、土人等有着密切的渊源关系。昆明的壮族何时迁入禄劝、石林两地，无史籍记载。禄劝壮族老人谈到，禄劝壮族祖先约在清朝嘉庆三年（1798年）迁入。石林彝族自治县的壮族是在清道光二十年（1840年）从今文山州迁入的。

壮族自称因地而异，有“布爽”“布壮”“布侬”“布曼”等20余种。昆明市禄劝彝族苗族自治县的壮族自称“仲家”“水仲家”“轻仲家”，石林彝族自治县的壮族自称“布雅侬”，他称“黑沙人”。1949年以后，按本民族意愿，统称“僮族”。1965年，根据周恩来总理的倡议，经国务院批准，改称“壮族”，将“僮”改为“壮”，寓发达、昌盛之意。

昆明的壮族主要居住在禄劝彝族苗族自治县和石林彝族自治县，五华区、盘龙区、官渡区、西山区等地也有零散分布。

文化

语言文字

昆明壮语属汉藏语系壮侗语族壮傣语支北部方言。壮语有南、北两大方言，其语法结构、基本词汇大体相同。据史料记载，南宋时，壮族创造过一种文字——土俗字。它能用来编写山歌、记事等，但流传不广。1955年政府曾为壮族创制了一种以拉丁字母为基础的壮文，但因禄劝、石林壮族人数少，未能推广使用。

民间故事

壮族民间保留着不少民间口头文学，包括《人祖起源》《创世纪》《谷物起源》等神话故事。还有反映山川河流、日月星辰、动植物等的民间故事。

诗　歌

壮族对歌之盛已闻名于世，内容丰富多彩。凡遇年节、庄稼收割、婚丧嫁娶、起屋盖房等场合都要对歌。尤其男女青年之间对歌更为盛行。壮族诗歌带有活泼、机灵、敏捷及清丽、悠柔特征。调子有《山歌调》《情歌调》《喜事调》《哭丧调》等。

舞 蹈

禄劝壮族喜跳彝族的“跌脚舞”，以竹笛伴奏。石林壮族则流行跳“铜鼓舞”“长柄刀舞”。“长柄刀舞”曾荣获市、县两级舞蹈奖。

镂 刻

壮族的镂刻有石雕和木雕两种。石雕主要是雕刻在石墓碑上的花鸟图案和民间传说。如“二女寿线”“双龙抢宝”“金鸡灭火”“双狮守门”等。有的古老村寨还雕刻着石狮、石虎，以避邪恶入寨。此外，还雕有石槽、石磨、石缸、石碓窝等家庭用具。木刻一般为刻在乐器和响篾筒上的图案花纹。

习俗

饮 食

居禄劝县则黑、马鹿塘两乡和石林的壮族主食大米。而居禄劝乌蒙乡的壮族则主食玉米。壮族还喜食“糯米花饭”，会制米凉粉、酿白酒等。除夕之夜要吃鸡蛋、整叶菜，意为来年万事圆拢，长（常）吃长（常）有。壮族人民能腌制食品，有腌腊肉、腌肉肠、腌酸菜、酸萝卜、腌卤腐等。吃法有蒸、炒、煎、炖等多种。

服 饰

过去，禄劝、石林两地壮族服饰基本相同，男子喜着自织青布对襟上衣，裤脚肥大，头缠青纱帕或青蓝布帕。老年妇女上着斜襟衣，下着宽边大裤。年轻妇女则着围领斜襟阔衣，领边袖口衬以彩色镶边，下着宽边大裤，也着长裙，裙绣纹案，不加褶。脚穿绣花鞋，鞋尖跷起。姑娘服装佩以银饰，戴银镯、耳环，领口还锁一对银龙凤，显得富丽华贵。1949年以后，除少数老人、妇女还着本民族服装外，大多数人已逐渐改着普通便服。

壮族对襟女上衣（昆明市博物馆官方网站）

婚 姻

壮族奉行一夫一妻制。壮族青年男女相爱，欲缔结婚约，要由父母作主，托媒人说亲。若女方应充，即由男方根据双方出生年月请“端公”或“师娘”合八字。若八字符合，即可举行“吃糖酒”，订婚，并付彩礼。结婚之日，禄劝婚俗是路远者新娘骑马，抵新郎家后，先拜天地、父母、族中老人，始送入洞房。当晚，举行“跌脚”

歌舞。婚后三日回门。石林壮族的婚期，以选择“牛”日为佳。出嫁之日，女方宴请亲友吃一餐“嫁囡饭”，男家要给新娘父母“奶母钱”。钱要带有六数，暗喻“福禄”。拜堂后，要给新娘取名，拜父母和长辈。壮族有“不落夫家（即坐家）”之俗，结婚成家后，仅在农忙和节日才由婆婆或丈夫姊妹、兄弟将新人接回夫家住几日后又返娘家。待孩子分娩后才到夫家居住。

丧　葬

禄劝壮族老人临终，应沐浴，剃头，更换新衣，孝子要披麻戴孝。亲友在吊唁日，即将尸体入殓。入殓后停尸三日，请“端公”择地埋葬，以后在清明节扫墓一次，其他时间不再上坟。若凶死者，尸体禁抬入村内和家内，就地火化。死者为孕妇则要抬到村外火化，不能与祖坟埋葬在一起。石林壮族老人亡故后，仪式更为隆重。

节　日

壮族节日以春节和六月召（初六）最为隆重。过春节时，家家户户要祭奠祖先。初一不能出门，在家吃“团圆饭”，初二始可串门。村社要举行打肉块、打鸡毛包、打磨秋等体育活动。六月召是在农作物中耕阶段，为了有个好收成，当天，户户包糖粽子，做糯米粑粑，杀猪鸡祭土地神，祈求来年风调雨顺。

禁　忌

壮族在节日、生产、生活等方面有各种禁忌。如大年初一不能扫地；出嫁女儿不能返家哭闹；初一至十五，别人家牲畜不能进入本家，怕把钱帛带走；不准到晒台吃饭；禁吹树叶，吹了谷子长不好；谷穗黄时不能吹笛子，吹了谷子得风灾；怀孕妇女不能摸谷子；不能在大门脚挂包包；男子在楼下，妇女不能上楼；禁打骂孩子；禁坐在门槛上；不能用脚踩踏灶台、铁三角；不能跨越生产工具；村中有喜事，孕妇不能看新娘；产妇坐月子期间，外人不能入内。

信仰

壮族的自然崇拜有土地公、山神、井神、火神、灶神、禾神、花婆神等。石林壮族是将土地公与山神两种神合二为一，设有庙，称“山神庙”。壮族不祭龙神，亦不祭水神和雨神，而祭井神。石林县壮族的祖先崇拜最为盛行，虽无同氏宗祠，但每户正堂必设有神龛，祀奉祖先之灵及诸神。祖先灵位不书某某祖先之名，亦不上溯某某代，而是总的供奉一氏之全部祖先。习惯将祖先与天、地、君、师、财帛星、灶王同写在一张红纸上。“天地君师”仅是形式上的供奉，平时，人们如有祈愿，仅诉诸祖先和财、灶二神。每年春节、六月六、七月半接祖和送祖时，都要准备酒肉祭品，点香炷、烧纸钱，以供奉祖先，祈求祖先保佑家中人畜平安。

哈尼族

源流

哈尼族与彝族同源于南迁的古羌人。这支古羌人，是于公元前三世纪活动于大渡河以南的“和夷”部落。在唐代，哈尼族的先民被称为“和蛮”。禄劝的哈尼族何时由何地迁入无文献记载，传说是从今红河州迁入。晋宁区的哈尼族是1840年后从玉溪迁入。

哈尼族自称“哈尼”“爱民”“白宏”，禄劝的哈尼族自称“和民”，他称“罗缅”，晋宁的哈尼族自称“富努苦”，他称“窝尼”。1949年以后，以“哈尼”为统一的族称。

昆明的哈尼族主要居住在禄劝彝族苗族自治县崇德乡六合、硝井两村和晋宁区夕阳乡高粱地村，五华区、盘龙区、官渡区、安宁市等县（市）区亦零星有哈尼族居住。

文化

语言文字

哈尼语言属汉藏语系藏缅语族彝语支中的一种独立方言。哈尼语内部又分为哈（尼）、雅（尼）、碧（约）、卡（罗）、豪（尼）、白（宏）等数种方言和若干土语。禄劝哈尼族的语言属于哈尼方言，与红河州的哈尼方言相通。哈尼族没有本民族文字，但在汉、彝杂居之地的部分哈尼族能识彝文和汉文，多数使用汉文。

民间文学

哈尼民间文学内容丰富，体裁广泛，有神话、故事、谜语等。神话有《创世纪》《兄妹传种》《古老时候的人》等。哈尼族与汉族杂居，亦接受汉族文化，如流传于汉族民间的《梁山伯与祝英台》《蟒蛇记》《猛虎与豹》《西厢记》等也在禄劝哈尼人民中流传。

民　歌

大体有两类：一类是“山曲”，也叫“山歌”，在山野所唱，可对歌，可合唱，内容多属情歌；一类是“火塘曲”，即在家中火塘边合唱的调子，形式是对唱，多数唱“亘古”（即历史），老幼皆喜听。民歌的曲调绚丽多彩，有独唱调、对唱调，还有一问一答“猜调”。

习俗

饮　食

哈尼以大米、玉米为主食，并以小麦、瓜、豆、薯类为副食。能种各种蔬菜，加工腌制咸菜、腊肉、豆腐卤等各种食品。嗜好猪血、鸡血等冷生血食物。哈尼人民还喜欢饮酒、喝茶和抽烟。能自酿甜白酒、辣白酒和酸白酒等。茶叶除从市场购买以外，亦常饮“野菜”。禄劝哈尼人民还能用甘蔗和玉米秆、高粱秆等熬制成红糖，但大都自食，不出售。

服　饰

过去，禄劝县和晋宁区的哈尼妇女服饰穿着有较大差别。禄劝哈尼妇女服饰上身着左大襟边，袖口及裤边滚花边，下着宽裤。盛装时，腰系一块绣花围腰，脚穿绣花圆口布鞋，戴手镯，耳饰银环，用纱帕缠头。晋宁区哈尼妇女喜着满襟衣裳，衣长拖到膝盖以下，大袖口宽而短，衣领袖口和裤脚边都爱用镶边和绣花，叫“满镶满滚”。少女梳辫拖于背，已婚发辫绕于头上，外包一块长8尺红毛巾，脚穿绣花布鞋。男子服饰两地着装与汉族相同。后来，由于社会发展及与外界交流的加强，除老人还着本族服装外，男女青年着装已与汉族无区别。

哈尼族爱伲女套装（昆明市博物馆官方网站）

婚　姻

哈尼族青年男女恋爱自由。一般托媒人到女家说亲，若女家应允，即“喝大酒”，也称“递糖”。媒人带去聘礼，以“六”（禄）为吉数，猪肉、酒、糖、鸭子是必备之物。定亲后，择吉日娶亲，新郎和迎亲者在媒人陪同下到女方家，双方需备佳肴款待客人。餐毕，举行送亲仪式。将新娘接到男家后，新娘新郎在中堂对拜，入洞房，婚礼即完毕。3日后，即回门。

丧　葬

哈尼族实行土葬，丧礼十分隆重。人去世，即沐浴剃发，着寿衣入棺。亲友得知即前来奔丧，并携带蜡烛、鸡、山羊，组织哀乐队前来吊唁。出殡前，要经过搭桥、绕棺、卸孝、埋葬、驱鬼等几个环节。死者葬后3日内，每晚由死者女儿或儿媳用松毛团包着火炭在出殡的路上，由远至近地连续送3次“魂火”，表示子女对死者的孝敬。过7天上坟山扫墓，叫“伏山”。35天后，要扫墓，叫上“五七坟”。每到春节，都要带酒、肉、鸡等三牲去祭，叫“烧拜年纸”。死者满3年，子女就要脱孝服酬客，丧礼才算结束。

节　日

哈尼族节日有春节、二月八、三月初一、清明节、端阳节、六月六、火把节、中秋节、过冬节等。其中以春节、火把节最为隆重。除夕晚，家家宰鸡，做糯米粑粑，蒸甜白酒。庭院换上新对联、年画，铺青松毛，人着新装。初一凌晨“买水”，祈求风调雨顺，由男子主持家务。端阳节，家家门头挂菖蒲、艾叶，做糖包子，吃豆芽，饮雄黄酒，小孩手戴五彩线，以祛邪。火把节晚上家家点燃火把，抬到村旁田间去烧死各种害虫，祈求粮食丰收。禄劝哈尼人还把火把集中于庭院，让青年人从火中跳过，叫“跳火把”。

禁　忌

哈尼族禁忌繁多，如：男子出猎或捕鱼时，忌讳与成年的妇女相遇；孕妇不能参加红白喜事；公公不能进儿媳卧室，更不能坐其床位；不能摸老人和长辈的头或踏其帽子；新婚夫妇7天内不能进别家门；产妇不满月亦禁入别家之门；月食月份，忌讳办喜事；不能在家唱情歌、吹口哨。

信仰

哈尼族崇尚自然，认为自然界中处处都有神灵存在，天神、地神、山神、日神、月神、雷神等，尤其崇拜山神。如晋宁区哈尼族每个村寨都选有一棵山神树，并盖有山神庙，各姓家族也有自己的神树。禄劝县哈尼村寨亦建有山神庙，内塑七尊佛像，中间一尊大佛有六支手，边有虫王大将、送子娘娘等。哈尼族还十分崇奉祖先，凡是年节、清明节、七月半等都要祭祀祖先。禄劝县哈尼族供奉祖先有“运星”“四马”“二马”等，同时也供奉“天地君亲师”。

傈僳族

源流

傈僳族与彝族、哈尼族、拉祜族、纳西族等同属一个族源，是羌人的后裔，古代乌蛮的一支，汉文典籍最早的记载见于公元8世纪樊绰所著《蛮书》中“栗粟二姓”。16世纪中叶以后，居住在大理、永昌地区的傈僳族，多次举行反对土司压迫和掠夺的起义。此后的两个世纪，大批傈僳族为摆脱压迫，陆续“顺着太阳落的地方”向西迁徙。禄劝彝族苗族自治县的傈僳族是清道光元年（1821年），以唐贵为首的农民起义失败后，沿金沙江而下迁入境内的。

傈僳族的名称，最早见于唐人著述，称之为“栗粟”，被认为是当时“乌蛮”的一个组成部分。自称“傈僳”，“傈”是这个民族的族名，含有“高贵”之意，“僳”一般是指人或族。汉文书籍记载的栗粟、栗漱、傈些、傈蛮、些蛮都是指傈僳族。

世居的傈僳族主要居住在禄劝彝族苗族自治县的撒营盘镇、皎西乡、汤朗乡。五华区、安宁市等县（市）区也有零星分布。

文化

语言文字

傈僳族有语言文字。傈僳语属汉藏语系藏缅语族彝语支，分怒江、禄劝两个方言土语，但语音差别不大，词汇、语音、语法结构基本一致，只是各种借词来源不同，无论是国内还是国外的傈僳族彼此都能通话。傈僳族有自己的文字，历史上曾在不同地区使用过3种不同类型的文字，均因结构不完善，未通行。1957年创制的以拉丁字母为基础的新文字为通行的傈僳族文字。

歌　舞

傈僳族的诗歌通常都是七字句式，有严格的对仗。诗歌和曲调形成了固定形式，所有的诗歌都可以吟唱。常见的曲调有“莫瓜”“由野”“觧史”等。曲调有的高亢激昂，有的低沉感伤。演唱时，往往配以琵琶、四弦、口弦等。傈僳族人民能歌善舞，凡遇结婚、盖房或收获时节，总要尽情歌舞。舞蹈的动作矫健有力，生动活泼，节奏感强。

习俗

饮 食

傈僳族普遍日食三餐，主食是玉米、荞麦。沿袭饭菜一锅煮的烹制方法，将饭菜合一煮熟，全家围着火塘就餐。喜欢把动物胆汁掺入酒中饮用，煮肉时把苦胆放入锅中一同煮，用来去腥开胃。肉食来源有家庭饲养的猪、牛、羊、鸡和捕猎的麂子、岩羊、山驴、野牛、野兔、野鸡和鱼等。肉类的食用方法大都采用把肉抹上盐，放入火塘中烧烤后食用。傈僳族还喜饮麻籽茶。

服 饰

傈僳族服饰各地大同小异，大都穿自织的麻布衣服。明清时，傈僳族“男人裹头，衣麻布，披毡佩短刀，妇女短衣长裙”。1949年以后，随着生活的改善，衣服用料多以棉布、化纤为主。妇女的服饰美丽大方，上穿短衣，下着长裙，头饰红白料珠，胸前佩彩色料珠项圈。妇女的裙子是用上百片的各色布料经过精心剪裁缝制而成的，因此被称作“百花裙”。各地因衣服颜色的差异而被称为“白傈僳”“黑傈僳”或“花傈僳”。“花傈僳”的衣着绚丽多彩，“黑傈僳”的穿着典雅大方，各具特色。

婚 姻

禄劝傈僳族多数自由恋爱结婚，但仍然需请媒人说合。男方相中姑娘后，请两人为媒，携两壶酒和烟、茶、糖到女方家提亲。如女方父母同意，由姑娘收下提亲酒礼。接着男方家择吉日并经女方家同意，即可订婚。订婚时，由媒人把酒、肉、烟、茶、糖等礼物送到女方家，女方宴请族人亲朋吃订婚酒，同时商谈各种事项。娶亲前，由女方择定娶亲日子后，双方搭青棚，垫松毛，准备酒席。男方家由媒人、陪郎、陪娘带着聘礼到女家讨亲，进门前，要喝讨亲酒，接受女方的泼水礼，次日讨亲队伍由原路返回。新娘进门前，送亲者每人须喝一杯迎亲酒，才接入堂屋举行拜堂仪式。由祭师或长辈为新郎、新娘祝福证婚后，送入青棚。亲朋好友则通宵达旦跳舞唱歌。热闹三天，婚礼结束，男方家须准备一只带尾巴的羊腿由送亲者带回给女方父母。

丧 葬

禄劝傈僳族实行棺木土葬。村中人死后，全村人自行前去吊丧并帮助料理后事。一般3天即送上坟山埋葬。出殡前，巫师念9次《开路经》。坟山较远的，就在房后临时垒的假坟前杀羊、宰鸡供奉。非正常死亡的人不得抬进村，不得葬于公坟地。埋葬1年以后，死者家属要请巫师到坟山修理坟墓。每年清明节前后扫墓。

节　庆

傈僳族的传统节日主要有年节、收获节、火把节、中秋节和刀竿节。年节（阔什节）是民间一年一度的最大节日，为祈求五谷丰收，每家都要将第一次舂出的籼米粑或糯玉米粑拿出一部分悬于树上做祭供，还分出一小碗喂狗或喂牛。年节的第一天，全家聚餐，共饮同心酒。收获节大都在每年农历九、十月间举行。收获节最大的活动是家家都酿酒和尝新（吃刚收获的谷物），并伴以歌舞，常常通宵达旦，尽兴方散。

禁　忌

产妇分娩时，外人不能闯入室内，尤其忌讳持刀箭者闯入；屋内火塘上的三脚架，禁蹬踏或移动，也不能溅上唾沫和鼻涕，不能用脚代手往三脚架下添柴；忌伤害蜘蛛；丧事期间，死者的亲友和同村人都禁止吃辣椒，否则被认为是对死者不敬。

信仰

昆明地区傈僳族的信仰主要是万物有灵的自然崇拜、多神崇拜。信奉的有“莫乃尼”（天神）、“米司尼”（土地神）、“矣杜尼”（水神）以及“海夸尼”（家神）、“搓莫尼”（祖宗神）等30多种。其中，“米司尼”是最受崇拜的神。1949年以后，由于科学文化的普及，信仰神灵的人逐渐减少。部分傈僳族群众也信仰基督教。

布依族

源流

布依族的祖先自古以来就生息、繁衍于南北盘江、红水河流域及其以北地带，是西南地区的土著民族之一。布依族的族源，最早可以追溯到古代的越人。布依族的先民，一般被认为是古代“百越”的一支。昆明市的布依族主要居住在东川区，是在清乾隆年间，从会泽和巧家两县迁入的。

布依族的他称有“仲家”“夷家”“夷族”“水家”“水户”“土人”“土边”等等。自称的有“布依”“布雅伊”“布仲”“布饶”“布曼”等。1953年冬召开的布依族代表人士协商会议统一民族名称为布依族。

昆明市的世居布依族主要居住在东川区铜都镇的新街村、老村、木树朗村、起嘎村，因民镇的牛厂坪村，拖布卡镇的西瓜地村，阿旺镇的阿乐村、大石头村等共33个自然村。其中，有纯布依族自然村4个、杂居自然村29个。

文化

语言文字

布依族语属于汉藏语系壮侗语族壮傣语支。布依族和汉族及其他民族在日常交往中通常以汉语作为交际工具。布依语在发展过程中吸收了不少汉语词汇。布依族过去没有文字，历史上曾借用汉字记述历史、家谱、传记等。1956年创制了用拉丁字母拼写的布依文。

民间文学

布依族有神话和民间传说，神话出现的时代比较早，且内容丰富，情节生动，流传广泛，如《洪水朝天》等。民间传说较多，内容丰富多彩、流传较广的传说有《黄果树瀑布的传说》《金沙江的传说》《三月三的由来》《六月六的由来》《查白场的由来》《赶干洞的由来》等。

舞　蹈

布依族民间舞蹈多为集体舞，有《铜鼓刷把舞》《铙钹舞》《狮子舞》《转场舞》《龙灯舞》等，还有办丧事时的《回旋舞》。

雕　刻

布依族的雕刻，有石雕、木雕两种，都是艺术性较高，很负盛名的手工制品。石雕的成品有牌坊、玉镶墓碑、庙宇石磴等。雕刻的花纹有狮、龙、凤、牛、马、人物、八仙、花卉等。有的是浮雕，有的是空花。

习俗

饮　食

布依族的主食有大米、苞谷、麦子、小米等。布依族自古以来就种水稻，以大米为主要粮食。水稻分粘、糯两类，每类各有若干品种。副食品有糟辣、面辣、豆豉、泡菜等。过年时，布依族群众都普遍熏腊肉，做血豆腐等。喜爱饮酒，喜庆、节日尤甚。

服　饰

布依族妇女的服饰，在1949年以前，有三大类型：第一，着百褶长裙，上装多为大领衣或大襟衣。第二，穿大襟衣、长裤，衣裤的边缘镶有栏杆式花边。衣身有长、中、短三种。第三，同当地汉族妇女服饰基本相同。布依族男性的服装与当地汉族基本相同，随着汉族服装的变化而变化。

婚　俗

布依族的婚姻是一夫一妻制。近代以来，布依族的婚姻一般经过择偶、订婚、要八字、结婚四个步骤。结婚有拜堂、撒喜果、打亲房等仪式。布依族嫁女，一般要送给嫁妆，主要是被子、蚊帐、床单、柜子等。妇女配偶亡故，可以再婚，但必须征得原夫的家属同意。现在布依族实行自由婚姻，举行新式婚礼。

丧　葬

近代以来，布依族实行土葬。正常死亡的治丧和埋葬，各地大体一样。老人亡故，亲属即为死者沐浴、小殓，先讣告外家再讣告亲友，遗体停在神龛之前，等待“吉时”大殓。大殓时，以一点碎银放在死者口中，忌用其他金属。老人亡故装殓时，女儿、儿媳都各送一件白新衣和白带子入殓。大殓后，停柩在堂屋中，足朝大门，请“老摩”（巫师）为死者开路，有钱人家还要杀牛，做道场。年轻人死了，还另有一些表示，已订婚和新结婚的，如一方死了，对方要到死者家中，将牵着的白布剪断，表示二人阴阳异路，从此分离，灵魂不要纠缠。未婚青年死，不论男女，其父母、老表、朋友都要在其死后的第一个正月十五或二月初二做“花树术”送他（她）。

节　日

布依族最大的节日是过年。正月初一称大年，月终称小年。过年准备的食品丰富多样，都尽可能地杀猪，腌制腊肉、香肠、血豆腐，还打糍粑、酿酒等。三月三是祭社神的节日。四月八，吃三色糯米饭，并杀鸡备酒祭祖，再当着耕牛祭祀，并用一束鲜草包糯米饭喂牛，让牛休息一天，表示慰劳。六月六是祭山神的节日，同三月三的祭祀大体相似。七月半中元节，焚烧香纸，祭祀祖先，较为富裕之家，还为祖先烧“银锞”。

禁　忌

东川区的世居布依族仍保留的禁忌主要有：外来夫妇，忌在主人家同宿；主人不得从客人面前经过，要从背后绕行；有的地方忌讳脚踩或动用火塘上的三脚架。

信仰

布依族先民在远古就普遍崇拜祖先，认为“灵魂不灭”，老人死后，灵魂便脱离躯壳而“存在”，后裔进行各种宗教活动，希望能得到祖先的庇佑。布依族每个村都建一座土地庙在村前，内安放土地神。昆明市东川区的世居布依族除了信仰原始宗教外，还有信仰佛教和道教的。

宗教

◎原始宗教
◎佛教
◎道教
◎伊斯兰教
◎基督教
◎天主教

昆明是一个多种宗教并存的地区。有道教、佛教、伊斯兰教、天主教、基督教，还有原始宗教。

道教是中国的本土宗教，传入昆明已有1800多年，南诏时期其影响逐步扩大，元、明两代趋于繁荣，昆明现存道观及道教遗址多为此时所建，清代渐趋衰微，民国年间道众流失，宫观锐减。中华人民共和国成立后，道教协会成立。“文化大革命”中道观损毁，后经组织恢复，所存的宫观由园林、文物部门管理。

唐代佛教盛行，昆明的佛教也在此时传入，至今已有1300多年。元、明两代昆明佛教渐趋兴旺，高僧辈出，圆通寺、华亭寺、太华寺等相继兴建。清代渐衰，民国时期略有恢复。中华人民共和国成立初期，有僧尼200余人，居住于圆通、华亭、太华等十余所寺庙。

据碑文记载，昆明唐代已有伊斯兰教徒并建有清真寺。回回的大量入滇是在元初。元世祖忽必烈派信仰伊斯兰教的赛典赤·赡思丁·乌马尔为云南平章政事，不少伊斯兰教徒随同前来。当时在昆明建有清真寺12座。明洪武以后，明太祖朱元璋极力褒扬伊斯兰教，伊斯兰教发展环境较为宽松，昆明著名清真寺多建于洪武、正德、万历年间。清政府对伊斯兰教实行压迫政策，导致了“丙辰事件”，昆明诸寺毁于兵火，死伤穆斯林2万多人。20余年后，孑遗者相继归来，在废墟上重建家园，到光绪年间又重修清真寺，民国年间，穆斯林仍未完全摆脱不平等地位。中华人民共和国成立初期，昆明有清真寺39座，回民约2万人，先后成立了伊斯兰教务委员会、伊斯兰教协会等组织。

天主教在元初即传入昆明，并有一定的地位，但随着元朝的覆没而逐渐中绝。清朝初期，罗马天主教廷成立云南教区，委派传教人员试图在滇发展信徒，扩展势力，但终因清政府的限制而进展甚微。直到鸦片战争后的1863年，法国传教士首次在昆建立传教站，天主教遂得以在昆立足，先后建立教堂十多座，创办大小修院，并开办孤儿院、幼儿园、学校、诊所等慈善事业。1951年法国总主教德为能被驱逐出境，“昆明天主教三自（自传、自治、自养）革新会”成立，从此昆明天主教摆脱了罗马教廷的控制。1958年“昆明天主教爱国会”成立。

1878年，英国内地会传教士到昆传道，1885年在升平坡建起了第一个教堂，基督教传入昆明。分属不同教派和教会的外籍传教士，在不平等条约的保护下，在昆建立了各自派别的活动组织和堂点，并成为外国总会的子会，受其控制，领取津贴。至20世纪40年代末，昆明基督教有5个主要教派，建立堂点47个，信徒约3000人。中华人民共和国成立后，驱逐了外国传教士，昆明基督教走上了独立自主的发展道路。

原始宗教

原始宗教，《辞海》解释为“人类在原始时代所产生的宗教”，其基本特征是“将支配原始人生活的自然力和自然物人格化，变成超自然的神灵，作为崇拜对象”。图腾崇拜、自然崇拜、祖先崇拜、灵物崇拜和偶像崇拜都是原始宗教的形式。中国的一些少数民族还保存着原始宗教。

昆明市辖区内居住着汉族和彝、白、苗、傣、壮、哈尼、傈僳、布依等少数民族。每个民族在最初面对未知的自然时，充满了敬畏之心，他们将这些情感发展成为对自然界的崇拜，形成了本民族的一套原始信仰体系。

自然崇拜

自然崇拜是对自然界万物之神的顶礼膜拜。自然崇拜表达了古代先民的敬天思想。在民族形成之初，各民族自然崇拜的形成与日常生活息息相关，对风、水、电、火等的崇拜无一不体现了先民的敬天思想。

彝族先民除了信奉祖先、神灵外，还有对山、树、雷、风、雨等自然物和自然现象的自然崇拜。

壮族的自然崇拜有土地公、山神、井神、火神、灶神、禾神、花婆神等。壮族不祭龙神，亦不祭水神和雨神，而祭井神。

哈尼族认为自然界中处处都有神灵存在，这些神灵有天神、地神、山神、日神、月神、雷神等，其中特别崇拜山神。如晋宁区哈尼族每个村寨都选有一棵山神树，并盖有山神庙，各姓家族也有自己的神树。哈尼人认为风、雨、雷、电各种自然现象都与山神有关，故对山神特别敬重。禄劝县哈尼村寨亦建有山神庙，内塑七尊佛像，中间一尊大佛有六支手，两边有虫王大将、送子娘娘等。

傈僳族对自然的信奉有“莫乃尼”（天神）、“米司尼”（土地神）、“矣杜尼”（水神）以及“海夸尼”（家神）、“搓莫尼”（祖宗神）等30多种。其中，“米司尼”是最受崇拜的神。傈僳族认为自然界的万物和人一样有灵魂，举凡田地、星辰、日月、森林、河流、动植物都有神灵，都是崇拜的对象。“米司”即天神，在万物之上。主宰一切自然现象的精灵为“尼”。傈僳族崇拜的精灵达30余种，如天的神灵叫“加尼”，陆的神灵叫“加古尼”，岩石的神灵叫“亚尼”，山的神灵叫“米司尼”等。因此，傈僳族生产生活的一举一动，都得向各种神灵祈求保佑。新中国成立后，由于科学文化的普及，信仰神灵的人逐渐减少。

祖先崇拜

昆明各民族都有自己的祖先崇拜。在彝族宗教信仰中，祖先是最重要的神灵，彝族各个支系乃至家支，都有各自的宗筒。宗筒是各支系或各家支的最高统祖，神圣不可侵犯。彝族有耐尼、栓灵牌、作斋等祭祀祖先的仪式和活动。此外，彝族泛神崇拜明显，除祖神外每一种神都具有善和恶两个方面。因此旧时彝族的祭祀活动十分频繁，几乎每个月都有一个主祭神：年头祭年神，月头祭月神，正月祭火神，二月祭密枝，三月祭龙神，四月祭山神，五月祭漫神，六月祭火把，七月祭祖神，八月祭叶神，九月祭地神，十月祭石神，冬月祭树神，腊月祭天神。

石林县壮族的祖先崇拜，以祖宗崇拜最为盛行，虽无同氏宗祠，但每户正堂必设有神龛，祀奉祖先之灵及诸神。祖先灵位不书某某祖先之名，亦不上溯某某代，而是总的供奉一氏之全部祖先。习惯将祖先与天、地、君、师、财帛星、灶王同写在一张红纸上，只是“天地君师”位于中，字体大写，祖先与财帛星、灶王列于两旁，字小，而且低一格，显然受到了道教的影响。虽排列如此，却并未降低祖先神灵的地位，相比之下，反而更受敬重。“天地君师”仅是形式上的供奉，平时，人们如有祈愿，仅诉诸于祖先和财、灶二神。对祖先的崇拜，既是为了表示对祖先的孝敬，也为了祈求祖先神灵庇荫后人。

苗族认为人死后灵魂不灭，祭祀祖先可以保佑后代平安健康。傣族逢年过节，或七月半接祖送祖，都要筹备酒肉，点香烧纸钱，以此祭祀祖先。

哈尼族在春节、清明节、七月半等都要祭祀祖先。禄劝县哈尼族供奉祖先有“运星”“四马”“二马”等，同时也供奉“天地君亲师”。哈尼族供奉的运星有黑运星和白运星两种。黑运星称“夜运星”，哈尼语称“伏德”。每2年祭一次，于春节在房背后阴沟处，设一土台，全家族于凌晨2时集中在土台旁，在土台上插三排栗树杈，杈前垫青松毛，将酒菜饭三牲供于上，由族长杀一只公鸡和一头母猪祭祀，祈求祖先保佑全家清吉平安。祭后，全家族聚餐，不请外亲友参加。“白运星”在白天祭，哈尼语称“纳普”。每2年于农历初九、十九、二十九选一祭日。该日，整个家族牵一只羊到山顶杀羊供祭，祈求祖先保佑五谷丰登、全家平安、六畜兴旺等。

傈僳族对祖先崇拜的祭祀活动有两种：一种是只祭父母，不祭祖父母；一种是除祭祀父母外还祭祀祖父母及自己的兄弟姐妹。祭祀祖先一般只在过年时祭祀一次，祭物是一碗饭、一块肉，再祭三脚架。

土主信仰

土主信仰是昆明地区的重要信仰之一。大黑天神是土主信仰祀奉的神灵。该神本是婆罗门教湿婆的变身，后为佛教吸收而成为佛教的护法神。云南大黑天神的由来，有学者认为应来自印度，也有说源于中原，还有主张由西藏传入。在白族神话中，大黑天神是舍身救民的天神，是观音的忿怒相。在佛教、伊斯兰教、道教、天主教传入之前，云南的原始信仰主要为土主信仰。洱海地区称本主，滇池地区称土主。佛典云：土主为观自在菩萨化身，名摩诃伽罗。土主庙，供奉“摩诃伽罗大黑天神”，云南各地多有此庙。景泰《云南图经志书》卷一载王升撰《大灵庙碑记》云：“蒙氏威成王，尊信摩诃伽罗大黑天神，始立庙肖像祀之，其灵赫然。世祖从之，载在祀典。”

土主庙供摩诃伽罗大黑天神始于南诏，元末渐盛，当时云南府城内有大灵庙、土主庙，所供神祇即大黑天神。明清时期，云南各地多有此庙，尤其滇中、滇东地区更盛，有的土主庙一直保留至近代。昆明的土主庙，据罗养儒《纪我所知集》载：建于拓东城的土主庙，初名大灵庙，建于南诏时期，“为城中最古之庙也”。“所奉神为摩诃伽罗，三头六臂，高逾人而身骑白牛”。另据有关记载，昆明城及近郊的土主庙，有华山巷土主庙、瓦仓土主庙、莲花池土主庙、大普吉土主庙、官渡土主庙等，现留存的仅有位于官渡古镇的土主庙。据说每遇水旱疾疫，百姓就到官渡土主庙中祈愿，祷无不应者，极为灵验。

每年二月二十九日为土主庙会。当天官渡土主庙尤为热闹。以神像跨于白牛之上，扶神牵牛，游行附近村寨，四方群众会集，热闹非凡，三日方毕。

佛教

昆明佛教的起源，据考古资料和历史文献推测，约在唐代。唐初，佛教通过南诏和唐朝及吐蕃间政治、经济、文化交流的渠道传入。当时，内地佛教兴旺，南诏使臣入觐，朝廷颁赐经像以利羁縻，佛教因此传入云南。正德《云南志》载："张彦成，蒙舍川人。南诏蒙晟逻遣彦成使于唐，礼待甚厚，赐以浮屠像而归，南中事佛自兹始。"唐永泰元年（765年）南诏在今昆明筑拓东城，南诏王命其子凤伽异为"二诏"（副国王）居之。此后王亲临昆明，《记古滇说集》载："（宣武帝隆舜）三年（唐广明元年，公元880年）幸鄯阐城……祭阿育王、金马碧鸡二山、景帝及神明天子，各立庙。"圆通寺等一批古刹便建于唐时，东西寺塔亦建于此期。

大理国时期，昆明佛教在大理国王的扶持下继续发展且盛极一时。大理国议事布燮袁豆光出资兴建拓东路地藏寺古幢，刻佛像、佛经永镇山水。还有略早于此的安宁市法华寺石刻，从如来卧像及十八座像来看，均是证明。元明两代，佛日增辉，高僧辈出。郭松年入滇亲见佛化之深，他在《大理行记》中说："此邦之人，西去天竺为近。其俗善浮屠，家无贫富皆有佛堂。人不以老壮，手不释数珠。一岁之间，斋戒几半。绝不茹荤饮酒，至斋毕乃已。"述律杰在立于元至正四年（1344年）的《重修大胜寺碑》中说："古滇居民慕善，斋洁茹苦食淡。手捻菩提珠，口诵阿弥陀者，比比皆然。"此时，华亭寺、太华寺相继兴建。《云南风物志》说："华亭寺乃元延祐庚申（1320年）高僧元峰住持于此，结茅传经时建。癸亥春（1323年）首建大光明殿，置毗卢佛像于其中，列圆觉十二大力士于左右以配之，故以圆觉题其额。"约经十余年增饰，至公元1334年"其方丈、浴塘、香庖、禀、园、磬靡不完备。彩饰丹垩、栏循台榭、甍壁垣墉悉皆俱密"。明代佛教大兴，朱元璋出身佛门，格外敬重佛教。云南虽处边疆，佛教同样兴旺。1381年，苍山圣应峰感通寺僧法天，曾亲往南京朝觐，居南京数十日，蒙朱元璋召见，赏赐甚厚。此后，古庭禅师曾在筇竹寺大开千日戒坛，广度僧尼，弘扬佛法。万历年间复有彻庸、洪如法师往天童参密云和尚，为临济极盛时代。清朝佛教渐衰，民国时略有恢复，省长唐继尧支持虚云大师重建华亭寺，筇竹寺亦经常开戒，讲经说法。中华人民共和国成立初期，佛教虽无大发展，但圆通寺、华亭寺、太华寺、筇竹寺、曹溪寺、盘龙寺等尚有僧尼居住。"文化大革命"期间寺院遭到破坏。20世纪80年代后，部分寺院重加修整，僧尼入住，佛事活动略有起色。

昆明的佛教有显、密两大教派。显宗有禅宗、净土之分。禅宗内复有临济、曹洞二派比较兴旺。密宗由西藏传入大理，尔后流布昆明。南诏与吐蕃交好时，诏王被封为“显密融通大义法师”，所以密宗在云南较盛。明代予以禁止，此后足迹无多。虽在民国时期略有反复，亦不成气候。

寺院建筑

圆通寺

位于昆明市内圆通山南麓，坐北向南，随地势而建，山门高，殿宇低。始建于唐代南诏时期，初名“补陀罗寺”。“补陀罗”是梵文potalaka的译音，意为“光明山”，为观世音菩萨道场。后原寺倾圮，元朝大德五年（1301年）云南左丞阿昔思在补陀罗寺故址兴建，18年后寺成，以“圆通寺”名之，皇帝“赐玺书嘉”。此时圆通寺有观音大士殿三间、藏经楼三间、圆通巨刹、钟楼等建筑。明代圆通寺规模大备，形制宏伟。清康熙年间，吴三桂立“圆通胜境”牌坊，“其木之大，工之精，石之玲珑，皆尽人力”。圆通胜境，坊亦胜境。在宝殿之前，清代云南布政使刘鸿翔所撰一联，以“圆”“通”二字冠首：

圆如满月丽天，靡幽弗显，广照大千世界，觉路同登，休论珠火为眉，青莲作眼，但入佛场，莫非罗汉；

通喻慈海泛航，无往不达，普渡亿万众生，菩提共证，岂必金花着面，卍字横胸，始知转轮王，即是如来。

圆通寺一角（字应军/摄）

《南诏野史》称：“圆通洞有蛟为害，盘龙僧建寺镇之。”寺中“咒蛟台”即为元代盘龙寺僧觉照为镇蛟除害所筑的诵经台。这也是清代大观楼长联作者孙髯翁晚年卖卜谋生处，孙髯翁因之曾号“蛟台老人”。

圆通寺原以崇祀观音为主，后在清末重修时将圆通宝殿的主尊改作释迦牟尼“三身佛”，观音像则奉于殿前的八角亭。1990年于大殿后增建铜佛殿，供奉泰国所赠铜佛；配殿为藏传佛教场所。佛教三大支系（汉地、藏传及南传上座部）共存于圆通寺，这在全国也是十分少有的。不仅如此，寺内还保留有一些道教文化痕迹，如：“圆通胜境”牌坊上就有八洞神仙、南极、三星木雕；大殿内两壁上的道教泥塑仙官；衲霞屏旁有张三丰、吕洞宾的石刻画像等。

明清两代，官民合力屡次修复，使之保持了较为完整的格局。民国时期，圆通寺曾被辟作公园，并在八角亭凿池设桥，形成亭台水榭的景致。1923年，昆明大板桥村民在原应寺塔中掘出清代高僧觉海禅师的肉身，后辗转迎奉至圆通寺供养。现存的圆通寺为1979年修复后的面貌，其中圆通胜境坊、八角迷勒殿均为清代原物，而重檐歇山黄琉璃瓦屋顶、两层斗拱支撑的圆通宝殿是元代原物，圆通宝殿中的释迦牟尼“三身佛”及十二圆觉也系元代泥塑，弥足珍贵。此外，寺内还保存有大量碑刻，如元代云南肃政廉访使李源道所作的《创修圆通寺记》，记载了圆通寺修复历程，具有重要的史料价值。

圆通寺“圆通胜境”坊（字应军 / 摄）

1983年，被国务院确定为汉族地区佛教全国重点寺院。

筇竹寺

位于昆明西北郊的玉案山上。据明代昆明诗人郭文所撰《重建玉案山筇竹禅寺记》载：“玉案山筇竹禅寺，滇之古刹也。爰自唐代贞观中，鄯阐人高光之所创也。”传说高光偕其弟高智在西山狩猎，忽有犀牛跃出，众人追至玉案山而不获。四处打探时，却见有许多相貌非凡的僧人，心中疑惑，想看个究竟。待到山顶，仅见筇竹杖插在林下，竟无人能拔出。第二天，他们又返回察看，那根筇竹杖已“枝叶森然”。高氏兄弟见此异状，以为是山灵显示福地，便在此建寺供养僧众，并以“筇竹”为寺名。据寺内《雄辩法师大寂塔铭》所载，该寺应该在元初就已存在。筇竹寺建于何时，仅凭筇竹传奇，尚难定论。而据寺内《雄辩法师大寂塔铭》载，最迟至元初，此寺已存，且为中原佛教禅宗入滇之第一寺院。

元朝时，云南高僧雄辩法师从中原游学归来驻锡该寺，因其道行高严，且能用乌、僰语传经说法，因而慕名前来听法者络绎不绝。雄辩法师在云南开禅宗之先河，为一代名僧。延祐三年（1316年），雄辩弟子玄坚法师获元仁宗圣旨，在筇竹寺勒石立碑，俗称“圣

筇竹寺大雄宝殿（杨子人 / 摄）

旨碑”。圣旨碑两面镌文，前为蒙文，后为汉文。汉文为翻译之白话，故又称“白话碑”或“白话圣旨碑”。作为实物资料，白话碑记载了元代筇竹寺藏经、法号、庙产、人口等内容，是研究元代云南历史的重要资料。明永乐年间筇竹寺遭火劫，随后黔国公沐氏捐资劝募，重修寺宇。新寺规模壮丽，郭文在《重建玉案山筇竹禅寺记》中称赞：“告成之日，遐尔士民，异耄絜稚，络绎登览。拜瞻之顷，则峰峦为之增秀，天宇为之恢宏，林木泉为之华泽清胜。是孰使之然哉？良由斯举。”据传，清光绪九年（1883年）重修此寺时，文人舒藻题写“筇竹寺”匾额，并撰一联，以记此事：

地产灵山，白象呈祥，青狮献瑞；
天开胜境，犀牛表异，筇竹传奇。

筇竹寺尤以五百罗汉塑像闻名。五百罗汉塑像分布于大雄宝殿两壁及梵音阁、天台来阁，分列上中下三层，上下多为坐像，中层为立像。其规模宏大，多姿多彩，变化无穷。经专家鉴定，筇竹寺之罗汉为中国古代佛像珍品，在中国首屈一指，有“东方雕塑艺术宝库中的明珠”之誉。筇竹寺五百罗汉塑于清光绪年间，出自四川民间雕塑大师黎广修师徒之手。自光绪九年（1883年）始，历时七年完成。五百罗汉的形象来源于清末社会各阶层人物的形象，其神情肤色，笑貌愁容、体态风度，自然流畅，无一雷同。时人称之“人味多而神味少”。朱筱园所作《古风》亦称赞五百罗汉“天庆神像奇无痕”。

从明代到20世纪，筇竹寺数遭劫难，但又在各方面共同努力下得以不断重修，延续着这一佛教文化重地的生命。值得一提的是，在历代重修中，以清光绪九年至十六年（1883～1890）的复兴最为著名，古刹因之重光，声名远播。现为全国重点文物保护单位。1983年，被国务院确定为汉族地区佛教全国重点寺院。

华亭寺

位于昆明西山景区的华亭山东麓。据闻该寺原为大理国鄯阐匡国侯高升智的别墅。其后人高贤、高政兄弟因见山如华盖，有鹤隐现，遂名之以华亭，取义“华表鹤归”。元延祐七年（1320年），筇竹寺雄辩法师高徒元峰禅师来此结茅庵修行。元至治三年（1323年）募化修建大光明殿，供毗卢遮那佛及十二圆觉菩萨。其后几年间，元峰苦心经营，又募建大山门及两廊两庑，规模逐渐增大。元人述律杰《启建华亭山大圆觉禅寺碑》载，到1334年，“其方丈、浴塘、香庖、仓廪、园匽、磬函，靡不完备，彩饰丹垩，栏循台榭，菀辟垣墉，悉皆缜密”。元至元五年（1339年），元峰和尚亲往江南，请回《大藏经》一部，在圆觉寺建多宝殿贮藏。元峰苦心经营二十余年，将圆觉寺建成一所初具规模的禅宗寺院。明景泰四年（1453年），朝廷派驻云南的太监黎义曾修圆觉寺，陈宜《敕赐华亭寺碑记》载："拓其址而弘其规则。"经过重修，"中为大光明五光佛殿。后为佛华宝阁，殿之左右为清隐殿、僧堂、斋堂、方丈、僧寮，设像崇严，彩绘鲜丽"。明天顺六年（1462年），明英宗敕赐名曰"华亭寺"。清代华亭寺改名为大圆觉寺，民间仍称华亭寺。明末清初毁于兵燹，清康熙二十六年（1687年）重修，更名为"华亭寺"。民国初年，虚云法师应唐继尧之请来昆，恰闻法国人欲购华亭寺作俱乐部，因请唐继尧准以一切自主，复兴古寺。修建时曾从土中掘出古碑一截，上书"云栖"，乃知此寺曾名"云栖"。于是，在寺宇重光时便更名"靖国云栖禅寺"。但是，世人习惯了旧称，后仍以"华亭"称之。

华亭寺山门（杨子人/摄）

明代杨升庵曾为华亭寺题一联："一水抱城西，烟霭有无，拄杖僧归苍茫外；群峰朝阁下，雨晴浓淡，倚栏人在图画中。"此联将华亭寺与自然风光的和谐之美概括得十分恰当，如诗如画，令人心生向往。近人宋禾章将联语引申成两首绝句，其一"一水潆西又抱城，有无烟霭涧边生。白云生处苍茫外，时见僧归挂杖横"；其二"流丹阁下朝群峰，一雨一晴异淡浓。应是米家胸里有，倚栏人在画图中"。

华亭寺大雄宝殿（杨子人/摄）

华亭古刹有着浓郁的人文情怀，诸多达官名士都在此留下悦然足迹，而寺内大量的名人题匾、诗文碑刻是丰富的文化宝藏，对研究云南佛教史有着重要的参考价值。1983年，被国务院确定为汉族地区佛教全国重点寺院。

太华寺山门（杨子人／摄）

太华寺

位于昆明西山景区之太华山腹。相传始建于元代大德十年（1306年），初名佛严寺，元僧玄鉴无照为太华寺开山法师。玄鉴无照为云南曲靖人，幼年出家，20岁离滇求法，师从高僧，研习禅宗。元大德年间回滇，宣讲佛法，声名大振，有“云南禅宗第一师”之誉，后得梁王推重，成为太华山“开山第一祖”。太华寺因名僧而备受推崇，成为滇中著名佛教圣地。

有明一代，太华寺亦备受当时云南最高统治者的垂青，得黔宁沐氏长期供养布施，寺内“一碧万顷阁”及“思召堂”即与沐氏密切相关，“思召堂”原奉有沐英太华诗文，后又供奉历代黔国公的画像，可谓因缘殊盛。清代康熙二十六年（1687年）重修，新筑鬟镜轩、碧莲室、海月堂等。次年，云贵总督范承勋拆除吴三桂王府，将木石运至太华寺，重修一碧万顷阁、缥缈楼，在大雄宝殿前建造回廊。今大殿和缥缈楼前有大理石栏杆，即为吴三桂王府旧物，其上精巧图案仍为今人称道。

太华寺所存吴三桂王府雕花石栏（杨子人／摄）

太华寺山门高筑于崖石之上，门外有石坊，坊有四柱三门，坊上有联：“一幅湖山来眼底，万家忧乐注心头。”太华寺天王殿、大雄宝殿和缥缈楼，均依山而建，逐层向上。天王殿内的四大金刚泥塑，古朴浑厚。大雄宝殿仍存元代建筑风格，殿内有泥塑元代三世佛，两壁为五百罗汉画像，供奉的19尊铜佛，皆为珍品。大雄宝殿后为缥缈楼，即大悲阁，初建于明代，有“拟于紫霄碧云之间”的胜境。

太华寺有名木名花。徐霞客抵昆时曾游太华寺，见“殿前夹墀皆山茶，南一株尤巨异”，故有“省中推重者，城外太华寺”的赞美之文，当时太华之胜，可见一斑。

民国时期，太华寺被辟作公园，亭台楼榭，曲径幽深，名花杂莳，赏心悦目。太华寺与周围山色浑然一体的景致令文人墨客陶醉，诸多游赏诗文不胜枚举，其寺虽不复旧时特色，但它的文化生命仍将经久不衰。

昙华寺

又名昙华庵，位于城东金马山麓、金汁河畔，背山依水，清雅幽静。昙华寺始建于明崇祯七年（1634年），据明监察使姜思睿撰、黔国公沐氏第十二世孙沐天波书《昙华寺常住碑》载，此处原为明代光禄大夫施巨桥的草堂别墅，施先生为当时云南的著名学者，常于此研读经典，著书立说。明崇祯年间，施巨桥曾孙施泰维将此别墅捐出，建昙华庵，后改为僧寺。时由无穷禅师主持兴建，因原草堂内植有优昙树（云南山玉兰），而优昙又被誉为“佛花”，即以“昙华”名庵，寺内尚有“优昙献瑞”的石碑，颇有祥瑞之喻。

昙华寺（字应军/摄）

清乾隆三十五年（1770年），施氏后裔施应培居官告老还乡，重修昙华寺。道光十三年（1833年），寺院因地震大部倒塌，住持心容、心正和尚募化修葺，历时17年方得重建。咸丰七年（1857年），昙华寺毁于兵燹，仅存正殿。光绪年间，广法、续亮和尚再次倡建庵殿，然终不能复其规模，昙华寺元气大伤。

清末民初，住持映空和尚性情淡泊，颇善园艺。经过多年的精心培育，寺内奇花异卉，群芳荟萃，游人络绎不绝。

1981年，昙华公园建立，增其规模，修其旧貌，形成前园、中园、后园的景观。前园即寺院，中殿两壁有十八罗汉墨石刻像，大殿两壁有五百罗汉墨石刻像，形象各异，古朴生动。中园、后园即瑞应园，此处的一大特点就是园中有园，景中有景，别具风情。

值得一提的是，1922年，朱德在昆时曾游昙华寺，与映空和尚甚为投机，对其正直无邪、一尘不染的品质颇为赞赏，于是以诗赠之，其中言：“映空和尚，天真烂漫。豁然其度，超然其逸。世事浮云，形骸放浪。栽种花竹，除邪涤荡。与野鸟为朋，结孤云为伴。砌石作床眠，抄经月下看。身之荣辱兮茫茫，人之生死兮淡淡。寒依日兮暑依风，渴思饮兮饥思饭。不管国家存亡，焉知人间聚散？无人无我，有相无相。时局如斯，令人想向。”诗中不仅称赞了映空和尚率真超然的品性，描述了世外无争的清静生活，而且表达了朱德对国家存亡的关切和对民生的担忧，满腔救国之志无可施展的困境，那种对时局无可奈何，却又难以释怀的大丈夫胸襟只好借诗抒愤，以明心志。后此诗刻于碑上，今存寺内。1983年，被列为云南省文物保护单位。

海源寺

位于城西玉案山麓，由元代云南行中书省平章政事脱欢普化创建，至今已有700多年历史。早先其地有龙潭一湫，四时不涸，水清且深，古人称以海之源头，后以此名寺。明末徐霞客考察海源寺，说“海源寺侧穴涌出之水，遂为省西之第一流也。”据闻，旧时每遇干旱无雨，民众都会到此祈雨，较为灵验。

明定边伯沐昂曾进行修葺，并赋《海源寺》五律一首：

览胜游兰若，心清俗虑忘。
经余闲贝叶，僧定静禅房。
夕照明花坞，春波漾柳塘。
徜徉应得趣，题咏付诗章。

海源寺外景（杨子人／摄）

海源寺原为三进寺院，寺前为戏台，大雄宝殿后循山麓登石崖，崖上建有准提殿、大悲阁。大悲阁建于元代，明末毁于兵燹，现存建筑为清乾隆年间遗物。清光绪二十八年（1902年）重修。大悲阁后有西华洞，石阶盘旋至洞口，洞深千米，洞口高12米，宽10.3米。内原有观音像一座，已毁，尚存吕洞宾像。洞旁岩壁上有明清题刻11方。洞口上方存有“云南黔国公沐朝弼”题“西华玄岛”四字，其余更有范承勋等人题词若干。民国时期，海源寺后的西华洞曾是云南省金库一处较为隐秘处所，虽然有古代文人题写的石刻，但作为禁地，普通民众已不能接近。1937年，民国政府组织的“京滇公路周览团”抵达昆明后，曾到西华洞附近游览。当即遭到云南当局的严正抗议。其戒严级别之高可以想见。

1935年10月蒋介石到昆明，曾偕其夫人宋美龄及何应钦等人，在龙云、卢汉陪同下游览海源寺。1957年，周恩来总理出访印尼四国途经昆明，曾轻车简从游览海源寺。

海源寺旁为云南省主席龙云所建的“灵源别墅”，由于他执政时期非常重视云南地方历史文化工作，曾将该别墅提供给云南通志馆办公用，著名的《新纂云南通志》部分编修工作即在此进行，珍贵的明万历本《云南通志》也是在此重印后，才得以刊行于世。

历史上，海源寺周围的植被保护向来受到地方官员的重视，府、县各级官员常出告示警训乡民不得擅自砍伐苗木，从官方的重视到民众的自觉遵守，对生态环境保护起到了非常重要的作用。

海源寺的历史虽已成过往，但前人对云南地方历史文化的关切之情当如这“海水之源”，泽被后世，源远流长。

观音山寺

位于滇池西岸大观音山上，相传始建于元代。初为土主庙，供奉大黑天神。民间传说，当年滇池南岸的昆阳建观音寺，在昆明铸一座观音铜像，从滇池水路运回昆阳。舟行至此，遇狂风恶浪，不能前行，遂靠岸停泊。三天之后，风平浪静，正欲再行，风浪再作，只好再停。如是反复半个月，也不能成行。人说此为天意，观音菩萨欲留驻此风水宝地也。昆阳县令查考此地后，认为乃普陀胜境，于是将观音铜像搬上山去，建寺供养，此山即为观音山。据《增修观音山寺碑记》所载，明宪宗成化十年（1474年），因滇池风波汹涌，船户行船危险，黔国公命建立观音殿以镇之。

观音山寺（杨子人／摄）

此寺原有铜钟，殿中曾有观音铜像，寺前曾建镇山之塔。明嘉靖三十五年（1556年）悟真、明全和尚募建后殿，后又增伽兰殿。寺院南面有“小南海”“普陀山”牌坊，山门有石刻楹联：

浩月光中，昆水静澄南海景；
慈云影里，华峰叠拥普陀山。

清道光、光绪年间及民国年间均有修复，然风雨无常，观音铜像、铜钟、镇山塔已无踪可循，“小南海”牌坊则依然屹立如旧。寺内存有明清碑刻数通。每年旧历六月十九（观音菩萨成道日），为观音盛会，各地善信来朝者络绎不绝。

民国时期，观音山寺收归省政府管辖，并在此处兴学施教，曾办过西华小学。后因历史变迁慢慢颓败，近年又在相关部门的关注下重新整饬，于旧址恢复望海阁等建筑，渐有往日胜景。

曹溪寺

位于安宁市城北龙山半山腰，螳螂川西畔，与安宁温泉隔江相望。“曹溪”为禅宗祖庭，寺以“曹溪”名之，有传法正宗之意。明《重修曹溪寺碑记》载：“衡六祖之云席，分一勺之法流，邈乎远矣！”据佛教传说，禅宗六祖慧能在广东韶州曹溪宝林寺大兴佛法，弘扬顿悟法门，“直指人心，见性成佛”，其学说故称曹溪宗。后慧能派弟子来滇传法，故有“衡六祖之云席”之说。又因螳螂川有河泉，与曹溪相似，取名“曹溪”，而有“分一勺之法流”之论。总而言之，安宁曹溪寺因袭禅宗祖寺而得名。

曹溪寺具体创建于何时，暂难确考。主流观点认为该寺建于大理国时期（938～1254）。著名佛学家周叔迦认为，寺内“木雕三圣像”为宋代文物，寺应创建自宋代；建筑学家梁思成先生在云南时就寺庙布局及建筑特点加以考察后认为，曹溪寺是宋元风格的古寺庙建筑。

曹溪寺山门（杨子人／摄）

曹溪寺依山而建，坐西朝东，以山门、弥勒殿、大殿和后殿为主体建筑。此外，寺内还有钟楼、鼓楼、禅堂等建筑。重建于明代的大殿为重檐歇山式建筑。该寺历史上屡遭兵燹火劫，明嘉靖三十一年（1552年）、清康熙三十年（1691年）、光绪七年（1881年）三度重建。现在的曹溪寺除大殿是明代遗物外，其余为清代重修。据闻，在清光绪年间重修之前的大殿，曾有“曹溪印月”的景观。正殿檐下开有圆窗，每月农历十五之夜，月光透过圆窗直照阿弥陀佛像前胸，形成佛月相映的奇观。遗憾的是后来重修时，建造的角度未保持如初，所以这一奇观很难再现。

曹溪寺内保存有云南最大的脱纱佛像，“脱纱”之法始于东晋，盛于元代，明清更加盛行。曹溪寺所存脱纱佛像约在明代塑成，从造像技法及艺术特点上看，兼有云南本土和内地之风。寺内所存木雕南海三圣像（观音居中，文殊、普贤分列左右），不论从造型，还是制造工艺上看，都堪称艺术珍品。20世纪50年代，周叔迦先生曾鉴定木雕三圣像约为大理国时期的遗物。除了木雕三圣像之外，曹溪寺还保存有铜铸三圣像，造像工艺也十分精巧纯熟，据有关专家鉴定，当为清代文物。

曹溪寺配殿供奉有铸于康熙时期的大黑天神铜像，该像高约1.5米，造型独特，威严有力。大黑天神在云南广受信众尊崇，被奉作“土主”，有关大黑天神的传统也很多，各地均有崇祀。而寺内所奉大黑天神铜像是云南现存极其重要的一尊，具有重要的文化和学术研究价值。2006年，被列为全国重点文物保护单位。

盘龙寺

位于晋宁区城东五里的盘龙山。元至正七年（1347年）由高僧莲峰崇照所建，初名“大盘龙庵”，明代洪武间重修时改名“具足禅院”，正统十一年（1446年）重修时又更作“盘龙寺”，沿用至今。该寺与昆明西山、宾川鸡足山共同被称为云南三大佛教圣地。

盘龙寺开山祖师即为滇池地区民众所熟知的“盘龙祖师”，亦称“盘龙老祖”。相传元代此地有蛟龙，莲峰祖师念咒使其离开，潭水干涸，于此建寺。又说潭中原有六龙，五龙被驱，一龙不驯，莲峰祖师将其降服，以为坐骑。

每年农历八月初一为“盘龙祖师会”，是时四方善信相继汇聚而来，朝山礼拜，盛况非凡。《徐霞客游记》载：“盘龙山莲峰祖师，名崇照，元至正间以八月初一涅槃……至今日以此为盘龙会。”此为盘龙会的由来。

盘龙寺依山势构建，山门内有一、二、三天门，迎仙桥、睡佛殿、吕祖殿、祖师殿、大雄宝殿、玉皇阁、伽蓝殿、药师殿等20多院，供奉释、道、儒三教诸神，尤以盘龙祖师殿、药师殿、观音殿香火最盛。寺宇四周林木繁茂，以茶花、松柏著名。原有万松寺，现建高大的观海楼，登高可远眺滇池风光。盘龙寺地理位置极佳，环境清幽，与周围山色相映成趣。清代文人周华林在《盘龙山》中写道：“蜿蜒山不断，作势欲盘龙，树杪藏箫寺，云根隐秀峰。”

建寺六百多年里，盘龙寺历尽大难。清道光十七年（1837年），晋宁发生八级地震，盘龙寺建筑大多被毁。清咸丰、同治年间，又有部分寺观毁于兵变。清光绪五年（1879年），当地群众募资重修。20世纪60年代后期，盘龙寺再遭浩劫。80年代起，陆续重修，盘龙古刹渐渐恢复了往日面貌。

历代文人骚客在盘龙寺留下了不少诗词、书画、楹联、横匾、碑铭等，尤其以明朝永历帝、元梁王和明朝大旅行家徐霞客、画僧担当以及清代名士钱沣、袁嘉谷等人的手迹最为珍贵。此外，还存有古代碑刻十余通，文物价值较高，如《大盘龙庵大觉禅师宝云塔铭》《具足禅院碑记》《盘龙寺初立常住碑》《永历帝敕文碑》等。其中元朝末年所立的《大盘龙庵大觉禅师宝云塔铭》碑，设在祖师殿左廊下，是崇照大师圆寂塔的铭文，记录了崇照大师在云南传播佛教禅宗学说、创建盘龙寺的事迹。

1993年，被列为云南省文物保护单位。

法明寺

位于宜良县匡远镇万寿山。明万历《云南通志》所载为“唐僧摩伽陀建”。清乾隆《宜良县志》亦载：“法明寺，唐僧摩伽陀建，胡敬德重修，明天启二年（1622年）重修”。崇祯年间历任知县联合邑绅重修，康熙十一年（1672）新建弥勒殿。光绪七年（1881年），宣统元年（1909年）都曾重修。摩伽陀为天竺人，在腾冲长洞山“阐瑜伽教，演秘密法”，云南土僧阿吒力（阿叱力）者，皆服其教。可见法明寺建于唐代，是云南大乘佛教密宗阿吒力教庙宇。阿吒力即阿阇梨，为密教上师称谓。大理一带称瑜伽密宗僧人为阿吒力。

乾隆《宜良县志》载，法明寺有山门、天王殿、大雄宝殿等五殿一阁、古塔及僧房百间。大雄宝殿宏伟壮阔，气度不凡。坐西朝东，歇山重檐九脊顶。殿内原先敬有释迦牟尼佛、药师佛、阿弥陀佛及十八罗汉。

大殿之前中轴线上有法明寺塔，该塔为密檐实心方砖塔一座，共16层，通高22.6米。塔基为须弥座，塔身为坚实的青砖所砌，部分砖侧还有梵咒的模印。从整体造型上看，极具唐代风格，是较为珍贵的佛教建筑。塔的第一层最高，约4.5米，开假门。二层以上高度顿减。二至十三层四面设券龛，每券龛内有一尊铜佛，全塔共有48尊铜佛。塔自第八层开始收分，使塔身具有南诏时期特有的流线型轮廓。各层出檐以七层平砖叠涩而出，第二层为棱角牙子。檐面以白灰平涂，向两边升高，使檐角略略翘起，断面近于枭线而非混线，唐代建塔风格突出。塔的形状与大理崇圣寺、昆明东西寺塔相似。据旧志载，明弘治十二年（1499年）、清道光十三年（1833年），宜良两次遭受强烈地震，此塔岿然不动，毫无损伤。

法明寺虽经历代重修，成为县治内规模较大的寺院，有“滇境无双寺，宜城第一山”的美称。

1927年初，由于唐继尧在云南的统治渐失人心，所部龙云、胡若愚、张汝冀和李选廷等镇守使在法明寺秘议兵谏，决定改组云南省政府，发动“倒唐”政变，结束唐继尧在云南长达14年的统治。法明寺虽屡遭毁坏，但经数次重修，旧貌尚存，原寺碑刻资料十分宝贵，李根源先生《云南金石目略初稿》一书罗列法明寺历代碑刻八方，于此可见此寺的源远流长。

1993年，被列为云南省重点文物保护单位。

岩泉寺

位于宜良县城西岩泉山上，创建无考。岩泉山水秀山俊，修竹茂林，清幽雅静。明景泰、万历年间重加修缮，与岩泉山相得益彰，成为宜良八景之一。清康熙年间又建阁起亭，筑半月池，岩泉寺自然、人文风光俱佳。1929年，宜良邑绅马云翔募资修斗母阁、玉皇阁，新建凉风亭，广植花木，并大规模作摩崖

岩泉寺（字应军/摄）

石刻。寺观焕然一新，成其最繁荣时期。据旧志载，该寺有三教殿、千佛殿、玉皇阁等建筑，佛、道、儒杂处，形成三教合流的格局。

全面抗战开始后，高校内迁西南。著名学者钱穆先生在西南联大任教期间，曾寓此一年，其间撰成《国史大纲》一书。1938年，我国著名物理学家钱伟长夫妇曾二度来此游览，题有“岩坚泉清、宜结良缘”的石刻。

岩泉寺与其他寺庙经历的波折无异，兴废交替时有发生。但这里作为宜良较有历史文化价值的旧址，人们纪念的并不仅是“佛、道、儒”，而是一处具有重要纪念意义的人文景观，前辈学者“位卑未敢忘忧国”的爱国主义精神，应该得到传承和发扬。

著名佛教人物

玄通

字元峰，元初滇中著名法师，玉案雄辩法师高徒，宝积坛主之嗣孙。述律杰撰《启建华亭寺大圆觉禅寺碑文》载：玄通“延祐庚申（1320年）秋住持于此，因结茅庵住”。玄通善属文，《富民灵芝山慈胜兰若碑》即“滇池华亭山住持沙门元峰道人玄通撰”。是碑立于元至治三年（1323年），可见玄通当时已住持华亭寺。

无照

别号玄鉴，曲靖普鲁吉人，父仕元，生于安宁县。6岁出家，送入安宁虎丘，拜云岩净和尚为师，16岁受戒，20岁离开云南，远行一万八千里至内地。“吴山楚水”无所不至。后到浙江天目山礼拜高僧中峰本祖，学习禅宗。元大德癸卯（1303年）回滇，先后在正法寺、安国寺讲经说法，名声大振。时称云南禅宗“第一师”。颇受梁王重视，为太华寺开山祖师，临济正宗第二十代传人。

雄辩

元初禅师。据杨载撰《大元洪镜雄辩法师大寂塔铭》记载，雄辩法师俗姓李，住鄯阐城（即昆明），“少事国师杨子云，为上弟子。世祖……破大理之明年，师始到中国，留二十五年。所更事者四师，皆当世大德，最后登班集之坛，嗣主之法。”“道大备，喟然叹曰：‘佛之种子不绝于世，……吾其南归。’坛主以其言告于帝师，为玺书以赐之，曰洪镜具大猛志者，以奥学宏器，归自中华，始昌讲宗于兹寺。滇之俊秀者翕然从之。而其道日振，自是名蓝巨刹，弥布遐迩。南诏之有僧，宗实启也。”有元峰、雪庵、云要三大高足以继禅宗。

儒施

号大力，明代宜良县人。民国《宜良县志》载："所庵法师法裔，初入鸡足，四林密茂，人迹罕至。是时，山中无住静者，创建静室，乃从师始。"儒施素履朴直，举止有古人风。初修苦行，后习禅那，兼以净土导人。

云山

昆明人，自幼跻禅林，精戒行。明宣德间（1426～1435）召至京师，演说菩提妙义。钦授僧录司。

净伦

号大巍，姓康氏，生宣德丁未（1427年），昆明人。明正统五年（1440年）庚申礼太华无极泰和尚出家，受禅学，戊辰谒大方。天顺末参古庭和尚于浮山。净伦不但为宗门山斗，而又旁通儒学。凡所著作，士林见之莫不起敬起慕。著有《竹室集》。

担当

晋宁人，俗姓唐，名泰，字大来，号担当。明天启年间遍游吴越，初参云门湛玉和尚，法名普荷。归滇礼无住老人祝发，多往来鸡足营宝台诸胜。康熙十二年（1673年）癸丑寂然示化，享年81岁。（详见《人物》部分）

性编

号水谷，昆明人，俗家姓严。传说出生时母亲梦到白云绕室。出生后啼哭不歇，有僧摩其头而止。性编受法于余山二尊宿，戒行精严，法愿洪大，清康熙年间主持安宁曹溪、云涛二寺。年七十端坐示寂。

虚云

近代著名高僧，湖南湘乡人。父亲曾任泉州、漳州、福宁知府。虚云生于道光二十年（1840年）七月十三日。19岁投福州鼓山拜妙莲为师，法名古岩。同治九年（1870年）遍游浙江、江苏、四川、西藏名刹。光绪十五年（1889年）到锡兰、缅甸朝佛，归国入滇，登鸡足山。光绪三十年（1904年）应筇竹寺长老梦佛禅师之请来昆讲经说法。光绪三十二年（1906年）赴京领取"龙藏"，钦赐锡杖、玉印，受封"慈供"师号。民国七年（1918年）应省长唐继尧之请来昆主持法会。民国九年（1920年）改建华亭寺。后又至福州鼓山寺任住持，1959年圆寂。虚云一生自奉甚薄，清苦自得，建寺度僧，讲经说法，饮誉海内，精研佛法，著有《楞严经玄要》《法华经略疏》《圆觉经玄义》《心经解》《遗教经注释》等，为近代宗门巨匠，弘扬佛法，厥功甚伟。

道教

道教是中国的本土宗教。东汉顺帝时期（126～144），张陵在四川创立“五斗米道”，设二十四治管理道民，其中“蒙秦治”设在金沙江两岸，管辖今滇东北和滇西的部分地区。当时，该地居民多属氐羌系统，早期道教特重祭天祭鬼，同氐羌系统居民的原始宗教融为一体。三国时期五斗米道在四川和汉中（陕西南部）有所发展，适逢云南出现了雍闿、孟获等“夷帅”“大姓”作乱，诸葛亮挥师讨伐，其中有部分军队到达滇池地区，一些信奉五斗米道的将士将道教传播到昆明。魏晋南北朝时期，中原大乱，内地道民为避战祸纷纷入滇，所携《抱朴子》《录图真经》《老君音诵戒经》等道书，对两爨文化产生影响。公元485年立在陆良县的《爨龙颜碑》中就有“阳九运否，蝉蜕河东”之说，表明九宫八卦、阴阳泰否、登仙化羽的道教思想已经深入人心。魏晋南北朝天师道和彝族毕摩相互融合，天师道便扎根下来。彝族先民盛行的星崇拜、虎崇拜、雷崇拜与道教青龙白虎、五斗星君、二十八宿星君崇拜关系密切。唐代尊崇道教，加封老子为“太上玄元皇帝”，诏令天下兴建老君庙。唐代，南诏地方政权建立，道教影响因为中原王朝同南诏政权的频繁交往而在云南不断扩大。当时，拓东城（今昆明）被辟为南诏“东都”，南诏王命其弟居之，诏王“阐三教”，道教宫观得以建造。

元明两代，道教繁荣。全真道之龙门派乘时而入，先后在昆明建造金殿、龙泉观、长春观、真武祠、都雷府、三元宫、元龙阁、玉皇阁、文昌宫、玄天阁等宫观，敬祀三清、玉皇、文昌帝君、关圣帝君等神灵。清代道教衰微，但各地宫观依然兴旺。民国年间道众减少，道观锐减，日渐凋零，惟金殿、黑龙潭、三清阁、真庆观等得以保存。中华人民共和国成立后，昆明市道教协会、昆明古乐研究会相继成立。各道教宫观由市园林单位保护管理，相继辟为公园供人游览。

昆明道教总属“正一”“全真”两大教派，两派之中又分若干小派。正一派从五斗米道演化而来，此派世居民间，自相传授，画符念咒，驱鬼祈吉，超度亡灵。因道士不住庙宇、娶妻生子而被称为“火居道”。全真道龙门派在昆明势力最大，以金殿、黑龙潭、三清阁、真庆观、虚凝庵、青帝宫为基地。此派于元代传入昆明。当时全真教丘处机曾被元皇帝封为“神仙”，丘处机门徒宋德方入滇传播道教，龙门派便在昆明扎下根基。明代刘渊然来滇，居昆明，将白塔路之真武祠改为“真庆观”，收门徒，广传道法，龙门派在昆达到极盛。

道观建筑

黑龙宫、龙泉观

黑龙潭黑龙宫（字应军 / 摄）

龙泉观（字应军 / 摄）

位于昆明北郊五老山麓黑龙潭公园内。黑龙潭道观分上下两观，上观称龙泉观，下观称黑龙宫，是云南著名道观。清道光年间，云贵总督阮元曾据《汉书·地理志》“滇池县有黑水祠”考证，黑龙宫及庙祠也许就是汉代黑水祠。阮元曾亲书匾额“汉黑水祠”，悬于黑龙宫前，故被誉为“滇中第一古祠”。今存建筑为明代遗物。

明洪武二十六年（1394年），沐英“于泉之旁构祠以懔神”，此即为今之黑龙宫。黑龙宫面潭西而立，古称黑龙祠，有殿宇三进两院，院中匾题“梵琳宫”三字，殿壁镶有清康熙年间云贵总督范承勋游黑龙潭题咏碑记，门柱上有一联，乃清末云南特科状元袁嘉谷手笔：“荷风送香气，竹露滴清响；山光悦鸟性，潭影空人心”。正殿主祀龙王，配殿供奉水族众神，后于1966年被毁。

龙泉观建于洪武甲戌、乙亥年间（1394～1395），山门为“紫极玄都”，依山层列玉皇阁、北极殿、雷神殿、斗姆阁、碑亭、园圃等，供奉玉皇、三清、玄天、雷祖、斗姆诸神。首任道长徐日暹，后长春真人刘渊然谪滇时住此。刘渊然曾亲书“万物滋长”符作为镇山之宝，此碑文字阴刻，但观看时间稍久便会令人视觉产生变化，原本凹下去的笔画看似凸出，于是俗称“凸字碑”。古树名木有唐梅、宋柏、明茶各一株，山上丛林间有高13米的定风塔，至今仍存有大量明清时期的诗文题记碑刻，有较高的文化和史料价值。

明末清初，昆明人薛尔望一家七口在黑龙潭投水殉国，被后人葬于潭边，今墓犹存。云南早期中国共产党党员王德三等烈士亦安葬于这幽静山林间。

三清阁道教建筑群

位于昆明西山罗汉山巅。三清阁道教建筑群始建于元代，为梁王避暑台，后改建为凌虚阁、玉皇阁。明正德、嘉靖间世袭沐国公捐资扩建海崖寺，因寺中有石颇似罗汉，又称罗汉寺，后改今名。今为九层十一阁的嵌壁建筑群。

嘉靖间道士赵炼开凿石道，沿石道而上为单门石坊一座，进坊为灵官殿，明代建筑，再上为三清殿，又称三清阁，由三丰殿、吕祖殿、元帝殿组成，现已改为茶室。殿前平台可饱览昆明和滇池风光。

三清阁（杨子人／摄）

清代道士吴来清历时14年，开凿了慈云洞石室，洞中奉慈航道人（观音），并雕对联“凿石现普陀，将五百里滇池都归佛海；援人登彼岸，愿一千只圣手尽化慈航”。道光间，又开凿出“云华洞”及“达天阁”，著名的“龙门”即为“达天阁”的石柱牌坊。阁中雕文昌帝君、关圣帝君、魁斗星君及《文昌帝君阴骘文》《关圣帝君觉世真经》。置身此地，顿觉仙风吹拂，心托上界，伸手即可攀月。庙宇凌空修筑，依山置殿，幽奇惊险，气象万千。

达天阁（杨子人／摄）

整个建筑群落包括灵官殿、三丰殿、吕祖殿、七真殿、玉皇阁、斗姆阁、飞云阁、老君殿、真武宫、寿福殿、关帝殿、抱一宫、雷神殿以及慈云洞、达天阁等15座，供奉三清、老君、灵官、吕祖、文昌、玉皇诸神。

此观今作公园，名噪中外。现为云南省重点文物保护单位。

真庆观

位于昆明市内拓东路和白塔路的交叉口。相传原为真武祠，创始年代不详，有说创于元时。是现存昆明市区占地面积最大，保存明清两代建筑较多、较完整的古建筑群，入明后，又经多次兴修。永乐间（1403～1424），长春真人刘渊然谪滇后住此，刘渊然在这里“奉迎朝廷使节”。洪熙（1425年）改元后，刘渊然还朝受封兼领天下道教，于是将旧祠更名为“真庆观”。清康熙三十四年（1695年），云贵总督王继文重修时曾更名为“彩云观”，后复原名。

真庆观由前殿、紫微殿、老君殿等建筑物组成。三殿均坐北朝南，由南至北建在同一轴线上。中轴线两侧是前殿与紫微殿连接的东西回廊。紫微殿为面阔三间的土木

真庆观（杨子人／摄）

真庆观都雷府（杨子人／摄）

结构建筑，单檐歇山顶，占地面积320平方米，整个建筑保留了明代建筑风格，殿中供奉紫微大帝。紫微殿后面是老君殿。紫微殿东侧为都雷府，建于清康熙年间，正脊下题有“大清同治十二年岁次癸酉闰六月吉旦会城官绅士庶众善姓仝住持等重修”。大门两侧有木刻对联一副：“愿天常生好人，愿人常行好事。”都雷府北为盐隆祠，为光绪七年（1881年）云南盐商集资兴建。

原观规模宏大，与都雷府、盐隆祠连成一片，香火鼎盛。观中原有真武铜像，咸丰兵燹被毁。民国年间一度为商会、工厂所用。中华人民共和国成立后曾作为昆明市道教会会址。

据《昆明市道教会报告整理真庆观经过情形》记载：真庆观大部分房屋被陈信源（守观道士）租出，有80余户之多，只余都雷府正殿3间、耳房3间，后归还道教会为会址。道教会于1952年10月迁入办公。1953年夏交文教局兴办学校，后留紫微殿，使这一具有独特明代风格的古建筑得到妥善保护。1998年，云南省政府将其从市级文物保护单位升格为省级文物保护单位，并再度维修紫微殿。2001年至2003年，云南省、昆明市、盘龙区三级政府合力对真庆观古建筑群进行全面修复保护，将其建设成集文化、建筑、绿化和旅游休闲为一体的真庆文化广场。

2006年，被列为全国文物保护单位。

著名道教人物

刘渊然

江西赣县人，幼为祥符宫道士，洪武二十六年（1393年），朱元璋闻其名召至，赐号“长春真人”。后因得罪权贵谪居云南，居黑龙潭和真庆观传道。宣德七年（1432年）乞归朝天宫，御制山水图歌赐之，同年羽化，寿82岁。渊然有道术，为人清净自守，故为历朝所礼。

邵以正

生卒年不详，道号止止道人，又号承康子，昆明晋宁人。早年随刘渊然学道，道行精深。后“渊然请老”，推荐邵以正入朝，为道箓司左玄义。明正统年间升任左正一，统领京师道教事。景泰年间诰封“悟元养素凝神冲默阐微振法通妙真人”号。凡朝中有大修建、大祈禳必命其主持。其一生最著者为与弟子俞道纯等奉旨编纂《道藏》丛书。他与弟子广征博采，详加考订，用数年时间完成了530余卷的《正统道藏》这一官修的道家鸿篇巨制，在中国道教学术史上占有重要一页。此中也可窥出云南道士在全国道教中的地位。

徐道广

昆明人，明代道士。嘉靖时人，曾修楚雄元真观。能书符咒水，驱除邪类，役使鬼神，后封为“雷霆郡史”。

吴来清

昆明西山下渔村人，清乾隆时道士。吴来清苦行修炼，行善积德。时人劝其修凿西山石道，吴道士欣然承诺。从乾隆四十六年（1781年）至乾隆六十年（1795年）历14年打通三清阁至“慈云洞”石道。嘉庆诗人那文凤曾作诗《赠吴道士》赞其功德：“万钻千锥显巨才，悬崖陡处辟仙台。何须佛洞天生就，真赛龙门禹凿开。紫气荫书心里出，慈云霭露掌中来。昆池恰似观南海，不负当年梦几回。”

李元龙

号从云，昆明太和街凉风桥人，太和宫住持，敕授登仕佐郎、云南都纪司。元龙五岁出家，拜太和宫道长赵永佑为师。自幼机敏过人，赵公日授经百句，均能熟记于心。赵公爱之，赐道号“从云”。及长，庙中事务悉由裁决。咸丰丁巳年（1857年），云南变乱骤起，太和宫惨遭罹祸，道众死伤甚多，庙中什物悉遭劫掠。1859年，元龙借会城绅士之力重铸真武像，1863年住持城南玉皇宫，1869年复掌太和宫，1879年募银2000两，起建太和宫牌坊、偏殿、钟楼、鼓楼等。1890年羽化，葬金殿二天门树丛中。

杨汝兰

昆明人，清代道士。自道光庚子（1840年）雇工开凿慈云洞至“达天阁”隧道，历时九年功成。其子杨际泰继用13年功夫，请工开出“龙门胜境”，以弘扬道教，功德无量。

李明清

昆明云山村人，号“拙人”，金殿住持。性好道术，闻太和宫道长李元龙有异术，拜为弟子。自是冥心独往，刻厉苦行。凡黄帝以降迄于老氏之学无不参透了明，道学涵养极深。后被教众推为领袖，以身作则，整肃道规，垂范徒众，又刻印经书，聚徒讲诵，宣示道义，成绩昭著。

杨智聪

号“心圆”，又称铁笛道人，太和宫住持，昆明云山村人。十岁拜李明清为师，稍长随师祖元龙居城隍庙。元龙羽化后复归太和宫，总持道务。心圆掌教期间，四出募化，营建大客堂，规模宏大。又建太乙殿、雷神殿、土主殿。铜殿残缺，又请矿物大臣唐炯捐铜万斤，新铸阁门10扇、铜瓦43沟、楹联4副及两旁侍座圣象，新建城墙十余丈，添建头、二、三座天门，重修鼓楼、牌坊。民国时道众失统，诸山推为道门，任云南道教会长，中央总会正式任命其为滇支部正部长。心圆受此知遇，清理典册，整肃道规，宗风丕振，为道教弘扬作出了很大贡献。

伊斯兰教

伊斯兰教传入昆明的时间有两种说法：一是唐代，一是元代。

正义路南城清真寺存康熙三十三年（1694年）《重修清真寺碑》记："有唐太宗之六载，建清真寺于会城内道之西，至元咸阳王而重修之。"又金碧路永宁清真寺存嘉庆二十二年（1817年）《永宁寺合同碑记》云："会城南门内清真寺建自唐初。"这些记载说明唐朝昆明就有清真寺，并有一定数量的穆斯林。另一种说法认为元代伊斯兰教才传入昆明地区。元初，蒙古大军征服西南时，大量信教的"回回"随之进入昆明。如至元十一年（1274年）元世祖忽必烈派信仰伊斯兰教的赛典赤·赡思丁·乌马尔为云南平章政事，不少穆斯林随同来滇。赛典赤在昆明修建了两座清真寺，即正义路的南城寺与金碧路的永宁寺。《马可·波罗游记》的书中亦可见到昆明穆斯林的记载。

自元代以后，来云南的穆斯林与日俱增，分布广泛，作为日常礼拜的清真寺，"凡稍大之乡镇皆有之"。

明朝实行严格的民族政策，对回族采取强迫汉化的政策。清真寺修建受到阻碍，但仍有发展。明洪武十四年（1381年）朱元璋派傅友德、蓝玉和沐英率师进入昆明，随其前来的有江南、甘陕不少穆斯林军士，不少人落籍云南。后来朱元璋基于政治上的考虑，极力褒扬伊斯兰教，命大力兴建清真寺。云南各地的清真寺多建于洪武、正德、万历年间。清朝时期，政府对伊斯兰教实行高压政策。咸同年间，昆明伊斯兰教遭到重创。到光绪年间，开始重新修建清真寺，给长期离散的穆斯林提供学习和依附的场所。

圣诞节、开斋节、古尔邦节是伊斯兰教的三大节日。圣诞节又称"圣纪节"，在每年教历3月12日，是先知穆罕默德的生日和逝世日。开斋节，又名尔德节，在每年教历10月1日。古尔邦节，又称"小开斋节""忠孝节"，在每年教历12月10日。

清真寺

南城清真寺

位于今昆明市正义路。据南城清真寺存康熙三十三年（1694年）《重建清真寺碑》言，寺建于唐。然主流观点认为南城清真寺是元朝至元年间修建的。道光《昆明县志》载："清真寺凡二。一在南门外，一在鱼市街，俱元平章政事赛典赤·赡思丁建。"前者即是南城清真寺。明末清初吴三桂在云南占地为王时，该寺遭到破坏，清乾隆年间又重建。1856年南城清真寺毁于兵燹。清同治六年（1867年），社会秩序趋于稳定，由云南提督马如龙捐献“木料一分，纹银七百两”重建，并在大殿前盖一座书亭，又称“经亭”。民国初年，中国回教俱进会滇支部开展活动后，南城寺修复一新。近代以后，南城清真寺历经多次维修。

南城清真寺（韦勇/摄）

主体建筑由朝真殿和经亭组成。朝真殿为礼拜所用，歇山顶厅堂建筑，中间顶梁柱仅有穿斗式边柱，格子门，门楹外设长型条凳。前衔作卷棚式顶，两侧粉墙绘麦加圣地建筑图。经亭为一木结构正方形建筑，边长10.2米，四角攒尖，四周有走廊及木质围栏，兼有靠座。经亭东为大门。门两侧枋上有楷书阴刻对联：“畏圣人言小心翼翼，法天行健终日乾乾。”除主建筑外，朝圣殿后有沐浴室，殿两侧有住宅、储藏室等；朝真殿前为天井，天井南北侧各有木结构厢房二层六间。

光绪二十一年（1895年），该寺在书法家马联元倡导和主持下，进行《古兰经》的木版雕刻，富商“兴义和”之马善斋、“兴顺和”之马心泉等广大穆斯林及各家捐资招雇了四川刻匠高手30余人，集中于南城清真寺，由著名的阿拉伯文书法家田家培哈吉书写，马观政监督，经过两年多时间，刻成了30本大刻板，并在南城清真寺大量印刷。马联元在南城清真寺还翻印了《大杂学》和《赫听》，大量印刷发行了阿拉伯文、波斯文的经籍。

该寺于1915年创办的《清真月报》是国内首创的伊斯兰教刊物，影响很大。1929年续编《清真铎报》。除此之外，1926年创办的云南省第一所民族中学明德中学，校址就曾设在南城清真寺。明德中学曾培养出了一大批优秀人才。

永宁清真寺

又称“东寺街清真寺”，位于金碧路。据道光《昆明县志》载，它同南城清真寺同为元代云南行省平章政事赛典赤·赡思丁主持肇建。当时寺址在“鱼市街”（鱼课司街）。据传，永宁清真寺历史上曾毁过两次。第一次毁于元代后期，属当时皇朝家族仇杀所致。明末，永历帝朱由榔逃亡入滇，在云南建立南明小朝廷，在五华山的行宫未落成前，暂住在永宁寺内，当时，云南穆斯林引以为荣，以“永历寺”称呼。清王朝完成大一统后，穆斯林恐落“眷恋故君”之嫌，于是改“永历”为“永宁”，意义相近，相沿至今。

清咸丰六年（1856年），永宁清真寺又遭烧毁，直到光绪二十四年（1898年）才在原址上第二次重建。

永宁清真寺布局为四合院，朝北开有一山字形门楼，门内有轩敞的天井。礼拜殿为歇山顶纯木结构，碧绿色琉璃瓦覆盖屋面。殿门正中悬有“朝真殿”木匾。阔4间，深2进，穿斗式梁架。殿前有卷棚式敞廊，两侧墙面绘有麦加朝觐图。殿对面有厢房7间，为参加聚礼者休憩之所。殿侧有教室1座，议事室1厅。浴室设于议事室之后。

永宁清真寺（韦勇/摄）

该寺规模虽小于永历年间所建，但经堂教育一直兴盛，云南各地清真寺的阿訇、掌教多曾在此求学。值得一提的是，1923年，云南回教俱进会振学社，以创办回族文教为己任，创办云南高等中阿经书并授学校，有人称这是中国伊斯兰教现代史上第一所新型学校，为经堂教育跨出了具有时代意义的一步。高等中阿经书并授学校自第二届起移入永宁清真寺，改名为昆明明德阿文专修部，为中国及泰国等国家和地区培养了众多阿文人才。

顺城清真寺

位于顺城街。明朝建立后，沐英奉命镇守云南，大量江南穆斯林追随来滇。一般平民无力在城里立足，群居南城埂荒之地，久而久之，形成了回族聚居的街市——顺城街。据光绪二十四年（1898年）《昆明顺城铺重修清真寺碑》所载，该寺创建于明洪熙元年（1425年）。清初，吴三桂发动武装叛乱，清军平叛攻城时，顺城清真寺被毁。嘉庆、道光年间穆斯林先辈捐资扩建，再度恢复。咸丰六年（1856年）三月，毁于兵燹。光绪六年（1880年）重建。到民国十六年（1927年）又将3间大殿扩大到5间，以适应穆斯林人口不断增长的需要。1945年，又在寺门南侧小院设立“女寺”，作妇女学习经文和礼拜处所，聘改慈为“师母”。顺城街也是省伊斯兰教协会和经学院所在地。

顺城清真寺（韦勇/摄）

据《重建顺城清真寺碑》记载，扩建后的清真寺“高其□□，广其垣墉，正殿五楹，皆重檐复构”，两厢盖有楼房，设有“经书堂”及“掌教屋”，院中还有“园亭”一座，亭中立有经文石碑，规模颇为壮观。

顺城清真寺的礼拜殿为横列围廊式歇山顶建筑，面阔五楹，纵深三进。寺内有教长室、教室、沐浴室和殡仪馆等建筑。本寺院内松柏、棕榈苍翠，建筑布局合理。

据寺内碑记，顺城清真寺自明代创建以来，一直开办经馆。学校不仅教书育人，传授伊斯兰文化，还结合实际宣讲国家政策、法律法规等。

金牛街清真寺

也称东门清真寺，位于金牛街41号，始建于明末清初。据说是同赛典赤父子有关的“陕西大寺”的分寺。“陕西大寺”历经浩劫后早已荡然无存。咸丰六年（1856年），毁于战乱。光绪十五年（1889年），在原基础上扩建维修，大殿3间改为5间，并建盖对厅、耳房及叫拜楼。民国三十年（1941年）又在日机空袭中被炸毁。1943年后，又屡经毁坏和重修。

海口里仁清真寺

位于西山区海口街道办事处里仁社区。里仁原名黑虎寨，早在元代就有穆斯林居住，据说曾有清真寺。清顺治二年（1645年）始建此寺，咸丰六年（1856年）被清朝地方政府焚毁。同治十一年（1872年）重建。光绪二十二年（1896年），“有杨三太太女豪士，欲立教门之根基，倡导四方好善君子捐资赞助”而扩建。

里仁清真寺包括朝真殿、经楼、叫拜楼、耳房、水房、停房、后室等，占地面积867平方米。该寺呈“品”字布局，上层为六角攒尖顶，通高12米，下部为歇山式建筑。大殿宏阔，单檐歇山顶，穿斗式梁架结构，正面阔5间，16.5米；进深4间，12米；彩绘、装修水平较高。

1986年11月，列为西山区首批重点文物保护单位。

呈贡回回营清真寺

始建于明洪武年间，指挥使马相国所建，历代均有修葺。清咸丰六年（1856年），清真寺被清朝当局焚毁。后经本村村民努力和外地穆斯林的“功德”捐助，历经数十年的积累，于光绪二十六年（1900年）动工兴建，光绪二十九年（1903年）完工。整个建筑雕梁画栋，富丽堂皇，既有中国古代宫殿外形特点，又有浓郁伊斯兰气息。“文化大革命”中，寺内三部《古兰经》被烧毁，三块大匾被砸，清真寺被改作仓库。1979年，清真寺还回穆斯林群众。1986年，将大殿扩建3间。1992年，村上再集资建起阿拉伯风格对厅门楼（拜楼）。寺内办有阿文学校。

经堂教育

经堂教育是在清真寺内由阿訇招收学生传习伊斯兰教功课、培养宗教人才和一般信徒的教育方式。我国经堂教育约始于1550～1580年，经堂教育在历史发展中，逐步形成两大学派，即陕西派和山东派。云南的经堂教育属于明朝后期由陕西胡登洲阿訇创立的陕西派，经马复初、马联元等伊斯兰教学者的继承和发展，又形成了云南派。

昆明的经堂教育在初期并无系统的规章制度，只是照搬《古兰经》《圣训》的法规办事。清代初、中期，昆明穆斯林为适应宗教文化的发展，从镇到乡村，都兴办宗教教育。父老先辈们提倡青少年接受一定程度的宗教文化知识，因此以清真寺为中心的经堂教育也逐渐发展起来。由著名经师设帐的讲学体制也逐渐形成。清朝后期，马复初赴陕西周老爷（胡登洲四传弟子之一）帐下攻读经典，得其真传。马复初积极推广经堂教育并在译著中提供和扩充了学习经文的教材。此后云南的经堂教育更加普及，并形成了一定体系。

杜文秀起义失败后，经堂教育几乎被清军摧毁殆尽。光绪后期，随着各地清真寺的重建，经堂教育才逐渐得到恢复，一些造诣较深的经师、学者，如白仲美、马宜之、马健之、田家培、沙竹轩、纳亮卿等，先后被聘到各清真寺任教，与清真寺管理人员一起制定如考试、穿衣、选聘讲学阿訇、学生来源及学习经典等教育制度，使经堂教育得以顺利地发展。辛亥革命后，传统经堂教育逐渐不适应历史潮流，1921年，云南穆斯林开始兴办第一所伊斯兰教新兴学校——高等经书并授学校（后改称高等中阿学校），改变了过去各个清真寺自办经学的传统形式。几个清真寺联合，在回教俱进会及振学社领导下进行教学改革。最初是聘马安康于1921～1922年在南城寺设帐讲学，马玉龙担任助教，学生中有纳润章等。1923年起，由滇垣清真公会辅助经费，在南城寺开办第一班，由何廷栋任校长，田家培、沙竹轩、纳明安三位教长讲授“五大本”和阿汉互译、阿文写作、会话等阿文课程。1928年第一班毕业。1930年第二班毕业。中华人民共和国成立后，阿文学校继续开办，“文化大革命”期间停办。十一届三中全会以后，经堂教育逐渐恢复。

基督教

光绪四年（1878年），基督教英国内地会成员戴德生取道缅甸来到云南，往返于昆明、大理、保山、腾冲之间，布道旅行，此为昆明地区基督教有明确记载的首次传入。此后，昆明升平坡、马市口、小西门相继出现基督教堂。光绪十八年（1892年），英国内地会美籍传教士贝洋人与两个英籍传教士章毓秀、孙道忠在金蟾寺内办义学，在北门街开设“福地”，售卖《圣经》等宗教书刊，开展传教活动，这是昆明第一个教会组织。光绪二十年（1894年）英内地会传教士在武成路中和巷购房设堂。光绪二十六年（1900年）昆明教案发生。法国驻昆领事购军火藏于天主教堂内并向抗议市民开枪，市民激愤之中摧毁了“洋教”的一些堂点，其中包括内地会在武成路中和巷的堂点。后来内地会传教士利用清政府赔款乘机扩张地皮，重建教堂，取名三一圣堂，即今天的三一圣堂前身。

民国元年（1912年），李全本、董雨苍以左哨街禹门寺为会所，发起成立了云南基督教青年会，这是云南第一个基督教社会活动组织。民国二年，英国圣公会从广东传入昆明。此后数年，大英圣公会、英国五旬节会、循道公会相继传入昆明。

民国十三年（1924年），循道公会锡安圣堂建成，这是昆明地区最大的基督教堂。

抗日战争期间，一些内地及沿海的基督教会和一些基督教徒来到昆明，使本地教会、教徒数量骤然增加，教会组织达20多个。1948年，圣公会万钟街堂点改建，落成时改为“来华助战美军纪念堂”，后定名为“圣约翰堂”。

中华人民共和国成立后，昆明基督教界开展了“三自”（自治、自养、自传）革新运动。1952年外籍传教士被驱逐出境，政府接收了教会的教育、医药机构。

基督教传入昆明之时，分属不同教派和教会的外籍教士在昆明建立了各自派别的组织及堂点，同时也有少数由中国信徒自筹发起的教派组织。传入昆明的主要宗派和教会有：卫斯理宗的循道公会，基督复临派的安息日会，五旬节派的五旬节会和神召会，路德宗的信义会，安立甘宗的圣公会。外籍传教士在不平等条约保护下在昆明建立了这些教会，并成为外国总会的子会，受总会的控制，向总会领取津贴。外籍传教士被驱逐出境后，昆明基督教界走上了独立自主的道路。1958年昆明基督教界在共同信仰、相互尊重的前提下，实行了教派联合，结束了宗派林立、互相对峙的局面。

教堂

圣约翰堂

位于五华区东风西路96号。1915年在原英圣公会于万钟街所建的堂点基础上改建而成。抗日战争期间，驻昆援华美军中部分“安立甘宗”信徒每周都会到此处礼拜。1946年该堂改建完成时曾于教堂两侧悬挂在抗日战争中牺牲的17名飞虎队飞行员的骨灰包（1948年美国驻昆领事撤离时带走）。1947年，拆除原土木结构的教堂，改建为可容纳数百人的砖木结构礼拜堂。建成后曾命名为“来华助战美军纪念堂”。1948年，万钟街教堂改建为主教座堂，定名为“圣约翰堂”。

圣约翰堂（杨子人／摄）

该堂为宗教改革时期的传统基督教建筑风格，呈南北方向的长方形礼堂布局，无柱廊间隔，两侧围墙上有圆拱形窗户，讲台位于大堂北侧顶端，唱诗班的位置在讲台西侧。

门口左右两侧的墙壁上嵌有分别刻着中文和英文的大理石碑，意为纪念1937～1945年在华殉职的盟军将士，两块碑记今仍然存于圣约翰教堂。1958年圣公会与其他教派合并，圣约翰堂不再作为教堂使用。1962年后，圣约翰堂关闭。1986年归还昆明市基督教“两会”。后重建。

三一圣堂

是昆明基督教建立最早并延续至今的教堂。光绪二十年（1894年），内地会英籍传教士在武成路中和巷购房设堂，但在1900年的昆明教案中被反洋教群众毁坏。后外籍教士持不平等条约《辛丑条约》向清政府云南当局勒索赔偿银款9500两。传教士用此乘机扩张地皮，重建教堂，取名三一教堂，可容纳700人。光绪二十九年（1903年）后成为云南基督教内地会总会计处直属礼拜堂。

三一国际礼拜堂（韦勇／摄）

三一圣堂坐落于民居群中，为砖木结构，正中大门上端悬“三一圣堂”匾额。进门后有门厅，穿过门厅为南北长形礼拜堂，讲坛位于礼拜堂北端。教堂后有一小花园及教牧人员的住房。整个建筑与民居融为一体，富有地方特色。

1950年，内地会解散，教会进行“三自”革新运动，正常开放活动。1966年，该堂不慎失火，教堂及其附属建筑均被焚毁，当时昆明基督教“三自”爱国会主席孙守信及其家人以及传道员何桂英全家共7人遇难，三一圣堂因此而停止活动。“文化大革命”中交由房管局接收并修复，改作他用。1986年，三一圣堂由省“三自”爱国会和基督协会接收管理，作为其办公场所。后来成为基督教活动场所正式开放。现为云南省基督教爱国会和云南省基督教协会会址。

锡安圣堂

由昆明基督教循道公会始建于1921年，由英国传教士规划设计，正式建成于1924年，是昆明地区最大的基督教堂，可容纳千人礼拜。锡安圣堂临金碧路，砖木结构。依循道公会惯例，堂内装饰简单肃穆。采用基督教传统教堂建筑风格，临街为大铁门，两侧建有假三层楼房各一栋，有办公室、宿舍、宣讲堂、钟楼。正中为礼拜堂，上方嵌有“锡安圣堂”四字。1947年曾改建，设钢构架，主建筑改为2层，下为礼拜堂，上为教室和住宅。现存建筑为1993年重建，为新哥特式。教堂正面高大的山形尖顶上竖立十字架。大堂为南北向长方形礼堂形式，两侧内堂有尖顶窗户，有楼厅。讲坛位于大厅南端，前面两侧为唱诗班。另有附属建筑。

锡安圣堂（杨子人 / 摄）

1980年，昆明市委批准恢复昆明市基督教“三自”爱国会活动，并指定锡安圣堂为正式活动场所。经修缮，1981年举行了复堂庆祝典礼。爱国会及后来成立的教务委员会在此办公，该堂成为昆明市区基督教徒的主要活动场所。

宗教教育

昆明地区基督教神学院校均由教会圣经学习班发展而来。几个神学院校规模都很小，各校学生仅数十人，主要教习文化和神学。学制不长，培养传道员及一般神职人员。教师多由教会牧师兼任。这些院校分别是：车家壁圣经学校、撒老坞神学院、灵光圣经学院以及后来合并成立的云南基督教神学院。在这些学校发展历程中，灵光圣经学院承上启下。灵光圣经学院由美国基督教神召会传教士贝光临于1948年创立。最初在龙井街，称圣经学校，招收昆明基督教会资助学生40多人，经费由美国差会汇寄。贝光临任教长，郭旭协助，聘谷怀空牧师担任教员，贝妻亦为教员。1949年佴家湾七十八号新校舍落成，学校由龙井街迁入，改名为“灵光圣经学院”。

1949年9月，贝光临夫妇离开昆明，学院成立灵光圣经学院董事会，推选丁俊宝牧师为董事长，郭旭为副董事长，聘请谷怀空牧师任院长。后来贵州省贵阳花溪基督教神学院黔光圣经学院迁至昆明，并至灵光圣经学院，教师周治宇、杜仲三同来。谷怀空任院长，杜仲三任教务主任。

1950年底，灵光圣经学院割断了与外国差会的联系，为解决自养来实行工读，男生种地，女生缝纫。1951年底，车家壁圣经学校与灵光圣经学院合并，改名为“云南基督教圣经学院”。撒老坞神学院在禄劝县，1950年因外籍教士离去而停办。

天主教

天主教何时传入昆明，并无具体记载。据《元典章》卷二十四得知：元代贞元元年（1295年），圣旨中提及在云南的也里可温，即天主教徒。元延祐三年（1316年）立的《筇竹寺圣旨碑》也提到了也里可温。说明在元朝初年，昆明地区就有天主教徒，地位不低，后来随着元朝的覆灭，天主教在昆明逐渐消失。

到了16世纪，经过马丁·路德的宗教改革以后的所谓“旧教”（即主教），由利玛窦传入中国，并得到明朝皇室的礼待，天主教在中国有了较大发展。但到永历帝入滇之前昆明天主教的情况尚查不到明确记载。清顺治十五年（永历十二年，公元1658年），永历帝携皇室自黔入滇，这是昆明地区关于天主教徒的首次记载。康熙元年（1662年）永历帝死于昆明，明皇室及官侍被送回北京。昆明有明确记载的天主教徒又逐渐绝迹。

康熙三十五年（1696年），罗马教皇因诺森十二世把云南从南京教区划出，成立云南教区，并委派巴黎外方传教会传教士勒布朗为云南宗座代牧。勒布朗准备在昆明购地置堂，但因违反康熙命令，遭驱逐出云南。自此至雍正年间，天主教遭到禁止。道光年间天主教在云南东北部盐津等地活动，教众日多。至同治二年（1863年），法国传教士古若望被天主教云南教区袁主教委任为副主教，古若望成为第一位在昆定居的传教士，并在昆明设立了固定的传教站。光绪七年（1881年），古若望晋升为主教，不久便将主教公署从盐津龙溪迁至昆明。

1900年，昆明教案爆发，平政街天主堂被烧毁。但事后通过不平等条约得到赔偿，并受到地方政府的保护。至民国年间，天主教在昆明、宜良、路南等地建立了多座教堂。中华人民共和国成立后，或被停止，或继续发挥其基本作用。

教堂

北京路天主堂

位于北京路和金碧路交叉口处。1934年，比利时籍雍守正主教在太和街（原北京路52、53号）购地创建昆明主教府。因据天主教教义，每座教堂之名都以其主保圣人命名，当时该堂的主保圣人为奉圣女德肋撒，所以教堂建成后称为“德肋撒堂”，而俗称则为“太和街天主堂”。1948年，云南省天主教暨昆明总主教区正式设立，巴黎外方传教会法籍传教士德为能任首任总主教，德勒撒堂因地处省会升为云南总主教座堂。

北京路天主堂最突出的装饰是门楣和窗上檐。远看像中式的方框形门窗，近看则可见门楣上的木料两端，经过加工后呈圆弧状上翘，且门框和窗框的轮廓全部做成仿经堂正立面的“凸”字形状。与众不同的是，经堂的门框和窗框凸出墙壁约半公分，经过油漆后使之装饰更为突出。而经堂外正立面的中厅顶端和两侧廊的顶端，也都装饰有圆弧上翘形状，无不体现着全局和细部的和谐统一。

1981年，又更名为“耶苏圣心堂”。1981年，宗教活动恢复后，北京路天主堂成为云南省天主教爱国会、云南省天主教教务委员会以及昆明市天主教爱国会的办公地点，也是云南省天主教的活动中心。2009年拆除后原地重建。

华山东路天主堂

该堂即为“无原罪始胎堂”，1878年设立，为昆明天主教教会最早设立的教堂。1900年，由于法国领事馆领事方苏雅藏军火于教堂中，昆明群众在抗议中遭法方枪击，愤而烧毁该堂。后由满清政府赔偿巨款和地皮（即平政街41号）重建。1941年被日机轰炸但破坏程度较小。后因天主教信徒人数减少，两教堂合并。华山东路教堂于1959年移交居民委员会，后为昆明市儿童车辆厂所在地。产权已于1983年归还教会。

宗教教育

云南天主教公署迁昆以后，在当时东门外金马寺狗饭田建“若瑟堂”，即若瑟堂小修院。这是昆明地区最早的神学教育机构。小修院让学生接受初级神学教育，以便将来接受高等神学教育，成为一名神职人员。这里的修生在大修院未成立以前，多送至国外的神学院深造。

随着昆明总主教区的建立，教会在昆势力日益扩大，1935年正式建立了平政街大修院。大修院成立后招生对象面向云南全省及四川、贵州，昆明成了云南天主教神学教育的中心。这种局面一直持续到20世纪40年代末。另外，昆明主教区成立后还由修会开办了一些以宗教宣传为目的的普通学校，如上智男校、上智女校以及路南青山口小学等。

平政街大修院，1934年12月由法国圣苏尔比斯会会士洪文灏（法籍）创办，建于平政街原主教府内。由于云南神职人员的后期培训地在槟榔屿，来往不便，于是建立了这所专门提供高等神学教育的大修院。学校成立之初，招生时间、人数不定，少至一人，多至十人以上。学制六年。开设有教理神学、伦理神学、教会哲学等正科，另有圣经、教会历史、拉丁文等副科。学员毕业后可晋升神父。大修院从1935年起至1949年11月末解散。

若瑟小修院，即白龙潭小修院。该院早在1823～1824年间就已建立于盐津县，后随主教公署迁至昆明东郊狗饭田，庚子年（1900年）昆明教案中若瑟堂被焚毁，小修院迁回盐津县，1905年迁至昆明白龙潭，校舍由教会用庚子赔款修建。

上智男校前身为尚智学校，始建于1908年，由法国天主教神父与法国驻昆领事馆合办。原为当时在昆的越南子弟而设，1935年由当时的主教雍守正邀请慈幼会接办，沿天主教习称“上智”。慈幼会接办后，设立职业部，开设印刷、木工和皮革等专业技术课，后又增设缝纫、机械专业。学生需要接受宗教教育。职业部外，还有小学、初中部。此外，天主教在昆明还创办了上智女校，开展女子教育。

古镇·名村

言一地之文化，必谈此地之胜迹。胜迹之兴起，往往充满了传奇和故事，引人遐想，回味品思。在今天，古镇名村多是胜迹的代表，它们如同散落在各地的古籍珍本，散发着与众不同的芳香。昆明的古镇名村与全国各地一样，是历史进程中遗留的珍宝，见证、承载着此地的兴衰荣辱。代代英杰把昆明村镇的历史记于笔下，付之梨枣，让我们得以在前人的记载中遐想旧时的故事。

古滇国是云南历史上的璀璨一笔，都邑晋城，因其深厚的历史、灿烂的古滇国文化和庄蹻传说成为最负盛名的古镇。流传在滇池地区的"金马碧鸡"传说让金马山下碧鸡镇底蕴倍增。今天的官渡古镇，古代曾是滇池渡口。官渡，意为公共之渡口。舟行车往，货走人来，造就了一个繁荣的小镇。一地之名声可因一人而大噪，如兰茂故里——杨林，因兰茂与《滇南本草》使其增添光辉；还有昆阳，因郑和而享誉全国。也有因丰富的自然资源而闻名的，如铜业之于汤丹，温泉之于温泉镇，盐业之于连然。龙泉因抗战时大批科研院所、文化名人驻扎，成为战火纷飞下的一朵文化奇葩。军事与交通对城镇的形成有重要作用，大板桥是古驿道的重要站点；皎平渡、丹桂村、树桔村是红军长征扭转局面之地，它们都因骄人历史成为今天怀古的地点。

在漫长的发展过程中，诸多村镇形成了各具特色的人文文化，仿佛散落在昆池周边的一座座小型历史博物馆，留下道道影痕，讲述着一部部精彩的人类生活史。

滇国都邑——晋城

晋城位于晋宁区东北部，滇池南岸。因历史上的晋宁郡城、晋宁县城均驻于此，故名晋城。这里曾是云南三大都会（晋城、大理、昆明）、八大集镇之一，2000年被评为云南省45家古村古镇之首。

自汉以后，晋城又名滇池县，是益州、建宁、宁州、晋宁等郡的治所，直到魏晋时期都是云南的政治经济文化中心。其历史遗存有“汉益州郡滇池县故址碑”、天女城等。“汉益州郡滇池县故址碑”为袁嘉谷题、陈荣昌书，袁嘉谷考晋城为旧滇池县治，故立此碑于古镇旧县署前。西晋年间，宁州夷帅、大姓发动叛乱，刺史李毅不及平定而病卒。其女李秀代父领州事，平定叛乱，被封为镇靖夫人。后州人将李秀作战之地定名为“天女城”（今晋宁天城门），以念其功。

晋城老街（字应军／摄）

晋城水井（字应军／摄）

隋以后，虽经数次朝代更迭，晋城仍为滇中重镇，地灵人杰，英才辈出。有题书黄帝陵的唐锜、诗才横溢的唐尧官、诗书画三绝的名僧担当、近代文献学家方树梅、抗日英雄赵琛等。著名的历史文化遗迹有宋代石雕天王像石将军、高僧莲峰崇照所建的盘龙古寺、元代巴匝剌瓦尔密埋骨之地梁王山，以及明唐锜墓址、清代忠直谏臣张溟洲祠、近人方树梅故居等。这里还保存了大量明清以来独具一格的古老民居，多为“干栏式”“一颗印”“一把伞”结构，采用“三间四耳”及“两间两耳”四合院布局；抬梁穿透式屋架，重檐歇山式组合，雕花格子门窗，刻龙饰凤，题材丰富的浮雕，精工细致而富于变化。瑞士苏黎世市文物保护局专家就曾三次来此考察，对古镇的建筑艺术赞叹不已。

晋城众多历史文化遗存都是不可替

代的。云南省政府对此高度重视，现已将建设古滇国历史文化旅游景区列为云南十大历史文化旅游高端知名景区项目之首，加大保护和开发力度。同时，还将濒临失传的“乌铜走银”传统工艺列入云南省第一批非物质文化遗产保护名录，使这项云南特有的手工艺得以继续传承和保护。

千年古镇——连然

连然，安宁市政府所在地。汉朝以来就有“连然金方、螳川宝地”的美誉，是安宁市的城市中心区和昆明市通往滇西的咽喉要地。据传，因其与昆明山水相连、同然一体，故名连然。

连然最初为县名。汉武帝元封二年（前109年），在云南地区设益州郡，下设连然县。此后，连然先后作为连然县和安宁县的县治。1928年置连然镇，后与永安、澄清合并为永安镇。1950年，改永安镇为连然镇，今为连然街道。连然历为安宁的治域所在，历史文化遗迹颇为丰富，较具代表性的有安宁盐井、连然文庙等。

“安宁井”是著名的“古滇九井”之一，开发最早，距今约有两千多年，曾是滇东、滇南及黔西等广大地区的重要供盐地。据《汉书·地理志》载，汉朝就已经在连然设有盐官，专管盐务。又《新唐书·南诏传》载：“安宁城有五盐井，人得煮鬻自给。玄宗诏特进何履光以兵定南诏境，取安宁城及井。”唐樊绰《云南志》卷七《云南管内物产第七》亦载：“安宁城中皆石盐井，深八十尺。城外又有四井，劝百姓自煎。”安宁盐业资源的丰富，对历代军事、社会都有着重要影响。《徐霞客游记·滇游日记四》对安宁盐井的记载更为翔实：“安宁一州，每日夜煎盐千五百斤。城内盐井四，城外盐井二十四。每井大者煎六十斤，小者煎四十斤，皆以桶担汲而煎于家。”可见，当时安宁井的生产已具相当规模。

安宁文庙也叫连然文庙，位于安宁市连然街道，始建于元大德六年（1302年）。文庙大成殿为单檐歇山顶建筑，抬梁式梁架，斗拱粗大，殿内采用减柱法，至今保存完好，是研究元代建筑的重要实物资料，是儒家文化在云南广泛传播的重要见证，为国家重点文物保护单位。

在2006年全国小城镇综合发展水平评比1000强中，连然镇位居第689位，是云南省唯一入围的乡镇。

五朝古镇——官渡

官渡古镇位于昆明东南郊滇池东岸。“官渡”的由来，一说是宋大理国时期官方在此设立渡口，过往船舶都停靠于此，故名。又据《创建妙湛寺碑》载：“滇城之隔

官渡古镇（字应军 / 摄）

二十里有郭曰蜗洞……乡士大夫游赏缆船于渡头，吟啸自若，陶陶而忘返，命之曰官渡。”然考察其历史，官渡实为公共渡口之意。

南诏大理国时期，官渡古镇已是滇池东北岸一大集镇和交通要冲。元明清时期成为商业、手工业发达的集镇。吸引了众多达官显贵在此兴建别墅，名流贤达光顾流连。“多少行人此来往，马蹄踏破五更霜”“此地酒帘邀我醉，隔船笙鼓送我归”便是当时一片繁荣景象的真实写照。

官渡古镇文化古迹众多，人文景观丰富。在不到1.5平方千米的面积内曾有唐、宋、元、明、清时期的五山、六寺、七阁、八庙等多处景观。这些壮观的建筑与自然风光相融合，构成了一幅优美的图画，形成了所谓官渡八景，即“古渡渔灯”“螺峰叠翠”“云台月照”“杏圃牧羊”“凌云烟缭”“滇南草坪”“金刚夜语”和“笔写苍穹”。

官渡区饵块传习馆（字应军 / 摄）

古镇内的“金刚塔”是我国现存建造最早、保存最完好的金刚宝座式石塔，为国家重点文物保护单位。该塔修建于明天顺年间，距今已有500多年。古镇内还有妙湛寺东塔、土主庙、法定寺、文明阁、魁星阁、观音寺、凌云阁、古戏楼、三圣宫、燃灯寺、五谷寺等10多处省、市级文物保护单位，以及上百间保存完好的“四合院一颗印式”民居，形成一个繁华集镇，古时有“小云南”之称。

官渡古镇人才辈出，较著名文人有清康熙四十五年（1706年）进士王思训，他任过江西学政，雍正皇帝幼时的老师。曾获康熙皇帝赐书万卷，荣归故里之后，建赐书堂皮藏，至今犹在。

官渡小吃历史悠久、特色浓郁、种类多样。其中，饵块、米线、豌豆粉被誉为“官渡三宝”，广受美食爱好者的青睐。

为开发利用古镇历史文化资源，着力把官渡古镇打造成为主题化、多元化的历史文化旅游商贸品牌，自2001年起，官渡区开始精心规划官渡古镇民族民间文化保护和产业发展的布局，已分两期对古镇进行恢复开发建设。如今，一批非物质文化遗产的活态传承与静态实物展示平台和基地已逐步建立起来，乌铜走银、官渡饵块传统制作技艺，官渡滇剧花灯等传习馆先后挂牌成立。2008年，官渡古镇内的土主庙、法定寺、妙湛寺、观音寺4所古刹委托河南嵩山少林寺以派驻僧团的形式进行管理，实现了古镇历史文化与少林寺品牌的融合。

2011年，官渡古镇荣获国家AAAA级旅游景区、全国特色景观旅游示范名镇称号，一跃成为昆明文化旅游的一大经典品牌。

螳川仙境——温泉

温泉镇位于安宁市北部，因境内有天然温泉——碧玉泉而得名。据明陈仁锡《潜确居类书》载："安宁州有温泉，色如碧玉，可鉴毫发。"

温泉镇三面环山，自然环境优美。东有凤山，西有龙山，东北有笔架山，遥相呼应。域内古木参天、景色秀丽、气候宜人，全镇森林覆盖率达到80.11%，绿化面积82万平方米，人均绿化面积18.10平方米，有"天然绿色氧吧"之称。

温泉开发历史悠久。据闻自东汉骁将苏文达发现后，经历代开发建设，成为一处著名的休闲度假之所。宋代又建曹溪寺，元植寒梅，特别是明代杨慎题"天下第一汤"之后，安宁温泉更负盛名，清人赵士麟更有"天下名泉推第一"的赞美诗句。文人墨客、官民商旅慕名而至，在游赏风景的同时，沐浴清泉，疲惫烦恼一洗了之，身心倍感愉悦。兴致勃发时还挥毫题写，刻于环云崖石壁，成为"螳川仙境"的气韵所在。

碧玉泉位于螳川东岸的温泉宾馆院内，原杨慎所题的"天下第一汤"因水患而毁。民国时期重修时，由著名书法家王景弗手书魏体"天下第一汤"，时任云南省主席龙云撰跋，一并刻在新建的月牙池壁上。龙云跋曰："凡四方之士，来浴于兹泉者，咸服修撰品题为非溢美。"

安宁温泉镇（李金能／摄）

安宁温泉属地质断裂构造深循环型温泉，天然出水的泉眼有9处，泉水温度常年在43～45度，无色无味、可浴可饮，属碳酸钙镁泉。水中含有适量的氯、重量碳酸、钾、钠、镁、硅等微量

安宁温泉天下第一汤（李金能/摄）

元素，对人体健康十分有益。徐霞客曾赞“此水实为第一，不可不浴”。周恩来、朱德、刘少奇、邓小平、陈毅、朱镕基、吴邦国、曾培炎、吴仪等党和国家领导人以及班禅等宗教领袖，胡志明、西哈努克、黎德英、宾努亲王等外国元首曾在此沐浴疗养。安宁温泉宾馆内至今还有周恩来亲自批建的“西哈努克亲王别墅”“宾努亲王别墅”，是西哈努克国王等流亡中国时期的住所之一。董必武游温泉时题词赞誉“莫夸六国黄金印，来试三迤碧玉泉。”郭沫若也题诗：“泉号安宁水甚温，汉时开拓忆苏文；劳农今幸成真宰，疾病何愁有细菌。千树红云迎客履，一池碧玉涤风尘；我来三度如新至，跨进楼台满院春！”盛誉之词堪比华清。

温泉徐霞客题书（李金能/摄）

温泉古有“冰壶濯玉”“龙窟乘凉”“春圃桃霞”“晴江晚棹”“烟堤听莺”“山楼看雨”“云岩御风”“溪亭醉月”八景。现在，除“晴江晚棹”与“春圃桃霞”之外，其余景致仍可让人尽情领略。境内有代表滇中刻石艺术较高水平的160多处摩崖石刻，国家级重点文物保护单位曹溪寺，“四朝元老，三边总戎，出将入相，文德武功”的明重臣杨一清故里，以及近代历史名人李根源、龙云、卢汉等人的别墅、故居，这些宝贵的历史文化遗产使温泉具有浓郁的人文气息。

如今，安宁温泉镇已经被云南省政府列为60个重点开发的旅游小镇。历史悠久的人文景观和新开发建成的凤山森林浴场、邑尾里生态谷、牧羊湖景区、日式温泉，以及螳川沿岸五千多亩的观光油菜等特色，使温泉镇成为重要的观光旅游、休闲度假和疗养胜地。

通京大道——大板桥

大板桥位于昆明东，320国道（贵昆公路）旁，距主城18.80千米。宝象河从村外流过，河上有五孔石桥一座，每孔石桥分别由两块5米长的大石板铺筑，故名“大板桥”。

大板桥具有悠久的历史，从20世纪70年代起，先后在此发现过大熊猫化石、大蚌

大板桥（《大板桥村志》）

壳化石、犀牛上臼齿化石和旧、新石器时代的人类化石。

大板桥自古就是出入昆明的东大门。据考证，秦汉时期，大板桥就是通往内地交通要道上的重要站点。元朝以昆明为中心，对秦汉以来的古道进行重修和拓展，开辟了“通京大道”，在大板桥设“板桥驿”，置夫马数十，以递邮传。明代筑有土城，派千总一员，率军卒数十驻防，称板桥堡。清代改为“板桥里”。道光年间，昆明县把县丞署迁至大板桥，分管全县的粮马、巡捕、河防之事。民国时期设板桥镇。

古驿道从镇中穿过，驿道两边商铺、客栈林立，渐渐成为昆明东郊著名集市——大板桥街，历数百年不衰。清代包家吉在《滇游日记》中记道：“由观音塘约五里许，至板桥驿入土城，人集冲衢，牛车载柴，喊卖者甚众。”原大板桥街长约1千米，东西走向，宽6～8米，两旁多为土木结构的瓦房，街面用青石板铺筑，街的形状像条船。街的四周有东南西北四座城楼，由周围城埂连接起来；土城埂外有护城河，俨然一座古城。城南有宝象河，城北有槽河，分别自东向西流过，故有“两水夹一舟”之说。明朝堪舆家汪湛海奉命督修大板桥城垣时，曾题“蟾足系舟”四字于仙人洞外的石崖上。城外四周有祭天山、猪宝山、窦家山，树林密布，遮天蔽日。城外东有龙泉寺、宝象庵和古戏台，南有东岳庙和明应寺，西有川主宫，北有金家庵；城内东部有三元宫（今昆十七中校内）。

大板桥人杰地灵、名人辈出，直声震天下的廉吏、书画名家钱沣，昆明福林堂的创始人李玉卿，抗日名将李怀民，武术大师沙国政，军旅作家徐剑等，或生于斯，或留住于此。

湖光山色——碧鸡

碧鸡镇位于昆明市区西北部。相传这里曾有凤凰栖息，被当地人称为“碧鸡”，碧鸡镇由此得名。

明、清时期，碧鸡镇为昆明县高峣里。清朝后期为高峣堡、西华堡、长坡堡辖地。民国时为西碧乡，1984年设碧鸡街道，1988年改建碧鸡镇。

碧鸡镇历史悠久，1979年在王家堆发现了约7000年前新石器时代的“干栏式”建筑物遗址，极具云南地方特色。其他较为著名的历史人文景观有：龙门摩崖石刻、三清阁、华亭寺、太华寺、太华山气象站、杨升庵纪念馆、徐霞客纪念馆、南洋华侨抗日机工纪念碑、聂耳墓、张天虚墓、杨杰墓、柏西文墓等。

碧鸡镇依山傍水，紧邻滇池，气候温和、冬暖夏凉，自然资源和旅游资源都非常丰富，素有“滇中第一胜景”“小蓬莱”的美誉。宋元以来，境内西山、观音山就是文人墨客、官绅士民踏青赏景的不二之选，众多脍炙人口的游赏诗文即是见证。其中较具代表性的有：郑衍《碧鸡山》、郭文《太华秋晓》、李元阳《罗汉岩》、徐霞客《游太华山记》、杨慎《滇海曲十二首》等。杨慎《滇海曲十二首》专为歌咏西山胜景而作，其二“萍香波暖泛云津，鱼枻樵歌曲水滨。天气常如二三月，花枝不断四时春。”可见西山滇池融合一体之温婉秀丽。

刘少奇、朱德、周恩来、陈毅等国家领导人以及英女王等外国元首都先后领略过优美动人的碧鸡神韵。

如今，碧鸡镇正全力整合丰富的自然及历史文化资源，合理规划、科学发展，积极打造具有碧鸡特色的旅游产业发展新格局。

郑和故里——昆阳

昆阳镇位于晋宁区中部，为区政府驻地。因地处滇池（古称昆池）南岸，月山东麓，常年阳光普照而得名。

昆阳镇汉称建伶，隋属昆州，元设昆阳州，明清沿之。乾隆二十五年（1760年）由大新城迁现址筑砖城，光绪十三年（1887年）毁于地震，后重修，民国废州改县，为历代县（州）治所。1968年设昆阳镇。

昆阳的主要街道以代表儒家道德伦理规范的“居仁、由义、循礼、大智”命名，更显古韵含章。同时，昆阳又是一个山岳灵秀的小镇，清末山东布政使、昆阳人李文耕仅用“昆城锦绣天生三山两海，阳光灿烂日照五门六阁”20字便将昆阳的普照灵泉、万寿神钟、凤踪兰花、卧龙烟雨、文峰宝塔、仙鹤群岚、牛舌方舟、月山帆影等景观囊括其中，俨然诗画胜景，令人神往。

昆阳是伟大航海家郑和故里。郑和曾七下西洋，游历三十余国，最远到达东非。1979年，晋宁县将月山公园改建为“郑和公园”，作为纪念。公园占地250亩，内有国家级重点文物保护单位——郑和之父马哈只墓碑，省级重点文物保护单位郑和故里碑、纪念亭、纪念馆、碑林、三宝楼、郑和雕像等。1997年，以玉皇阁为址修建的郑和纪念馆被云南省列为首批爱国主义教育基地和国情教育基地。同时，昆阳镇还是世界著名磷都之一，磷矿资源丰富，昆阳磷矿区已探明矿石储量2.41亿吨。特产昆阳卤鸭亦闻名遐迩。

滇东锁钥——杨林

杨林镇位于嵩明县境南部，古称羊林，以村后鹿元山东麓有石如羊得名，元初改羊林为杨林，沿用至今。

兰公祠（李金能／摄）

杨林镇地近省会，自古即有“昆明东北门户”“滇东锁钥”之称。元、明时期，为羊林守御所、杨林县治所驻地，并设有驿站。据旧志记载：“设马四十二匹，堡夫百名”。可见，杨林驿在整个滇东要道上，是一处较为重要的驿站。境内土地肥沃，物产丰饶，素有“鱼米之乡”的美称，驰名中外的杨林肥酒便产于此。

杨林是明代云南著名隐士兰茂的故乡，他天资聪颖，博通经史，深谙医道，并擅长丹青。其《韵略易通》和《声律发蒙》是音韵学方面较有代表性的著作。《滇南本草》（成书于1436年）是兰茂踏遍千山，采集标本，经过无数次亲身试验，历经十余载刻苦钻研编著而成的药物学经典，代表了云南医学水平的最高成就，比李时珍的《本草纲目》（1590年）还要早140多年，并有多种药物连《本草纲目》都未曾收录。此外，他在文史方面还有《玄壶集》《经史余论》《安边策条》《止庵吟山堂杂稿》《碧山樵唱》等著作。兰茂去世后，乡人为其立墓并建有祠堂专祀，可见其深受乡邻的爱戴。

古镇文物古迹除了杨林古镇驿道、驿站遗址、兰公祠、兰茂墓之外，还有杨林书院遗址、《观音寺碑记》、七阁八庙等。始建于明代中期的杨林书院在云南小有名气，培养出众多进士、举人、贡生。《观音寺碑记》记述了道光十三年（1833年）杨林地震情况。七阁为文昌阁、魁星阁、九天阁、水云湘阁、桂香阁、玉皇阁、观音阁，八庙为城隍庙、龙王庙、五谷庙、财神庙、张飞庙、水官庙、东岳庙、山神庙，这些遗迹是杨林人文变迁的见证，也是杨林历史文化的代表符号。

滇之水口——海口

海口镇位于西山区南端。元初赛典赤·赡思丁主滇后，组织“回回军”以三年的时间疏浚螳螂川（海口河），降低了滇池水位，不仅解除了昆明城市的水患，还“得壤地万余顷，皆为良田”。昆明人莫不崇敬赛典赤·赡思丁，海口一名也系赛典赤·赡思丁赐予。1253年以前海口并无名，赛典赤在疏通螂螳川后，当地人民即请赛典赤赐名，赛典赤取名“滇之水口”，旧时人称湖为“海子”，遂有今日海口之名。海口明时为昆阳县平定乡，清代为平地乡，1987年设海口镇。

螳螂川源于滇池，由海口自东向西北贯穿全境，沿河两岸形成断陷湖盆地及河谷地形。螳螂川两岸的磷矿，储量多、品质好，为云南磷矿产地之一。省、市属的一些大中型企业，集中于螳螂川两侧，为昆明重工业区。

早在20世纪，海口就为中国和云南创造了多个第一。民国元年（1912年），我国第一座水电站——石龙坝水电站在海口建成。石龙坝水电站原为清光绪元年（1875年）官商合办开发螳螂川的工程，后改为商办，由耀龙电灯公司经办。工程于1910年7月开工，购进德国西门子工厂所产240千瓦发电机组两台，1912年4月开始发电。所发电力可供六千余盏电灯照明，是我国最早的商办水电站。石龙坝所装的发电机、水轮机、电灯等电力设备，先由远洋轮船运抵越南海防，再经滇越铁路运达昆明，再经大观楼、篆塘水运至石龙坝。设备体大笨重，运输艰难。除铁路和水运外，很多需要人工搬运。运送之艰辛，后人难以想象。1932年一厂扩建，增设1台720千瓦机组，1935年又将初装的2台240千瓦小机组拆除，增设第2 台720千瓦机组，使一厂最终规模达到1440千瓦。后来又建成二厂和三厂。到1949年，全厂总装机容量为2920千瓦。中华人民共和国成立后，对石龙坝水电站进行了彻底改造，发电量大大提升。如今石龙坝水电站不仅作为教学之用，也是全国重点文物保护单位，供人参观。

除石龙坝水电站之外，我国的第一把机枪、云南的第一张纸、云南的第一袋水泥、第一架望远镜——熊猫牌望远镜等，也产于海口。

匡州古镇——匡远

匡远旧称匡州，始设于唐贞观年间；元至元十三年（1276年）改匡州为宜良州，隶中庆路（昆明）；至元二十一年（1284年），改州为县，明清沿袭旧制。1940年分置匡山、清远两镇，后合为匡远，为宜良县城。

匡远镇地理位置十分重要，外可接川黔，内可望省城，据之可谋全省，是历代兵家必争的战略要地。明洪武二十四年（1391年）屯军入宜后，设置千户所、关、哨等军事统治系统。清光绪二十二年（1896年）置营地驻兵，扼守要冲。民国时期因战事所迫，对此战略要地形成龙争虎斗之势。1927年，因胡若愚、龙云、张汝骥、李选廷等四镇守使不满唐继尧的军政统治，秘密聚于镇内法明寺召开改组云南省政府协商会议，决议改组云南省政府，发动“倒唐”政变。匡远见证了云南近代历史的波涛。

古镇历史文化悠久，明清时期遗留下来的古建筑、古墓葬遗迹较多。现存寺观、学宫等历史古迹约六十余处，是为匡州古韵的实物载体；各类碑刻近百通，主要记录了当地兴学重教、尊礼崇善的古朴民风。明清两朝，荣登科榜、著书立说的文达之士代有辈出，清初有陈鸣玉，乾隆嘉庆年间有严崀、严廷中，清道光年间有陈达、陈通兄弟，清末民国初年有许克家，民国年间有严绍曾、王翰馨等，可谓人杰地灵。

匡远物产丰富，名特优土产远近闻名，其较著者：以宜良鸭为主的烤鸭、板鸭、白条鸭、鸭脚、鸭翅、鸭舌、鸭肝、鸭毛系列加工产品，广受欢迎，备受好评；茶料上乘、品质优良、香气绝佳的宝洪茶，1933年获美国芝加哥“十里香”金奖，1980年被评为“全省高香型名优绿茶”，1985年被评为全国11个名茶品种之一，2001年获中国云南首届春茶交易会名优茶评比银奖。

天南铜都——汤丹

汤丹镇位于东川区西北部。“汤丹”一名来源于铜。传说，古代汤丹地区炼出的铜呈黑色，偶然间被米汤洒泼后呈现出像“丹”一样的红色，故名汤丹。汤丹坐落于䂶王山脉中部，地势西高东低。陡峭的山体中蕴藏着铜、银、铅、锌等多种矿体，素有“天南铜都”、有色金属王国的“高原明珠”之称。

汤丹是东川铜矿的最早开采地，已有两千多年的采矿史。汤丹境内的出土文物“堂琅洗”，说明在东汉建初年间就已进行铜矿开采。明清时期，东川铜业对中央财政有着举足轻重的作用。根据道光时期的文献记载，乾隆、嘉庆时期指定供给采买的云南铜厂共21个，其中东川府汤丹厂列为首位，其余有九龙厂、观音山厂、聚宝厂、裕原厂、岔河厂，额定产量乾隆十四年（1749年）为158万公斤、嘉庆七年（1802年）为115万公斤。因东川铜成色较好，运抵京城宝源、宝泉二钱局专用铸钱，史称“滇铜京运”。不唯此，汤丹还曾有“即山鼓铸”就地设炉铸钱的历史，其中就有“嘉靖通宝”“乾隆通宝”等。乾隆皇帝曾于乾隆五十八年（1793年）为汤丹兴宝矿脉龙神庙赐书“灵裕九圜”。

清代是云南铜业兴盛之期，关于铜业的记载也占此期史籍的一席之地。《云南铜政全书》《云南铜志》《铜政便览》等书，记载了云南铜业的繁荣历史，给后人认识云南、了解云南铜业提供丰富材料。

民国初年，先后由“东川矿业股份有限公司”和“滇北矿务公司”开办汤丹矿业，这是东川历史上最早的矿业股份有限公司。1953年1月成立的东川矿务局（驻汤丹）为我国的铜矿生产作出了重要贡献。2011年，汤丹镇被云南省人民政府公布为历史文化名镇。

滇中最大的农贸市场——小板桥

小板桥位于昆明市官渡区宝象河北岸。东邻普照，东南与羊堡头、过路村接壤，东北与牛街子、竹园村相邻，西与官渡毗邻。明为向旭里，清属珥琮堡，民国改珥琮镇。1987年改今名。因是古代驿道所经，跨河架木板为桥，故名小板桥。彝语名“铺渣路”。千年石板古道从这里通向滇南30余县。周围林木茂盛，果木成林，土地肥沃，盛产粮食瓜果。此镇是滇中最大的农贸市场。

据碑文载，清康熙五十二年（1713年）四月二十八日，绅士李天秀、李文祥、李国泰、许文英等13人联名呈报云南府，由昆明县正堂批准，在小板桥设立街场，赶已、亥街（即逢蛇、猪日赶街）。同时，批准免米课（赋税）不上缴。粮米成交时，由设置的公用升子计量，向卖方收取街课米。所得粮米分为13份，分归小板桥向旭庵、净修庵及羊堡头、牛街子、竹园村、过路村、小耳村、塔密苴等各种寺院作香火之需。设街场初期，经营盐、茶、粮、丝、香、灯6项。清代后期，街场从宝象河东岸扩展到西岸，由地方里、堡各村分别筹资自建店铺公房，开辟新街，形成主要街道——大街、中街。

1929年昆洛公路开修，经过小板桥，1939年通车后，因街场紧靠公路，公路自然成为赶街场地，每逢街期，交通堵塞。1980年，政府拨款23万元，把宝象河覆盖为暗河，扩大了赶街面积。

牲畜历来是小板桥的大宗商品，有来自贵州普安的水牛和省内附近各县的骡马、黄牛，买者来自滇南、滇中。公路、铁路畅通后，湖南、山东、河北等省农民都有到此采购的。中街为粮食交易市场。粮食来自澄江、宜良、晋宁、昆阳、呈贡等地，每街成交万斤以上。木、竹、柴、碳等商品在小板桥历史悠久，成交数量较大。向旭庵门口一带过去是棉纱、土布、蚕丝、纱帕和鸦片烟的交易场地。金刚三甲的丝线，西庄、六谷村的纱帕在小板桥畅销历史悠久，被商贩转运本省各县；土布每街上市千余匹，因在向旭庵大门两边买卖鸦片烟，向旭庵因此也称“卖烟寺”。

大街上的几条巷道，也随着商品划行归市而被以商品命名，如烟锅巷（卖水烟筒）、买鸡巷、瓜子巷等。一些传统的产品来源也在民间形成习惯，如子君村、五腊村的麻底线，呈贡西茶村的草鞋、草绳，五甲、下小路及马街、晋宁的草席，席子营及宜良县的滑席，龙头街的土陶器，官渡、小板桥、七甲的木盆、水桶等等。

滇北锁钥——永定

永定镇是富民县县城，距昆明市区23公里，地处富民坝子中部。富民县地处滇中北部，位于昆明西北郊。县境内山川起伏明显，盆岭相间，山多坝少，河流纵横，地势险要，是川、藏入昆明之要道，自古为昆明屏藩，素有“滇北锁钥”之称。螳螂川、清水河流经境内。螳螂川水穿城而过，把县城一分为二，是省内少有的江城古镇。

明朝时永定镇设左右所，清朝沿袭。明万历四十二年（1614年），县治自旧县（村）迁至螳螂川北岸的玉屏镇（又名逢源镇，今治）。万历四十六年（1618年）建永定桥。永定，以示县治不再搬迁之意。自建成之日起，永定桥不断遭受大火和洪水冲击，但经屡次修复增建，安然屹立，造福一方。《康熙府志》记载，康熙十七年（1678年），大水冲折永定桥，县城被淹。康熙三十五年（1696年）永定桥再次被洪水冲折。乾隆十三年（1748年）洪水冲塌桥墩一座，桥房8间，乾隆十五年（1750年）年修复。乾隆六十年（1795年），大火烧毁桥房19间，南端的“长虹映碧”坊也毁于大火，嘉庆二年（1797年）修复，同时增建水宫殿和火宫殿，以祈求免除水火之灾。此后至民国年间，永定桥屡次修改以适应时代需要。1962年，永定桥改为钢混平桥。1991年，机关单位和群众集资20余万元，在北端桥头建造“富民坊”。牌坊完全按照北京地坛公园牌楼建造，宽20.86米，高10.85米。坊上正面嵌有一匾，南面书“富民”，北面书“滇北锁钥”。富民坊与永定桥已经成为富民的一处景观了。

永定镇境内名山有玉屏山、美女山、照壁山、法华山，玉屏山海拔2639米，为境内最高点。

昆明人的街子——马街

马街位于昆明市西山区马街街道。曾是距昆明最近最大的一个乡村集市，是茶马古道上的首个集市，有“云南第一镇”之称。因旧时此处逢鼠、马日赶街得名鼠马街，俗称马街子。

关于云南“街子”，明代谢肇淛《滇略》所记甚详：“市肆，岭南谓之墟，齐、越谓之集，蜀谓之亥，滇谓之街子，以其日支名之，如辰日则曰龙街，戌日则曰狗街之类。至期，则四远之物毕至，日午则聚，日仄而罢。”据说从百年前的清朝开始，马街便有了赶集的传统。旧人以马日为期，每12天赶集一次。随着时代变迁，集市规模扩大，街期变为每周一次，时间为周日。每到街天，贩卖衣物、日化用品、旧书字画、农副产品、土特产、家禽、花卉和各种小吃的摊位达3000多个，从市区各个方向来赶集的人多达五六万。

在马街居住的老昆明人，乡音浓厚，具有典型的昆明“土腔”。推广普通话后，马街人由于发音习惯，在说普通话时，有些字的语音较难咬准，口音带有浓郁的地域特色，形成了甚是有趣的“马街普通话”，被戏称为“马普”。后来，“马普”演变为全省范围内带有浓厚乡音普通话的代称。

随着现代新昆明建设的推进，2009年6月28日零点，西山区关停马街。这个与数代昆明人有着不解之缘的乡间集市退出了历史舞台，成为人们的一种回忆，但是，昆明人津津乐道的“马街文化”在乡土文化中仍旧占有重要的一席之地。

抗战文化重镇——龙泉

龙泉镇，因境内有黑、白、蓝、青等龙潭得名，位于昆明市区北部。原为官渡区属镇，随着城市的发展和区划调整，现为盘龙区属龙泉街道，并成为市区的组成部分。

中央研究院历史语言研究所旧址（字应军/摄）

龙泉镇文化底蕴深厚，历史遗存丰富，域内有棕皮营的封土堆墓、元代的水利工程遗迹、黑龙潭的龙泉观、龙头村的弥陀寺、长虫山上的铁峰庵和虚凝庵、岗头村的永丰寺及涌泉寺等。

抗战时期，内地的机关、学校、科研机构纷纷迁昆，龙泉坝子遂成为内迁科研院所的重要聚集地。其中，较为著名的有中央研究院历史语言研究所、北京大学文科研究所、中国营造学社、北平研究院物理研究所、北平研究院化学研究所、北平研究院史学研究所、清华大学文科研究所、清华大学航空研究所、北平静生生物研究所与云南合办的云南农林植物研究所等9个研究所。此外，北大基地和中央机器厂也迁驻于此。大批的科学家和大师级学者云集于此，据不完全统计，曾在这里生活工作过的两院“院士”近35位。在国家危难、民族救亡图存的艰苦岁月，这些科研机构和精英学者们以自己特殊的方式参与抗战，创造了大量优秀的成果，为后人留下了宝贵的精神财富。值得一提的是，中央机器厂还在这块土地上创造了中国的多个“第一”。傅斯年主持整理的红格本《明实录》与龙泉镇亦有不解之缘。

如此众多的国宝级人物在龙泉镇不仅留下了许多感人的故事，也留下了一批文化遗存。目前尚存的房舍遗址有：弥陀寺中央研究院史语所旧址、北大文科研究所旧址、冯友兰故居，兴国庵中国营造学社旧址，棕皮营梁思成、林徽因旧居，司家营清华文科研究所旧址，黑龙潭云南农林植物研究所，北平研究院物理研究所旧址，严济慈、蔡希陶旧居，茨坝中央机器厂门卫房等处。

龙泉镇的抗战文化更是昆明市珍贵的历史文化资源，有重大的开发价值。目前，昆明市和盘龙区已着手进行古镇抗战文化的保护、开发和利用工作。

红军巧渡金沙江之地——皎平渡

皎平渡镇位于禄劝县境北部，是昆明的北大门，是中国革命的重要纪念地。皎平渡渡口，是川滇边界重要的通道。因其特殊的地理位置，在当年红军巧渡金沙江，实现战略转移，顺利北上抗日的过程中发挥了不可估量的作用。

皎平渡红军长征纪念碑，全称为“中国工农红军第一方面军长征渡江纪念碑”，位于禄劝县最北边的金沙江皎平渡口。1935年5月1日至9日，在参谋长刘伯承的指挥下，中央红军主力和中共中央机关3万余人在此仅靠6条木船、37位船工的协助胜利渡过金沙江天堑，摆脱了数十万敌军的追击。后为纪念中国工农红军巧渡金沙江和毛泽东、朱德、刘伯承、陈云等老一辈无产阶级革命家的正确决策，专立此碑。聂荣臻元帅亲题“革命胜地，山川增辉”。

至今，皎平渡还留有“将军石”“拴马树”等历史遗迹。“将军石”原为渡口船靠岸时拴缆绳的龙头石，刘伯承总参谋长曾站在此石上指挥渡江。后来当地人为了纪念红军，便将龙头石改名“将军石”。“拴马树”现位于皎平渡镇杉栎村委会，据说，朱德总司令的战马曾经拴于此树，故名。后来当地群众为纪念革命前辈，将此树称为“将军树”。

云南省委、省政府把丹桂村和皎平渡红军长征革命遗址列为云南省爱国主义教育基地和省级文物保护单位。2013年，丹桂村红军中央总部驻地与金沙江皎平渡口列为全国重点文物保护单位。此外，它们也是全国红色旅游百个经典景区。

红军长征总部驻地——丹桂

丹桂村位于昆明市寻甸县柯渡镇。毛主席率领的中国工农红军中央总部长征时期曾驻于此。

1935年4月30日，中央军委和红军总部进驻丹桂村，党和红军领导人毛泽东、周恩来、朱德、张闻天等，就住在村里一座广式小木楼的院落里。中央红军总部的首长们在此对红军抢渡金沙江做出周密的部署，率领红军巧渡金沙江，最终摆脱数十万敌军围追堵截，取得了红军战略大转移的伟大胜利！

现丹桂村内仍完好地保存有中央军委总部、中央红军书记处及诸多革命领导人居住过的房屋旧址。另外在柯渡村还留有红军卫生院旧址；回辉村清真寺内还保存有“红军绝对保护回家工农群众利益”等宣传党的政治主张和民族政策的大幅标语，这是我党历来重视民族团结、民族平等政策的重要历史见证。

1983年，柯渡镇中央红军旧址被列为省级文物保护单位；1992年，被定为云南省近现代史及国情教育基地；1997年，被列为爱国主义教育基地；2005年，被定为全国红色旅游百个经典景区之一。2013年，丹桂村红军中央总部驻地与金沙江皎平渡口列为全国重点文物保护单位。

红九军团渡江之地——树桔

金沙江树桔红军渡口位于东川区拖布卡镇树桔村饶家坪。树桔渡与四川会东县隔江相望，北距金沙江250米，古往今来，一直为滇、川两省交通往来的重要渡口之一。

1935年5月初，红九军团在军团长罗炳辉、政委何长工的率领下完成掩护中央红军主力抢渡金沙江的任务后，随即派先头部队赶到东川树桔村占领北岸高地，控制两岸渡口，抢修渡江工具，全军团3000多人马在当地船工的帮助下，顺利渡过金沙江，赶往西昌，与从皎平渡过江的中央红军主力会师，从此出滇入川，完成了在滇东北战略转移的任务。

树桔村现存一纪念碑及红九军团渡江指挥所旧址，1988年，被云南省人民政府公布为省级文物保护单位。1997年，树桔红军渡口被命名为省级爱国主义教育基地。

中国民间文化艺术之乡——小街

小街镇地处嵩明坝子腹地。明朝末年，此处始有集市，因街面狭小而得名小街。清代在此设立龙纳镇，继改龙集镇。民国三十四年（1945年）以其“西临嘉丽泽，东靠瑶玲山（药灵山）”改为嘉玲镇。1950年7月，设小街区。尔后或区或乡均以小街命名。1995年12月正式设立小街镇。

小街东面的药灵山群峰挺拔，绵延壮阔，灵秀峻美。历史上，因其山林葱郁秀丽、各主峰形若“金铃”倒置，并有丰富的药材，遂有“秀崧”“尧岭”“药林”“瑶玲”“摇铃”等名。相传，蜀汉时期孟获曾在此驻兵操演，有练兵场、洗甲池等迹。元末明初，湖广参政吴云受朱元璋派遣到云南诏谕云南梁王归降，梁王拒降并反劝其叛明，吴云宁死不屈，遂遭戕害，舍身成仁后又被梁王葬于秀嵩山（药灵山）下。明代著名医药学家兰茂常在山中采集药物，为其巨著《滇南本草》积累不少珍贵资料。众多的历史人文景观与秀丽的自然风景

嵩明小街镇（李金能/摄）

和谐相融，颇有山川灵秀蕴风华的意境。

小脚老奶舞龙队（2003 年版《昆明市志》）

小街镇民间民族体育文化多姿多彩，尤以滇戏、花灯、舞龙、舞狮最具地方特色。小街镇的舞龙狮活动至今已有200多年的历史，起初是为了祈求风调雨顺、庆贺丰收，后演变成一种特色鲜明的传统文化习俗。如今舞龙狮的技艺深入到小街镇的村村寨寨，全镇现有20多支龙狮队。小街镇的龙狮队技艺高超，表演生动，在第6届亚洲民间艺术节和1999年昆明世博会上，都大放光彩。2006年春节期间，由阿古龙村12位小脚老奶奶组成的舞龙队受中国农业电影电视中心邀请，进京参加了中央电视台《亿万农民的笑声》演出。她们健康向上的精神面貌，专业娴熟的技艺，民族特色浓郁的演出，不仅赢得了国内观众的赞许，还得到了外国友人的高度评价。中央电视台在《乡土中国》栏目中专题报道，德国、法国、美国、巴西、英国等境外媒体纷纷对她们做了专门采访报道。如今，“阿古龙小脚老奶舞大龙”成为嵩明乃至全省老年人积极健康向上精神的象征。

1997年，小街镇被云南省政府命名为“全省体育先进乡镇和文化先进乡镇”。2000年、2008年、2014年，小街镇因“龙狮”民间文艺特色被文化部三度命名为“中国民间文化艺术之乡”。

恐龙之乡——夕阳

晋宁区西南部的夕阳彝族自治乡是昆明市恐龙之乡和天然的古生物博物馆。这里地形起伏，北高南低，地貌景观独特复杂，动植物资源十分丰富。大约两亿年前，夕阳乡与毗邻的易门、峨山等地曾经是一片有过恐龙出没的琥珀沼泽地带。迄今为止，专家们已在夕阳街附近及杨家村、小河坝、鲁企租、丫祖、木杵榔等43地发现了许多恐龙的骨骼化石和14处恐龙行走的足迹带。这些恐龙踪迹密集程度在国内外都是罕见的，特别是足迹石化，更为珍稀。

目前在夕阳乡已经出土13具恐龙化石，3具较为完整。这些恐龙化石都属于侏罗纪早期的禄丰蜥龙动物化石群。其中出土于木杵榔村的一条中国双脊龙，极其完整。它长有一个硕大的脑袋，头顶上生有两块鸡冠状的骨脊，满口犬牙利齿，身长5.3米。在它的胃部，发现几块未被消化的龟类趾骨化石，相当罕见。这种恐龙用双足奔走，体态轻盈，行动敏捷，属典型的早侏罗纪肉食恐龙。此属恐龙在世界上过去只在美国的亚利桑那州发现过。这具中国双脊龙骨架无论在中国，还是在整个欧亚大陆，都是首次发现的世界级恐龙化石珍品，对研究恐龙的起源和演化以及大陆板块漂移有着重大的科学意义。有趣的是，此龙出土时头扬尾翘，骨架呈反弓形侧卧状，后肢直蹬。它的尾巴根部明显被撕断崩裂，死前可能极其痛苦，进行过垂死挣扎。它大张着嘴从侧面死死咬着另一条原蜥脚类云南龙的尾巴。这种姿态表明，它们之间生前可能进行过一场生死决斗，然后两败俱伤，同归于尽。在夕阳街附近的窝眼睛山还出土一条原蜥脚类的植食恐龙化石，没头缺尾，少四肢，残长3米，为巨型禄丰龙。在这条恐龙的身边，同时出土有几枚贪婪的肉食恐龙掉下的利齿。

在夕阳乡的山坡、河谷、冲沟地带还发现了大量的恐龙足印。经专家研究和系统分类，夕阳的恐龙脚印有13属、22种，其中12个新属、21个新种，都是世界上首次发现，包括夕阳晋宁龙足迹、泥泞跷脚龙足迹、小河坝分叉跷脚龙足迹、庙箐跷脚龙足迹、松棵跷脚龙足迹、鲁企租跷脚龙足迹、小昆明龙足迹、肥胖昆明龙足迹、孤独似虚骨龙足迹、娇美似虚骨龙足迹、快脚似虚骨龙足迹等。此外，由于晋宁是我国明代航海家郑和的家乡，特命名了晋宁郑氏龙足迹。为纪念我国著名古生物学家杨钟健，还命名了夕阳杨氏龙足迹。

撒梅人居住的地方——阿拉

阿拉彝族自治乡位于官渡区东部，是彝族撒梅人聚居的地方，全乡撒梅人占比达到71.4%。“阿拉”是撒梅语，原是人名，在村中很有名望，后来便以其人之名为村名。村后有一石碑，上写村名“啊喇”，现在简写为“阿拉”。

撒梅人自称是昆明境内最古老的民族，是三国时期孟获的后裔，原来居住在昆明市内。后来蜀汉诸葛亮率大军从四川入滇，撒梅人被冲散，也有说是本民族首领撒梅王主动把群众疏散，为寻找水源，哪里有水就到哪里开田种地，安居乐业，所以称为“散民”，后来变音称为“撒梅”或“撒弥”。但这仅是传说。

历史学家考证认为，滇池地区自古就有彝语支民族先民羌人的分布，撒梅人可以说是滇池地区最古老民族之一。

撒梅人的服饰独具特点。男子基本上和汉族相同，女性的服饰还保留本民族的特色，但近年来也在逐渐发生改变，除了在一些节日着本民族服装外，其余时间均着汉装。

撒梅人的服饰以其帽子最有特色。他们的帽子随年龄变化，有不同样式。从半岁到两三岁的幼儿戴童帽，撒梅语称“瓢磨卡”，意为“瓢帽”。此帽前呈扁平状，镶花边，上贴一个翡翠小玉片，或钉着六至九个小佛像，帽顶和帽子两侧绣有花朵图案，男孩的帽式在帽后延伸出部分燕尾状，故又称“燕子帽”，撒梅语为“麻果腊特”。孩子长满三岁后，男孩就不戴帽，女孩换上“鸡冠帽”。其帽状如公鸡冠，用黑色绒布做成，帽边绣两条线，缀以桂花图案，帽顶扎着两朵红绒球。未成年的女孩帽两侧还绣有圆形或三角形的精美图案，撒梅语称此为“沙尼麻土”。姑娘结婚以后，不仅发型改变，帽式也随之改变，戴“沙帕瓦”，撒梅语称“来斯坡”。妇女将发挽成髻盘于脑后，前额顶横放一块黑绒布，发髻右是用篾竹扎成一个12厘米长的椭圆形竹圈，面绷青纱布，下面有两条一长一短的青纱带，将前额的“沙帕瓦”缠紧，扎于脑后的发髻即可。

此外，阿拉乡撒梅妇女的服饰亦颇有特点，各个年龄段有与之相对应的服装。老年以下妇女多是上身着白布或青布衬衫，外罩一件黑绒布和黑土布的“挂衣”，撒梅语称为“来芝达”。老年妇女着黑色或青色布衣，花纹较为朴素。

昆明城边的金花之乡——沙朗

沙朗白族乡位于昆明市五华区中北部，距市中心15公里。明代已有行政设置——沙朗里，属昆明县管辖，设有云南右卫，中有沙朗哨驻防。清末为沙浪堡、桃园堡、头村堡辖地。1930年至1949年属北新乡，1950年为昆明县第五区的一部分，1954年属第八区，1956年属西山区，1988年成立沙朗白族乡。2004年9月1日，全乡整体划归五华区。2009年8月3日，撤乡改设沙朗街道。2011年5月28日，五华区沙朗、厂口两个街道正式合并为五华区西翥街道。

沙朗以白族、汉族为主，另有部分彝族、苗族等其他少数民族。东村、大村、龙庆、陡坡4个村以白族为主，桃园、三多2个村以汉族为主，全乡白族人口占近半数。因此沙朗被称为昆明城边的“金花之乡”。

沙朗的白族来源有庄蹻之后、大理迁入、中原迁入、土著之后等不同说法。沙朗大村段姓、李姓村民说：段姓是元代从大理迁到沙朗的，住高坡，开山地，种梯田。后来张姓白族迁入，疏河道，开芦坝，造良田。李姓白族则是明初随沐国公到昆明修城，后定居沙朗的。东村张姓白族则是雍正年间由西村迁入的。

沙朗白族人民能歌善舞，喜欢自娱性文艺节目。东村的花灯、大村的滇戏源远流长，享誉城乡。花灯、滇戏、霸王鞭是乡民的最爱。东村、龙庆、陡坡一带的白族人民十分喜爱花灯艺术。逢年过节，各村群众都要演唱三四天的花灯，欢庆节日。农历二月十九日，是沙

沙朗重阳节文艺活动（昆明市文化馆官方网站）

朗“太平寺”盛会，从昆明请来的花灯戏班，要演唱三天“太平戏”来庆祝沙朗坝子的丰收年景。

除东村外，龙庆、大村、三多、陡坡和桃园的群众也十分喜欢花灯歌舞。各村都有自己的花灯戏班，每逢节日，除自己的文艺宣传队演出外，有的还邀请省、市花灯剧团来演出，使群众节日文化生活更加丰富多彩。桃园六村、沙靠、大村还分别建起了室内俱乐部，为农村文艺活动提供了良好的场所。沙朗大村人特别喜爱演唱滇戏，在沙朗流传着这样一句话：“东村的灯，大村的戏”，分别指的就是花灯和滇戏。

“霸王鞭”作为白族一种传统歌舞活动的形式，则出现于重大节日和庆祝活动中，传说是为了纪念白族的英雄段宗膀而作。追其渊源，是古代原始社会时期氏族成员举行“社祭”的遗风。以后又屡有改编、加工，舞蹈亦随之不断丰富和提高，深受白族人民的喜爱。目前，沙朗白族乡的“霸王鞭”没有专门和固定的队伍，但以村为单位都能形成20~40人的表演骨干，表演时身着白族服装，一般在春节、火把节表演，有时也到其他地方表演，现已列为昆明市大型文艺活动首选节目。

全国农业旅游示范点——团结

团结镇地处滇中高原中部，位于昆明市西郊，东接昆明主城，与安宁、禄丰、富民、五华相邻，地形起伏明显，盆岭相间，山脉交错，山峦起伏，地貌多样。2005年10月18日团结彝族白族乡和谷律彝族白族乡合并建立团结镇。镇政府所在地距昆明市区17公里。全镇居住着彝、白、苗、汉等民族，总人口3万余人，森林覆盖率达74.4%，年平均气温13.2℃，辖区内风景秀美，物产丰富，民族风情浓郁。

20世纪初，团结镇依托良好的山、水、林自然风光，多姿多彩的民族文化和民族风情，处于昆明近郊环城市休闲旅游带的区位和农业产业优势，大力发展农业生态旅游。地方党委、政府制定了具有团结特色的“民族文化、绿色经济、农业生态旅游乡”三步发展战略目标。在推出了“农家乐”之后，积极探索生态旅游的发展路子，形成了万亩水果、万亩玉米、千亩干果、千亩无公害蔬菜、千亩油葵、千亩竹子、千亩菜用型玉米的集生产、旅游、鲜销为一体的农业生态观光旅游。其中的大河果园是一个融休闲、娱乐、住宿、水果采摘为一体的场所，园内种植苹果、梨、桃、李、杏等多种水果，红富士苹果尤为出名。此外，团结先后完善、开发了棋盘山国家森林公园、龙潭豹子箐生态旅游区、大兴桂皇阁原始森林旅游区、龙潭小村“欢喜滑草场”等一批旅游景区（点）。欢喜滑草场是目前全国最大的滑草场，占地5.59万平方米，长1880.53米的滑草赛道于2001年被列入上海《大世界吉尼斯纪录》，被评为世界最长的滑草赛道。这些景区景点风景秀丽、各具特色，与“农家乐”在空间布局上相对集中，促成了优势组合，达到相互促进的效果。与此同时，当地的民族文化也融入其中，白族休闲园典型的白族四合院建筑，灰瓦白墙，古朴典雅、民俗浓郁，有小桥流水人家的田园之美。乐居彝族古村寨是典型彝族聚居村寨，已有上百年的历史。村寨旁的大石磨被列入上海大世界吉尼斯纪录，被评为世界最大的石磨。2004年，团结镇被评为“全国农业旅游示范点”。

天籁之音唱响的地方——小水井

小水井苗族村位于富民县赤鹫乡、海拔2300米的高原山区，是昆明市最大的苗族村落。

小水井村虽然地处偏僻的贫困山区，经济文化相对坝区较为落后，但是却较早地接触了西方宗教文化。20世纪初，就有西方传教士在此创设教堂，传播基督教。至今村中仍有85%以上的成年人信仰基督教。信教群众每到晚上和周末都会到教堂参加唱诗、诵经、做礼拜等宗教活动。

由于苗族群众具有能歌善舞的天赋，他们的歌声优美动听，宛如天籁，这一特点在唱诗活动中更加发挥得淋漓尽致。苗家山寨的唱诗班有着纯朴的民族风情，在乐器伴奏下，婉转的吟唱悠长远溢，回荡在山林溪水间，与自然和谐相融，浑然一体，令人身心愉悦。

源于教堂唱诗班的小水井苗族合唱团成立于1986年，从指挥、伴奏到歌者，每一位都是土生土长的当地村民。他们大多受教育程度不高，没有受过专业训练，但却都识五线谱，都能准确地唱出每一个音符。在他们的唱颂中，听不到因贫苦而产生的哀怨，也听不到因困难而发出的呻吟，让人感受到的只有那积极向上的精神和乐观的生活态度，在感恩中感悟生命，享受人生的点滴喜悦，犹如一缕清泉荡涤着人们浮躁不安的尘埃。

小水井苗族合唱团的表演被声乐界专家称为“原生态唱法的活化石”。2003年，合唱团参加首届中国西部合唱艺术节“美丽彩云南”族群杯大赛，荣获一等奖。2004年，合唱团应邀参加中央电视台《同一首歌》“走进云南”大型演唱会，引起强烈反响。2005年获得中国昆明首届聂耳杯国际合唱节第一名，并应邀到澳门演出，同年应邀参加云南省委宣传部、云南红塔集团联合举办的新年音乐会，与俄罗斯爱乐交响乐团合作演绎大观楼长联，获得巨大成功。2006年，应邀到北京大学参加《聆听云南》音乐演唱会。

摄影家的天堂——红土地

红土地镇位于东川区西部，因境内拥有世界著名的红土地而得名。

红土地镇方圆百里的土壤里含铁、铝成分较多，有机质少，酸性强，土质黏重，加上高温多雨的气候，使土壤里的铁质经过氧化慢慢沉积下来，呈现出艳丽的赤红色，形成了云贵高原上最具特点的红色土地。东川红土地地处乌蒙山区，属高原山区地貌，此地山岭纵横交错，山峦起伏不平，红土丘陵一望无际，加之季风影响，形成了气候温和、干湿分明的高原季风型气候。专家认为这是全世界除巴西里约热内卢外最有气势的红土地，其景象比巴西红土地更为壮美。由于地貌特殊、色彩层次分明，能够在不同的光照下构出变幻无穷的优美画面，吸引了众多摄影爱好者和画家来此采风创作，产生了一批内涵丰富、艺术价值较高的作品。

摄影爱好者称，红土地摄影最好的时节是9～12月，此期油菜、土豆、荞麦陆续收获，冬小麦正在发芽拔节，路旁、村子旁、树林里的杨树黄了，漆树红了。一部分红土地翻耕待种，另一部分红土地已经种上绿绿的青稞、小麦和其他农作物，远远看去，就像上天涂抹的色块，色彩绚丽斑斓，衬以蓝天、白云和那变幻莫测的光束，构成了红土地壮观的景色。

红土地镇境内有著名的轿子山风景区、红土地、大厂原始森林、第四纪冰川遗址、彝族六祖分支地，被人们誉为“滇东地区动植物的基因库”。

彝族传统文化保护区——糯黑

糯黑村彝族传统文化保护区位于昆明市石林县圭山镇北部，距石林县城30公里，保护区四周青山环绕，绿树成荫，村落依山傍水而建。糯黑村，原名“藤子哨”，彝语“糯”意为“猿猴”，“黑”为“水塘”，“糯黑”则为“猿猴戏水的水塘”之意。据史料记载，糯黑村始建于明洪武三十一年（1398年），迄今已有600多年的历史。清嘉庆二十一年（1816年），部分村民搬迁到村南，即现在的小糯黑村。清朝时期，糯黑村属陆良县，1950年后划归路南县（今石林）。

糯黑村是石林县彝族传统文化保护较为完整的一个村寨，是国家级非物质文化遗产阿诗玛、撒尼挑花、彝族大三弦舞的重要流传地区，是云南省人民政府命名的“彝族传统文化保护区”，2006年入选第一批省级非物质文化遗产名录项目。

糯黑村居民的先祖为“地貌底玛人”（即来源于平坝的彝人），以何姓居多，撒尼是彝族的一个支系，自称“尼”。撒尼人是糯黑村的主体民族，彝族撒尼人占全村人口的99%以上。糯黑村彝族撒尼人有自己的语言文字，属汉藏语系藏缅语族彝语支东南部方言撒尼土语。文字使用古彝文，史称“爨文”“倮倮文”“撒尼文”“毕摩文”等，是一种表音又表义的文字。撒尼文共计3000字左右，常用字1200字左右。

糯黑村原属陆凉州（今陆良）落温所，是古驿道的必经之路，现存的石板房和石板路是以喀斯特地石材、石料、原石为材料建筑的。1816年至1949年，在军阀混战

糯黑村景（刘世生 / 摄）

不断，盗匪横行猖区獗的情况下，为保安宁，寨民们就地取材，以石头修筑石墙、石房，并植藤刺棚于墙上以抵御炮火。由于历史、民俗和生存关系，独特的石头建筑样式在糯黑延续下来，成为撒尼建筑艺术与生态环境和谐相融的典范。

彝族传统文化保护区——月湖

月湖村因位于石林彝族自治县石林镇月湖之畔而得名，百株古树郁郁葱葱，撒尼民居集聚，人与自然和谐相处，是石林县著名的自然景观之一。

月湖村毕摩文化保存完好，至今保留着丰富多样的彝族原始宗教和各种形式的祭祀活动。村民们信仰原始宗教，人人崇敬自然、崇敬祖先、崇敬神灵，他们所崇尚的万物有灵的观念，从客观上起到了保护自然生态、保护传统文化的积极作用。因多数宗教祭祀活动都在树林里举行，几乎所有祭祀活动都与森林保护紧密联系，其中密枝林里的密枝节（在树林里举行古老的男性生殖崇拜活动）可见一斑。月湖村民居属传统的红土墙、木结构和瓦顶，房前屋后古树苍翠。每年秋收季节，为风干粮食，树上挂满金色的玉米和红色的辣椒，形成一道独特靓丽的风景。月湖村村民普遍穿着彝族撒尼服饰，中、老年妇女人人都能纺麻织布，年轻姑娘个个是刺绣能手，撒尼绣品件件精美绝伦。

月湖村景（薛春华 / 摄）

月湖村自然生态与文化生态共存，山野祭祀和水乡文化共荣，构成一个自然的月湖撒尼传统文化保护村寨。

2009年，经云南省人民政府批准，

被列入云南省第二批非物质文化遗产保护名录。2011年获“全国生态文化村”称号。

彝族撒尼人刺绣之乡——阿着底

阿着底村位于石林彝族自治县东南部，据史料记载，阿着底村有史以来的居民都是撒尼人，辖区内的人名、山名、地名和村名都使用撒尼语。阿着底村原来叫“干塘子村”，村名在撒尼语中发音为“阿着底”，意为青山怀抱的美丽地方。这个名字与撒尼民间叙事长诗《阿诗玛》所唱“阿着底是个好地方，高高的青松树长满了山冈”中的“阿着底”地名不谋而合，因此，干塘子村后来改称为“阿着底村”。

阿着底村撒尼人的刺绣，图案多彩，内容丰富，题裁皆源自生活。独具特色的山川地貌、风物特产，生活中常见的花鸟鱼虫、飞禽走兽，经过她们的摹拟、提炼、概括，精心构思，巧妙布局，成为变化多端、鲜艳夺目的图案。美雨花、太阳花、八角花等与花朵相关的图案代表了撒尼人爱美的心理及祈福意味。而那些小小的生气勃勃的虎则是撒尼人的图腾标志。

在保留和继承彝族传统刺绣的基础上，新的彝族民间图案也在不断开发。阿着底的刺绣工艺流程，主要是确定图案后，把样品交给刺绣好手为依照，手工绣出一块块花样零件，再由刺绣厂加工成挎包、包头、服装、鞋面、桌布、床单、伞套、沙发巾、领带等各式各样的成品。以刺绣协会加厂家加农户的形式，进行规模化生产。她们所绣的挎包、围腰、被单、背心、钱包、沙发巾、桌布、壁挂、包头、服装、服饰等已成为旅游商品。阿着底村已成立了“石林阿着底民族刺绣产品开发技术协会”，有会员2000余人，固定职工20余人。

普氏三姐妹（普芳、普虹、普菲）创办的民族民间刺绣品厂把阿着底村的刺绣推向国内外。早在20世纪90年代，普氏姐妹就把阿着底村的撒尼刺绣推销到广州、深圳、海南等沿海地区。现在她们的刺绣品已远销全国各地及泰国、越南、韩国、日本、法国、加拿大、美国等地区和国家。她们还应邀参加昆交会、广交会、东盟博览会等国际国内的大型交易博览会。

阿着底村从事民族民间传统刺绣的人较多，刺绣是村民家庭经济收入的主要来源之一。在村里有工厂，在昆明有办事处，在全国有营销网络，通过国内的大客户大商家的批量订货销往国内外市场。刺绣产品蜚声海内外。

2006年，经云南省人民政府批准，撒尼刺绣被列入云南省第一批非物质文化遗产保护名录。

地方文献

地方文献是综合反映一个地区政治、经济、文化、教育、历史、地理、风土人情、人物传记、物产资源、名胜古迹等重要内容的文献资源，具有明显的地方性和资料性。昆明历史文化源远流长，自秦修“五尺道”，汉开“西南夷”设置郡县后，在政治、经济、文化等方面一直与中原保持着密切的联系。不仅有大量的中原文献传入滇中，而且流寓昆明的中原人士、本土学者亦著述、传抄并刊印了大量不同历史时期的文献典籍。这些地方文献是研究、考查昆明及云南历史变迁乃至全国政治、经济、文化发展的重要史料依据，是昆明历史文化的重要组成部分和珍贵资源。在此我们按“记载关于某地的文献、地方人士著作、地方志、地方出版物”的原则，选取昆明地方文献中的代表性作品分类编录，以期借助昆明乡邦文献的源远流长、绚丽多彩，让人们进一步认识昆明，了解昆明，走近昆明。

《滇南本草》

《滇南本草》3卷，（明）兰茂撰。兰茂，字廷秀，亦号止庵，嵩明杨林人。

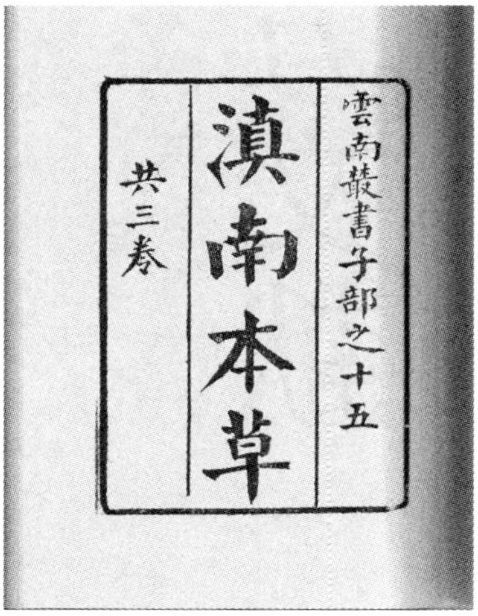

《滇南本草》（韦勇／供）

此书系兰氏医药学著作，是我国现存古代地方性本草书籍中较为完备的作品。兰氏撰写此书，取精用宏，成书于正统元年（1436年），比李时珍的《本草纲目》早一百多年。此书分上、中、下三卷，下卷又分上、下两部分，上、中两卷及下卷之上所载为草部，收录草药266种；下卷之下为鸟、兽、虫部，载12种，总计278种。每种之下描述其形状、性质、功用及调剂、配方、服法，后附九种常见疑难杂症的单方。《滇南本草》所附《医门揽要》系兰氏将自己临床经验编辑成书，分上、下两卷。上卷论脉法，为四诊总论，即望气色、闻声音、问病情、切脉论，下又列细目29，论说浅显明透；下卷论方证，列举内外科各种病症，每症先说病理，诊断后将医案附于处方之下，并稽名家之说，在治法上，著述更加翔实，尤与云南地方气候相符。

此书为记录云南药用植物的专书，且记载“夷人”处方数千条，是考究云南医药史发展的重要书籍。

《韵略易通》（兰茂）

《韵略易通》2卷，（明）兰茂撰。

是书成于明正统壬戌年（1442年），《四库总目提要》称其“并平声为二十部，三声（上、去、入）随而隶之”。上卷著录东洪、江阳、真文、山寒、端桓、先全、庚晴、侵寻、缄咸、廉纤，有入声者十部；下卷著录支辞、西微、居鱼、呼模、皆来、萧豪、戈何、家麻、遮蛇、幽楼，无入声者十部。并作《早梅》诗“东风破早梅，向暖一枝开。冰雪无人见，春从天上来”。此20字每个字代表一个声类。除此之外，兰茂在该书中尽变古法，更注意以就方音。

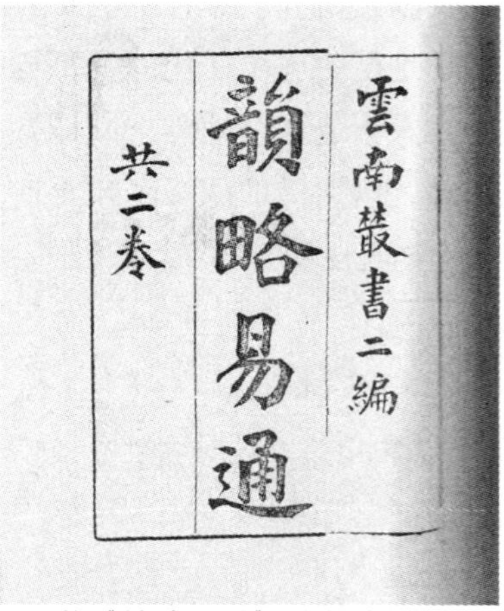

兰茂《韵略易通》（韦勇／供）

有学者认为兰茂以中原声韵正云南方言读音，在某种意义上是“推广普通话”的先驱。《韵略易通》主要是以明代云南方言为语音基础编撰而成，对研究云南历史上方言的演变，具有重要价值，同时对研究北方音系也有着一定的参考作用。此书万历《云南通志•艺文志》与《四库总目提要》均有著录，并收入《云南丛书》初编，是今最易见版本。

《韵略易通》（释本悟）

《韵略易通》不分卷，（明）释本悟撰。

释本悟，字真空，嵩明邵甸秦氏之子，幼时即披剃于普贤寺，后居昆明妙湛寺，今妙湛寺尚有塔铭。

是书原题“《真空本悟集》，通雷梓行”，编中所列韵首凡20韵：一东、二江阳、三真文、四山寒、五端桓、六先全、七庚晴、八侵寻、九缄咸、十廉纤、十一支辞、十二西微、十三居鱼、十四呼模、十五皆来、十六肖豪、十七戈荷、十八家麻、十九遮蛇、二十幽栖。字母也是二十：一见、二溪郡、三端、四透定、五泥娘、六帮、七傍并、八明、九非奉、十微、十一知照、十二穿床、十三审禅、十四精、十五清丛、十六心邪、十七晓臣、十八影喻、十九米、二十日。

民国时期辑刻《云南丛书》时，赵藩、袁嘉谷见此本与兰茂所撰《韵略易通》同名，而且韵部、声部均各为20，误认为此书为兰茂原著，释本悟抄录，经释本悟徒弟通雷改名称刊行。便去掉释本悟的署名及存一子的序，而改署“嵩明兰茂止庵著”，刻入《云南丛书》。由于赵、袁二人未见兰茂原著，故将两书误认为一书。直到民国二十三年（1934年），方树梅北游访书，在山东访得吴允中校刻的兰茂所著《韵略易通》，两相对校，才对这一讹误作了订正。故收入《云南丛书》初编的李星槎庋藏本《韵略易通》应为释本悟所作，后辑刻《云南丛书》时为慎重起见，又进行改易后印行，署名《瑶玲山大戒本悟集》，补入存一子原序。

释本悟著《韵略易通》所收之字比兰氏所著多，且两书排列次序不同。

《关中奏议》

《关中奏议》，（明）杨一清撰。

杨一清（1454 ~ 1530），字应宁，号邃庵，别号石淙，安宁人，少能文，以奇童被举荐为翰林秀才。成化八年（1472年）进士，授中书舍人；弘治时任陕西巡抚，留心边事，多有建树；武宗时总制三边（延宁、宁夏、甘肃），任兵部尚书、武英殿大学士；嘉靖初任吏部尚书、华盖殿大学士，累加太子太师。死后追谥“文襄”，事迹见《明史》卷198《杨一清传》。

此书在《明史•艺文志》中已有著录，三十卷，无“关中”二字，清乾隆间编纂《四库全书》时，据直隶总督进呈本收录，但仅为十卷，并非全帙。据嘉靖二十九年（1550年）韩邦奇所写的序称：最早编印时各类奏章自为一帙，分别刊刻行世，后经刘白涯汇编重刻厘订为十八卷。卷一至卷二为马政类；卷三为茶马类；卷四至卷六为巡抚类；卷七至卷九为总制类；卷十为后总制类；卷十一至卷十八为提督类。该书主要内容是杨一清在甘肃、陕西做官时，向中央所呈章疏汇编而成，也附带收录了当时部臣的覆疏及前后所奉谕旨。又因所陈多为陕甘边事，故以“关中奏议”命名。

清嘉庆间五华书院就保山袁文揆“就十八卷本略去循例呈请无关紧要者”，订为十二卷，题名《关中奏议》，再次重刻，卷端载有“云南督学使吴县顾莼序”。《云南丛书》初编亦有收录。

《南诏野史》

《南诏野史》，（明）倪辂撰。

倪辂，昆明人，嘉靖元年（1552年）壬午科举人。

《南诏野史会证》（韦勇／供）

此书记载六诏大概及南诏、大理等国事宜，杂以元代及明万历间事，内容多为搜集云南民间传说，并参考有关方志资料，故南诏、大理诸王世系、国史记载较详。先叙善阐、白崖、昆弥、滇、白子、建宁诸国；次为蒙国传十三世，长和国三世，天兴国一世，义宁国一世，大理国传十四世，大中国一世，后理国八世；又次为段氏总管传十二世。但其内容多受佛教影响，有不少神话传说及宗教迷信之说，仍不失为云南重要民族史、地方史资料。

该书成于万历初年之后，倪辂初本为一卷。现存版本当首推山阴祁氏“淡生堂”抄本，传世极少。后又收入王崧《云南备征志》，另有一版本为（明）杨慎辑，（清）胡蔚订正，二卷本，有光绪六年（1880年）云南书局刻本和民国五年（1916年）刻本传世。云南大学木芹教授参照群籍，著成《南诏野史会证》一书行世。

天启《滇志》

天启《滇志》，33卷，（明）刘文徵纂修。

刘文徵，字懋学，号右吾，昆明人，万历十一年（1583年）进士，官至太仆寺卿。

该书成于天启五年（1625年），共三十三卷，14志，94条。全书内厘地理、旅途、建设、兵食、学校、官师、人物、祠祀、方外、艺文、羁縻、杂志、搜遗等13类，每类各具分条目于下，该书前载自撰凡例5则，并录李元阳通志序例6则，包见捷志草序例8则。作者主要参考了《万历云南志》《万历云南通志草》等志书，并广收群书及访闻，特别是补前志各类之遗佚者，编为是书。

古永继点校的天启《滇志》
（韦勇／供）

此志是明代纂修的最后一部云南省志，其体例大都沿袭旧志，补万历初年以后50年间事，可以说是比较完备的一部。前代事为旧志所缺者，则分题搜遗以补缀，同时还新编了旧志所没有的类目，如旅途、土司官氏等，颇得其要。以纂录资料而言，该志可说是明代云南志书中最完备的一部。从学术资料价值上讲，由于前修诸本云南志书流传渐稀，该志成书刊刻行世之后，明末清初研究云南史事之学者，多参考该志。顾炎武之《天下郡国利病书》和《肇域志》、顾祖禹的《读史方舆纪要》中有关云南史地郡县资料均依据（天启）《滇志》。（康熙）《云南通志》全录此书，之后纂修的几部云南省志仍多沿袭是志。

今可见到的《滇志》仅有抄本而无刻本，据《中国地方志联合目录》载北大图书馆藏有清抄本，湖南省图书馆藏有晒蓝本，中央民族大学、云南等各地图书馆分别藏有抄本。现有1991年12月由云南教育出版社出版的古永继校点本，为目前易见。

《担当遗诗》

《担当遗诗》7卷，附录1卷，（明）释通荷撰。

释通荷又名普荷，号担当，俗姓唐，名泰，字大来，晋宁人。天启间贡生，曾赴南京应试落第，游学江南，跟随董其昌学画，又与陈继儒等交往，后过会稽，参谒云门湛然禅师。回云南后不久，母亲病逝，又闻中原动荡，便往大理，在洱海卫水目寺中从无往禅师受戒律，并结茅鸡足山，出家为僧。生平善画、工诗，又长于书法，故以“三绝”著称。

担当的诗，在风格上人称“荒寒真率，多写剩水残山”。诗篇集有《翛园集》，为读书时所作之诗，编订刻印时，卷端有李维祯、陈继儒、董其昌三人所写的序，署名“滇中唐大来著”。所收录的诗是自万历三十四年（1606年）至崇祯十五年（1642年）所写，共7卷；其次为《橛庵草》，为出家后所作之诗，刊刻时前后自序并跋，署名“鸡足山僧普荷担当著”，所收录的诗是自崇祯十五年（1642年）起，未注明止年，也是7卷。后收入《云南丛书》，但并未将担当所作诗全收，改名为《担当遗诗》，刊印时增赵藩书序及袁嘉谷跋。

今有余嘉华、杨开达点校的《担当诗文全集》（云南人民出版社、云南美术出版社2003年版）行世，收录内容全面，颇资参考。

《滇云历年传》

《滇云历年传》十二卷，（清）倪蜕撰。

倪蜕（1669～？），原名倪羽，字振九，松江人，晚年慕唐刘蜕之为人，易名蜕，自号蜕翁。康熙五十四年（1715年）从云南巡抚甘国璧入滇为幕僚，至老，买山于昆明西石鼻村，落籍于滇。

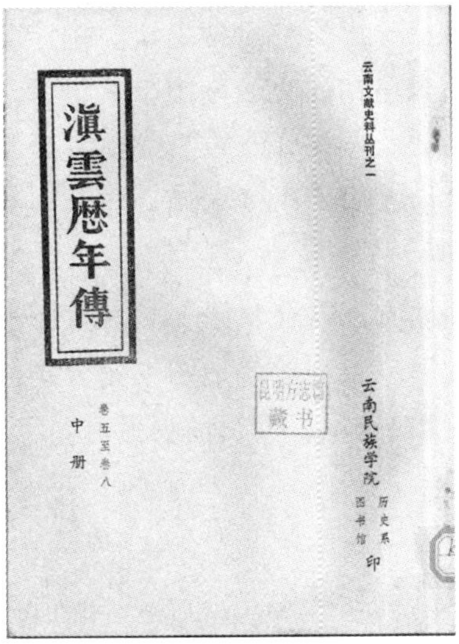

《滇云历年传》（韦勇/供）

是书共12卷，为作者参阅《南蛮记》《滇考》、康熙《云南通志》等134种书籍、文献并结合自身入滇后经历所编。编年记事始自洪荒而止于乾隆元年（1736年），记载了云南历史沿革、地理山川、人物地产、民族风情等。后两卷是作者根据档案及耳闻目睹，记顺治、康熙、雍正三朝史事。

是书所载史事多注出处，前后事迹之安置，颇具匠心，其中多考证，可知为不苟之作。该书对研究云南地理、历史具有珍贵的史料价值。

是书自序作于乾隆二年（1737年）丁巳九月，有道光二十六年（1846年）丙午倪氏家刻本及云南图书馆翻刻本。需注意的是，是书凡12卷，王崧《云南备征志》收其后两卷，名《云南事略》，故而道光《云南通志稿•艺文志》将其分为两书，即《滇云历年传》10卷，《云南事略》1卷。后由李埏先生点校，云南大学出版社1992年出版。

康熙《云南府志》

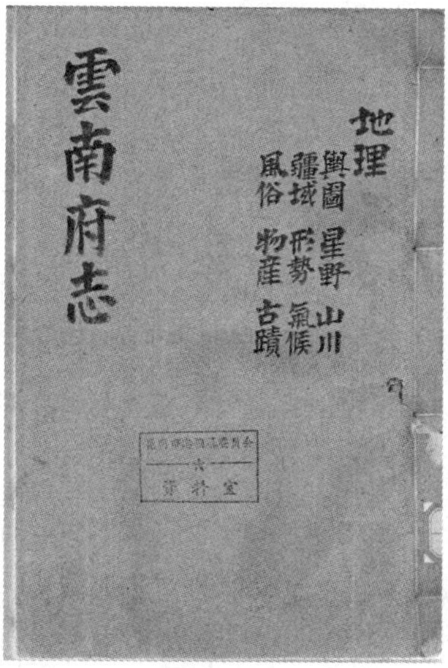

康熙《云南府志》（韦勇／供）

康熙《云南府志》26卷，（清）张毓碧修、谢俨等纂。

张毓碧，江陵人，清贡生，官至云南府知府。谢俨，云南澂江人，清康熙三十六年（1697年）进士，儒学教授，官至知县。

是志系张氏于康熙二十九年（1690年）“来刺云郡”，“访求遗老，裒集旧章”，“稽历代之兴废，合本朝之善美”，编纂而成，儒学教授谢俨同为增订。该书于康熙三十四年（1695年）成书，主要包括地理、建设、沿革、赋役、学校、选举、官师、人物、封建、兵防、祀典、方外、艺文、杂志十四门，含舆图、气候、风俗、物产、堤塘、大事考、户口、屯赋、藩镇、灾祥等83目。其中艺文约占全书的2/3以上，大事考载自尧舜至康熙年间事。为保持体例一致，在编纂过程中，较为认真仔细，每脱稿必定，并严加核对，然后付梓。因此后人对该书的评价是“精详周晰”，据此不难看出是志之价值所在。主要版本有清康熙三十五年（1696年）刻本。

康熙时期的云南府的范围，与今昆明市的范围接近，故有学者认为，昆明市现存的第一部志书应为康熙《云南府志》。2016年，由昆明市志办编，王飞虎、年四国点校的《康熙云南府志校注》由云南民族出版社出版。

《云南省城六河图说》

《云南省城六河图说》1卷，（清）黄士杰撰，简称《六河图说》。

黄士杰，福建长泰人，字号、生平不详，仅知清雍正年间官云南粮储水利道。清雍正八年（1730年）云贵总督鄂尔泰奏请兴修昆明海口六河水利，黄士杰在此次疏浚海口六河的工程中，通过实地踏勘调查了解、参稽志乘、采访故老、征诸文献，撰写出《六河图说》。此书前不仅有六河总图及图说，分绘六河图及图说，并在末附有滇河出水道、昆阳海口图及图说。该书还对盘龙江、金汁河、银汁河、宝象河、马料河、海源河六条河之源流、支脉、堤闸、沿河田亩、水排及修浚工程规划、各河大修及岁修等一一进行论述。

全书洋洋洒洒五千余言，颇为翔实，系云南省古代为数不多的农田水利专著之一。是书稿成后曾一度刊印行世，但传本甚稀，直到清光绪六年（1880年）才再次由云南水利同知刘人选刊刻行世。云南省图书馆藏有清道光原刊本，极为珍贵。

《钱南园遗集》

《钱南园遗集》8卷，（清）钱沣撰。

钱沣（1740～1795），字东注，又字约甫，号南园，又号介石生，昆明人。乾隆三十三年（1768年）举人，三十六年（1771年）进士，散馆授检讨，考选江南道监察御史，因上疏弹劾陕西巡抚毕沅、山东巡抚国泰，声震海内。累官至通政司副使、湖南学政，奉命稽察军机处。乾隆六十年（1795年）夏天随从天子车驾至滦阳，还，病死于任上，终年56岁。钱沣的诗、文、书、画、联都很有名，被誉为“滇中第一完人”。

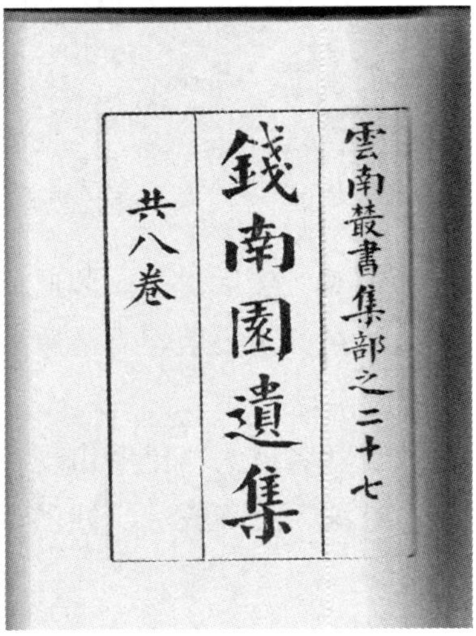

《钱南园遗集》（韦勇／供）

钱沣为人“刚严贞介，卓荦不群”，诗文苍郁劲厚，直抒胸臆，但往往作后则随意抛弃，不予留存，故纸稿散失甚多。钱氏遗稿收集、整理、增刊历经6次。第一次，是在嘉庆间由赵州（今弥渡）师范辑为2卷，刊印于安徽望江的小停云馆，取名《南园诗存》，姚鼐、法式善为《诗存》所作的序刊于卷端，后附师范挽钱氏诗五首，末有师范的题跋。第二次，是在道光十五年（1835年），钱沣的次子钱嘉枣辑文2卷，刊印于广州，取名《南园文存》，卷端有袁文揆所写《钱南园别传》、程含章所写《钱南园墓志》，并有例言8则。第三次，是同治十一年（1872年），景东刘崑取《诗存》《文存》合刊于长沙，所收录诗文略有增补，分为5卷，并请湘阴郭嵩焘写序；刘崑也撰有序附后。第四次，是光绪二十年（1894年）保山刘树堂取刘崑刻本，请德清俞樾撰写序，重刻于杭州，至民国间版片犹存。第五次，是光绪三十二年（1906年），昆明陈荣昌为钱沣修建祠堂于翠湖之畔，又取刘崑刻本，托施有奎再次刻印，后版片存放祠中。前有施有奎序。第六次，是在民国初年，辑刻《云南丛书》，总纂赵藩搜得遗诗6首、文7篇，又将其父赵联元所辑手札55件，其弟赵荃所辑楹联124联及《钱氏族谱言行纪略》诸作等13篇合前刻再次编订，托方树梅整理为8卷，刻入《云南丛书》。《丛书》本卷端载有前后各种刻本所收序、跋、例言、墓志、别传、祭文及各位名人对钱沣的挽诗；卷一至卷三收录古今体诗152首；卷四收录疏、论、序、跋、语22篇；卷五上收录墓志铭、墓表、传12篇，卷五下收录续辑古今体诗6首，序、赞、记7篇；卷六收手札55件；卷七收钱氏族谱、序言、纪行13篇；卷八收录楹联共141联及赠挽联十二联。钱南园的文章气节，海内文坛均无异词，在他的著作中，以《诗存》《文存》最精。民国三年（1914年）刊《丛书》编印本为完本。

今有余嘉华主编《钱南园诗文集校注》，云南民族出版社2007年版。凡六卷，卷一诗，卷二文，卷三书札，卷四钱氏族谱，卷五楹联，卷六附录（含历次原刻序跋、《清实录》有关钱南园资料、传记资料、《钱南园先生年谱》、守株图题词录、纪念钱南园诗文），校注详细，内容丰富，有较高的学术价值。

《农部琐录》

《农部琐录》18卷，（清）檀萃纂修。

檀萃（1724～1801），字岂田，一字默斋，晚号费翁，安徽望江人，乾隆二十六年（1761年）进士。乾隆四十三年（1778年）补禄劝知县，后为昆明育材书院讲席。其一生著述宏富，有《滇海虞衡志》等传世之作。

是志名为《农部琐录》，据檀萃自序称："乃取禄劝古名为洪农禄券部之义。"因所述为禄劝一地之事，故又名（乾隆）《续修禄劝州志》，与（康熙）《禄劝州志》相区别。是志因系残本，卷端序及凡例均无征，仅有邑人杨寿颐及楚雄徐文耀二人跋。全帙门类亦无法查考，所存子目如下：卷八职官，卷九学校，卷十人物之列女，卷十一人物之凤氏，卷十二种人传，卷十三大事纪，卷十四爨语。

清乾隆四十五年（1780年）成书椠木，所记事迹，康熙五十八年（1719年）以前者，多本李廷宰修、高攀云等纂（康熙）《禄劝州志》及康熙时修《武定府志》；康熙五十八年（1719年）以后者，则为檀萃所续修。此志传本极稀，前上海东方图书馆藏有此本。《涵芬楼直省书目》著录称："《禄劝县志》十四卷，檀萃纂修，清乾隆四十五年（1780年）椠本，四册，为仅存孤本，1932年1月29日因战乱兵燹，此孤本同归于尽。"原晋宁方氏学山楼藏有传抄乾隆四十五年（1780年）刻本2册，惜残缺卷一至卷七，存卷八至卷十四，后归云南文史研究馆。20世纪70年代中期，云南省图书馆借文史馆此抄本移写入藏。

其中《凤氏本末》记述自南宋孝宗淳熙年间，罗婺部首领阿而至清乾隆末期六百余年武定彝族凤氏土司的历史。该书全面记载了罗婺部由盛而衰的历史，为研究云南彝族提供了具有代表性和典型性的资料。关于武定凤氏经济和改土归流的记载，也为研究者认识当时的社会历史提供了重要资料。1986年，学者何耀华出版了《武定凤氏本末笺证》一书。

《盘龙江水利图说》

《盘龙江水利图说》1卷，（清）孙髯撰。

孙髯（？～1774），字髯翁，号颐庵，祖籍陕西三原。

盘龙江为滇池上游大水，夏秋水涨数丈，常漫溢江岸成灾。“乾隆戊辰（十三年）大雨江沸，举凡环江之屋，倾坏者十四五”。是年修浚盘龙江，孙髯翁撰此书建言也。书成于乾隆十四年（1749年），云南省图书馆藏有道光抄本。

该书主要记载盘龙江源流及清初修浚之大略。因江水历年为害，言治水之术，一曰疏壅畅流；二曰分势防溢；三曰闭引水为害；四曰改一水锁群流；五曰因时得水。娓娓数千言，皆切实际。内附《附近城郭受害紧要》一篇。

此书是孙髯翁在调查研究盘龙江上游至滇池的水利水害问题后而作，书中所总结的一些规律和经验，对于今天的水利建设仍有参考价值。但此书言治水之术，亦仅疏导河道，而雨水暴至，则无能为力，亦有不足。

道光《昆明县志》

道光《昆明县志》10卷，（清）戴絅孙纂辑。

戴絅孙，字袭孟，又字凤载，号筠帆，昆明人。道光九年（1829年）进士，授工部主事，升郎中。道光二十六年（1846年），考授浙江道监察御史，寻转贵州道监察御史，历署吏、户、兵、工、刑科给事中。咸丰元年，引疾解官归里。戴絅孙博学多才、工诗善文，与池春生、李于阳、戴淳、杨国翰并称为“昆华五子”。

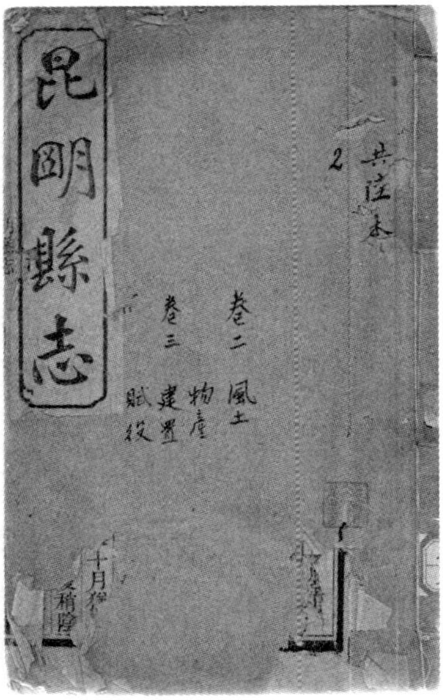

道光《昆明县志》（韦勇／供）

此志系清道光十六年（1836年）戴絅孙以私人之力，收集有关地方志之资料“五易寒暑”而纂辑成稿。当时由于“滇遭兵燹，烽镝满目”，没有印行，仅抄成清稿本存世。直到光绪二十七年（1901年）才由五会绅耆付梓印行。

是志卷端载陈荣昌等人之序。共10卷，下系子目18志。卷一疆域、山川；卷二风土、物产；卷三建设；卷四学校、祠祀；卷五官师、选举；卷六黎献上（宦绩、卓行、忠义），黎献中（儒林、文苑、隐逸），黎献下（艺术、寓贤、方外）；卷七闺媛志；卷八艺文、灾祥；卷九古迹；卷十杂志、序志。

此志编写过程中坚持“详采旧闻，择从厥善，不敢侈于援引而失之滥，亦不敢藐视高道而近于略”的原则，故资料翔实扼要，为后人研究昆明历史提供了足以资信的史料依据。

《盘龙山纪要》

《盘龙山纪要》4卷，（清）方秉孝辑。

方秉孝（1835～1894），字行先，号农髯，晋宁人，方树梅之父。

盘龙山，一名万松山，在今晋宁区东五里。据顾祖禹《读史方舆纪要》载：“万松山，在州东五里，多松树，形如盘龙，故又名盘龙山云。”

是书系方秉孝晚年通过实地采访，摩抄碑碣榜联，为盘龙山纂辑的一部山志。此书卷首载赵藩所作序及《农髯墓表》与方秉孝自序。正文卷一记莲峰禅师事迹、山名考证、诸刹原始及历朝明贤所书题之牍额联对；卷二收录明代王宗等36人诗篇共45首；卷三收录清代王缉熙等23人诗篇43首以及唐尧官等人所作赋4篇；卷4收录《元僧庆源塔铭》1篇，明代游记4篇、碑记2篇，清人刘安科游记1篇，最末附方秉孝遗稿中古近体诗6首。

此书搜集有关盘龙山的掌故、人物、风景等资料，并对其进行甄别，对盘龙山的自然风光和人文景观作了如实的记载，有助于后人考索。正如其子方树梅所言：“是书编次有法，搜罗亦富，读而盘龙山大要已可概见。”且该书搜罗的许多有关盘龙山的文献，原书早已湮没不存，足见此书之珍贵。今易见本为《云南丛书》本。

《昆明近世社会变迁志略》

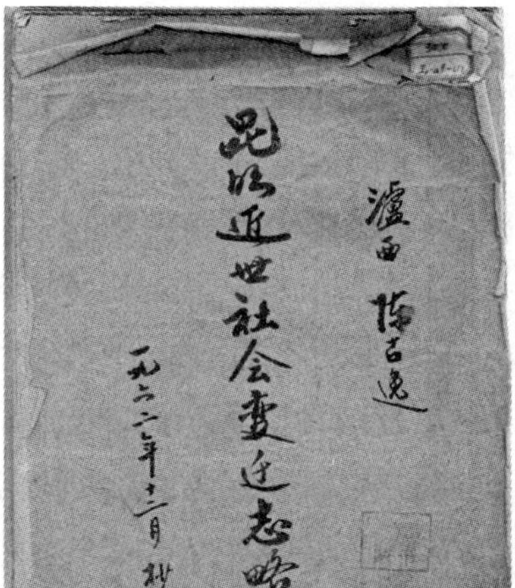

《昆明近世社会变迁志略》
（韦勇／供）

陈度（1865～1941），原名宪，更名度，字古逸（又作古仪、古抑），一字子宜，别号琴禅居士，晚以字行。原籍江西临川，占籍云南广西州（今泸西县），自署“泸西人”。光绪三十年（1904年）进士，任吏部主事。三十三年（1907年），任滇蜀腾越铁路总局会办。宣统二年（1910年），任云南造币厂总办。鼎革后，任云南军都督府外交司次长、政务厅第一曹参事、都督府秘书官、云南造币厂厂长兼清理大清银行、云南都督府谘议官等职。晚年好佛，与陈维庚、孙乐等成立佛护莲社。又营法幢精舍于高峣村，与方外为伍。

工书画，能诗善文，与陈荣昌、袁嘉穀并称“滇中三杰”。主纂光绪《普洱府志稿》。著有《泡影集》《泡影续集》《班范百末》《爰景斋日记》《过来人语》《昆明近世社会变迁志略》等。

《志略》是应云南通志馆编审于乃义之邀而作，记清同治九年（1870年）至民国二十九年（1940年）间昆明事。书凡四卷，每卷有序，论述各卷主要内容，陈述作者对昆明近70年社会变迁的看法。其卷一《文化》，下列书院、学会、私塾、著述、科第、图书馆、学堂、报纸、书店等节，阐述昆明近世文化演变；卷二《食货》，下列米、盐、煤炭、油、布、房租等节，详细记录昆明近世物价涨落变化之原因、情形及其影响，“以谕当世”；卷三《礼俗》，下列婚礼、丧礼、宗教、佛化、塔庙、岁时、屋宇、冠服衣饰、巫风、戏剧、电影、方言等节，记叙昆明近世风尚之变革；卷四《经济》，下列金融、纸币、银币、镍币、汇兑、银行等节，叙述昆明近世经济变迁情形。是书文笔流丽，内容丰富，是研究近代昆明历史的重要资料。

是书稿本藏云南省图书馆。2016年，昆明市地方志办公室主编、高国强校注的《昆明近世社会变迁志略校注》（附陈度年谱初编）由云南民族出版社出版。

民国《昆明县志》

民国《昆明县志》未定卷，（近人）陈荣昌修，李锺本纂。

李锺本（1888~？），字毓初，云南大理人。光绪时留学日本。民国元年（1912年）任云南军政府参谋部测地部部长。次年，署昆明县知事。后任曲靖县知事、军事参议院谘议等职。1956年后，任江西省文史馆馆员。

民国初年，倪惟钦与陈荣昌曾纂修《昆明县志》，民国十四年（1925年），刻成五册，未定卷数。是志书口卷数多剜去，间存卷一、卷十三字样。其纪事至宣统三年（1911年），后之事概不载。内厘方舆志、政典志、风俗志、人物志、五行志、杂志、戎事志，其政典志下列建置、户口、祠祀、兵制、仓厫、自治、学校、贡举、水利、关榷、驿递附邮传、官师、赋役、慈善、警察诸目，人物志、戎事志各分上下。因系未完之本，故书中所提及之山川、文苑、艺术、寓贤、方外、列女等皆无。是故论者多病其“成书仓促，体例不完善，子目详略不一，材料编排凌乱”。其内容虽多沿袭旧志，然户口、自治、邮传、警察等，则是时代剧变的反映。其《人物志》列以表，便于阅读，较旧志为新颖。《戎事志》则“详考载籍，提其纲要，著其始末”，有较高的史料价值。

是志有民国十四年（1925年）刻本。2016年，昆明市地方志办公室主编，高国强、王飞虎校注的《民国昆明县志校注》由云南民族出版社出版。

《滇诗拾遗》

《滇诗拾遗》6卷，（清末）陈荣昌辑。

是书于光绪二十九年（1903年）成书，共辑录《滇诗拾遗》六卷。陈荣昌所辑前五卷，卷六为昆明李坤所辑。该书所收皆袁氏《滇南诗略》所未收录者，故以“拾遗”为名。共收84家诗，且多采自别集、方志、杂载及断简残篇。各家时久佚者多赖此书保存一二，犹可借以窥见其厓略。在编辑时，将各个诗人的爵里事迹，俱补注于姓名之下，因此是书不仅存诗，并且存人，便于后之学者稽考。后收入《云南丛书》。

《续云南备征志》

《续云南备征志》32卷，（近人）秦光玉辑。

秦光玉（1869 ~ 1948），字璞安，号瑞堂，别号罗藏山人，呈贡人，历任云南学务公所所长、云南昆华图书馆馆长、辑刻《云南丛书》处编纂、总经理等职。一生致力于兴办教育与收集、整理云南地方文献资料，成就卓著。

是书系继（清）王崧《云南备征志》之后，将其未收之善本及近代记载滇事之重要资料，编辑成书，始于民国二年（1913年），成于民国十三年（1924年），所取材料共计66种，搜罗之书则达百种以上。

该书与师范《滇系》、王崧《云南备征志》并列为云南最重要的三部史料集，为考云南掌故的重要志书，价值极高。《云南丛书》二编收录，云南省图书馆藏有稿本及待刻写本。

《滇南碑传集》

《滇南碑传集》32卷，（近人）方树梅辑。

方树梅（1881~1967），字臞仙，号雪禅，一号梅居士，又号和衲山人，晚号红豆老人。晋宁人。文献学家、藏书家。早年入云南优级师范学堂学习。曾任《云南日报》总编辑、昆明师范学校教员、省立博物院艺术馆主任、云南省通志馆分纂等。1934至1935年，北游搜访滇南文献，收获颇丰。1942年任云南大学教授。1949年后任私立五华学院教授、云南大学终身教授、云南文史研究馆馆员等职。方树梅热爱乡邦文献，所藏甚富。辑佚滇南文献极多，并加以系统整理，编撰有《滇南碑传集》《续滇南碑传集》《明清滇人著述书目》《历代滇游诗钞》《云南茶花小志》《滇南书画录》《钱南园先生年谱》《师荔扉年谱》等，著有《学山楼诗集》《文集》《北游搜访滇南文献日记》等。

方氏以钱仪吉、缪荃孙、闵葆之三家《碑传集》所收云南人物甚少，乃旁搜博采，成《明清滇南碑传集》30卷，体例依钱、缪、闵三家而斟酌损益之，计明宰辅、部院大臣、九卿、科道、曹司、使臣、巡抚、司道、守令、校官、佐杂、武臣、忠义、孝友、儒林、文苑、卓行、隐逸、遗民、列女、方外凡12卷；清部院大臣、内阁九卿、科道、曹司、巡抚、司道、守令、鹾尹、校官、佐杂、武臣、忠义、孝友、儒林、文苑、卓行、列女、方外凡10卷。卷首有赵式铭、秦光玉、海盐朱希祖、南阳徐炳昶《序》，次载《自序》《凡例》，并有九江万斯年摘要，缪尔纾题词，总撰者略历，末附方树梅拟撰11篇。鉴于该书对云南地方文献的意义巨大，故此书辑成之后，经当时北平图书馆馆长袁同礼、云南大学教授顾颉刚介绍，由上海开明书店排印出版。现有李春龙等校点本，2003年由云南民族出版社出版。

《续滇南碑传集》

《续滇南碑传集》9卷，补1卷。（近人）方树梅辑。

是书系继《滇南碑传集》之后，收录清末至民国以来人物碑传，按入传者之职业经历分政治、军事、教育、文学、艺术、卓行等类收录，于1961年编订成稿。前载方氏自序，该名为李根源所题，稿存未刊。经省社会科学院文献研究室校补订正原书后，另增补1949年以前历史人物百余人，接近原书所收诗人数量，后由云南人民出版社印行。1993年宋文熙等对该书作了校补工作，成《续滇南碑传集校补》，1993年由云南民族出版社出版。

《续滇南碑传集校补》
（韦勇／供）

《太华山志》

《太华山志》7册，（近人）方树梅纂辑。

是书成稿于1961年5月，为宣纸直行式16开线装书墨稿，藏于云南省图书馆。全书共7册，12卷（章），9万余字，收图（照）片6幅。李根源题写书名。

是书以记述西山的山水、寺观、古迹名胜、物产、人物、艺文楹联等为主，是继《高峣志》后记述西山高峣的又一部山水名胜志，资料丰富，价值较高。

《学山楼诗集》

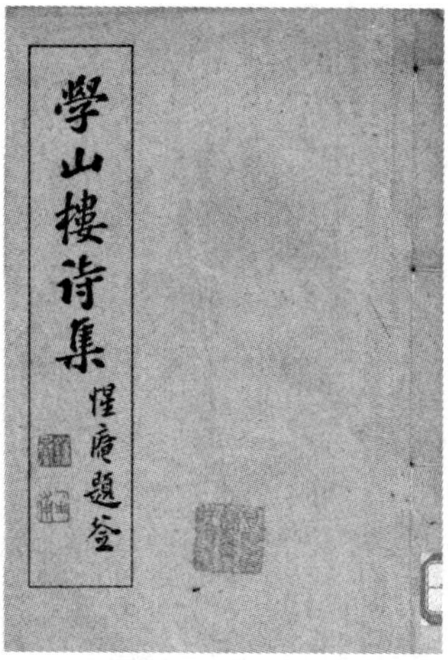

《学山楼诗集》（李峰／供）

《学山楼诗集》10卷，（近人）方树梅撰。

此诗集系方树梅生平所作千余首诗中，精选七百余首编订成集。前有缪尔纾、王灿序及方氏自序。缪氏称其诗："不多作，不苟作，作必刻意经营，义未安则弃之，词未惬则易之，反复推敲，归于至当而后已。"可见方氏生平为诗亦如治学一样严谨。其为诗"不专主学一家，真气所溢，自成其为。"有1948年铅印本。

《云南丛书》

民国三年（1914年），在时任滇省督军唐继尧的倡导、云南巡按使任可澄的参与下，筹设"辑刻云南丛书处"，旨在"收拾丛残，整理故籍，表彰先哲"。由赵藩、由云龙任总经理，李坤、孙光廷、袁嘉谷、顾视高、秦光玉任编纂审查委员，具体负责编辑、刊印工作，并定名为《云南丛书》。

中华书局2009年版《云南丛书》（韦勇／供）

《云南丛书》于民国三年开始编刻"初编"，按经、史、子、集四部分类编排，拟刻书目152种。书目来源途径主要有：一是利用以前五华、育材、经正三书院及云南官书局的旧板片加以校补或通过厘定重编卷次；二是通过各种渠道向云南耆旧或后人征集私家刻板；三是向省外及本省州县借来旧板片重印。初编拟刻的152种，到民国十二年（1923年）刻成138种，946卷，另有不分卷的50册，还有12种已审定稿本待刻。另有秦光玉主编的《滇文丛录》、袁嘉谷主编的《滇诗丛录》两种，因系新编地方总集，部帙较大，有待陆续征集汇编，到民国二十七年（1938年）才编辑完稿。总计初编已刻印的139种，1052卷又50册；待刻印的13种，325卷。在每种书的扉页及书名行下，均标明"云南丛书□部之□□"，内容及次序大体与拟刻目录相符。

在编辑刻印"初编"期间，继续采集并经审订符合丛书体例要求的书，又编为"二编"，因系随时采录，随时编刻，没有拟定目录，也没有次序。自民国十二年（1923年）起，先后刻印过35种62卷。后又收录多种书目，总计"二编"已刻印37种125卷，待刻印16种129卷。"初编""二编"合计205种1631卷及不分卷的50册。为方便进行检索，云南省图书馆老一辈图书馆工作者就云南省图书馆馆藏目录，与原书或待刊底本逐一核对，曾编制有《云南丛书简目》。

《云南丛书》和其他郡邑丛书还有所不同，他省的丛书系将全稿搜集，一次性付刊。《云南丛书》则分别不同情况镂板印行。

《云南丛书》的编辑印行，对云南文献的保存与传播，对云南的出版事业，对边疆学术文化的发展不仅卓有贡献，而且意义颇为深远。

《云南丛书》的缉刻，迄今已是近百年，不仅传本甚稀，而且在省内各大图书馆所藏者已非完帙。为了不使其被湮没，云南省文史馆开展了《云南丛书》整理、续编工作，2009年中华书局出版《云南丛书》全50册，不分卷。

2014年，云南省文史研究馆启动《云南丛书续编》编纂工作，按照收集“滇人所著之书”和“记载滇事之书”的原则，接续民国《云南丛书》，以完整呈现1950年以前云南学术文化发展的面貌。

《中国法律发达史》

《中国法律发达史》，杨鸿烈著。

杨鸿烈（1903～1977），又名炳堃，别名宪战，云南晋宁人，著名法学家。早年就学于国立北京师范大学外文系，毕业后考入清华大学国学研究所研究历史。后留学日本，获日本东京帝国大学博士学位。回国后先后任上海中国公学历史系主任、云南大学师范学院院长兼教授、广东省文史馆一级研究馆员等。

杨先生对中国法律制度史和法律思想史有着深刻的研究，《中国法律发达史》是其代表作。“发达史”即“发展演变史”。全书共27章，按朝代顺序分列，分别论述了从五帝殷商至民国时期的法律制度，文末附有“民国刑法与两次修正案篇目表”和“中国历代法律篇目表”。作者以近现代法学观点和法律部门分类方式为纲目，以原始典籍资料为依托来研究中国法律史。在论述各代法律制度时，一般都是先概述该朝代的政治背景，而后按法典（立法）、法院组织、诉讼法、刑法总则分则、民法总则分则、法律思想、法学家等类分别阐述。

该书是中国近代以来以西方法学观点研究中国法律史的尝试，影响较大，1930年商务印书馆初版，1990年收入复旦大学和上海书店编印的《民国丛书》，后屡次再版，有其学术参考价值。

《郑和家谱考释》

李士厚著，1册，昆明市方志馆藏。

李士厚（1909～1985），字如坤，号载庵，回族，鲁甸县桃源乡岩洞村人。早年就读于云南东陆大学，受业于袁嘉谷先生门下。曾任《新纂云南通志》助理编辑，《云南日报》副刊编辑，省政府秘书，省回教救国协会常务理事。民国三十一年至三十六年（1942～1947）期间，先后任姚安、安宁、曲靖、宣威等县县长。李士厚先生毕生致力于郑和的研究，著有《郑和家谱考释》《郑和新传》等。

郑和是世界历史上著名的航海家，曾7次出使西洋，声名远播，然史书对郑和生平的记载仅寥寥数语，《明史•郑和传》载："郑和，云南人，世所谓三保太监者也。"但郑和系云南何地人，他的家世和生平情况，学界一度处于模糊状况。

1936年，李鸿祥将军倡修《玉溪县志》时，广泛征集资料，意外获《郑和家谱》抄本一份，便将之交给袁嘉谷先生，袁先生又将它交给时任云南通志馆编辑李士厚先生。

《郑和家谱考释》（韦勇／供）

该家谱共15页，记载了郑和的家世及后代情况，对郑和的出使、随使官兵、下洋船舶、所到国家也有简略记载。尤为可贵的是，家谱收录永乐、宣德两帝给郑和的敕书，为史书所未载。这本家谱是继郑和父马哈只墓碑之后郑和史料的又一重要发现。

《郑和家谱考释》于1937年2月出版，全书38页，周钟岳题签。卷首卷末均为袁嘉谷所作《郑和家谱考释叙》。全书无目录，正文依次为马哈只墓志碑铭、首次出使、随使官军员名、下洋船舶、所历诸国名、永乐帝敕书、第三次出使西洋事、明宣宗赐南京礼拜寺敕、郑和回国进献之物、受封立嗣、郑和后十五世世谱 、李士厚先生作郑和小传。正文后附录《明史•郑和传》，袁嘉谷著《昆阳马哈只碑跋》《〈滇绎〉三条》及梁启超《郑和经历西洋诸国释地》4篇文章。1937年3月，《郑和家谱考释》增订重印，全书增加至65页。综观二书，其主体内容相同。增订本扉页附有《郑和马哈只墓志铭》、明末昆阳县治东门、作者小相及郑和立福建长乐天妃灵应碑照片5帧。书末增加梁启超《祖国伟大航海家郑和传》，以及著者的《西洋诸国回教汇览》和《集说》3篇文章。值得一提的是，增订本对初版模糊之处重新考证，复原了文本的内容。

《大理古代文化史稿》

《大理国古代文化史稿》，徐嘉瑞著。

徐嘉瑞（1895～1977），字梦麟，原籍昆明，出生在邓川。著名戏曲理论研究家。

《大理古代文化史稿》系统地论述了大理文化的起源、发展和流变，是一部价值极高的地方史专著。西南联大教授罗庸誉其为“滇乘之《华阳国志》也”，方国瑜教授称其“体大精深，三百年来所未有也”。

《史稿》全书4章25节，附图17，附录3。按历史发展顺序，分为“远古期”“南诏以前时期”“南诏期”“段氏期”，内容包括考古、民族、艺术、文学、宗教、文物碑刻等，史料极其丰富。

作为文化史专著，书中对南诏文化的特质，从文字、名姓、民俗、神话、诗歌、散文、音乐、美术等，到文物、文献搜集齐备，论述精辟。如《大理本主庙诸神世家》是作者亲自调查访问所得，作了清楚地排列，为研究本主崇拜提供了第一手资料。又如附录《南诏中兴国史画解释》，既是论文，又是史料，材料扎实，没有空泛的议论或主观的臆断。

总之，这是一部关于大理地区古代文化的资料书，资料翔实，内容丰富，同时也是一部学术价值极高的著作。1949年由云南大学西南文化研究室出版，1978年中华书局重印，1979年香港三联书店再版，1982年明文书局再印，云南人民出版社2005年版。

《傣族史》

《傣族史》，江应樑著。

江应樑，原籍广西贺县（今广西贺州），1909年生于昆明。幼时家贫，由寺院和尚抚养长大。1923年考入云南省立第一师范学校，1932年在上海暨南大学毕业，1936年考入中山大学人类学专业研究生，师从朱谦之和杨成志。1948年受聘为云南大学社会学系教授，后转入历史系。于1988年辞世。

江先生20世纪20年代至40年代，曾多次深入粤北、海南，云南德宏、昆明、武定、澄江、西双版纳，四川凉山等地田野调查，其人类学、民族学、社会学和民族史结合的多部力作是社会学、人类学研究生必读之书。

《傣族史》全书共10章39节，篇首附图28，文末收附录有二，分别为《傣族史涉及东汉掸国的商榷》《南诏不是傣族建立的国家》。是书从“族属源流、历史文献中的傣族先民及其分布、部落时代、部落联盟与奴隶政权、初期封建社会的建立、封建经济的发展、傣族人民反侵略与反封建的斗争、近现代时期的傣族社会、文化与生活”等方面系统地介绍了傣族的历史与发展。

据江应樑先生自述载，该书“1956年初稿刻印过一次，1962年改稿后再度刻印，分装为上下两册”，1984年由四川民族出版社正式出版。该书在云南省社会科学优秀成果评比中被评为一等奖。

《续修昆明县志》

《续修昆明县志》8卷，陈荣昌、顾视高总纂。

顾视高（1877～1943），字渔隐，号仰山，昆明人。清光绪进士，留学日本法政大学，回国授编修。选咨议局议员，辛亥后任省公署秘书。著有《漱石斋诗文集》《自反斋日记》等。

民国二十六年（1937年），昆明实验县县长董广布以续修昆明县志“关系地方文献，不可再延”，极力主持在之前民国《昆明县志》的基础之上，编修志书。与此同时还改组志书局，成立了文献委员会，推选顾视高继任总纂，钱用中诸人襄佐，并一一延聘，开始续修志书的工作。

顾氏等人以“前已审定，莫赞一词，但补其未经审定及阙佚者”为续修宗旨，又在前志基础之上尽力搜讨考辨，穷三年之力，终在民国二十八年（1939年）夏完成续纂工作。

该志纪事止于清宣统三年（1911年），较民国《昆明县志》，体例更加规范，内容更加完备。虽沿用旧志资料、细目，但其中“户口、自治、邮传、警察、实业、地质及矿产、工艺”等目，则是时代变迁的反映，展示了昆明在近代化发展过程中的社会变化。

该志有民国三十二年（1943年）铅印本，但因当时排印仓促，讹脱衍倒较多，甚至有卷目与正文不相匹配之例。2016年，由昆明市志办编，年四国校注的《民国续修昆明县志校注》一书由云南民族出版社出版。

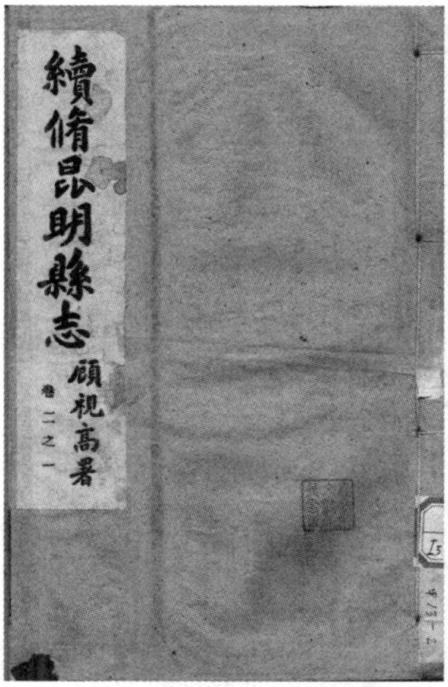

《续修昆明县志》（韦勇／供）

民国《昆明新志》

民国《昆明新志》，不分卷，李荨芬集。

李荨芬，昆明县附生，经正书院高材生。光绪二十八年（1902年）被派往日本留学。光绪三十一年（1905年），回滇襄办学务，充日本教习翻译助教、兵士体操教习及补习学堂教习等差。光绪三十四年（1908年），充教员兼监督职务。

是书约成书于1922年，其目录：新志源流；五华山（军政府、咨议局、阿香亭、双塔寺）；圆通山（忠骨坟、忠烈祠、铜像、璧光楼、珍珠井）；海心亭（碧漪亭、阮公堤、曹家馆、少白楼、燕子桥、照相馆、采莲桥、水月轩、湖心亭、莲笑楼、机器房、听莺桥、图书馆、双节坊、钱公祠、菜海子、陆军学校、兵工厂、造币厂、洗马河、杨娥酒肆、自在香室）；莲花池（商山寺、军医治疗所、英国花园、永历骨灰处、菱角塘、永历帝庙）；大观楼（新马路、篆塘、白马庙、灌田机器房、老墨堆、蜕翁草堂、傅宗龙祖墓）；西山（龙王庙、太华寺、华亭寺、升庵祠、筇竹寺、法界寺、正觉寺、海源寺、宝珠寺）；黑龙潭（虚凝庵、涌泉寺、铁峰庵）；金殿（昙华寺、金马寺、归化寺、古庭庵）；官渡渔场、板桥、中闸、苜蓿厂、九甲、小街子、双桥、石虎岗、古滇郡、玉皇阁、军医院、实业厅、聚奎楼、梵字塔、沐公祠、吴井桥、新式桥、三市街）。足见其体例与旧志不同，更类似于掌故笔记书。

是书各目标以昆明标志性形胜，分记其周边重要风景、机构、古迹等等。凡一事一物，必叙来龙去脉，间记人文掌故，尤注意对新兴事物的记录，突出一个“新”字；又文笔流丽，无旧志模式化书写之弊，洵为昆明地志之中上乘之作。

是书收入《桃李园丛书》，仅有稿本，藏中央民族大学图书馆。《中国地方志联合目录》《中国古籍总目》（史部）著录。

民国《昆明市志》

民国《昆明市志》旧题云南市政公所总务课编纂（另一说法为张维翰、童振藻等纂）。

张维翰（1886～1979），字莼沤，云南大关人，云南政法学堂、日本东京帝国大学毕业。历任云南军政府秘书、昆明市政公所督办、民政厅长等职，著有《莼沤类稿》《大关县志》等书。

童振藻（?～1939），字仲华，淮安人，民国年间供职昆明市政公所。

是志不分卷，内厘历史沿革、山脉、河湖泉、气候、物产、机关、卫生、教育、交通等19目，17万字，范围涉及昆明市及近郊，并附有图片，书端载张维翰、童振藻两人序，例言11则，实为张、童二人主持编纂。

该志书所设类目与旧志有所不同，较为合理，资料亦较为翔实，比较能反映近代昆明状况，是一部云南由传统方志向现代方志转变的代表之作，有民国十三年（1924年）铅印本。2011年，由昆明市志办编、字应军校注的《昆明市志校注》由云南民族出版社出版。

《近代昆明城市史》

此书为中华社会科学基金资助课题、昆明市人民政府资助出版。1997年7月由云南大学出版社出版。

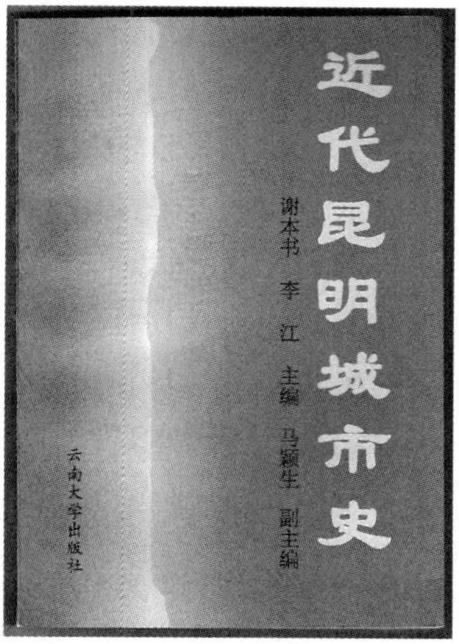

《近代昆明城市史》（李峰／供）

该书由云南省社会科学联合会和昆明市地方志办公室合作编写，1992年开始编写，1994年8月完稿。主编谢本书（省社科联副主席）、副主编李江（昆明市政府秘书长）、马颖生（昆明市志办副主任），省社科联谢本书、袁国友及昆明市志办马颖生、曾秋月、廖国强、字应军、何明、赵丕德等分别承担各章的撰写。全书6章，35万字。该书系第一部深入研究昆明市城市化进程的学术专著。它着重探讨1840年至1949年百余年间昆明的发展，论述了昆明的经济、文化、社会诸方面对城市化的影响；对昆明城市发展的规律和动力做了深入剖析，是一部视野开阔、结构新颖，在理论与史料结合上颇有说服力的佳作。该书荣获1996～1997年度昆明市哲学和社会科学成果一等奖。2009年，根据中共昆明市委主要领导的指示，昆明市委组织部组织力量，将此书修订后由云南大学出版社出版，更名为《昆明城市史》（第1卷），并作为干部读本在全市发放。

《昆明市志长编》

昆明市地方志编纂委员会办公室编。

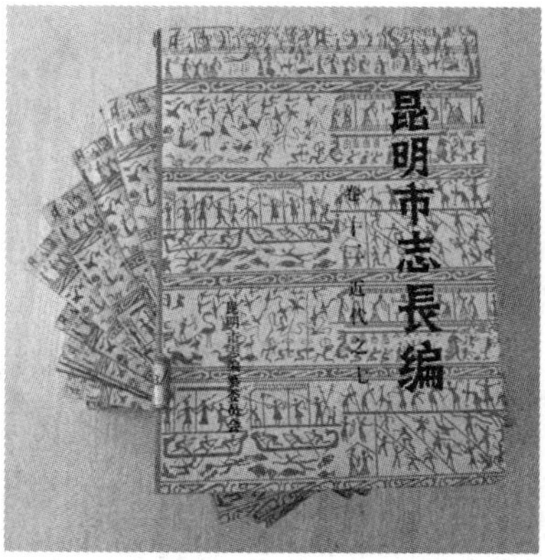

《昆明市志长编》（韦勇／摄）

昆明市于1961年底成立昆明志编纂委员会，着手搜集、征集、调查历史资料，当时，昆明地区的一些学者、市情专家，或参与搜集、调查，或撰写、提供市情资料。在1963～1964年间，昆明志编纂委员会编纂室将收集到的昆明地区远古至辛亥“重九起义”的史料汇编成《昆明历史资料汇辑》3编5册，共170余万字。1966年，“文化大革命”开始后，此项工作被迫中断，昆明志编纂委员会编纂室收集但未汇编成册的资料大部分散失。1982年，恢复成立昆明市志编纂委员会及其办公室，1984年，市志编纂办公室在原《昆明历史资料汇辑》和尚未刊印的1912年至1937年资料初稿基础上，经过修订、补充，印刷出版了《昆明市志长编》13卷，全书400多万字。该长编会集了有关昆明地区从远古至1937年的考古、文献、调查资料，以历史分期为主，在每个历史分期内又横陈政治、经济、文化等资料，并且，每个分期内，整理者对该段历史作无标题综述，以增强其整体性。该长编资料丰富、系统，其中有大量珍贵的调查、口碑资料，资料价值较大。该书的出版，不仅为市县两级修志提供了第一手资料，而且被省市学术界广为引用，得到较高评价。

《不自小斋文存》

《不自小斋文存》，李埏著。2001年云南人民出版社出版。

李埏（1914～2008），彝族，中共党员，中国著名经济史学家，石林县东门街人。曾任云南大学历史系教授，博士生导师，国家有突出贡献并享受国务院特殊津贴的专家。

本书是李埏先生学术论著的选集，收录的是李埏先生数十年来撰写和刊布的较具代表性的论著。文存所收的论文没有按时间顺序加以编排，而是以类相从，分为9类，以便更好地表现著者的观点和思想。共收文章103篇，分别如下：

“中国封建土地制度史研究”9篇，“商品经济史研究”9篇，“《史记•货殖列传》研究”5篇，“中国古代史研究”9篇，“治史札记选录”18篇，“师友忆念”11篇；“序•跋”17篇，“教材•教法”8篇，“学习杂说”17篇。书首附“李埏先生”等图7幅、林文勋《〈不自小斋文存〉述略》，书末附林文勋《李埏先生传略》。

2018年，云南大学出版社出版五卷本《李埏文集》，比较全面地反映了李埏先生的学术成就。

《昆明市志》（2003）

2003年版《昆明市志》（韦勇/供）

《昆明市志》（2003）共10册，昆明市地方志编纂委员会编。

本志为昆明市第一部社会主义新方志。本志上限从3万年前昆明有古人类活动记起，下限至20世纪90年代，全书共1076万字，10册，自1997年至2003年陆续由人民出版社正式出版。编纂过程主要分为以下几个阶段：

第一阶段，1982～1988年为组建机构、培训队伍、收集资料阶段；第二阶段，1989～1996年为制定、修订篇目，编写志稿阶段；第三阶段，1997～2003年为总纂、校改、出书阶段。

《昆明市志》全志主要内容分为：自然环境、民族人口、城市建设、工业、农林水、商贸金融、经济管理、政治、政权政务、教育等十部分。

本志体例宏大、结构严谨、资料丰富、特色鲜明，全面系统记述了昆明从自然到社会，从历史到现状各个方面的历史情况，具有较高的参考价值，是研究昆明市情的第一手资料。

《昆明市志（1978~2005）》

《昆明市志（1978~2005）》共6册，昆明市地方志编纂委员会编。

本志为昆明市第二部社会主义新方志。2005年正式启动，2016年由云南人民出版社正式出版。本志分6个分册，以概述、大事记置前，72个专志居中，附录殿后，全志共780万字。上限自1978年，下限至2005年，全面记载昆明记述时限内自然到社会，从历史到现状各个方面的情况，完整反映了昆明从改革开放到2005年的历史巨变，是昆明市一部具有存史、资政、育人功能的资料文献。本志结构严谨，特色鲜明，重点突出，语言规范，人物记述客观公允，是昆明市有权威性的一部集思想性、资料性、科学性于一体的“百科全书”。

第二轮《昆明市志》（李峰／摄）

《昆明年鉴》

昆明市人民政府主办，昆明市地方志编纂委员会办公室编辑。

昆明市地方综合年鉴编辑开始于1989年，1990年《昆明年鉴》创刊号（1990年版）出版。此后《昆明年鉴》每年均在年内公开出版，至2017年，已连续出版28期。本年鉴记述上一年度昆明市国民经济和社会发展各方面的情况，是系统反映昆明市

2017 年《昆明年鉴》（李峰／供）

情的大型年刊，是集知识、信息、资料为一体的公报性、资料性、权威性工具书。《昆明年鉴》采用分类编辑法，分一、二、三级目。一级目为综合性大类，如特载、综述、大事记、政治、军事、社会等；二级目为相对独立的中类，如农业、交通、教育等；三级目，即条目，为实写单元。每期年鉴字数100万至120万不等，并配有彩色图片和随文黑白图片。

《史与志》

季刊。内部刊物。1988年创刊。昆明市地方志办公室主办。

该刊以指导修志、服务修志、弘扬昆明历史文化为宗旨，从创刊号开始，根据不同时期的需要，先后设方志论坛、城市史研究、区域史研究、民族文化研究、滇池古今、文献整理、旧志评论、史实考证、古今人物、文物胜迹等栏目。1989年10月31日，昆明市地方志学会成立，《史与志》成为学会主办的学术刊物。2011年，改名为《昆明史志》。该刊创办以来，登载了大批有关地方志、年鉴理论研究和实践探索以及昆明历史研究方面的文章，对昆明市地方志、年鉴工作的发展，对昆明历史文化的传承、历史文化资源的开发利用方面发挥了重要作用；李埏、朱惠荣、谢本书、林文勋、吴光范等一批省内外史志专家在此刊物上发表文章。该刊在保持一定的学术水平的前提下，突出区域性、时代性和可读性，不仅为学术界所关注，而且深受其他社会各界的欢迎。

《史与志》（韦勇／摄）

《昆明史志》（韦勇／摄）

非物质文化遗产

昆明作为历史文化名城，不仅有着丰富的物质文化遗产，还拥有许多宝贵的非物质文化遗产，涉及文学、音乐、舞蹈、美术、工艺、戏剧、民俗、医药、体育竞技等领域。这些非物质文化遗产凝聚了历代劳动人民的智慧和对艺术的崇高追求，将历史、艺术和具有科学价值的精神形态文化传承下来，如同印记一般深深烙在我们的思想中。保护和传承非物质文化遗产，是每一位现代昆明人义不容辞的责任。据统计，至2016年底昆明市有国家级非物质文化遗产项目7项，省级非物质文化遗产49项，市级非物质文化遗产保护名录265项。在此，仅选取少数具有代表性的非物质文化遗产作简要介绍。

口述文学《阿诗玛》

“有一个绿树长青的地方阿着底，阿着底的长湖水清澈美丽。养育出千万个勤劳善良的撒尼人，造化出美若天仙的阿诗玛。阿诗玛的眼睛像星星一样明亮，阿诗玛的笑脸像鲜花一样灿烂……”

口述文学《阿诗玛》是一部古老的、被彝族撒尼人民口耳相传至今的叙事长诗，主要流传于昆明石林彝族撒尼人聚居区，分为南北两个流派，传唱方式与故事内容大同小异。

1954 年首次出版的《阿诗玛》

整部原诗使用彝族撒尼人的口传诗体语言和叙事曲调传唱，曲调分别有喜调、老人调、悲调、哭调、骂调几种。长诗主要讲述美丽聪慧的撒尼姑娘阿诗玛从小勤劳善良，深得父母邻里喜爱，虽然贫穷却不为富贵所动，在神权霸强面前不低头，因反抗财主逼婚而被恶神点化为石的悲情故事。

19世纪末，法国学者保禄·维亚尔进入云南石林地区，将撒尼叙事长诗《阿诗玛》译成法文并出版。到20世纪五六十年代，彝族撒尼叙事长诗《阿诗玛》相继在地方文艺杂志和《云南日报》分段连载后，在中国文坛引起轰动，并由上海海燕电影制片厂改编后拍摄成彩色故事片在国内外上映。随后《阿诗玛》文学及文艺作品纷纷面世，云南歌剧院根据《阿诗玛》传说故事改编的民族舞剧在国内外公演，其独特优美的音乐意境和富有撒尼风情的民族舞蹈博得观众的好评，被誉为中华民族二十世纪舞蹈经典。

彝族撒尼叙事长诗《阿诗玛》先后被译成英、法、德、西班牙、俄、日、韩等多国文字出版，在世界文化学术界引起反响和关注。

2006年，彝族撒尼叙事长诗《阿诗玛》被列入第一批国家级非物质文化遗产保护名录。

国家级非物质文化遗产《阿诗玛》匾牌

口述文学《昭莠俭与高帕施》

苗族居住在寻甸境内已有一百多年的历史。他们自称“阿卯”，也称“大花苗”，是西部苗族中迁徙路线最长的一支，故而蕴藏和保存的苗族方言口述文学也最为丰富。

口述文学《昭莠俭与高帕施》是苗族人民广为传唱的古老叙事长诗之一，是20世纪五六十年代云南苗族民间文学杰出的代表作品。这部长诗集中体现了苗族人民反抗和战胜封建统治、阶级压迫的精神意志和斗争愿望，是反映苗族人民社会历史背景、生活和风俗习惯的一部百科全书，是研究西部苗族文化不可缺少的经典作品。它通过陆兴凤的翻译和出版，引起了国内外苗胞和苗族文化研究者的关注。

2006年，经云南省人民政府批准，被列入省级非物质文化遗产保护名录。

昆明洞经音乐

昆明洞经音乐流传于昆明城区及周边地区，俗称谈演洞经，因其主要谈演道教经典《大洞仙经》而得名。相传昆明洞经从大理传入，最早的文字记载见于官渡《文明会大洞经坛碑记》。它用唱、念、诵、讲、读、说等方式表达经文教义，在传达过程中又以科仪（仪式）为载体。科仪由各种繁杂的小科目组成，以器乐伴奏。

至民国年间，昆明有桂香学、保庶学、崇仁学、崇文学、宏文学、同仁学、文明会等10个洞经学会。昆明洞经学会所谈经文有10部，最常见的是洞经、皇经和雷经。洞经的科仪分为礼请、谈经、庆诞、送圣等。每个主项中含若干小项。洞经会每年都要举办若干盛大的谈经活动，常见者有文昌会、上九会、孔子会、关圣会等。

昆明洞经音乐由经腔、曲牌、打击乐组成。经腔有四言、五言、七言、长短句、骈文等词体，伴奏形式分为大乐、细乐和雅乐三种。曲牌主要用于各种仪式或穿插于仪式中的礼仪项目的伴奏，因乐器不同分为大乐曲牌和细乐曲牌，前者以唢呐为主奏乐器，后者以笛子为主奏乐器。乐器分为文乐和武乐，分别指管弦乐器和打击乐器。曲牌中有唐宋词牌，如《浪淘沙》《汉东山》等；有道家音乐，如《上清宫》《天公颂》等；有宫廷音乐，如《南清宫》《普天乐》

昆明洞经音乐演奏（昆明文化馆官方网站）

等；有江南丝竹，如《忆江南》《叠落泉》等；还有欢快活泼的民间小调，如《忆江陵》《瑞雪飞》等。目前已收集整理经腔、曲牌、打击乐等曲调132首，文字记录20余万字。

昆明洞经音乐曾一度消落，20世纪90年代在昆明市区的真庆观内恢复演奏。

2006年，经云南省人民政府批准，被列入省级非物质文化遗产保护名录。

昆明调

昆明调流行于昆明市区及呈贡、晋宁等滇池周围的汉族地区，昆明附近部分少数民族中亦有传唱。昆明调泛指这一地区的汉族山歌、小调，民间又称调子、民歌等。

昆明调（云南非物质文化遗产保护网）

昆明调多在山野田间歌唱，一般不受季节限制。除平时及插秧、薅秧时节的田间对唱外，大规模的歌唱活动常集中于当地每年举行的歌会（调子会），如传统的“三月三”山歌会、六月二十四“跑马山歌会”“玉兰调子会”“红石岩歌会”“观音山调子会”等。多以“赛歌”的形式出现，甲乙双方各有若干“歌师傅”指点策划，即兴编词、互相问答，体现集体智慧。赛歌常相持数日不分上下。歌词内容十分广泛，包括男女情爱、家乡风光、历史、地理、生产、生活等方面的知识、趣闻。昆明调曲目繁多，流传较广的有耍山调、猜调、大河涨水沙浪沙、拈鱼、赶马调、送郎调、放马山歌以及东门腔、西门腔、草海腔等。其中“拈鱼”在昆明西山区十分流行，乐曲为民族调式中的宫调式，四二拍，具有典型的民族调式风格。歌词内容虽然简单，但由于演唱时大量应用虚词，加强了小调的节奏感和韵律感，同时，唱念结合使整个小调节奏变化多，表达情感丰富，增强了诙谐、幽默的情感氛围。

昆明调演唱开始常有呼唤式的引腔，曲调具有叙事性特点。曲中常出现“垛句”，民间称为“垛叶子”，音调近乎说唱，有的似快速“绕口令”，好的歌手每唱到此，会得到观众满堂喝彩。猜调是昆明调的典型曲调之一，以56种事物为内容相互猜答，想象力丰富，令人拍案叫绝。

自20世纪50年代以来，昆明调的代表作就在全国广泛流传，影响甚广。其传承方式多为父传子、母传女、老歌手传新歌手，目前在昆明西山等地区仍十分流行。

2006年，经云南省人民政府批准，被列入省级非物质文化遗产保护名录。

安宁小调

安宁小调是流传于安宁八街、连然、矣六等地区的汉族民歌，部分彝族地区也有传唱，又称八街调、安宁四平腔。

安宁州来安宁州，安宁河水慢悠悠。

要吃河水莫害怕，要唱小调莫害羞。

歌词用汉语，内容多反映男女爱情生活。常用七字句，四句为一段。一般在山野歌唱，即兴编词，在集体场合合唱，具有对歌性质。五声音阶Re调式，开始处有一个短小的引句，其后为大致对称结构的四个乐句：AB1AB，具有换头平行的特征。主要有两种不同的风格（唱法），八街、矣六地区起句（小引句）任意延长，速度较慢，音区较高，风格奔放粗犷；连然地区速度均匀，选用中音区，风格较为抒情、优美。此歌曾作为云南民歌独唱曲目经常歌唱，还在花灯歌舞《大茶山》中用于男女对歌场面。

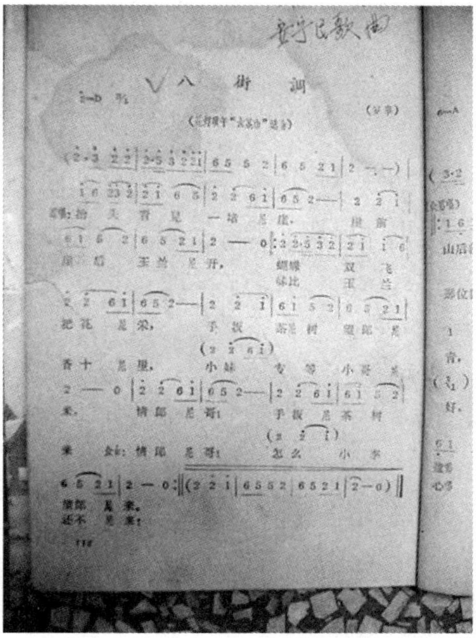

安宁调——八街调(昆明市文化馆官方网站)

从安宁到昆明，再到云南的很多地方，安宁小调都让省内外游客津津乐道。

2017年，经云南省人民政府批准，安宁小调被列入云南省第四批非物质文化遗产保护名录。

彝族（撒尼）大三弦舞

彝族三弦舞是彝族人民代代相传的一种民间舞蹈，盛行于石林彝族自治县撒尼人聚居区。不同的地区或不同的彝族支系对其有不同的称法。流传于撒尼彝区的三弦舞称“撒尼大三弦”舞，流传于阿细彝区的三弦舞称“阿细跳月”。彝族三弦舞又分“大三弦舞”和“小三弦舞”两种。年轻人跳舞时用的是大三弦，所以叫“大三弦舞”；中老年人跳舞时用的三弦较小，因而称“小三弦舞”。相比较而言，“小三弦舞”动作舒缓、节奏平稳，又称“慢三步乐”。三弦舞是一种男女群体性的舞蹈，但跳舞时只有男子使用“三弦”，女子只是踏着节奏伴舞。彝族三弦舞被有关学者誉为远古舞蹈的“活化石”，对研究舞蹈的起源与发展有较高价值；对增强群体意识、民族团结有积极作用；对营造欢乐、热烈气氛有良好效果。20世纪60年代，撒尼青年在莫斯科参加世界青年联欢活动时表演的彝族三弦舞轰动了整个联欢会。近20年来，许多国外游客慕名来到石林旅游，观赏大三弦舞蹈，三弦舞因而在国际上有一定的知名度。

2008年，彝族大三弦舞被列入第二批国家级非物质文化遗产保护名录。

大三弦舞（刘世生／摄）

晋宁县双河彝族秧佬鼓舞

双河彝族乡位于今晋宁区西南部，距城区30公里。

据《昆阳县志》记载，双河彝族早先由昆明拓东城迁来，分白彝和黑彝两种。这里的人民勤劳智慧，民族民间文化丰富多彩，在长期的生产、生活实践中创造出的鼓舞——秧佬鼓，正是他们对美好生活热爱的体现。

秧佬鼓，又称花鼓，自汉代起流传至今，有近两千年的历史。在双河彝族乡的27个自然村中，每村多则3～4支鼓队，少则1～2支，共有鼓队102支、816人。在众多的秧佬鼓代表队中，双河彝族乡秧佬鼓队最具代表性，以双河为中心点，向四周辐射到整个滇中地区，使得会跳鼓舞的人越来越多，呈现出一片欣欣向荣的景象。

在云南省第九届民族运动会开幕式第二场《秧鼓催春》的表演中，双河乡秧佬鼓队以400人的表演阵容出现在观众面前，鼓声震天，精彩纷呈，获得了较高赞誉，被誉为“云贵高原的威风锣鼓”。

2001年6月，由县文化馆组织的“威风秧佬鼓”队一行50人进京参加“山花杯”居庸关中华鼓舞大赛，获得了金奖。2002年双河乡秧佬鼓队参加了昆明市第七届农运会传统体育项目的比赛，获得第一名；2004年5月参加首届昆明国际鼓舞大赛，获三等奖；2005年4月再次代表晋宁县参加中国昆明第二届国际民族民间鼓舞大赛，获得了一等奖。

双河乡秧佬鼓队以其浓厚的民族特色和别具震撼力的表演，被誉为“云南的威风秧佬鼓”“金牌秧佬鼓”。

2006年，经云南省人民政府批准，双河彝族秧佬鼓舞被列入云南省第一批非物质文化遗产保护名录。

昆明滇剧

滇剧有着悠久的历史，是云南古老的剧种。

滇剧发端于明末清初，起源于清康乾之际，初成于清同治时期，成长于同光之时，变革于辛亥前后，兴盛于抗战之前，复苏于中华人民共和国成立后，虽经风雨，但一直延续至今。

滇剧是内地移民文化与云南本土文化结合的产物，具有兼收并蓄的包容性。它吸收了北方的秦腔、昆腔、京剧、石牌腔和南方的弋阳腔、楚腔、川剧的各种特点，结合当地的发音和某些民族音乐旋律，形成了一种各地声腔兼而有之、表演较为程式化的地方戏剧。

滇剧是在云南分布最广、影响力和表现力较强的规范化剧种，其鲜明的地方性，既体现了戏剧艺术的特点，又反映了地方文化的魅力，同时又对本地花灯戏、曲剧、彝剧、白剧的发展起到了样板作用，对地方戏剧艺术的发展有着指导和借鉴作用。它化外来声腔为地方化的程式化表演，确立了其在地方戏剧中的主导地位。

滇剧是内地文化与边地文化结合而成的地方剧种。康乾年间，由于“滇铜运京”各省商帮纷纷进入云南滇东北采矿炼铜，来自北方、江南各地的戏班随商帮进入云南，诸种声腔汇集于云南，为滇剧的产生提供了条件。

进入云南的江西、两湖、陕西、江南、四川各帮均建立了自己的同乡会馆，随商入滇的梨园子弟，在会所里开始唱戏谋生。由于各种声腔混杂和相互交流，又因要符合当地的社情民意，这些由内地入边的昆腔、秦腔、弋阳腔、吹腔、楚腔、川腔同本地元、明、清小曲的唱词调门结合起来，渐渐形成了滇剧声腔和音乐的四大系统——丝弦系统、胡琴系统、襄阳系统和其他杂调，内地文化与边地文化的结合，使得滇剧至今仍保存了由多种古代戏曲组成的声腔和表演手法。

艺术上的多元性是滇剧的另一个文化价值，有许多不同于其他剧种的独特之处。声腔上它融合了南北诸种腔调和本地声腔而成；音乐曲调上它的丝弦有悠扬柔和的风格，也能表现慷慨激昂的情绪。它的襄阳系统，类似于京戏和汉剧的西皮，但又有反襄阳、昆倒板一类其他地方剧中罕见的曲调。滇剧中传统的吹牌和曲牌也较多，多来自昆曲、吹调和民间古调，由于受地方语言和民歌小调的影响，这些吹牌、曲牌又产生了特有的变异，从而更加增强了滇剧的地方性艺术表现力。最能代表和体现滇剧地方特色的则是念白、对白方面。滇剧多用民间俚语、方言、土语入戏，且合音韵，这就使其地方特色更为鲜明。

滇剧的唱腔流派众多，最为出名的当数“滇剧泰斗”“云南叫天”栗成之遒道苍凉、韵味醇厚的栗派唱腔。滇剧演出的方式主要有：庙会戏、拉门戏、堂会戏、围鼓戏和专业舞台演出。滇剧剧目众多，解放初期有1050多出，1986年统计有1490多出，有剧本的达573出。

滇剧在中华人民共和国成立前曾由百代公司灌制过唱片，滇剧名角、名票栗成之、郑文斋、刘海清、李松海、周锦堂、高竹秋先后录制唱片百多种。滇剧理论研究著作主要有顾峰的《滇剧史》《古滇艺术新探索》。滇剧名演员彭国珍参加全国戏剧汇演时曾受到毛泽东主席的接见。

由昆明市滇剧团编排演出的新编历史剧《瘦马御史》获国家“五个一”工程奖、文华奖、曹禺文学剧目奖。昆明市滇剧团编排演出的新编少数民族历史剧《南诏奉圣乐》被拍摄为戏曲电视剧，并在中央台播出。

2008年，昆明滇剧被列入第二批国家级非物质文化遗产保护名录。

昆明花灯

昆明花灯植根于特定的地域环境中，具有悠久历史和地方文化内涵，是一种较少受到官方文化和文人文化影响、深受老百姓喜爱、由民间歌舞发展而成的剧种。昆明花灯的传统曲调大多数是内地汉族移民带入云南的流行于明清之际的小曲。这些汉民族的小曲进入云南后，经与本地少数民族的山歌小调、歌舞结合，渐渐形成了一种既有汉民族民俗文化特点又有本地少数民族歌舞特色，并向着戏剧化方向发展的民间歌舞小调戏。

花灯进入云南最早是以传唱明代汉民族的小调而出现的，它的许多曲牌都具有鲜明的内地文化特点。花灯保存着许多元、明、清时代的古老雅乐、俗曲和俚曲，刚由内地传入初期，它既有元散曲也有明代小曲。这些在内地已不大传唱的曲调，能在昆明花灯中保存至今，从而使得昆明花灯具有古代戏曲文献价值。

花灯舞蹈《红红绿绿》（市非遗中心/供）

昆明花灯是内地汉民族戏曲文化与边地少数民族歌舞山歌文化结合而成的戏曲，反映了汉文化与少数民族文化结合的多元性。

它的曲调多为江南小曲，有湖南花鼓戏、江西采茶戏、安徽黄梅戏、福建山歌戏和各地的俗曲、杂调和民歌小调。在与云南少数民族文化的融合过程中，从最初的传唱汉族小曲到明末清初的曲艺演唱阶段，进而与当地少数民族的舞蹈相结合，吸收了大量的彝族山歌

（云南有彝族花灯）、白族小调、苗族民歌等曲调后逐渐形成云南花灯。进入戏剧领域时期，花灯的发展过程体现了汉民族的戏曲文化与当地少数民族民间文化的融会贯通。

花灯小戏《大茶山》（市非遗中心 / 供）

花灯在与当地少数民族文化接触后，特别是融入少数民族的宗教祭祀文化后，它显现的另一个文化价值是成为一种文化祭仪活动。在中华人民共和国成立以前，云南各地的花灯活动几乎都与宗教活动有关，每逢一些民族节日和民俗活动时，花灯都要参与其中，以唱灯跳灯耍灯酬神为主。

昆明花灯是一种大众化的表演艺术，以民间性和民俗性为基础，唱腔、曲调、剧情、音乐通俗易懂，表演手法受程式化影响较少，表演形式简单，易学易记，容易被广大群众所接受，尤其是受到农村群众喜爱，因而使其在发展过程中形成了一种分布面广、传播面广、影响力大的大众艺术。

花灯另一个文化价值还在于它是一个由民间歌舞小戏向戏剧化方向发展的剧种。花灯由民间说唱小曲小调、民间歌舞表演向“灯夹戏”的戏曲化、戏剧化方向发展的过程，证明了作为主流表演艺术规范化和程式化的戏剧对民间表演艺术的改造力和影响力。

昆明花灯名演员有熊介臣、袁留安、熊长林、王玉霞等。主要理论著作有：戴旦的《怎样写花灯小戏》、昆明市文化局编著的《昆明花灯音乐》。新编现代花灯戏《小河淌水》入选国家首届舞台艺术精品工程。

2006年，经云南省人民政府批准，被列入省级非物质文化遗产保护名录。

彝族（撒尼）刺绣

彝族（撒尼）刺绣是一门具有极强装饰性的传统刺绣美术工艺，流传于石林彝族自治县彝族支系撒尼人的主要聚居区，其中以挑花为主要刺绣工艺。

撒尼挑花又叫撒尼十字绣，起源于唐宋时期，成熟于明清时期。长期以来，经过一代代撒尼妇女的精挑细绣，这门工艺日臻完善，以明快的色彩搭配、精美的图案构思、巧妙的图案组合、浓郁的地方民族特色，凸显出独特的艺术表现力。

主要花样有三弦花、八角花、八瓣花、太阳花、羊角花、蝴蝶花、四瓣花、八瓣花、狗齿纹、火焰纹、跳脚纹、石榴纹、青蛙纹、树纹、蕨草纹以及一些简单的菱形、三角形、条纹等图案。一类是以平绣为主，图案较为细腻柔和，多取材于现实生活环境中的花草纹样，如山茶花、杜鹃花、石榴花、荷花等。另一类以镂空贴花（又叫抠花）为主，构图粗犷、抽象，花样有云纹和波浪纹等。

彝族撒尼刺绣（杨新民／摄）

彝族（撒尼）刺绣是撒尼人在漫长历史进程中沉积下来的特殊工艺文化，凝结着撒尼人对民族文化、生活价值观念、宗教信仰和对世界的认识；其图案花样搭配丰富，色彩对比强烈，是彝族撒尼人对大自然审美价值的直观反映。

2008年，彝族（撒尼）刺绣被列入第二批国家级非物质文化遗产保护名录。

彝族撒尼人服饰（刘世生／摄）

阿着底民族民间刺绣

阿着底位于石林彝族自治县东南部，据史料记载，阿着底村有史以来的居民都是撒尼人，辖区内的人名、山名、地名和村名都使用撒尼语。阿着底村原来叫“干塘子村”，在撒尼语中发音为“阿着底”，意为青山环抱的美丽的地方。这个名字与撒尼民间叙事长诗《阿诗玛》所唱“阿着底是个好地方，高高的青松树长满了山冈”中的“阿着底”地名不谋而合，因此，干塘子村后来改称为“阿着底村”。

阿着底村撒尼人的刺绣，图案多彩，内容丰富，体裁皆源自生活。独具特色的山川地貌、风物特产，生活中常见的花鸟虫鱼、飞禽走兽，经过她们的摹拟、提炼、概括，精心构思，巧妙布局，成为变化多端、鲜艳夺目的图案。美雨花、太阳花、八角花等与花朵相关的图案代表了撒尼人爱美的心理及祈福意味。而那些小小的生机勃勃的虎则是撒尼人的图腾标志。

阿着底村撒尼人的刺绣在保留和继承彝族传统刺绣的基础上，不断开发新的彝族民间图案。阿着底的刺绣工艺流程，主要是确定图案后，把样品交给村里和村外的刺绣好手为依照，手工绣出一块块花样零件，再由刺绣厂加工成挎包、包头、服装、鞋面、桌布、床单、伞套、沙发巾、领带等各式各样的成品。以刺绣协会+厂家+农户的形式，进行规模化生产。她们所绣的挎包、围腰、被单、背心、钱包、沙发巾、桌布、壁挂、包头、服装、服饰等已成为旅游商品。

阿着底村已成立了“石林阿着底民族刺绣产品开发技术协会”，有会员2000余人，固定职工20余人。主要骨干为普氏三姐妹（普芳、普虹、普菲）。早在20世纪90年代，普氏姐妹就把阿着底村的撒尼刺绣推销到广州、深圳、海南等沿海地区。现在她们的刺绣品已远销全国各地，以及港、澳、台和泰国、越南、韩国、日本、法国、加拿大、美国等地区和国家。她们还应邀参加昆交会、广交会、东盟博览会等国内国际的大型交易博览会。

阿着底撒尼刺绣（薛春华/摄）

阿着底村从事民族民间传统刺绣的人较多，是村民家庭经济收入的主要来源之一，年产值达800余万元。如今，传统刺绣在村里有工厂、在昆明有办事处、在全国有营销网络，通过大客户大商家的批量订货销往国内外市场，产品蜚声海内外。

2006年，经云南省人民政府批准，被列入云南省第一批非物质文化遗产保护名录。

阿细姑娘（刘世生/摄）

嵩明汉族刺绣

嵩明县的汉族刺绣历史悠久。在嵩明，比较常见的针法有：铺针绣、长短针绣、鸡冠绣、满针绣、盘针绣、抛针绣、堆针绣、扭针绣、走针绣、布针绣、作布绣、乱针绣、三针绣、扣针绣、梭针绣、长针绣、机针绣等17种。刺绣作品以大鱼帽、孔雀帽、十二生肖鞋、帐帘、庭幔最为出名。这些作品造型独特，材料工序复杂，花样繁多、形式多样，色彩搭配鲜明，生动形象，惟妙惟肖。仅大鱼帽的制作，就可追溯到清朝年间，距今已有一百多年的历史。

杨凤仙作品《大鱼帽与枇杷树》（市非遗中心/供）

大鱼帽制作工艺复杂，须选用上等绸缎、丝线、金线、亮片等原料，采用铺针绣、满针绣等十余种针法绣成。整个帽子由红、黄、黑、绿四个色调构成，分鱼头、鱼尾两截。最有特色的是三片鱼尾上分别绣有不同图案，花鸟虫鱼、山石树木之类，生动、漂亮。

近年来，随着人们生活水平日益提高，原生态的刺绣工艺悄然走俏。简单的刺绣品除穿戴外，更多是作为艺术品用来装饰和收藏，同时也是馈赠亲朋的最佳礼品。

嵩明汉族刺绣工艺，历史悠久，技艺精湛，实用性、观赏性较高，有鲜明的地方特色和独特造型，群众基础较好，有较高的开发利用价值。

2009年，经云南省人民政府批准，被列入云南省第二批非物质文化遗产保护名录。

晋宁县晋城镇圣贤画

滇池地区是多元文化融合的区域，晋城镇圣贤画承载了多元宗教文化元素，有着2000多年历史，对当地社会的精神、道德、礼仪等方面有着重要影响。

晋城镇圣贤画是家庭祭拜的神灵牌位中的一种，主要分布于晋宁及周边地区。圣贤画在晋城古镇尤为盛行，常见于普通人家的厅堂和厨房。圣贤画是绘画形式的神灵牌位，一般悬挂于家坛，用于膜拜，寄托心灵和精神安慰。圣贤画像的神仙组合没有固定模式，可根据需要创造，主要有三轴一堂、两轴一堂、一轴一堂、大案等几种样式和规格，其表现内容主要有关公、龙王、文昌、帝君、天地水火、风云雷电、田公地母、灶君土地、观音、财神、牛王马祖、各行祖师、圣人贤士等，并根据轴数不同和内容不同来组合。其绘工精细，墨色清淡，色彩朴素，结构饱满，画面内容主次布局有序，结构严谨，内容丰富，折射出浓厚的生活气息，为民间百姓重要的精神寄托，具有丰富的民间艺术色彩。

晋宁圣贤画（市非遗中心/供）

2009年，经云南省人民政府批准，被列入云南省第二批非物质文化遗产保护名录。

彩扎

彩扎艺术是一门古老的民间手工技艺，有着独特的艺术风格和制作过程。云南的纸扎工艺传自中原，较为普遍和有特色的是民间舞蹈道具纸扎、纸扎彩灯、祭祀纸扎。

彩扎制作工艺复杂，不仅需要制作者有手工技能，还需要有较强的美术造型能力，但又不受固有形式的束缚和工艺材料的制约。云南省的彩扎艺术用料考究，工序独特，技艺精湛，具有浓郁的地域特色，寄托着人们的欢乐与哀思，通过不同的表现形式述说着人们的审美情趣和审美理想。

传承人段发科彩扎的龙头（市非遗中心/供）

2013年，经云南省人民政府批准，官渡区广卫民间龙狮彩扎制作技艺被列入云南省第三批非物质文化遗产保护名录。

面塑

面塑，选用上等糯米面为主要原料，添加各种颜色和水，反复糅制，直至扯不断、摔不裂时，根据买主的要求，或人物，或各类动物，只要你说出名堂，几分钟之内一个鲜活的作品就可完成。

面塑工艺复杂多变、形式多样，或山石，或树木等，动物类、水果类、蔬菜类、人物类、器皿类均涉及。代表作品除《时代的脚步》外，多以四大名著人物肖像、渔樵耕读等众多民间传统人物及自创人物为主，其中面塑作品《老街印象》《乡村记忆》再现了20世纪老昆明正义路上的老字号、老行当以及昆明的风土人情，充满浓郁的乡土气息，曾引起广大市民的共鸣。

昆明面塑《解放军进城》（市非遗中心/供）

面塑具有较高的观赏价值和收藏价值，是民间手工艺之典范。

2013年，经云南省人民政府批准，嵩明面塑被列入云南省第三批非物质文化遗产保护名录。

乌铜走银工艺

乌铜走银工艺品（来源：昆明市志）

乌铜走银是一种独特的金属手工工艺。它以红铜、银等为原料，经过冶炼和特殊的化学处理，根据所需造型把铜打制成各种形状的铜片，刻上阴纹，在阴纹上走镀银线形成装饰图案后，焊接成所做物件的形状，经过打磨刨光，使物件铜的部分在手焐的情况下变为乌黑色，与银线黑白相间形成银色纹样，呈现出独特雅致的图案，在过去深受富裕人家和文人墨客的喜爱。

乌铜走银工艺可制作的器物很多，如文房四宝、香炉、如意、手炉、酒具、烟具、茶壶、花瓶、首饰、首饰盒、长命锁等。

晋宁区晋城镇天城门的袁万礼早年师从昆明岳氏乌铜走银制作传人，其子袁昆林兄弟继承父业成为目前为数不多、擅长此项工艺制作的后继传承人。以袁家为代表的乌铜走银制作人，主要以家庭作坊生产制作为主。缘于乌铜走银选料特殊、制作精细、费工费时、生产规模较小等因素，此项工艺已濒临危境。

2006年，经云南省人民政府批准，被列入云南省第一批非物质文化遗产保护名录。

云南斑铜（昆明斑铜）

云南斑铜是云南独有的金属制品工艺，据考始于明代，距今已有300多年历史。据传最先为东川、会泽一带，将自然生斑铜料锻打成器皿初坯后售至昆明，昆明铜匠再加工制成成品。

云南斑铜工艺制作复杂，一件成品需经过选料、除杂质、出毛料、初劈、出壳子、升起来、勒口、戌形、打磨、烧斑、闹斑、煮斑、露斑、护漆等多道工序才能完成。斑铜制品分为两大类，一类是自然铜打制的生斑工艺制品；另一类是用成品铜铸造的熟斑铜制品。生斑制品是工匠采用特殊工艺，使铜内所含的其他少量金属呈现出来，突显光斑所特有的立体感，晶斑锃亮璀璨，金赤交辉，因此获得“金属宝石”的美称。熟斑制品重量重，光泽度不如生斑。但无论“生斑”还是“熟斑”，都以其精美的造型、精湛的技艺使人倾倒。斑铜工艺品器形包括人物、动物、花卉、瓶罐、炉尊、壁饰、器皿等七大类，造型取材于历史名人、飞禽走兽、珍禽异兽等，具有代表性的虎牛铜案、古代酒爵，古色古香。

斑铜器品“妙在有斑，贵在浑厚”。斑铜工艺吸取云南青铜和中原青铜文化的艺术营养，结合现代雕塑手法和先进工艺，使其达到文化与艺术的完美统一，曾荣获轻工部优质产品，省、市优质产品称号；其“牛虎案”“孔雀瓶”多次在国际上获奖并定为馈赠外国元首的国家级礼品，“孔雀瓶”“仿古牛”等被国家定为永久珍品收藏。

华亭寺古香炉（市非遗中心/供）

2006年，经云南省人民政府批准，被列入云南省第一批非物质文化遗产保护名录。

羊毛花毡印染

禄劝羊毛花毡印染工艺历史悠久，工艺独特，属全手工制作之上品。

禄劝花毡印染源于皎西乡长麦地村委会戴家村，其制作材料是羊毛毡子、植物和化学染料混合物、麦面、五支自制画笔、铝锅和水。制作方法是把毡子清洗晾干，用麦面和染料配出最少五种颜色，用画笔在毡子上画图案。画前要准备五支画笔，每种颜色只能用一支画笔。画好后染色，再用清水洗干晾干即可。禄劝花毡印染制作讲究火候和技巧，染料加工和作画需严谨小心，如煮染料时水温和时间都要掌握得恰到好处，不足和过火都会影响花毡的成品质量。花毡图案大小按毡子尺寸而定，挥舞画笔一挥而就，图案自然天成，美观实用。

2009年，经云南省人民政府批准，被列入云南省第二批非物质文化遗产保护名录。

云子（围棋）制作技艺

围棋起源于我国，其历史可追溯到《博物志》中“尧造围棋，以教子丹朱”的传说。“云子”是“云南围棋子”或“云南窑棋子”的简称，因其外形优美扁平较薄得名“云扁”。由于古“云子”以永昌（今保山）所产围棋子为上品，故又称“永子”。

永昌“永子”虽历经百年，但生产技艺早已失传。中华人民共和国成立后，凝聚着中华民族智慧的“永子”受党和国家领导人重视关注，昆明第十二中学校办工厂和省体委组建试制小组研制云子。经过200多次试验，生产出比“永子”品质更好的新“云子”，至20世纪80年代末又成功研制出无铅“云子”，成为国家工商总局批准注

“云子”产品及其包装（王刚／摄）

册的著名品牌。

云南围棋“云子”在继承传统的基础上，弘扬云南围棋制作工艺，有白子晶莹似玉、古朴浑厚、沉重扁圆、弧线自然；黑子乌黑碧透，犹如天然玉石精磨而成，对光照边缘现碧光，宛如清潭春水，给人以清新悦目之感。

围棋是中华民族传统文化“琴、棋、书、画”四大瑰宝之一，而云南围棋“云子”是历代文人雅士、墨客骚人陶冶情操、修身养性的休闲怡情之珍品。

2009年，经云南省人民政府批准，被列入云南省第二批非物质文化遗产保护名录。

宝翰轩字画装裱修复技艺

宝翰轩位于昆明市华山南路67号，1939年由昆明人张宝善（1911～1997）正式创设。宝翰轩这个名字是由当时云南省主席龙云的秘书长陈启周所起，招牌字由当时的川籍书法大师童映樵所写。如今，宝翰轩的招牌虽历经70多年的风雨沧桑，却仍完好无损，熠熠生辉。

张宝善17岁从师学艺，经人介绍拜“含音阁”主人、时称昆明第一装裱师的刘文藩学艺。学艺初期，就被师傅极为看重，多次将重要作品交给他修缮，因此彼时张宝善在云南装裱界已颇有名气。出师后，就创设了“宝翰轩”。

抗日战争时期，全国各地的著名画家陆续到昆明举行画展，徐悲鸿、张大千、潘天寿、唐兰等画家都将自己的画作送请张宝善装裱，宝翰轩名气大振，张宝善也被称为“滇裱开派人”。

宝翰轩的滇裱技艺（市非遗中心／供）

中华人民共和国成立后，张宝善因其精湛的技艺，仍活跃在云南装裱界，在十年间修复了破碎、糜烂、粘叠的云南文物善本书近5万卷。今天的宝翰轩仍在为政府部门、社会各界装裱各种展品、藏卷。在横跨一个世纪的历程中，宝翰轩为社会各界及民众装裱书画作品不下几十万件。

张宝善和他的继承者们在宝翰轩中几十年如一日，为弘扬和保护中国优秀传统文化，持续、默默地坚守自己的追求。

2013年，经云南省人民政府批准，宝翰轩字画装裱修复技艺被列入云南省第三批非物质文化遗产保护名录。

天宝斋制墨技艺

相传唐朝末年，有一位制墨大师奚延控制成了“丰肌腻理、光泽如漆、万载存真”的好墨，俗称“奚墨”。南唐后主李煜酷爱作诗绘画，用过奚墨后连声称赞，封奚延控为“墨务官”，并赐姓李，加封“奚墨”为“徽墨”。

1864年，“徽墨”传人李兜阳先生开创“李记·天宝斋”宝号制墨。1945年，由于战乱，李氏后人李海顺先生来到云南，在昆明市武成路127号创办了“李记·天宝斋”昆明墨笔庄，从而结束了云南不能制墨的历史。该店后于1956年被迫停业。1994年8月，第四代传人即李海顺之子李宏民先生继承父业，重新在昆明市海埂路红庙寺310号，挂牌“昆明市天宝斋墨厂”恢复生产。如今，“天宝斋”已传到第五代传人李玉霖手中，仍保留着传统手工制墨的技艺。2011年，因城中村拆迁，“天宝斋”搬到了团结街道。

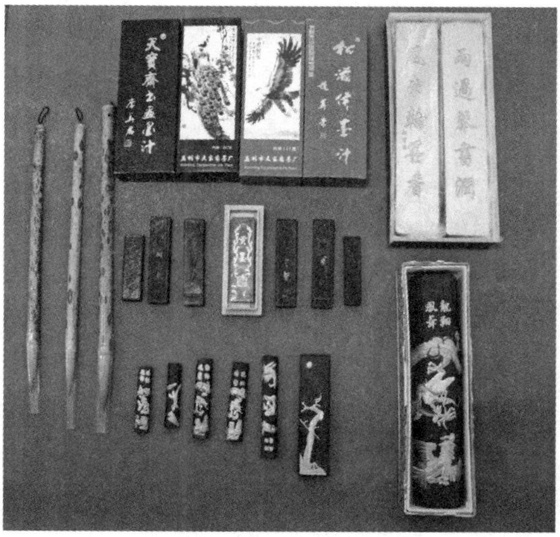
天宝斋的产品（市非遗中心/供）

墨的制作配方和工艺非常讲究，不同流派有自己特有的绝技且秘不外传。“天宝斋”手工制墨选用高级色素炭黑、动物明胶、自制上等香料，仿古配制，经过造窑、选烟、加料、拌和、加胶、捣杵、切泥、压膜、凉墨、修墨、描金等14道工序而成。其特点为：色泽黑亮、浓淡五色、宜生宜画、浓度适中、气味芳香、耐水性强、拓裱不变、千载存真。

“天宝斋”的“松滋侯”“松鹤春”“兰烟”等高中档香墨，多年来一直销往全省、邻省及东南亚各国，深受用户好评。

2013年，经云南省人民政府批准，天宝斋制墨技艺被列入云南省第三批非物质文化遗产保护名录。

菱角编制技艺

呈贡区可乐村的麦秸菱角编源远流长，是中原文化和楚文化孕育而成的具有独特造型方式的民族文化。草编菱角工艺在呈贡地区已经流传了几百年，小小的麦秆编菱角看起来很简单，其实整个过程却很费时间和精力，整个流程13道工序，一一做下来，要有足够的细心和耐心。

每年麦子收完，一捆捆麦秆收回家以后，就要开始分类整理，根据不同用途，先将杆茎饱满圆润的用拇指和食指掐掉麦秆头以去掉头子上的茸皮，再用手截成一段段长短有致的备料。麦秆分类整理好以后，放在大盆内用清水浸泡半小时左右，待稍柔软后就捞起来，把麦秆从中间破开成片，然后就可以用来编织菱角了。编菱角是将麦秆的一边对齐，编织成大小不等的三角形，三角的每个角都看得到重叠的效果。这就是菱角的基础。

草编菱角绣球（钟玲 / 摄）

一个个三角形的菱角编好以后，把它自然风干，不能被阳光直晒，以防止开裂变形。紧接着进行煮染，这道工序一般在天晴时候做，充足的阳光会给菱角鲜艳、亮丽的色彩效果。染料主要有七种颜色：大红、水红、绿、松绿、明黄、绛紫、锆白，除了大红色、黄色、紫色、绿色这几种可以用现成的颜料外，其余的颜色都要自己动手调色和配制，加水的多少、每种颜色的比例都十分讲究。染出的菱角颜色明艳耐久，搭配在一起色彩协调缤纷，有极强的装饰效果。

小菱角晒干后，就可以串菱角造型了，用大底针穿棉线将一片片的小三角串缝成各种各样的形状，如：莲花灯、宝莲灯、绣球、麒麟送子、元宝、龙船、提篮、五瓣莲花等。这些来源于日常生活的作品，件件构思巧妙奇特，样子形象生动活泼。

2013年，经云南省人民政府批准，菱角编制技艺被列入云南省第三批非物质文化遗产保护名录。

宝洪茶制作技艺

宝洪茶产于宜良县城西北5公里外的宝洪寺，是一种扁形炒青绿茶。据《中国茶经》记载，宝洪茶由唐代宝洪寺开山和尚引种，至今已传承千年，如今宝洪寺尚留有残垣断壁，寺院后有两株古茶树，可作为历史悠久的见证。宝洪茶又名“十里香茶”“宜良龙井”，明代徐光启在其著作《农政全书》中称“宝洪之片茶，为茶之极品”，1980年被评为云南省级名茶。

宝洪茶采摘精细，具有开采早、采期短、采得嫩三大特点。每年春分后清明前开始采摘，清明时采摘结束。采摘标准为一芽一叶和一芽二叶初展。采回的鲜叶薄摊在竹簸箕内，摊放3~5小时，使其散发部分水分，去除青草气，便于炒制。

宝洪茶炒制方法酷似龙井茶，主要工艺分杀青、摊凉回潮、煇锅三道工序。炒制手法有抖、捞、抓、扣、撇、压、推、磨八种。炒制时根据鲜叶老嫩、含水量高低、成形程度灵活变换，因势呵成。

宝洪茶茶香特异，人们流传着“屋内炒茶院外香，院内炒茶过路香，一人泡茶满屋香”的说法。其品质特点是：外形扁直平滑，形似杉松叶，隐毫稀见，色泽绿翠，香气高锐，味浓鲜爽，汤色黄绿清澈，叶底肥嫩成朵。

宝洪茶性寒，贮藏1~2年后的陈宝洪茶有清火解热的药理功能，因而颇受消费者的喜爱。

2017年，经云南省人民政府批准，宝洪茶制作技艺被列入云南省第四批非物质文化遗产保护名录。

昆中药传统中药制剂

“昆中药传统中药制剂（文化）”是源于明洪武十四年（1381年），传承630多年，由昆明中药厂有限公司传承发展，流传于昆明地区的传统中药制剂文化。它包括“厚德”“精工”“毋减”的药德药道（精神文化），独树一帜的产品体系（产品文化），口口相传的造药技艺（制剂文化），“舒清养、治未病”的中药养生理念和方法（养生文化），严谨苛刻的“师带徒”制度（师徒文化），群英荟萃的82家老字号药铺（老字号文化）和艰苦奋斗的发展历程（勤勉文化）等七项文化内涵，是云南中医药、民族医药的典型代表，是我国传统医药的重要组成部分。

“昆中药传统中药制剂（文化）”植根于兰茂《滇南本草》等云南药典和云南丰富的中药材土壤之上，在继承传统的基础上，博采彝药、苗药、壮药等民族医药众家之长，秉持“大药厚德，恫瘝在抱”的企业使命，坚守“精工修合丸散药膏丹，遵法炮制生熟饮片”的制药信念，传承弘扬“毋减毋糙修精品，勤心勤力志安康”的企业精神。创造了“小儿救急丹”“阮氏上清丸”“翟玉六止咳丸”“郑氏女金丹”“桑菊银翘散”“清肺化痰丸”等一大批昆中药传统中药制剂，其配方独特，疗效显著，深受广大用户的喜爱。许多中成药载入国家药品标准，在促进人类身体健康、养生保健等方面发挥着积极作用，因而“昆中药”被国家商务部认定为“中华老字号”企业。

昆中药的代表药——清肺化痰丸（市非遗中心/供）

2014年，昆中药传统中药制剂入选国家级非物质文化遗产代表性项目名录扩展项目名录，是云南省中医药界首例。

姚氏中医妇科疗法

据《续修昆明县志》记载：“姚方奇，字伟生，世居小西门外，为人诚笃孝友，乾隆末以武职从军西征，得异人授以岐黄术…… 惟闭门课子，而子时安遂尽得其传，孙曾辈相继以医闻，皆承方奇之教泽也。”证实了姚氏医学一派，自姚方奇起，就开始了“悬壶济世求精进，医德馨香两百年”的悠久传承。

经过了第二代姚时安，第三代姚灿章、姚质斋、姚炳南，第四代姚静仙等，至第五代姚贞白（云南“四大名医”之一）时，流派特色更趋突出显著。姚贞白自1930年悬壶问世以来，在长期的医疗实践中，逐步总结形成了一套“以阴阳气血为整体，以气化原理为辩证线索，因地、因人、因时为治疗特点”的姚氏医学流派，为姚氏医家之集大成者。并创拟“姚氏资生丸”“姚氏生精散”“首乌延寿丹”等验方，《巽园医话》《姚贞白医案》等著作也相继传世。

第六代传人，姚贞白之女姚克敏，在继承家学的基础上，重点传承了姚派历代在妇科方面的独特疗效和特色，在妇科方面独树一帜。其弟姚承济主任医师与他人合作研制的“姚氏电脑专家诊疗系统”填补了我省计算机在中医领域运用的空白。

姚氏医学第七代传人姚济白、林莉、徐涟、陈静、曹晓鸣、姚佩兰、王寅、徐波、张仕平、张先华、张晓琳及第六代及门弟子施慧等，都已经成为云南中医药界的中坚力量。第七代传承人姚佩兰正在美国大西洋中医学院为中医药走向世界作出重要贡献。第七代传人阮圣翔和第八代传人姚芹、冯绮、高春泽等，正努力汲取学术流派的精髓。

姚氏医学流派以其独特的学术特色和良好的临床疗效享誉云南乃至西南地区，群众基础非常广泛，诸多百姓皆受益于姚家医术。

2017年，经云南省人民政府批准，姚氏中医妇科疗法被列入云南省第四批非物质文化遗产保护名录。

宜良烧鸭

宜良烧鸭有着悠久的历史，诞生于北京，光大发扬于云南宜良。它因独特的烤鸭派系，成为我省饮食文化中的一张名片和中华民族百年传承的美食。

清光绪二十九年（1903年），宜良县许实进京参加会试，狗街西村人刘文（1875～1954）作为许实的书童，随侍进京。由于投宿的地方靠近北京米市胡同“便宜坊”烤鸭店，刘文在就餐之余学到了北京烤鸭的制作方法。回滇之后，刘文以北京“便宜坊”私淑弟子身份对北京技术加以改进，选用宜良本土的瘦肉型云南麻鸭烧制成宜良烧鸭。

宜良烧鸭（昆明市文化馆官方网站）

抗战初期，大批京津学者、教授随西南联大等院校赴滇得食刘文烤鸭，高度赞誉，广为宣传，使宜良烧鸭名声大振。刘文所创以云南麻鸭为原料，用宜良式焖炉烧烤的“京都烧鸭”由此得名，成为云南美食界的佳品。

“宜良烧鸭”由于其广泛的市场需求，已成为宜良特色经济和支柱产业。2008年宜良县养鸭数量达2000余万只，成为全国养鸭大县之一，也是云南省白条鸭交易的集散地。目前，宜良县境内有烤鸭经营户67户，遍及各乡镇，日均销售烤鸭6000多只，并辐射至全省各地。

2009年，经云南省人民政府批准，被列入云南省第二批非物质文化遗产保护名录。

彝族摔跤

彝族摔跤盛行于石林彝族自治县的各个彝族（撒尼）村寨，是彝族人民最为喜欢的传统体育竞技活动。

古老的祭祀活动开始前，彝族男子以摔跤举行庆祝仪式，他们赤裸上身上阵，用

彝族摔跤（刘世生/摄）

摔跤的方式进行表演，庆贺丰收，祈求来年五谷丰登、风调雨顺、六畜兴旺。在石林，每个彝族村寨都有自己固定举行摔跤比赛的时间和地点，临近比赛的时间，人们就用海报形式进行宣传（时间、地点、奖励办法、比赛办法等）。比赛时，人们以村为单位组队，由小到大顺序参赛，比赛约定成俗，三跤两胜，脊背落地告负，负者淘汰；胜者再挑战新的对手，直至产生当天的冠军。如今，参赛运动员由文艺队引导入场举行摔跤场仪式，锣鼓、三弦、鞭炮声齐鸣，青年男女载歌载舞，同时举行祭祀活动，礼毕比赛开始。比赛结束后，举行“挂大红袍”仪式，获胜摔跤手要披红挂彩，怀抱奖品绕场一周，以对乡亲的支持表示谢意。石林彝族（撒尼）摔跤习俗是云南民族文化中的一朵奇葩，具有丰富的地方民俗内涵和独特的民族文化色彩。

2009年，经云南省人民政府批准，被列入云南省第二批非物质文化遗产保护名录。

金殿庙会

昆明北郊鸣凤山太和宫，是云南著名的道观，始建于明万历三十年（1602年），清康熙十年（1671年）由平西王吴三桂重建。因其主殿是青铜铸造，金辉耀眼，故名金殿，也叫铜瓦寺。是我国现存最大的古代青铜建筑。

金殿庙会（昆明市文化馆官方网站）

农历正月初九，传说是玉皇大帝的诞辰，人们要举行盛大的祭祀活动。如今祭祀成分淡化，逐渐演变成了庙会。

金殿庙会是昆明家喻户晓的传统民俗节日，至今已有400多年的历史。每年正月初八至初十，昆明城乡群众有传统的“爬鸣凤山、摸福、赏茶花”赶庙会习俗。这时，正值金殿茶花、木瓜花、杜鹃花盛开，人们踏青、赏花、娱乐、购物、品尝美食，十分热闹开心。庙会期间，人潮如流、摩肩接踵，各种吃的、喝的、玩的，琳琅满目，应有尽有。到处都有人跳花灯、唱山歌、舞龙灯、对调子、演洞经。小摊成排成行，尝不尽的各种名特风味食品；金银器具、竹编、手工绣品等民间工艺品琳琅满目。

金殿庙会周期长、规模大，如今已成为昆明地区一个具有极大影响力的传统民俗活动，每年赶庙会的人超过10万人。

2013年，经云南省人民政府批准，金殿庙会被列入云南省第三批非物质文化遗产保护名录。

龙泉探梅

在中国传统文化中，梅以其高洁、坚强、谦虚的品格，给人以立志奋发的激励。在严寒中，梅开百花之先，独天下而春。

“龙泉探梅”是旧昆明人腊月到黑龙潭赏梅活动的现代延续，黑龙潭梅花种植史可溯至唐朝，道观中的唐梅至今尚存，而且仍旧花繁枝茂。

昆明黑龙潭的梅园唤作“龙泉探梅”，是中国四大梅园之一，被昆明市人民政府命名为“昆明新十六景”之一的西南梅花研究中心就设在这里。园中梅木传情，品类之盛令人叹为观止，这里的梅花品种数量占了全国的六成，其中的20余个品种为云南独有。

黑龙潭全年花开不断，最佳的观赏时节是元旦到春节期间，届时白、乳白、粉白、粉红、紫红等各种颜色的梅花香气袭人，令人流连忘返。

2017年，经云南省人民政府批准，龙泉探梅被列入云南省第四批非物质文化遗产保护名录。

黑龙潭唐梅（字应军 / 摄）

圆通樱潮

圆通樱潮是昆明盛景之一，每到阳春三月，圆通山上千余株云南樱花、日本樱花和垂丝海棠便竞相开放，构成一片上万平方米的花海，那白色和粉红色的樱花一串串犹如铃铛悬于枝头，红白交映、灿若霞海，甚是赏心悦目。

圆通山上的樱花，始种于1927年，几经兵燹，所剩无几。1953年，园林职工在圆通山大种樱花；1958年，又增种一批樱花和垂丝海棠。1989年，下地百余株。1992年为迎接在昆举办的第三届中国艺术节种下250株。后为迎接1999年世界园艺博览会又种下百余株。多年的不断努力，使这里的樱花枝繁叶茂、花容娇美，不愧为樱花圣地。

圆通樱潮（昆明市文化馆官方网站）

著名散文家李广田先生的散文《花潮》中的名句“春光似海，盛世如花”，便是对圆通花事的最佳写照。而与花海相照应的则是人海，每到圆通山的樱花盛开之际，昆明人便会倾城出动，涌向圆通山，他们伴着阵阵花香，漫步于花瓣随风飘舞的樱花大道，感受着踏青寻春的温馨。风过之处，飘落的花瓣犹如降下粉色的樱花雨，在樱花的烘托下，圆通山处处都是如同电影画面一样的明媚风景，让人沉醉其中。这樱花和人群于是就形成了蔚为大观的花潮人海。

2017年，经云南省人民政府批准，圆通樱潮被列入云南省第四批非物质文化遗产保护名录。

后　记

古城昆明，有着光辉灿烂而又独具特色的历史文化资源。从古滇王国到汉置益州郡，从晋开南中到南诏大理国雄踞一方，从元朝中庆府的设置到明清云贵中心，及至近代“重九起义”爆发、民主运动传播，昆明在中国的西南演绎着一段悠长、壮阔的历史。为适应广大干部和普通市民了解并认识家乡历史文化的需求，2013年，市志办编撰出版了《文明的步履——昆明历史文化简明读本》（以下简称“《简明读本》”）。是书一出，即在广大干部、基层群众中广泛流传，引起极大反响，获得各层人士的好评，屡有干部和群众前来索要。经过4年多的读用，我们发现由于当时编撰时间仓促和条件有限，《简明读本》在内容、结构等方面存在一些遗漏和不足之处。

2017年，市志办经反复研究，决定成立编撰班子，在《简明读本》的基础上重编一本更加综合全面、系统权威、规范严谨、通俗简明的文化读本——《昆明历史文化读本》。本书的编撰由市志办主任母正荣主持，副主任字应军组织协调，市志办志书工作处负责具体编撰业务，其他处室负责编务工作，同时邀请彭建、韦勇、胡月、杨琴琴、丁存金等参与编撰。

本书对《简明读本》的内容、结构等方面作了较大的调整、充实、增补和删减。将原书的“重大历史事件”作为“拓展延读”调入“历史沿革”中叙述，将“现代建筑”调入“文物 · 古迹”中；对内容略显单薄的“文物 · 古迹”“诗赋 · 楹联”“民族”“宗教”等或补充、完善，或重新撰写；针对与昆明历史发展息息相关的文献内容的缺失，增加了“地方文献”一章；根据最新资料对“人物”“非物质文化遗产”部分内容进行核实、补充；对原书重复的条目、内容进行了删减。

初稿形成后，市志办组织了专家进行审稿，并根据专家意见进行修改完善。同时，为能让广大读者对历史文化有更直观的认识，本书在原有图片的基础上，根据文字内容的调整、充实情况，对图片进行相应的调整补充，共选用图片200多幅。

母正荣主任在审读全书后，对内容结构的调整、文字的打磨、图片的选取等方面提出了宝贵意见，并要求致力于打造精品。为此，编撰人员又对文稿进行修改、核实，并联系云南人民出版社参与编辑设计。出清样后编撰班子再认真进行出版印刷前的核实修改、补充完善。2018年3月，根据审查意见交付出版。

本书资料主要来源于地方志、年鉴及相关历史文献，特别是首轮、二轮《昆明市志》及《昆明市政府志》；部分图片选自《滇南名胜图》《旅滇指南》《昆明历史遗痕掠影》、民国《昆明市志》及省考古研究所网站等；“非物质文化遗产”的部分文稿由昆明市文广体局提供；考古及文物部分参考了省、市博物馆的相关资料。云南人民出版社金学丽老师为本书的出版做了大量工作，在此谨致谢忱！

编写组力求为广大市民和干部提供一部全面、系统、规范、严谨的历史文化读本，但由于水平、条件所限，书中尚有遗漏和不足之处，敬请批评指正！

编者

2018年6月